Culture Générale

Actu concours

collection dirigée par

Jean-Philippe Cavaillé

Culture Générale 2022-2023

Cours

Nelly Mouchet

Professeur agrégé en classes préparatoires économiques et commerciales

ellipses

Collection
Actu concours

Retrouvez tous les titres de la collection sur www.editions-ellipses.fr

Les opinions soutenues dans cette collection n'engagent que les auteurs
et en aucun cas les institutions au sein desquelles ils exercent leurs activités.

ISBN 9782340-057951

8/10 rue la Quintinie 75015 Paris

www.editions-ellipses.fr

Sommaire

Abréviations

a. è. : avant notre ère.
ANRU : Agence nationale pour la rénovation urbaine.
ASL : Armée syrienne libre.
ASEAN : Association des nations du Sud-Est asiatique.
CCAS : Centres communaux d'action sociale.
CGT : Confédération générale du travail.
COP21 : Conférence des parties débouchant sur l'accord de Paris sur les changements climatiques (2015).
COP22 : Conférence des parties de Marrakech sur les changements climatiques (2016).
CRS : Compagnies républicaines de sécurité, corps spécialisé de la police nationale.
EPCI : établissements publics de coopération intercommunale.
FEDER : Fonds européen de développement régional.
GSPR : Groupe de sécurité de la présidence de la République.
INSEE : Institut national de la statistique et des études économiques.
ISS : Station spatiale internationale.
LGV : Ligne à grande vitesse.
MGP : Métropole du Grand Paris.
MSF : Médecins sans frontières.
NASA : Administration nationale de l'aéronautique et de l'espace des États-Unis.
NKVD : Commissariat du peuple aux Affaires intérieures de l'URSS.
OHI : Organisation hydrographique internationale.
OIM : Organisation internationale pour les migrations.
ONG : Organisation non gouvernementale.
OTASE : Organisation du traité de l'Asie du Sud-Est.
p. è. : après notre ère.
PLU : Plan local d'urbanisme.
R&D : Recherche et développement.
RPF : Rassemblement du peuple français.
RSA : Revenu de solidarité active.
SA : Section d'assaut.
SCOT : Schéma de cohérence territoriale.
SDLP : Service de la protection.
TER : Transport express régional, trains de voyageurs régionaux en France.
TGV : Train à grande vitesse.
UNESCO : Organisation des Nations unies pour l'éducation et la culture.
ZAD : Zone d'aménagement différé.
ZEE : Zone économique exclusive couvrant 200 milles marins (370 km) depuis le trait de côte de l'État qui exerce des droits souverains sur celle-ci.

Avant-propos

L'analyse de l'actualité est un facteur déterminant dans les épreuves de culture générale, d'histoire, de géopolitique, de philosophie, d'économie ou de sociologie, notamment dans le cadre des différents concours de la fonction publique, des écoles de commerce et des IEP. Cette maîtrise de l'actualité constitue un prérequis dans la mesure où les sujets sont donnés précisément parce qu'ils font sens dans l'actualité. Au-delà d'une lecture quotidienne de la presse attendue des préparationnaires, il s'agit ici de replacer les faits d'actualité dans une perspective pluriannuelle et d'acquérir une culture générale humaniste actualisée.

Les grands thèmes de culture générale intéressant l'actualité comme la démocratie, la nation, la mémoire, le fait religieux, la géopolitique, l'organisation des territoires et leurs mutations sont ici traités. Ils permettent d'acquérir les connaissances nécessaires à l'exercice de dissertation.

L'objectif du présent manuel est de proposer un ensemble de fiches thématiques portant sur des sujets de culture générale traités dans une approche historique, géopolitique, et géographique éclairée par l'actualité. Chacune des questions se présentera sous la forme d'une synthèse de lecture à partir de l'historiographie la plus récente. Ces fiches informatives axées sur l'actualité permettent de comprendre les problèmes du présent à la lumière du passé et de les inscrire dans une filiation qui leur donne sens et portée.

Chaque fiche est organisée, après une introduction et une chronologie, autour d'une approche historique, d'un bilan de l'actualité, d'une démarche prospective, avant de conclure et de proposer un document complémentaire, une bibliographie détaillée et des exemples de sujets.

La complémentarité des rubriques fait de cet ouvrage un instrument de préparation efficace tant pour les épreuves écrites que les entretiens oraux des concours et examens de l'enseignement supérieur.

Histoire politique

1 La démocratie : origines, débats et contestations

« Lorsque dans la république, le peuple en corps
a la souveraine puissance, c'est une démocratie »

MONTESQUIEU, 1748.

Introduction

À Athènes, au Vᵉ siècle a. è., après avoir connu une monarchie, puis une oligarchie, la démocratie s'inscrit dans le cadre de la cité-État qui domine le monde grec. Cette cité athénienne se définit par son caractère civique bien plus que géographique. Si elle est constituée d'un centre urbain et de la campagne qui l'entoure, elle est surtout une organisation politique et sociale au sein de laquelle une communauté d'hommes citoyens a pour la première fois donné au peuple la possibilité de gouverner avec les catégories supérieures. Il s'agit d'une démocratie faisant de la communauté de citoyens un peuple souverain même si les femmes, les esclaves et les étrangers en sont exclus (C. MOSSÉ, 1999). Cette conception antique de la démocratie est récupérée par les penseurs des Lumières qui l'élargissent. Il ne s'agit plus de considérer le pouvoir du peuple qui se réduit à une minorité, mais de prendre en compte la volonté générale. Si l'exercice de la démocratie directe permet de la mettre en œuvre, elle n'est pas possible partout et une démocratie représentative tend à s'imposer après la Révolution française. Seuls les meilleurs ou les plus éduqués pratiquent le pouvoir. La démocratie entre alors en tension avec la citoyenneté et la République, nouvel horizon politique vers lequel tend le XIXᵉ siècle français. À partir de 1789, c'est de la contestation que naît la démocratie (A. LIGNEREUX, 2012). En France, cette dernière s'enracine dans la République alors qu'elle se diffuse en Europe au sein des monarchies ou des républiques naissantes à la faveur des révolutions du XIXᵉ siècle. Aujourd'hui, le spectre de la démocratie est agité comme un outil de régulation des conflits dans le nouvel ordre international.

La démocratie apparaît comme un défi pour les penseurs et pour les régimes politiques tant par sa quête de légitimité politique que par les mécanismes d'exclusion ou de contestation qu'elle génère.

Concepts/notions

- **Contre-démocratie** : concept forgé par Pierre ROSANVALLON (2006) pour caractériser les instruments de contrôle permettant d'exercer un contre-pouvoir. Elle est une forme d'exercice de la citoyenneté et n'est pas seulement le fait des dominés. Toutes les formes de manifestations, de dégradations, de graffitis sont autant d'expressions sociales d'une participation à la vie politique par d'autres biais que les urnes.

- **Démocratie**: régime démocratique dans lequel le pouvoir est détenu par le peuple.
- **Illégalismes**: révoltes qui émanent d'une incompréhension et d'un sentiment d'injustice des couches populaires sanctionnées par un régime alors que leurs grands-parents et parents ne l'étaient pas (A. LIGNEREUX, 2008).
- **Politique**: la politique désigne l'art de gouverner la cité par l'exercice du pouvoir et le gouvernement de l'État. Le politique est un ordre permettant aux hommes de faire société: il désigne un type de relations ayant pour but une organisation collective.
- **République**: du latin *res publica* désigne la chose publique. Elle est une forme d'organisation sociale et politique de l'État.

Chronologie

- **594-593 a. è.**: réformes de Solon pour répartir les citoyens en classes censitaires à Athènes.
- **509 a. è.**: fondation de la république romaine de type aristocratique.
- **508-507 a. è.**: réformes de Clisthène qui divise le territoire de l'Attique (de la cité d'Athènes) en trois et répartit les citoyens en dix tribus, partagées en dèmes. L'égalité des citoyens est alors fondée par leur lieu d'habitation et non leur richesse ou leur naissance.
- **457 a. è.**: Périclès instaure le *misthos*, une indemnité permettant à chaque citoyen de participer à la vie politique.
- **431-404 a. è.**: guerre du Péloponnèse opposant Athènes et la ligue de Délos à Sparte alliée à la ligue du Péloponnèse.
- **404**: la «tyrannie des Trente» se met en place à Athènes après sa défaite face à Sparte.
- **322 a. è.**: disparition de la démocratie athénienne.
- **27 a. è.**: fin de la république romaine. Octave reçoit le titre d'Auguste et met en place le Principat.
- **1789**: «*Premier vote français*» (P. GUENIFFEY, 1993) aux États-généraux. 4,3 millions de citoyens votent les maires, les représentants départementaux et nationaux.
- **1791**: première Constitution française cédant la souveraineté du roi à la nation.
- **1793**: exécution de Louis XVI; une nouvelle Constitution instaure le vote des députés au suffrage universel masculin, mais en raison de la guerre elle n'est pas appliquée.
- **1799**: consulat de Bonaparte.
- **1848**: suffrage universel masculin en France; «printemps des Peuples» en Europe; élection de Louis Napoléon Bonaparte président de la République.
- **1989**: chute du mur de Berlin.
- **1991**: disparition de l'URSS.

Historique

Aux origines de la démocratie : une cité-État, Athènes, aux Vᵉ et IVᵉ siècles a. è

Le système démocratique athénien évolue au cours des Vᵉ et VIᵉ siècles a. è. et est de plus en plus contesté avant d'être renversé.

À l'issue des guerres médiques (478-477 a. è.) Athènes constitue la ligue de Délos[1] qu'elle domine de manière hégémonique. En son sein, les cités-États alliées d'Athènes paient un tribut qui permet de financer le fonctionnement de la cité-État athénienne. Elle est à la tête d'un immense empire maritime dont la pérennité dépend de tous les citoyens. Le destin de la démocratie est étroitement lié à celui de la ligue de Délos. Lorsqu'au Vᵉ siècle a. è. la cité d'Athènes devient une démocratie, Périclès (461-429 a. è.) diffuse l'idée qu'elle constitue le régime idéal car les droits des citoyens sont assurés par la loi. Il est stratège et s'attache à consolider la démocratie athénienne. Il développe sa puissance militaire et s'attache à la reconstruction et à l'embellissement de l'Acropole. Il instaure le *misthos*, une indemnité journalière, afin que chaque citoyen puisse participer à la vie politique sans perdre le profit d'une journée de travail.

> **Périclès prononce l'éloge de la démocratie**
>
> *Périclès prend la parole en 431 au cours de la célébration des funérailles des soldats morts la première année de la guerre du Péloponnèse.*
>
> « Notre régime politique ne prend pas pour modèle les lois des autres : loin d'imiter autrui, nous sommes nous-mêmes un exemple. Quant au nom, comme les choses dépendent non pas du petit nombre mais de la majorité, cela s'appelle une démocratie. [...] S'agissant des affaires privées, la loi assure l'égalité de tous. Cependant, en ce qui concerne les affaires publiques, si un citoyen se distingue en quelque domaine, il peut accéder aux responsabilités, moins en fonction de sa catégorie sociale qu'en raison de son mérite personnel. En outre, la pauvreté n'est pas un obstacle : si quelqu'un est capable de rendre service à la cité, il n'en est pas empêché par l'obscurité de sa condition sociale. (...) Dans le domaine public, [...], nous obéissons aux magistrats et aux lois, surtout à celles qui protègent les victimes de l'injustice. »
>
> Thucydide, *Histoire de la guerre du Péloponnèse*, II, 37, fin du Vᵉ siècle avant J.-C.

Être citoyen à Athènes implique d'être un homme libre, d'avoir 18 ans et d'être inscrit sur la liste des dèmes depuis les réformes de Clisthène en 508-507 a. è. Périclès propose en 451 a. è. une loi qui définit de manière plus restrictive les conditions pour être citoyen. Il faut alors être né du mariage légitime d'un père citoyen et d'une mère fille de citoyen. Les citoyens sont minoritaires dans la totalité de la population de l'Attique qui compte 380 000 habitants pour 42 000 citoyens. La citoyenneté se définit pour Aristote (384-322 a. è.) comme « *la participation à l'exercice des pouvoirs de juge et de magistrat* », ainsi que par la participation à l'Assemblée. À la définition courante de la citoyenneté impliquant d'être né de deux parents citoyens, il ajoute la « *possibilité de pouvoir participer au pouvoir délibératif et judiciaire* ». Les critères pour

1. Elle rassemble l'ensemble des cités-États alliées à Athènes.

être citoyen sont d'être un adulte inscrit au dème et de participer à la vie politique de la cité. C'est donc l'exercice du pouvoir (*archè*) qui caractérise le citoyen ayant des droits et des devoirs.

Après la guerre du Péloponnèse (431-404 a. è.) qui oppose Athènes à Sparte victorieuse, la démocratie évolue au IVe siècle. Périclès rendu responsable de la défaite est écarté du pouvoir. La démocratie est rétablie en 403 a. è. et des mesures sont prises pour la préserver. Les lois sont révisées et les procédures permettant de les modifier se compliquent. Les citoyens les plus riches dénoncent les dérives de la démocratie qui permet désormais aux thètes, les citoyens les plus pauvres, d'accéder aux plus hautes fonctions alors qu'ils étaient jusque-là exclus des charges de commandement. Ils dénoncent une justice qui leur est hostile et la plus forte pression fiscale. La Ligue de Délos ayant été dissoute en 404 a. è., Athènes ne peut plus compter sur le tribut des cités alliées. L'exercice du pouvoir se fait au sein d'institutions qui garantissent la démocratie directe. Tous les pouvoirs dépendent de l'*Ecclésia*, l'assemblée de tous les citoyens athéniens qui siègent de droit. Ils ne sont ni élus, ni tirés au sort. Elle vote les lois, les promulgue, décide de la guerre et de la paix, élit les magistrats. Elle dispose d'un droit d'ostracisme pour exiler un citoyen jugé dangereux pour la démocratie. Chaque citoyen peut proposer une loi ou un amendement. Les lois sont votées à main levée puis gravées sur des stèles ou des panneaux de bois, les axones. Elles sont affichées sur l'Agora pour que tout le monde les connaisse. Les pouvoirs sont séparés et le législatif revient à la *Boulè* chargée de préparer les travaux de l'*Ecclésia*. Un tirage au sort parmi tous les citoyens permet de désigner ses membres. Le tirage au sort est le mode de désignation le plus fréquent à Athènes. Son utilisation repose sur l'idée que n'importe quel citoyen est apte à exercer une fonction politique et que tous les citoyens se valent. Il est jugé plus démocratique que l'élection car il donne à tous la possibilité de participer au gouvernement de la cité. Le pouvoir judiciaire est confié à l'*Héliée* et l'exécutif aux magistrats. Le pouvoir des magistrats est limité par le principe d'annualité et de collégialité. Seuls les stratèges ne sont pas tirés au sort. Les Athéniens nomment isonomie leur régime politique pour qualifier l'égalité des citoyens devant la loi comme fondement de la démocratie.

À la fin du Ve siècle av. J.-C., la démocratie est en péril. Des troubles créés par la guerre du Péloponnèse menacent la démocratie. Les démagogues sont dénoncés par des auteurs comme le dramaturge Aristophane. Dans *Les Guêpes* en 422 a. è., il dénonce les effets pervers des institutions judiciaires et réalise une parodie de la manie procédurière des Athéniens. Il tourne en dérision les magistrats « corrompus » et ridiculise les citoyens ayant trop facilement recours à la justice.

La comédie d'Aristophane dénonce les travers de la justice

Le juge porte un nom inventé par Aristophane qui signifie « qui aime Cléon », allusion à l'homme politique athénien Cléon, qui fait augmenter de 50 % l'indemnité versée aux juges de l'Héliée.

« Le juge Philocléon : Mon régal à moi ce n'est pas le saumon ni les anguilles : je préférerais me mettre sous la dent un bon petit procès mignon, cuit à l'estouffade. Y a-t-il plus délicieuse béatitude que celle d'un juge, par le temps qui court ? D'abord,

> dès mon petit lever, on me guette aux abords du prétoire, des hauts personnages, des grosses légumes ! Et puis, sitôt je m'approche, une main qui a raflé des deniers publics se glisse dans la mienne ; supplication, courbettes à grand renfort de lamentation : « Pitié pour moi, mon petit père, si jamais tu as ratissé toi aussi quelque chose dans les fonctions que tu as remplies ! » Et puis, une fois entré en séance je ne fais rien de ce que j'ai promis ; j'écoute les accusés parler sur tous les tons pour se tirer d'affaire. Parbleu ! Quelles cajoleries n'est-on pas appelé à entendre quand on juge ! Les uns geignent sur leur pauvreté et ils en rajoutent ; d'autres nous racontent des anecdotes ou une petite drôlerie d'Esope ; les autres enfin lancent des blagues pour me faire rire et désarmer ma mauvaise humeur. Là-dessus, le père, en leur nom, m'implore comme un dieu, tout en tremblant, de ne pas le condamner pour malversation. N'est-il pas ample mon pouvoir ? Ai-je à envier quelque chose à Zeus ? Et le plus agréable de tout, que j'avais oublié : c'est quand je rentre avec mon salaire. »
>
> D'après Aristophane, *Les Guêpes*, 422 a. è.

Deux coups d'État remplacent temporairement la démocratie par une oligarchie, en 411 a. è., puis en 404 a. è. avec les « Trente tyrans ». Les limites de la démocratie athénienne tiennent en premier lieu à une citoyenneté inégale. Une amphore de 520 a. è. conservée au *British Museum* de Londres rappelle qu'« *un pauvre paysan* [...] *à cause de ses travaux ne pourra porter son attention sur les affaires publiques* ». Contrairement à une idée reçue, les citoyens n'ont pas pour seule activité la participation à la vie politique pendant que leurs esclaves travaillent la terre. Ils sont très impliqués dans les travaux agricoles. Ainsi, leur participation à la vie politique est conditionnée par leur fortune. Si celle-ci est mince, ils seront obligés de privilégier le travail rémunérateur. C'est pour cela que le *misthos* a été créé. Alors que les citoyens sont égaux devant la loi, ils ne le sont pas devant la richesse. La grande majorité doit travailler pour survivre le plus souvent comme paysans, loin du centre politique. En ville, les artisans et les commerçants sont méprisés car leurs activités sont aussi exercées par des métèques ou des esclaves. En dépit des liturgies imposées aux citoyens aisés et du *misthos*, les écarts de considération et de fortune persistent et seuls quelques milliers d'individus ont le temps et les moyens de se rendre à l'Ecclésia. Ainsi, seules quelques puissantes familles peuvent prétendre exercer les magistratures. La vie politique est accaparée par des orateurs qui dirigent la cité. Elle est donc une affaire de professionnels qui connaissent l'art de la parole, de la rhétorique apprise chez les sophistes qui enseignent la persuasion pour détenir le pouvoir. Ils séduisent le corps électoral par démagogie. Outre les contestations, la démocratie est mise en péril par des adversaires extérieurs. Philippe II de Macédoine (382-336 a. è.) menace les intérêts d'Athènes et des autres États grecs. Ils sont écrasés par les Macédoniens à Chéronée en Béotie en 338 a. è. Le régime est préservé, mais une révolte en 322 a. è. conduit les Athéniens à la soumission aux Macédoniens et la démocratie est abolie. Le pouvoir passe aux plus fortunés. Les aristocrates enclenchent un processus d'« aristocratisation » des cités, renforcé par l'action des Romains au détriment de la cité démocratique.

Au début de l'ère chrétienne, le monde méditerranéen est unifié par Rome. Les notables dominent les cités et les conseils démocratiques tirés au sort laissent la place à des conseils aristocratiques, calqués sur le Sénat romain. Le peuple continue à donner son avis, les notables prenant garde de le mépriser.

Actualité

Les fondements de la démocratie contemporaine : vivre la démocratie en France

L'étincelle révolutionnaire met fin à l'Ancien Régime en 1789 et ouvre un siècle de révoltes et de révolutions. La mise en place de la démocratie ne se fait pas sans heurts, ni sans retours en arrière. La Révolution française n'accouche pas immédiatement d'un régime démocratique qui n'est qu'un horizon d'attente sur un long XIXe siècle. Ainsi la démocratie naît-elle de la contestation, puis venant à se confondre avec la République la réprime, pour finalement imposer une discipline civique aux citoyens (A. LIGNEREUX, 2008).

Les illégalismes et la révolte ont permis bien des conquêtes démocratiques à travers une manière extrême de vivre la démocratie (A. LIGNEREUX, 2008). La violence temporaire est un moyen de conquérir la démocratie. Un *continuum* de la violence de l'époque moderne à l'époque contemporaine montre que la rébellion occupe toujours l'espace public jusqu'à la fin du XIXe siècle. La Révolution vient transformer ces révoltes en rupture profonde et en un changement politique et social radical. La période napoléonienne n'est pas exempte de contestations face à la conscription et à la codification. Ces troubles récurrents du premier XIXe siècle ne sont pas sans rappeler la Révolution française dont le souvenir est prégnant (J. NICOLAS, 2002). Les révoltes populaires ne sont pas seulement liées à des instincts de survie comme les révoltes frumentaires pourraient le laisser penser. Elles sont exacerbées en période de cherté des prix ou de mauvaises récoltes, mais elles sont aussi un levier d'avancées sociales et démocratiques. Le rapport de force permet d'aboutir à des avancées légitimes. La révolte est aussi un bouclier contre les réformes. Elle peut prendre des formes extrêmes à l'exemple du drame de Hautefaye du 16 août 1870. Alain de Moneys, un jeune noble, est supplicié et brûlé par une foule l'accusant d'avoir crié « *Vive la République !* ». À l'annonce de premières défaites dans le cadre de la guerre franco-prussienne, l'angoisse de l'invasion et la hantise d'un retour à l'ordre ancien amènent les paysans de cette campagne du Sud-Ouest à une violence extrême car ils détestent la noblesse. Le supplicié est transformé en traître à la patrie et perçu comme un bouc émissaire. On s'imagine, dans un contexte de haine contre le Prussien, qu'il puisse être à la fois noble et républicain. Les cris de « *Vive l'empereur !* » rappellent un sentiment bonapartiste populaire fortement ancré dans les campagnes françaises. Le bonapartisme affaibli semble menacé d'un retour à l'Ancien Régime par des nobles et la guerre franco-prussienne. La phobie de l'Ancien Régime accompagne ce massacre. Pour les Républicains, les paysans sont des cannibales. Ils arrivent au pouvoir quelques semaines après le massacre et ne tiennent pas à être assimilés à de tels actes de sauvagerie (A. CORBIN, 1990). La révolte apparaît comme une manière extrême de vivre la démocratie. Elle revêt des composantes démocratiques. Si on considère l'insurrection comme un mode d'existence partagé par tous et qui profite à tous, les émeutiers forment un groupe qui se gouverne par lui-même et qui représente une forme de démocratie directe (A. LIGNEREUX, 2008).

La révolte a d'abord été perçue comme légitime au nom de la lutte contre le despotisme ou parce qu'elle permettait des avancées sociales et politiques profitables à tous, mais l'avènement de la République induit un changement de regard sur les illégalismes. Les idéaux républicains évoluent pour progressivement ne plus voir la révolte comme une forme d'expression démocratique mais comme une tendance régressive et réactionnaire. Si dans les représentations populaires la République apparaît comme le régime de toutes les libertés, son sens sous l'Ancien Régime qualifie plutôt le pouvoir de ceux qui prétendent s'ingérer dans les affaires publiques sans avoir de titre pour le faire. À la faveur des désordres du XIXe siècle, cette acception refait surface. Lors des révolutions de 1848 la vision extensive des libertés se diffuse parmi les insurgés. La victoire du parti de l'ordre aux élections de 1849 conduit à une reprise en main autoritaire du pays. Les préfets sont nommés par l'exécutif dès 1850 pour faire appliquer la loi sur les horaires et fermer les cabarets d'où peuvent partir des dissidences. Ce n'est que lorsque la République sera bien enracinée qu'elle pourra faire face aux radicaux ou aux anarchistes qui se sentent trahis par l'autorité des forces de l'ordre. L'État républicain se construit alors à travers la lutte contre les illégalismes et l'anarchisme. L'avènement d'un espace commun où les privilèges et les particularismes ont disparu suscite des mécontentements. Il faut distinguer ces révoltes contre-révolutionnaires d'une opposition idéologique à la République. Ce sont des réactions à l'ordre civique qui se met en place. Sous l'Empire (1804-1815), l'appareil d'État se structure et les hommes sont mieux armés pour combattre les révoltes. Un maillage du pays est opéré. Les rébellions surviennent là où s'installent les brigades de gendarmes. Ils sont installés dans les marges du territoire et se heurtent aux résistances à leur autorité. La répression inscrit la mobilisation protestataire dans un dialogue politique. La lutte contre les illégalismes en République, notamment sous la IIIe République (1870-1940), peut aussi prendre une forme éducative (A. LIGNEREUX, 2008). Si le peuple est mal instruit ou fanatisé, les Républicains pensent qu'il peut se tromper lors de mouvements rébellionnaires. Ainsi, le révolté devient un citoyen par l'apprentissage de la discipline civique. Il doit alors renoncer à la violence au profit du vote. L'estampe de Louis-Marie BOSREDON d'avril 1848 témoigne de l'opposition entre le vote et la violence. Le fusil doit être laissé au profit des nouveaux objets qui font le citoyen, à savoir l'urne et le bulletin de vote. La démocratie rejette alors la violence. Elle n'est plus légitime alors que le vote permet au peuple d'exercer la souveraineté. Mais il faut éduquer le citoyen à cette forme de démocratie et à l'abandon de la brutalité. L'école à travers la morale républicaine inculque le civisme contre les illégalismes à partir des années 1880 grâce à des ouvrages comme le *Manuel républicain* de Jules BARNI publié à Paris en 1872. Face à la pression fiscale et au risque de révoltes, une pédagogie civique se met en place pour faire accepter l'impôt (N. DELALANDE, 2011). Les manuels scolaires républicains montrent que l'impôt est utile. Il a permis de construire les chemins de fer ou les écoles. Outre la réprobation de la violence, l'école vient dire ce qui est bon pour le citoyen. L'éducation à la morale républicaine produit également un infléchissement du modèle de virilité. Les représentations liées à la virilité évoluent. Ainsi au début du XXe siècle, être un homme ne nécessite pas de montrer sa valeur physique pour défendre son honneur, mais de témoigner d'une maîtrise de soi tout en faisant respecter les lois. L'application de ce modèle se fait à des rythmes différents en fonction des catégories sociales et des lieux (A.-M. SOHN, 2009).

C'est par la contestation que la démocratie s'est installée dans le paysage politique français. Puis, son exercice a évolué vers des pratiques pacifiées à travers le vote en rejetant tout recours à la violence. Pour autant, le conflit n'a pas disparu dans les sociétés contemporaines où il paraît même de nouveau permis par la démocratie alors qu'elle se voudrait un outil de leur régulation.

Prospective

La démocratie pour une régulation des conflits dans le nouvel ordre international ?

Dans un nouvel ordre international marqué par un regain de conflictualités depuis la chute du communisme en 1991, la démocratie semble être aussi bien une porte ouverte à la contestation qu'un moyen de résoudre certains conflits et ce, à toutes les échelles.

Le couple conflit et démocratie révèle une association qui est paradoxale. La démocratie est censée résoudre le conflit par le vote. Cette idée est apparue à Athènes, dans l'Antiquité, bien que les cités grecques se soient affrontées. Est-ce alors la démocratie qui favorise l'apparition des conflits ? Seul un tournant démocratique permet l'éclosion de certains conflits empêchés par la coercition. Les mobilisations citoyennes ayant abouti à la chute du mur de Berlin en 1989 n'ont été possibles qu'à partir du moment où Mikhaïl GORBATCHEV a annoncé que l'URSS ne s'immisçait plus dans les affaires intérieures des pays satellites. Alors que la révolte de 1968 lors du Printemps de Prague avait donné lieu à une violente répression par les chars soviétiques, la peur d'une telle intervention s'éloignait alors. Cependant, la démocratie ne parvient pas à empêcher la guerre. L'Inde et le Pakistan s'affrontent pour la région du Cachemire depuis plus de 70 ans alors que ce sont deux démocraties. De plus, les États démocratiques n'hésitent pas à intervenir militairement dans le cadre de l'ONU ou sans son mandat. Ils sont intervenus pour libérer le Koweït en 1991, puis contre les massacres des Kurdes en Irak en 1992 au nom du droit d'ingérence (B. GIBLIN, 2012). Les États-Unis choisissent l'intervention sans le couvert de l'ONU en Irak en 2003 après les attentats du 11 septembre 2001, alors qu'un front est déjà ouvert en Afghanistan depuis 2001. C'est au nom de la démocratie que la guerre est engagée contre le terrorisme. La démocratie libérale américaine reste le modèle à diffuser de la même manière que durant les conflits de guerre froide. Cependant la guerre ou la révolte ne permettent pas d'instaurer rapidement et efficacement la démocratie. Les révoltes populaires qui se développent à partir de 2011 dans les pays arabes peinent à aboutir à la mise en place de véritables régimes démocratiques. À l'exemple de la Révolution française qui a mis plus d'un siècle pour enraciner la démocratie, le mouvement des Printemps arabes est récupéré par l'islamisme et est victime d'avancées puis de retours en arrière qui profitent aux fondamentalismes. En Syrie, malgré le soutien des États démocratiques, comme les États-Unis, la France, le Royaume-Uni, le Canada ou l'Australie, aux rebelles contre le régime de Bachar el-Assad, le conflit ne s'est toujours pas soldé par l'avènement d'une véritable démocratie. Le modèle démocratique occidental se heurte à des résistances fortes dans sa quête d'universalisme.

À l'intérieur même des démocraties occidentales, à l'échelle régionale, les nationalismes sont une forme de contestation. Ils recouvrent un large spectre géographique couvrant des régions qui se revendiquent comme des nations à part entière. L'Espagne connaît ce type de mouvements indépendantistes en Galice, au Pays basque ou en Catalogne. Cette région est mise sous tutelle après le référendum de 2017. Alors que le parlement de Catalogne proclame une « République indépendante » de Catalogne le 27 octobre 2017, le président de Catalogne Carles PUIGDEMONT, la vice-présidente Oriol JUNQUERAS et le président du parlement Carme FORCADELL ont tous été emprisonnés pour « rébellion ». Carles PUIGDEMONT accusé de détournement de fonds a été arrêté en Allemagne et son extradition en Espagne a été autorisée le 12 juillet 2018. Le conflit se poursuit devant les tribunaux espagnols où vingt-cinq dirigeants séparatistes sont mis en examen (*Le Monde*, 12 juillet 2018). D'autres régions sont susceptibles de réveiller de tels conflits nationalistes à l'exemple de la Corse en France, de l'Écosse au Royaume-Uni, des Flandres en Belgique ou de l'Italie du Nord. Les nationalismes régionaux ne sont pas exclusivement européens. Ils apparaissent aussi au Moyen-Orient à l'exemple d'un Kurdistan autonome revendiqué sur le territoire de la Turquie et de l'Irak. Les causes en sont multiples et tiennent au mépris du pouvoir central vis-à-vis de la région. Les nationalistes demandent donc réparation. Il peut s'agir également d'une volonté d'autonomie économique, notamment au regard de la fiscalité ou de l'affirmation d'un sentiment identitaire. Une radicalisation de la contestation est possible, passant par l'usage de la violence. Toutes ces revendications d'autonomie ne sont cependant pas violentes. Certaines s'affirment par un référendum et son acceptation. L'Écosse, par exemple, emprunte cette voie en 2014, mais l'indépendance est rejetée par les urnes. Entre 1969 et 2005 le recours à la force et à l'armée est *a contrario* la solution choisie par le Royaume-Uni en Irlande du Nord (B. GIBLIN, 2012).

À l'échelle locale, la démocratie ouvre un nouveau champ de conflits à travers l'aménagement du territoire. En France, par exemple, les citoyens ont tendance à prendre la parole face à des projets d'aménagement du territoire qu'ils jugent nuisibles. Après l'âge d'or de la DATAR (Délégation à l'aménagement du territoire et à l'action régionale), de 1964 à 1981, la décentralisation accompagne le transfert des compétences de l'État en matière d'aménagement à d'autres acteurs. Les collectivités territoriales sont investies de différents projets. L'accroissement de la démocratie permet aux citoyens de s'organiser en associations et de contester des opérations de construction d'autoroutes, d'aéroports, de lignes à grande vitesse ou de grands projets industriels. Il existe alors trois types de conflits :

- lorsque l'aménagement est menacé par la fermeture d'usines ou de services publics ;
- lorsqu'il est convoité dans le cadre d'une concurrence territoriale au niveau national et international ou par une rivalité entre acteurs et usagers d'un même territoire ;
- enfin, si l'aménagement est rejeté au nom des luttes environnementales.

Ces conflits s'inscrivent dans le champ ouvert par la contestation initiée par certains agriculteurs du Larzac entre 1971 et 1981. Ici, dans le Sud de l'Aveyron, certains propriétaires terriens s'opposent au projet d'extension du camp militaire. Le mouvement se politise et est très vite instrumentalisé. Il s'agissait en réalité au départ d'un conflit foncier qui sera récupéré par divers militants communistes ou d'extrême gauche, certains artistes, antimilitaristes, syndicalistes ou altermondialistes. En effet, initialement ces terres n'avaient pas une très grande qualité et certaines familles cherchaient à les vendre. De fait, la nouvelle génération avait décidé de vivre dans les villes voisines (Toulouse, Montpellier, Marseille) et lorsque les successions ont commencé à être écrites, naturellement la valeur de la terre a été sous-estimée afin que les droits de succession soient les plus bas possibles. Mais, lorsque le Service des domaines est venu rendre visite à ces agriculteurs en vue du rachat de leurs terres par l'armée, celui-ci s'est fondé sur le prix de la dernière transaction pour fixer le prix d'achat. Or, la dernière transaction correspondait au prix de la dernière succession, ce prix étant le plus bas possible. À ce moment-là, les agriculteurs ont cherché à le faire monter, ce qui n'était pas dans la légalité. Mais, il leur a été soufflé que s'ils manifestaient fortement, peut-être, l'État céderait-il. Au fond, tout est parti de là car les paysans du Larzac n'étaient pas antimilitaristes. La preuve en est que depuis 1902 ils cohabitaient parfaitement avec l'armée sur le plateau du Larzac[1]. L'écho porté par la médiatisation de cet évènement en a fait un modèle pour les grandes contestations collectives à venir autour de divers projets d'aménagement. Plus récemment, le projet de construction d'un Center Park à Roybon dans l'Isère a traversé 10 ans de lutte judiciaire depuis 2007, alors qu'une ZAD (Zone à défendre) s'est installée en 2014 sur les lieux. Le projet de construction du barrage de Sivens dans le Tarn a connu le même type de mobilisation, mais s'est soldé par la mort de Rémi FRAISSE en 2014. La ZAD de Notre-Dame-des-Landes entame, quant à elle, une transition agricole après l'abandon du projet de construction d'un aéroport. Le « risque projet » apparaît dans des lieux considérés comme des marges, souvent agricoles ou rurales, où l'installation d'une ZAD est possible et l'intervention des forces de l'ordre difficile. Ce risque se situe au point de rencontre entre un projet, une activité préexistante et un territoire. Les enjeux sont différents en fonction du profil sociologique des populations impliquées et des dynamiques économiques, démographiques et spatiales (P. SUBRA, 2007). Nombre de ces conflits trouve une issue dans le débat démocratique et tous ne sont pas dramatiques.

Le conflit semble inhérent à la démocratie alors que celle-ci peut également être un outil de résolution des conflits. Le couple démocratie et conflit est au cœur de rapports de réciprocité, dans l'opposition ou la complémentarité.

1. Je remercie ici Monsieur Jacques GODFRAIN, alors député RPR de l'Aveyron, devenu ministre de la Coopération en 1995, de m'avoir livré son témoignage sur les évènements du Larzac.

Conclusion

Dès ses origines dans l'Antiquité grecque, la démocratie revêt des interprétations différentes. Sa définition est controversée rendant inconciliables un peuple (*demos*) compris comme une communauté de citoyens englobant les plus pauvres et la force ou la contrainte (*kratos*). Pour les Grecs, la démocratie est une réalité bien plus vaste qu'un régime politique. Elle se réfère à un ensemble de mœurs et de pratiques sociales garantissant l'égalité des citoyens. Cependant, la démocratie ne recouvre pas tout le peuple. Les procédures démocratiques n'ont pas totalement disparu jusqu'à l'époque contemporaine. C'est seulement au XIXe siècle que le terme n'est plus péjoratif pour les élites européennes. La démocratie apparaît alors non pas comme un régime dont les règles de fonctionnement sont définitivement établies, mais comme le creuset entre « *un corps politique abstrait, le peuple souverain, et sa réalité sociologique, le peuple comme société, caractérisé par la pluralité et la conflictualité* » (P. ISMARD, 2015).

Le défi démocratique tient également à la prise en compte de son expression territoriale à différentes échelles. Au-delà de la nation, la démocratie s'exprime tant à l'échelle locale que régionale ou supranationale dans sa dimension pacifique ou conflictuelle.

Document

Rebâtir la République dans la démocratie

La République a été sauvée en même temps que la patrie. Tout au long de la guerre, tandis que nous luttions durement – l'Histoire dira au milieu de quelles intrigues et de quelles difficultés ! – pour réveiller, rassembler, mettre en œuvre toutes les forces rompues de la France et de l'Empire, nous avons pris comme principe politique qu'il n'appartenait qu'au peuple français de décider de ses institutions, et que, si tôt la victoire remportée, la libération acquise, nous lui rendrions la pleine et entière disposition de lui-même. Il y avait là, il y avait là, de notre part, d'abord l'effet d'une conviction ferme et raisonnée. Ensuite, dans un conflit qui, pour la France, était idéologiquement l'opposition entre le totalitarisme et la liberté, c'eût été se renier, c'est-à-dire se détruire soi-même, que de tricher avec son idéal. Enfin, en luttant pour tous les droits de la nation, ses droits intérieurs en même temps que ses droits extérieurs, nous donnions à notre action et à notre autorité le caractère de la légitimité, nous sauvegardions pour tous les Français le terrain sur lequel ils pourraient retrouver leur unité nationale et nous nous mettions en mesure de dresser contre tous essais d'empiétements de l'étranger une intransigeance justifiée.

L'engagement que nous avions pris, nous l'avons purement et simplement tenu. Dès que possible, nous avons invité à voter tous les Français et toutes les Françaises, pour élire d'abord les Conseils municipaux, et puis les Conseils généraux, enfin une Assemblée nationale à laquelle nous avons remis immédiatement et sans réserve, comme nous l'avions toujours promis, les pouvoirs que nous exercions depuis plus de cinq lourdes années. (…)

Mais, si la République est sauvée, il reste maintenant à la rebâtir. À cet égard, nous avons toujours fait connaître clairement au pays quelle était à notre avis la conception du salut après les terribles leçons que nous venons d'essuyer et devant les durs obstacles que nous avons à franchir. Nous l'avons fait, convaincu que cette

conception répondait au sentiment profond du peuple, même si l'embrigadement dans les partis devait venir en contrarier l'expression. Nous répétons aujourd'hui ce que nous avons dit en maintes occasions (...).
Il nous paraît nécessaire que l'état démocratique doit être l'état démocratique, c'est-à-dire que les trois pouvoirs de l'État : l'exécutif, le législatif et le judiciaire doivent être chacun un pouvoir et un seul pouvoir, que leur tâche doit être délimitée et séparée de celle des autres, de manière à éviter cette confusion dans l'État qui le dégrade et qui le paralyse ; cela, cela, afin d'empêcher aussi, qu'aucun de ces pouvoirs ne puisse écraser l'autre, ce qui aboutirait inévitablement d'abord à l'anarchie, ensuite, à la tyrannie, soit d'un homme, soit d'un groupe d'hommes, soit d'un parti, soit d'un groupement de partis. (...)

Charles de Gaulle, *Discours prononcé à Epinal* [extraits], 29 septembre 1946.

Bibliographie

Outils :

- ISMARD Paulin, « Démocratie », *in* GAUVARD Claude, SIRINELLI Jean-François, *Dictionnaire de l'historien*, coll. « Quadrige », Paris, PUF, 2015, 786 pages.

Histoire de France :

- LIGNEREUX Aurélien, *Histoire de la France contemporaine, 1. L'Empire des Français 1799-1815*, Paris, Seuil, 2012, 417 pages.

La démocratie dans la Grèce antique :

- MOSSÉ Claude, *Histoire d'une démocratie : Athènes. Des origines à la conquête macédonienne*, Points Histoire, Paris, Seuil, 1971, 188 pages.
- MOSSÉ Claude, *Politique et société en Grèce ancienne : le « modèle athénien »*, Champs histoire, Paris, Flammarion, 1999, 256 pages.

La démocratie contemporaine :

- GAUCHET Marcel, *La démocratie contre elle-même*, Paris, Gallimard, 2002, 385 pages.
- ROSANVALLON Pierre, *La démocratie inachevée. Histoire de la souveraineté du peuple en France*, Paris, Folio, 2003, 592 pages.
- ROSANVALLON Pierre, *Pour une histoire conceptuelle du politique*, Paris, Seuil, 2003, 60 pages.

Le processus électoral :

- GUENIFFEY Patrick, *Le Nombre et la Raison : la Révolution française et les élections*, Paris, EHESS, 1993, 559 pages.

Les résistances et contestations en démocratie :

- CORBIN Alain, *Le village des cannibales*, Paris, Aubier, 1990, 204 pages.
- DELALANDE Nicolas, *Les batailles de l'impôt, consentement et résistances de 1789 à nos jours*, Paris, Seuil, 2014, 464 pages.
- FOUCAULT Michel, *Surveiller et punir. Naissance de la prison*, Paris, Gallimard, coll. « Tel », 1975, rééd. 1993, 360 pages.
- LIGNEREUX Aurélien, *La France rébellionnaire. Les résistances à la gendarmerie (1800-1859)*, coll. « Histoire », Rennes, PUR, 2008, 365 pages.

- NICOLAS Jean, *La rébellion française. Mouvements populaires et conscience sociale (1661-1789)*, Paris, Seuil, 2002, 609 pages.
- ROSANVALLON Pierre, *La contre-démocratie. La politique à l'âge de la défiance*, Paris, Seuil, 2006, 345 pages.
- SOHN Anne-Marie, *« Sois un homme ! ». La construction de la masculinité au XIXe siècle*, Paris, Seuil, 2009, 462 pages.
- SUBRA Philippe, *Géopolitique de l'aménagement du territoire*, coll. « Perspectives géopolitiques », Paris, A. Colin, 2007, 327 pages.

Revues :

- ARTIÈRES Philippe, « Le Larzac, laboratoire de luttes », *L'Histoire*, n° 481, mars 2021, pp. 12-19.
- GIBLIN Béatrice, « Géographie des conflits », *Documentation photographique*, Paris, La Documentation française, n° 8086, 2012, 64 pages.

Pour aller plus loin

Revue :

- FLICHY Patrice, « La Démocratie 2.0 », *Études*, 2010/5, tome 412, pp. 617-626.

Documentaire :

- « François Mitterrand et les paysans du Larzac », *13 h 15, le dimanche, Le feuilleton des Français*, Documentaire France 2, diffusion le 9 mai 2021, 50 minutes.

Sujets

- Les illégalismes sont-ils une menace pour la démocratie ?
- La démocratie en France entre ordre et contestations.
- Le débat démocratique est-il possible ?
- La démocratie peut-elle exister sans conflit ?

2 Les représentations de la Nation France : histoire et controverses

> « Ainsi la diversité des pays et des paysages, la multiplicité des représentations de la France s'entendent-elles à contester la vision exaltée d'une France une et indivisible. Une nation profuse, concrète, reçue en héritage, est constamment venue rappeler son existence à la nation abstraite, surgie du contrat et de l'adhésion volontaire des hommes. »
>
> MONA OZOUF, 2015.

Introduction

En pleine Révolution française, SIÈYES, député aux États généraux de mai 1789, pose la question dans son pamphlet : « *Qu'est-ce que le Tiers-État ?* ». Il répond qu'il n'est rien et pourtant il aspire à devenir tout, un peuple, par opposition à la société d'ordres d'Ancien Régime dans laquelle politiquement il n'est que sujet. Cette interrogation se traduit près d'un siècle plus tard par la question suivante : « *Qu'est-ce qu'une Nation ?* », posée par Ernest RENAN dans sa leçon inaugurale au Collège de France.

C'est dans cette période ouverte par la Révolution française et sur un long XIXe siècle que se construisent les représentations de la Nation France. Elles accompagnent la formation d'un peuple dont le socle commun s'incarne dans des actes politiques, des valeurs philosophiques, des images, des symboles et une histoire commune. Au XVIIIe siècle, une nation désigne un groupe, qui peut être une corporation ou un groupe d'étudiants. La Révolution française lui donne le sens de peuple. Elle initie le Printemps des peuples en France et en Europe qui se solde par l'apparition de l'État-nation. Le peuple est alors associé à un territoire sur lequel il développe un très fort sentiment d'appartenance et d'unité, dans une volonté de vivre ensemble. Les représentations de la Nation trouvent leur origine dans une histoire politique qui voit se succéder différents régimes politiques de 1789 à aujourd'hui : monarchies, empires et républiques. Représenter cette Nation passe par différentes modalités pour se donner à voir, être imaginée, interprétée ou figurée par une intense propagande à la fois monarchiste, impériale et républicaine. Cette histoire du politique, des idées et des représentations a été renouvelée à la suite des Sciences politiques et de Pierre ROSANVALLON (1998), puis par l'historien Vincent DUCLERT et sa « *République imaginée* » (2014). Si la nation s'entend comme un peuple, associé à un territoire et à une forme d'État, dans lequel il aspire à vivre ensemble, il s'agit alors d'observer comment se construit l'idée de l'unité du peuple français, au gré de ses métamorphoses pour aboutir à la formation d'une Nation républicaine.

Concepts/notions

- **État-nation** : État dans lequel les citoyens forment un peuple souverain. Il se constitue en Europe à partir des États territoriaux depuis le traité de Westphalie en 1648 qui établit la concordance entre l'identité religieuse d'un souverain et celle de ses sujets (M. BRUNEAU, www.hypergeo.eu).
- **Nations** : « *communautés humaines dotées d'un État qui exerce une souveraineté au moins formelle sur un territoire et qui organise – de manières très diverses – l'expression politique de la communauté qui y réside* ». Il s'agit d'une définition considérant les nations qui composent le monde telles qu'elles s'établissent au sein de l'ONU (Organisation des Nations unies) qui doit permettre le dialogue entre ces unités politiques (B. WILFERT-PORTAL, 2010).
- **Peuple** : ensemble d'hommes vivant sur un territoire, avec parfois une communauté d'origine, liés par des pratiques et des institutions communes. Par extension, le peuple désigne un ensemble de personnes ayant le sentiment d'appartenir à une même communauté fondée sur l'origine ethnique, la langue ou la religion par exemple.

Chronologie

- **1157 a. è.** : les Grecs détruisent Troie. Un des survivants, Francion, fonde la ville de Sicambre où il s'installe avec ses compagnons. De son nom dérive celui des Francs et de cet épisode les origines troyennes des Francs.
- **496** : Clovis est baptisé. Il unifie la majeure partie de la Gaule et ce roi des Francs devient l'archétype du roi Très-Chrétien.
- **732** : date symbolique de la bataille de Poitiers où Charles Martel repousse une razzia guerrière venue d'Espagne.
- **843** : traité de Verdun qui partage l'empire de Charlemagne : son troisième fils appelé Charles le chauve obtient la plus grande partie de la Gaule qui s'appelle alors France.
- **987** : avènement d'Hugues Capet élu roi à la tête du duché de France.
- **1214** : victoire de Philippe Auguste à Bouvines face à l'empereur d'Allemagne, Otton, allié à l'Angleterre.
- **1302** : première réunion des États généraux à Paris par Philippe le Bel, symbolisant l'existence d'une nation française à travers les trois ordres réunis.
- **1356** : à la bataille de Poitiers, Jean le Bon et son fils sont pris par les Anglais.
- **1415** : alors que les Français se battent entre eux, les Anglais envahissent le royaume et sont victorieux à Azincourt.
- **1431** : mort de Jeanne d'Arc sur le bûcher à Rouen. Son épopée permet à Charles VII de défaire l'union de la France et de l'Angleterre.
- **1483** : mort de Louis IX qui possède la plus grande partie de la France en ayant réuni un à un les anciens duchés et comtés au domaine royal.

- **1515**: le roi François Ier et la noblesse sont victorieux des mercenaires suisses à Marignan.
- **1539**: l'ordonnance de Villers-Cotterêts, prise par le roi François Ier, impose l'usage du français dans les actes officiels et de justice.
- **1572**: massacre de la Saint-Barthélemy au cœur de la guerre qui oppose catholiques et protestants en France.
- **1598**: par l'Édit de Nantes, le roi Henri IV fait de la France le premier pays à reconnaître qu'un homme ne puisse pas être maltraité à cause de sa religion. Les protestants obtiennent la liberté de pratiquer leur religion.
- **1649**: au traité des Pyrénées, les Espagnols cèdent à la France l'Artois et le Roussillon.
- **1685**: révocation de l'Édit de Nantes par Louis XIV.
- **1776**: enseignement de l'histoire de France en Seconde, dans les écoles militaires préparatoires créées à cette date.
- **1789**: le 14 juillet, la Bastille est prise, symbole de l'arbitraire du roi, consacrant la victoire de la justice et de la liberté.
- **1792**: victoire des Français contre les Prussiens à Valmy le 20 septembre. Le commandant Kellermann s'écrit: « *Vive la Nation!* »
- **1802**: création des lycées et collèges, l'histoire devient obligatoire (histoire sainte et mythologique, histoire de l'Antiquité et histoire nationale).
- **1815**: Napoléon est vaincu à Waterloo face aux armées britanniques, prussiennes, belges et hollandaises, et la France perd les conquêtes faites par la République.
- **1819**: introduction de l'histoire au Concours général.
- **1820**: introduction de l'histoire à l'oral du baccalauréat.
- **1830**: création de l'agrégation d'histoire et de géographie.
- **1833**: l'enseignement de l'histoire dans les écoles primaires est laissé à la libre initiative des autorités locales.
- **1838**: l'histoire doit être enseignée de la Sixième à la Première.
- **1863**: Victor DURUY (ministre de l'Instruction publique de Napoléon III) introduit l'histoire la plus récente en classe de philosophie pour informer sur le monde contemporain ceux qui seront amenés à exercer des responsabilités.
- **1867**: Victor DURUY rend l'enseignement de l'histoire obligatoire dans les écoles primaires.
- **1869**: publication de l'*Histoire de France* de Jules MICHELET.
- **1870**: défaite de la France face à la Prusse.
- **1871-1940**: sous la IIIe République, les programmes d'histoire portent sur l'histoire de France « *jusqu'à nos jours* », dans une étude « *concentrique* » et chronologique de l'histoire nationale.
- **1880-1902**: la composition française introduite au baccalauréat peut porter sur un sujet historique mais fonctionne encore comme un exercice rhétorique davantage que comme un devoir d'histoire.

- **1882** : introduction de l'instruction civique dans l'enseignement primaire, confiée aux professeurs d'histoire.
- **1914-1918** : Grande guerre et retour de l'Alsace et de la Lorraine à la France.
- **1945** : l'enseignement de l'instruction civique est étendu au premier cycle du secondaire.
- **1948** : l'enseignement de l'instruction civique est étendu au second cycle du secondaire.
- **1978** : l'histoire de France se fait de l'extérieur avec la publication de l'*Histoire des passions françaises (1848-1945)*, par Theodor ZELDIN, professeur à Oxford.
- **1986** : publication de *L'identité de la France* par Fernand BRAUDEL.
- **1998 ; 2018** : l'équipe de France remporte la coupe du monde de football dans une société mondialisée.

Les régimes politiques en France depuis la Révolution française

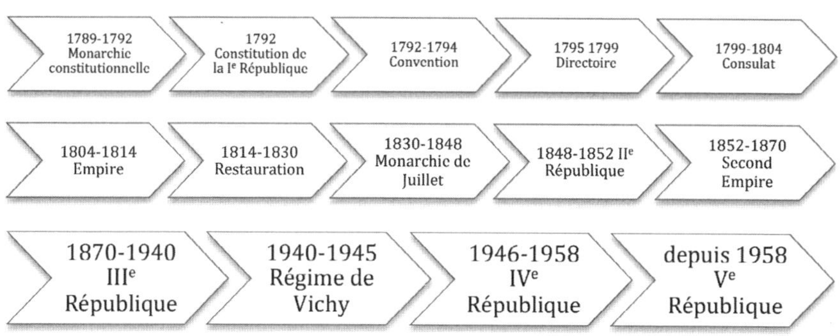

Historique

La construction de l'histoire de la Nation France

Les représentations de la Nation française sont le résultat d'une construction historique. La retracer permet de livrer une image des origines de la Nation France (S. VENAYRE, 2013). Être historien de la Nation pose la problématique des régimes d'historicité (F. HARTOG, 2003) et des liens entre l'historien et son temps, voire sa dépendance au régime politique en place.

Une histoire révolutionnaire de la Nation en armes est lisible à travers les idéaux et l'imaginaire de la Révolution française mythifiant certaines étapes de cette Révolution, puis oscillant entre sa nécessaire poursuite ou sa fin hypothétique. L'approche historiographique de la Révolution française a été profondément renouvelée après son bicentenaire. Les travaux de François FURET (1965) ont été actualisés avec Mona OZOUF (1988) et notamment à travers son ouvrage *De Révolution en République. Les chemins de la France* (2015). Les représentations de la Nation France trouvent leur origine dans l'histoire de la Révolution française. Ainsi, l'histoire de la

Nation révolutionnaire donne l'image des sujets en armes, qui deviennent citoyens en armes, puis citoyens-soldats dans la défense de la patrie en danger. Le mythe de Valmy participe de cette histoire d'un peuple-un réuni autour d'idéaux définis par SIÈYES ou la Déclaration des droits de l'homme et du citoyen (1789). Jusque-là, le roi et la dynastie incarnaient l'histoire d'un royaume qui devient désormais Nation. L'union du peuple révolutionnaire versaillais, parisiens et des sans-culottes n'est cependant pas acquise; elle l'est encore moins à l'échelle « nationale » naissante, alors que la contre-révolution s'organise et que les émigrés fuient. L'idée d'une Nation républicaine n'est alors pas formulée, ainsi que le rappelle le journaliste Camille DESMOULINS (1760-1794): « *Nous n'étions pas dix républicains à Paris en 1789* ». C'est donc l'image de l'opposition, mais aussi de la Terreur et de ses figures qui se diffuse: ROBESPIERRE ou MARAT assassiné par Charlotte de CORDAY. Cette dernière pose la question de l'appartenance des femmes aux représentations de la Nation. Une exposition au Musée Lambinet de Versailles a été consacrée en 2017 aux « *Amazones de la République* » montrant qu'elles sont partie intégrante de l'histoire et des révoltes liées à la Révolution puis à la République, alors qu'elles sont exclues de la citoyenneté active (A. VERJUS, 2014). Ainsi, toute l'histoire de la Nation s'inscrit dans cet héritage et cette continuité révolutionnaires récupérés par la IIIe République (1871-1940).

L'alternance de régimes politiques successifs monarchiques, républicains et impériaux de la Révolution française à la IIIe République offre le cadre de l'élaboration des représentations de la Nation dans une quête historique et philosophique. Les débats des XVIIe et XVIIIe siècles sont repris au lendemain de la Révolution française pour construire une nouvelle histoire de la Nation. Elle repose sur les récits de l'invasion franque dans la Gaule romanisée du Ve siècle par des groupes guerriers égaux entre eux et qui imposent leurs modes de vie et institutions. Au Xe siècle, la monarchie s'approprie les biens qui étaient ceux de la noblesse, ce qui donne au XVIIIe siècle une légitimité à la restitution des droits de la minorité d'ascendance gauloise opprimée au moment de l'invasion. Dans l'imaginaire, la monarchie est alors assimilée aux Francs et les opprimés aux Gaulois. Les historiens, par leur travail, ont forgé l'idée de Nation constituée autour d'un peuple et construit ses représentations à l'exemple de Jules MICHELET. Ce dernier, historien et philosophe, est titulaire d'une chaire à la Sorbonne. Dans la lignée d'Augustin THIERRY, il contribue à l'invention de la Nation France. Cette idée n'est pas neuve, elle s'est définie au contact de l'étranger, notamment pendant la guerre de Cent Ans alors que les hommes du Midi qui parlent la langue d'oïl rencontrent des Bretons bien plus semblables à l'étranger britannique conquérant. Aussi « nos ancêtres les Gaulois » sont-ils évoqués pour une histoire de la Nation France, comme celle d'une famille à laquelle se sont agrégés des peuples différents. Jules MICHELET, dans son *Tableau de la France* en première partie de l'*Histoire de France* (1861), utilise la métaphore de la famille et de la personne pour qualifier la France: image organique d'un individu dirigé par une tête qui anime des membres. Ainsi commence par un mouvement en colimaçon, sa description de la France depuis la Bretagne, en passant par le Pays basque, en remontant la vallée du Rhône, évitant l'Alsace, puis vers Liège et Paris. Aussi rejoint-il la définition d'Ernest RENAN de la Nation à travers la « race ».

Ils livrent une histoire, puis une mémoire de la Nation où l'oubli concerne la part la plus infâme de la Nation (S. VENAYRE, 2013). Une lecture nationaliste a pu être faite de leurs thèses. Le travail de ces historiens, fût-il fondé sur des sources symboliques ou juridiques, a permis d'attester de l'existence d'une nation, en faisant l'inventaire, voire l'invention des épopées, des coutumes, des légendes populaires témoignant d'un esprit national, à l'œuvre depuis des temps immémoriaux, avant même que la Nation politique n'existe. Les historiens français rejettent tout fondement linguistique ou racial et préfèrent la volonté politique comme socle de la Nation : « *L'heure n'était plus à la nation populaire contre la tyrannie monarchique, ou à la nation du Tiers-État contre les noblesses d'origine franque, mais au consensus national fondé sur un passé reconcilié* » (B. WILFERT-PORTAL, 2010).

Cette histoire de la Nation est enseignée par l'École de la IIIe République. La Nation et les représentations qui en sont faites (V. DUCLERT, 2014) à travers son histoire sont utilisées afin de républicaniser les Français (C. PROCHASSON, 2013). Aussi, le tour de France des régions de Jules MICHELET est-il repris dans le manuel destiné à l'enseignement primaire de G. BRUNO, *Le Tour de France par deux enfants* (1877). Le pseudonyme de l'auteur cache Mme Augustine FOUILLÉE, épouse du philosophe Alfred FOUILLÉE et mère de Jean-Marie GUYAU, ayant lui aussi écrit deux années auparavant un manuel de lecture courante auquel elle reprendra quelques « historiettes morales ». Elle est imprégnée d'une morale qui est celle de la République et qui vise à éduquer la Nation des futurs citoyens à la solidarité, à l'impôt, au patriotisme. Le manuel raconte l'histoire d'André et Julien, deux orphelins lorrains à la recherche d'un oncle ou d'une mère qui passent clandestinement la frontière allemande à l'automne 1871. Leur nom est identique, il s'agit de celui prononcé en dernière volonté par leur père mourant : « la France ». Leur histoire est lue dans les familles autant par les enfants que par les adultes comme un manuel de géographie, un précis de morale, un livre de sciences naturelles ou un guide d'initiation élémentaire à la loi française. À la suite de la défaite de l'empereur Napoléon III à Sedan en 1870 face à la Prusse et aux failles françaises en matière de Géographie, son enseignement intègre les programmes scolaires du primaire. *Le Tour de la France* permet une appropriation du territoire français et malgré la lecture des différences régionales, l'unité nationale y paraît si évidente qu'elle est forgée par les activités d'apprendre et parcourir auxquelles il initie (M. OZOUF, 2015). Au début du XXe siècle, Paul VIDAL DE LA BLACHE reprend MICHELET et sa métaphore considérant que « *la France est une personne* [...], *un être géographique* » dans son *Tableau de la géographie de la France* (1903) qui se construit comme l'enseignement corollaire à l'histoire de France accompagné de cartes murales qui sont autant de représentations du territoire associé à la Nation France (S. VENAYRE, 2013). Ce sont d'ailleurs ces mêmes personnifications et hypostases qui seront rejetées par la sociologie, à l'exemple de Max WERBER (1864-1920) dénonçant l'idée que « le Peuple » puisse être identifié comme un groupe national, et qu'il valait mieux éviter le concept de nation trop approximatif. De la même manière, Émile DURKHEIM (1858-1917) en appelle à l'abandon de « *l'idée mystique et obscure* » de nation. Les sociologues préfèrent absorber la nation des historiens dans la « société ». Mais, c'est la théorie idéaliste de la Nation forgée par les universitaires, dont Ernest RENAN (1823-1892) fait partie, qui a été diffusée à travers l'idée d'une Nation fondée sur les souvenirs du passé et la volonté de vivre ensemble (B. WILFERT-PORTAL, 2010).

La construction puis l'enseignement de l'histoire de la Nation donnent à voir la Nation France comme un objet en cours de définition et d'appropriation. Cette dernière est rendue possible grâce à une figuration qui tend à devenir consensuelle.

Actualité

Les représentations de la Nation France, vers une adhésion progressive à un système de valeurs et de symboles communs

Représenter la Nation à travers des valeurs et des symboles, c'est ainsi faire adhérer le peuple français à tout un système d'images, de principes et d'émotions lui donnant l'impression d'appartenir à un tout, une Nation, celle de la France, vers une incarnation dans la République.

Les couleurs de la Révolution deviennent celles de la France (M. PASTOUREAU, 2016). Sur les drapeaux portés par les sans-culottes parisiens, le bleu et le rouge de la ville de Paris encadrent le blanc de la monarchie et remplacent progressivement le blanc du drapeau royaliste. Le rouge, couleur du pouvoir, devient le symbole du combat, le bleu la couleur la plus aimée des Français et le blanc celle de la paix. Derrière chaque couleur, plusieurs imaginaires se réfèrent à des périodes différentes. L'héritage révolutionnaire demeure un facteur de politisation (F. FURET, 1978) pour une Nation constituée d'un peuple citoyen en devenir. Le tutoiement révolutionnaire, l'appellation « citoyen », permettent l'union du peuple dans la défense de la liberté, d'une égalité qui peine à s'affirmer et d'une fraternité où pour être citoyen il faut être frères. Ces sentiments et ces images sont ceux d'une Nation naissante dont l'unité se heurte à bien des oppositions et à la force du conservatisme. La République revêt le drapeau tricolore qui devient le symbole de l'adhésion du peuple à la Nation, à travers le pavoisement qui peut aussi être une forme d'exercice de la démocratie directe (O. IHL, 1996). Ainsi, lorsque MONET représente la rue Saint-Denis en 1878, il figure au milieu des bruissements populaires et drapeaux tricolores les slogans : « *Vive la République* » sur fond blanc et « *Vive la France* » sur fond noir. L'idée de Nation France semble ici rejoindre celle de la République. Le pavoisement, mode d'expression politique, est aussi le symbole de la Nation réunie. C'est le cas lorsqu'elle se rassemble sur tout le territoire français, les 10 et 11 janvier 2015, lors des « marches républicaines » en réaction aux attentats djihadistes des 7, 8 et 9 janvier 2015. Les Français, portant l'étendard tricolore et le slogan « *Nous sommes tous Charlie* », témoignent de leur solidarité et réaffirment leur croyance en la liberté qui mobilise plus de 4 millions de personnes. Dans un tout autre registre, l'attachement des Français au drapeau tricolore se donne une nouvelle fois à voir lors de la victoire de l'équipe française de football au Mondial 2018. C'est encore l'occasion de « faire Nation ».

Les valeurs et les symboles de la Nation sont aussi empruntés à l'imaginaire monarchiste et impérial réapparaissant au cours d'un long XIXe siècle. Si la Révolution a brûlé Bastille, châteaux et péréquaires, pour détruire symboliquement l'arbitraire du roi, la noblesse, les titres de propriété ainsi que les rôles fiscaux, elle n'efface ni les fleurs de lys, ni le blanc du drapeau monarchiste qui ressurgissent. En 1790, sous la Monarchie constitutionnelle, la Nation est à l'image d'un roi, Louis XVI, caricaturé et bientôt guillotiné. Puis, la mémoire de la monarchie restaurée en 1815 est celle d'une Nation où Louis XVIII célèbre le 21 janvier une messe en mémoire de Louis XVI. Ensuite, lors de la seconde Restauration en 1830, Louis Philippe réintègre Napoléon dans l'imaginaire collectif, notamment à travers le musée qui lui est consacré à Versailles. Le césarisme napoléonien a marqué l'imaginaire de la Nation, à travers l'aigle ou la pourpre qui sont les symboles impériaux (A. LIGNEREUX, 2012). Le bonapartisme des Français est vif, au XIXe siècle, tant pour Napoléon Ier dont ils attendent le retour avec des bateaux chargés de blé, que pour Napoléon III son neveu, parfois aussi considéré comme la caricature de son oncle par la propagande impériale. L'union du trône et de l'autel sous ces régimes monarchistes et impériaux rappelle que l'Église n'est pas absente de l'imaginaire de la Nation.

La Nation tend ensuite à emprunter davantage ses représentations à la République : celle éphémère de 1848 à 1852 et surtout la IIIe République (1871-1940) qui officialise comme étant siens les symboles révolutionnaires. La Seconde République (1848-1852) née des révolutions de février 1848, puis secouée par celles de juin, lègue l'image de la peur des « rouges » autour de l'émergence de la question sociale, du mouvement ouvrier et donc d'un retour à l'ordre. C'est aussi dans un contexte de révolte et de guerre qu'apparaît la IIIe République avec le siège de Paris par les Prussiens et la Commune de Paris, seule expérience de République sociale durant soixante-douze jours en 1871. Ainsi, l'imaginaire républicain renvoie à l'idée d'une Nation unie derrière ses symboles révolutionnaires réactivés en de nombreuses occasions. Cette « République imaginée » (V. DUCLERT, 2014) se donne à voir dans des représentations multiples. Marianne, son allégorie, est une effigie aux figures différentes : au combat cuirassée ou nourricière, la poitrine dénudée (M. AGULHON, 2001). Alors que d'autres figures féminines telles que la Justice, la Tempérance, la Liberté ou la Raison étaient restées opaques aux yeux des Français, ils se reconnaissent en Marianne. Elle prend le nom de baptême le plus donné alors, Marie-Anne, dans sa forme laïcisée et se retrouve en buste dans les mairies, en place publique sous la forme de statues ou sur les timbres et les pièces de monnaie où elle prend la figure de la « Semeuse » pour représenter les masses paysannes. Si sa figure est censée rassembler les Français, Maurice AGULHON a montré que le consensus républicain demeurait fragile. C'est que pour chacun, Marianne incarne une représentation différente : « Grande Sainte de 1789 » pour les bourgeois ou femme combattante pour les révolutionnaires, elle garde toujours des ennemis jurés à l'exemple de VERLAINE (1844-1896) :

Marianne est très vieille et va sur ses cent ans
Et comme dans sa fleur se fut une gaillarde
Buvant, aimant, moulue aux nuits de corps de garde
La voici radoteuse, au poil rare et sans dents.

Même chez les républicains, Marianne avait ses détracteurs. Comment pouvait-elle séduire ces républicains de l'ordre à travers sa robe courte et son corsage ouvert? Il nous appartient désormais de relever derrière chaque Marianne ce qu'elle raconte de son identité légendaire d'incarnation de la Liberté, de la Révolution ou de la France (M. OZOUF, 2015). Alors qu'Emmanuel MACRON a dévoilé en juillet 2018 le nouveau visage de Marianne, une nouvelle fois la controverse apparaît. Elle figurera sur les timbres sous la forme d'une effigie antique désincarnée car elle représente une abstraction, à l'inverse d'une personnalité, comme cela avait pu être le cas, en 1978, alors qu'elle prenait le visage de Mireille Mathieu ou de Catherine Deneuve en 1985. Elle est une forme de représentation anonyme du collectif qui, en République, sert à visualiser une abstraction. «*La tradition républicaine n'a pas déserté ce portrait. La nouvelle Marianne le montre. Et plus qu'on ne le pense. Conquérante, elle porte un bonnet écarlate hérité du pileus romain. Un emblème qui marquait l'émancipation des esclaves à Rome. La tête est lancée en avant, les cheveux soulevés par le vent et ornés d'une cocarde tricolore…*» (O. IHL, *atlantico*, 23 juillet 2018).

Autre image féminine, devenue symbole nationaliste, Jeanne d'Arc a aussi été célébrée à Paris par la République. Par ailleurs, l'hommage qui lui est rendu le 8 mai 2016 à Orléans par Emmanuel MACRON offusque une partie des Français. Pour lui, il s'agissait de reconnaître en elle «*une héroïne de la République*» et de «*réconcilier les mémoires*» en rappelant au sujet de Jeanne d'Arc: «*Elle était un rêve fou, elle s'impose comme une évidence*» (*L'Histoire*, Hors-Série, avril 2017). Une mémoire du passé sert alors le politique dans le présent quand bien même Jeanne d'Arc représente pour d'autres Français une réalité différente: celle d'une France catholique ou nationaliste. En outre, la IIIe République a aussi institué *La Marseillaise, Chant de l'armée du Rhin* chanté en 1792 à Strasbourg par des Marseillais qui parlaient à peine français, comme hymne national en 1879. De plus, les municipalités célèbrent le 14 juillet dès 1880, avec des feux d'artifices, des défilés en province et à Paris autour de la statue du Lion de Belfort et d'Aristide Denfert-Rochereau. La fête républicaine est un moment d'union de la Nation (O. IHL, 1996). Au-delà des manifestations, c'est aussi à travers des monuments que la Nation se donne à voir. Dans le paysage des villes et villages, s'ajoutent, au clocher des églises, des mairies et des écoles républicaines dans une architecture classique et ostentatoire, arborant au fronton la devise: «*Liberté, égalité, fraternité*». Une mémoire républicaine se construit également, à l'exemple du Panthéon qui accueille les grands hommes de la République pour leur sépulture. Il porte à son fronton l'inscription: «*Aux grands hommes la patrie reconnaissante*», ce qui s'oppose au principe d'égalité pour une République où la méritocratie ne chercherait pas à récompenser les hommes, mais des vies exemplaires. Or, on peut avoir plusieurs vies, à l'exemple du comte de MIRABEAU intégré puis exclu du Panthéon. En 1885, Victor HUGO entre au Panthéon. Alors qu'il avait réclamé des funérailles sobres, ce sont deux millions de Parisiens qui participent au cortège funèbre dans cette «France des larmes» (E. FUREIX, 2009). Pour Mona OZOUF dans *Les lieux de mémoires* (1986), «la Panthéon» est «*l'école normale des morts*», «*le temple du vide*». La panthéonisation de Simone VEIL le 1er juillet 2018 est un moment pour le peuple français de faire Nation car, selon les mots d'Emmanuel MACRON, «*cette décision fut celle de tous les* Français» (*L'Express*,

1er juillet 2018). Ainsi, écoles, mairies, Panthéon, noms de rues (les plus fréquents étant « la République », « la Liberté » et « Victor Hugo ») sont autant de lieux de mémoire de la République (P. NORA, 1986) qui fondent la Nation.

Ces symboles sont d'autant plus importants dans une France largement analphabétisée qu'ils constituent le socle de la Nation dont le peuple va faire l'expérience.

Prospective

Enraciner les représentations de la Nation France afin de créer un ciment national vers une républicanisation de la Nation

L'expérience de la Nation et de ses représentations se fait par l'armée, le service militaire, à l'école et à travers la Nation citoyenne et l'expérience républicaine. Représenter la Nation permet alors de républicaniser les Français, puis de tenter de maintenir une cohésion sociale.

Comment unir des hommes, voire des femmes, parlant des patois différents dans des régions aux poids et mesures divers, aux traditions, coutumes et modes de vie différenciés ? L'œuvre administrative révolutionnaire et impériale y répond avec la création des régions, des départements, puis des préfets pour unifier la Nation. La garde nationale, puis la participation à l'armée même si elle n'est pas toujours égalitaire, quand les bons numéros tirés au sort ou la fortune permettent d'en être exemptés, et au service militaire rendu obligatoire sous la IIIe République rendent possible l'exercice et la rencontre de la Nation en favorisant le patriotisme. La caserne devient aussi le lieu de l'enfermement (M. FOUCAULT, 1975). Les guerres napoléoniennes jusqu'à la défaite de Sedan en 1870 font émerger la figure du soldat CHAUVIN, paysan des campagnes, dessinant les contours d'un nationalisme qui prend le nom de chauvinisme. Rumeurs et peurs accentuent la méfiance face aux troubles et la maréchaussée se transforme en forces de gendarmeries sous l'Empire (A. LIGNEREUX, 2008). La Nation paraît de plus en plus encadrée et ses représentations officialisées. C'est progressivement à travers le vote que la Nation se donne à voir. L'acte électoral devient une expérience de la Nation comme en témoigne la représentation du « bureau de vote » d'Alfred BRAMTOT en 1891 : un paysan, un employé, un ouvrier, un commerçant et quelques bourgeois représentent la Nation réunie pour voter.

L'École de la Nation permet l'apprentissage de ces représentations. Celle de la République se superpose à l'école libre depuis 1881-1882 et les lois FERRY. Progressivement, les personnels religieux sont remplacés par des instituteurs laïcs, les « *hussards noirs de la République* » : jeunes instituteurs en blouses noires tels les soldats napoléoniens, mais défendant la République (Charles PÉGUY, *L'Argent*, 1913). Mona OZOUF les a étudiés et revient sur l'image de ces « *couches nouvelles* », telles que GAMBETTA les qualifiait, constituant une élite républicaine. Dans son ouvrage *Composition française. Retour sur une enfance bretonne* (2010), elle évoque le couple d'instituteurs formé par ses parents et se rappelle la visite de sa marraine disant à sa mère: « *Je préférerais être une pute!* », suggérant le décalage entre l'idéologie républicaine et la réalité de la considération de ces institutrices. Son père est communiste et incarne cette image que doit représenter l'instituteur, tout en dissociant instruction et conviction. Mona OZOUF, à l'école républicaine, fait l'expérience de la petite patrie, sa Bretagne natale, et de la grande patrie, la France. Elle reste marquée par la tension entre les différentes cellules d'apprentissage: la famille, l'Église et l'École. Cette dernière vise à transmettre une éthique républicaine à travers la fraternité et le solidarisme de Charles RENOUVIER (1815-1903) promus par la pédagogie de Ferdinand BUISSON en 1882 (A.-C. HUSSER, 2012). L'apprentissage de la « politique » est justifié par Fernand BUISSON dans son *Nouveau dictionnaire de pédagogie et d'instruction* primaire (1911):

> **« Politique »**
>
> Quelle part convient-il donc de faire dans l'enseignement primaire, public ou libre, à l'ensemble des notions que résume sans les bien définir le mot *Politique*? Plusieurs années avant la Révolution, c'était un avis général en France, parmi les auteurs de *Plans d'éducation*, qu'il importait d'enseigner dans les écoles, « les devoirs communs à tous les citoyens, les lois qu'il est indispensable de connaître et les principes de la constitution nationale ». Combien plus un tel enseignement est-il nécessaire dans un temps et dans un pays de suffrage universel?
> Mais il y a un écueil à éviter: il faut craindre de confondre, même sans le vouloir, les notions générales et fondamentales de la politique impersonnelle, nationale, théorique, qui sont du domaine de l'enseignement commun, avec les vues étroites, les doctrines, les opinions et les passions de la politique militante et quotidienne. Apprendre aux enfants ce que la France a dû successivement à la royauté et à la République; leur imposer le respect de toutes les traditions respectables, tout en gardant dans leur esprit l'idée du progrès; placer sous leurs yeux l'État du peuple, la condition du pauvre, de l'ouvrier, du paysan, sous l'ancien régime, et les mettre à même de reconnaître, par voie de comparaison, ce que le nouveau régime a fait pour le bonheur et pour l'honneur de la nation; les familiariser avec les principes de 1789, avec les droits de l'homme, avec la souveraineté du peuple, avec la devise française par excellence: « Liberté, égalité, fraternité »; avec les règles fondamentales de la division des pouvoirs et de l'organisation du gouvernement dans un État républicain; faire et bien faire tous ces enseignements, sans doute c'est faire de la politique, car c'est préparer l'enfant à aimer son pays, à obéir aux lois, à respecter le gouvernement, à user de tous ses devoirs de citoyen, et avant tout ses droits et ses devoirs politiques.
>
> Ferdinand BUISSON, *Nouveau dictionnaire de pédagogie et d'instruction primaire*, 1911, *in* DUCLERT Vincent, *La République, ses valeurs, son école. Corpus historique, philosophique et juridique*, Folio, Paris, Gallimard, 2015, pp. 465-467.

L'École devient, comme la caserne, un lieu d'enfermement (M. FOUCAULT, 1975) et vise à former les citoyens et les soldats qui défendront la Nation. Les garçons s'adonnent à des exercices militaires et en 1882 des brigades d'écoliers sont créées. Si, au départ, l'École républicaine conserve les devoirs envers Dieu, elle tend à les remplacer par une morale civique, renforcée par la loi de 1905 instaurant la laïcité. Le premier XXe siècle répand un enseignement chronologique de l'histoire de la Sixième à la Troisième, repris au second cycle. La méthode, critiquée, est remplacée à partir de 1945 par un enseignement « *par l'aspect* », une « *méthode active* », « *intuitive et déductive* », où les élèves travaillent à partir de « *documents authentiques* ». L'usage du document demeure cependant marginal et lorsqu'il est utilisé, c'est essentiellement à des fins illustratives. Afin de faire face aux mutations du public scolaire, Jules ISAAC préconise, dans son manuel de Terminale, que « *l'enseignement historique doit tenir compte, non seulement, des résultats acquis par l'enquête scientifique, mais encore des exigences nouvelles du milieu social* ». Il y a, en effet, de plus en plus d'élèves qui intègrent le Lycée. Les années 1968-1972 voient la réduction du nombre d'heures d'enseignement d'histoire-géographie-enseignement civique dans les collèges et lycées d'enseignement général, technologique et professionnel. Les professeurs d'histoire sont de moins en moins spécialisés et de plus en plus polyvalents, notamment à partir de l'insertion de l'histoire dans les « disciplines d'éveil » en 1969. Face aux remontrances faites par les professeurs certifiés et agrégés au Parlement, Michel DEBRÉ propose un « *projet de loi d'orientation sur l'enseignement de l'histoire* », cette dernière étant qualifiée de « *mémoire d'un peuple* » qui « *confère à la nation son identité* ». Cependant, ce projet n'aboutit pas. Il faut attendre 1978 et 1982 pour voir la réintroduction au collège, puis au lycée, dans les programmes de l'histoire la plus récente. À partir des années 1990-2000, l'enseignement de l'histoire fait écho aux débats de l'histoire « savante » en introduisant dans la réflexion des élèves les débats sur la pluralité des interprétations du passé. Dès lors, la mémoire devient un objet de l'histoire enseignée. Ainsi, la démarche attendue réhabilite le récit du professeur en lien avec l'épistémologie de l'histoire (P. GARCIA, J. LEDUC, 2010). En outre, l'importance du territoire dans la genèse de la France nécessite également un apprentissage de l'identité par la carte et la géographie. C'est une spécificité française car il n'y a, par exemple, aucune mention de la géographie du Royaume-Uni dans les programmes britanniques. Or en France, de l'école élémentaire au lycée, la géographie de la France est présente et même au-delà. Aucun concours de la fonction publique ou d'une grande école, s'il comporte une épreuve de géographie, ne peut échapper à la France (C. GRATALOUP, 2017).

Cette Nation devenue citoyenne et éduquée fait l'expérience républicaine de la Nation à partir de la IIIe République entre âge d'or et légende noire. Christophe PROCHASSON, dans un ouvrage collectif sur la *Contre histoire de la IIIe République* (2013) a révélé les distorsions entre le mythe de la Nation républicaine et cet horizon d'attente où les représentations de cette Nation républicaine ne sont pas toutes advenues. Si l'acculturation à la République s'est faite par la politisation des élites, puis des citoyens, elle n'est pas synonyme d'adhésion. Les historiens de la République sont soumis aux régimes d'historicité (F. HARTOG, 2003) et ont contribué à diffuser l'idée d'un âge d'or à l'image de l'école méthodique du début du XXe siècle, faisant de l'histoire un « *instrument d'éducation politique* » (C. SEIGNOBOS, 1907). L'histoire de France d'Ernest LAVISSE, un temps enseignée, a été remplacée. Cette histoire de la République est démythifiée. L'affaire DREYFUS montre, par exemple, qu'elle a porté atteinte aux droits de l'Homme et que la Nation s'est divisée entre Dreyfusards et anti-Dreyfusards. Elle ne trouve plus à s'incarner dans l'armée et les intellectuels soutenus par la presse dreyfusardes défendent les idéaux qui sont siens (V. DUCLERT, 2012). De plus, pour l'historien Gérard NOIRIEL l'histoire coloniale vient aussi alimenter cette légende noire de la République. Par exemple, l'Algérie conquise en 1830 reçoit la nationalité pour les autochtones, mais pas la citoyenneté. Les Algériens ne peuvent l'obtenir qu'en abandonnant la loi musulmane. Dès lors, la Nation n'est plus une. Il n'y a pas d'unité non plus dans la laïcité instaurée par la loi de 1905 qui ne s'applique pas aux colonies, la France préférant contrôler la formation des imams dans le cas de Algérie. Les immigrés en France n'intègrent pas totalement la Nation ni ses représentations, à l'exemple des vêpres marseillaises, du 17 au 20 juin 1881, réprimées alors que des Italiens sifflaient les officiers de retour des conquêtes coloniales. Les immigrés en France ne participent pas au service militaire s'ils n'ont pas acquis la nationalité. Leur naturalisation peut survenir pour compenser cette inégalité. Ces exemples démontrent la difficulté à définir l'identité française à travers l'unité nationale. C'est que la nation politique a vaincu la nation culturelle et que la passion unitaire est née d'une époque où la Révolution a décapité son roi qui assurait l'unité de la nation. Il fallait alors, comme dans le passé, retrouver une unité qui avait fait taire les conflits entre Francs et Gaulois, Armagnacs et Bourguignons, catholiques et bourguignons, et bientôt entre la droite et la gauche. Alors, il reste un certain nombre de défis pour renforcer sa suprématie dans l'imagination des Français. L'un des premiers défis tient à l'association dans le débat public de l'identité et de l'immigration, à l'instar de l'intitulé du ministère en charge de ces questions : « ministère de l'Identité nationale et de l'Immigration ». Le second problème relève de l'usage du « national » par l'extrême droite française en quête de « préférence nationale ». Il convient avant tout d'interroger quelques invariants de l'identité nationale française pour savoir si elle est en crise. Elle est en premier lieu inscrite dans le temps long comme le rappelle le général DE GAULLE dans ses *Mémoires de guerre* (1954) : « *La France vient du fond des âges* ». Deuxièmement, elle se veut « Une et indivisible » depuis la Révolution française. Troisièmement, elle s'inscrit dans un cadre plus large que son territoire national, dans une vocation démocratique universelle. Un des premiers symptômes de la crise de l'identité nationale tiendrait au caractère unitaire de la Nation imposé par l'État. Cela pose un problème alors que tous les régimes autoritaires ont imposé un récit unitaire. De plus, la cohésion nationale semble menacée de l'extérieur par son absorption dans le cadre européen et mondial (M. OZOUF, 2015). Cependant l'appartenance à deux échelons de gouvernance ne paraît pas inconciliable. Cicéron, dans *Les lois* (52 a. è.), montrait qu'il existait dans l'Empire romain « *une patrie naturelle et une patrie politique* […], *patrie par excellence puisqu'elle contient l'autre* » . Il existait, en effet, une patrie de naissance et celle de l'exercice de la citoyenneté romaine coiffant et contenant la première. Il en allait de même pour Victor HUGO (1802-1885) : "*Alors même que nous nous unissons à l'Europe dans une sorte de grande nationalité, la France n'en est pas moins notre patrie, comme Athènes était la patrie d'Eschyle et de Sophocle. Ils étaient athéniens comme nous sommes français, et nous sommes européens comme ils étaient grecs*". De l'intérieur, la nation paraît aussi menacée face aux minorités et particularismes. Enfin, il devient de plus en plus difficile de croire aux discours à tendance messianique sur la France et sa grandeur. Mona OZOUF, dans sa *Composition française* (2009), a tranché le débat entre "*l'universalité française et la particularité bretonne*" qui la tiraillait par ses recherches sur l'école républicaine et la Révolution française qui célèbrent l'unité et la résorption des particularités. Elle montre que pouvaient se superposer plusieurs cercles de socialisation : la famille, l'École et l'Église. L'identité apparaît alors avant tout comme une « identité narrative » et un travail sur l'héritage livrant un « patrimoine culturel » comme le suggère Krzysztof POMIAN (*Débat*, 2010). Elle doit dépasser les fausses questions du communautarisme, de la parité, de laïcité ou de la langue pour sortir d'un affrontement binaire du particulier et de l'universel. Il reste donc à composer et recomposer une identité nationale à travers de nouvelles représentations tant les Français, leurs vies et leurs souvenirs évoluent (M. OZOUF, 2015).

Les représentations de la Nation France diffusées par l'Armée, l'École et les rouages républicains en livrent une image officielle qui doit être nuancée. Représenter la Nation à la fin de la IIIe République, c'est en construire une image républicaine, mais n'oublions pas que les racines de Vichy sont déjà présentes dans cette IIIe République.

Conclusion

La construction d'une histoire nationale, l'adoption des valeurs et des symboles républicains qui deviennent ceux de la Nation et leur diffusion par l'apprentissage de la citoyenneté et de la démocratie, ont permis la formation idéologique d'un imaginaire collectif de la Nation française qui tend à devenir républicaine depuis 1789. Cependant l'idée de Nation reste fragile : en 1940, elle se scinde entre tentation autoritaire et résistance républicaine.

Aussi, le modèle d'assimilation républicaine semble être mis en défaut et s'acheminer davantage vers un multiculturalisme qu'une Nation incarnée dans un peuple-un.

Document

> **« Idées reçues sur les Gaulois à l'école »**
>
> *L'Histoire : Depuis quand enseigne-t-on l'histoire des Gaulois à l'école ?* [...]
>
> Dans les classes, c'est sous Victor Duruy, ministre de l'Instruction publique de Napoléon III et lui-même historien de l'Antiquité, que les Gaulois deviennent obligatoires. Dans les programmes de 1868, l'étude se déroule en quatre temps : les Gaules avant la conquête ; la conquête avec le couple César/Vercingétorix ; la romanisation ; la christianisation. C'est le moment de l'ouverture du musée des Antiquités nationales (1867). Dans l'inspiration de Michelet, le Second Empire compose un récit patriotique et progressiste qui fait des Gaulois le peuple premier et indépendant, à l'origine de la nation, en lieu et place des Mérovingiens, créateurs de la dynastie déchue.
>
> Avec la IIIe République et l'école obligatoire, on change de perspective. Si, jusque-là, la part de l'histoire de France est ténue, les années 1880 lui consacrent une place plus grande où, pour l'Antiquité, dominent largement les Gaulois.
>
> *C'est le temps du fameux « nos ancêtres les Gaulois » ?* [...]
>
> Un socle de représentations pérennes s'organise : une peuplade indisciplinée, guerrière, divisée, querelleuse, mais industrieuse, courageuse, avec de bons cultivateurs et qui eut l'intelligence de comprendre tout le bénéfice qu'elle aurait à entrer dans la romanité. L'ambivalence est la marque de cette mémoire. Comme un manuel

de cours moyen l'écrit en conclusion d'un chapitre sur « La Gaule conquise par les Romains » en 1926 : « *Aussi peut-on dire que si Vercingétorix avait triomphé, c'eût été un malheur pour la France. Ce qu'il a fait est pourtant une des plus belles actions de l'histoire qui montre le beau caractère de notre peuple* ».
[...]

Entretien avec Benoît FALAISE, propos recueillis par Fabien PAQUET, « Idées reçues sur les Gaulois à l'école », *L'Histoire*, n° 439, septembre 2017, pp. 53-55.

Bibliographie

Outils :

- DUCLERT Vincent, *La République, ses valeurs, son école. Corpus historique, philosophique et juridique*, Folio, Paris, Gallimard, 2015, 510 pages.
- GARCIA Patrick, LEDUC Jean, « Enseignement de l'histoire en France », *in* DELACROIX Christian, DOSSE François, GARCIA Patrick, OFFENSTADT Nicolas, *Historiographies I. Concepts et débats*, Paris, Gallimard, 2010, pp. 124-139.
- WILFERT-PORTAL Blaise, « Nation et nationalisme », *in* DELACROIX Christian, DOSSE François, GARCIA Patrick, OFFENSTADT Nicolas, *Historiographies II. Concepts et débats*, Paris, Gallimard, 2010, pp. 1090-1102.

Ouvrages spécialisés :

- AGULHON Maurice, *Les Métamorphoses de Marianne. L'imagerie et la symbolique républicaines de 1914 à nos jours*, Paris, Flammarion, Histoire, 2001, 320 pages.
- DUCLERT Vincent, *L'affaire Dreyfus*, coll. « Repères », Paris, La Découverte, 1994, rééd. 2012, 128 pages.
- DUCLERT Vincent, *La République imaginée 1870-1914*, Histoire de France, Paris, Belin, 2014, 861 pages.
- FOUCAULT Michel, *Surveiller et punir. Naissance de la prison*, coll. « Tel », Paris, Gallimard, 1975, rééd. 1993, 360 pages.
- FUREIX Emmanuel, *La France des larmes : Deuils politiques à l'âge romantique (1814-1840)*, Champ Vallon, Seyssel, 2009, 501 pages.
- HARTOG François, *Régimes d'historicité. Présentisme et expériences du temps*, Paris, Seuil, 2003, 272 pages.
- HUSSER Anne-Claire, *Du théologique au pédagogique. Ferdinand BUISSON et le problème de l'autorité*, Thèse de doctorat en Philosophie sous la direction de Pierre-François MOREAU et Jacqueline GAUTHERIN, ENS Lyon, soutenue le 07 septembre 2012.
- ORY Pascal, PASTOUREAU Michel, SERRI Jérôme, *Les Couleurs de la France*, Paris, Hoëbeke, 2016, 166 pages.
- IHL Olivier, *La fête républicaine*, Paris, Gallimard, 1996, 402 pages.

- LIGNEREUX Aurélien, *La France rébellionnaire. Les résistances à la gendarmerie (1800-1859)*, coll. « Histoire », Rennes, PUR, 2008, 365 pages.
- LIGNEREUX Aurélien, *L'Empire des Français 1799-1815*, L'Univers historique, Paris, Seuil, 2012, 432 pages.
- NORA Pierre [dir.], *Les lieux de mémoire, I. La République, II. La Nation, III. Les France,* 3 tomes, Paris, Gallimard, 1984, 1986 et 1992, 674, 667, 1034 pages.
- FONTAINE Marion, MONIER Frédéric, PROCHASSON Christophe, *Une contre-histoire de la IIIe République*, Paris, La Découverte, 2013, 401 pages.
- OZOUF Mona, *Composition française : retour sur une enfance bretonne*, Folio Poche, Paris, Folio, 2009, rééd. 2010, 288 pages.
- OZOUF Mona, *De Révolution en République, les Chemins de la France*, Quarto, Paris, Gallimard, 2015, 1363 pages.
- ROSANVALLON Pierre, *Le Peuple introuvable. Histoire de la représentation démocratique en France*, Folio Histoire, Paris, Gallimard, 1998, rééd. 2002, 491 pages.
- VENAYRE Sylvain, *Les Origines de la France. Quand les historiens racontaient la nation*, Univers historique, Paris, Le Seuil, 2013, 448 pages.
- VERJUS Anne, *La citoyenneté politique au prisme du genre. Droits et représentation des individus entre famille et classe de sexe (XVIIIe-XXIe siècles)*, Science politique, École normale supérieure de Paris – ENS Paris, 2014, 278 pages.

Revues :

- BORNE Dominique, « Histoire de France », *Documentation photographique*, Paris, La Documentation française, n° 8083, septembre-octobre 2011, 63 pages.
- « La grande querelle. L'histoire de la France », *L'Histoire*, Hors-Série, avril 2017, 98 pages.
- « Les Gaulois. Une civilisation majeure », *L'Histoire*, n° 439, septembre 2017, 98 pages.

Pour aller plus loin

Ouvrages spécialisés :

- BEAUNE Colette, *Naissance de la nation France*, Bibliothèque illustrée des histoires, Paris, Gallimard, 1985, 444 pages.
- BOUCHERON Patrick [dir.], *Histoire mondiale de la France,* Paris, Seuil, 2017, 800 pages.
- LACOSTE Yves, ENCEL Frédéric, *Géopolitique de la nation France*, Paris, PUF, 2016, 288 pages.
- RIOUX Jean-Pierre, SIRINELLI Jean-François [dir.], *La France, d'un siècle à l'autre (1914-2000). Dictionnaire critique,* Paris, Hachette Littératures, 1999, 982 pages.
- THIESSE Anne-Marie, *La Création des identités nationales. Europe XVIIIe-XXe siècle*, Paris, Le Seuil, 1999, 303 pages.

Bande dessinée :

- VENAYRE Sylvain, DAVODEAU Étienne, *La balade nationale. Les origines*, coll. « La Revue Dessinée », Paris, La Découverte, 2017, 165 pages.

Sujets

- L'École et la construction de la Nation en France.
- La Nation est-elle une construction politique ?
- Le pouvoir des images et des symboles de la Nation en France.
- « *La France était-elle inévitable ?* » (Joël CORNETTE, 2017).

3 La construction des mémoires collectives : histoire et politiques mémorielles

Cicéron (106-43 a. è.) s'interrogeant sur la mémoire :
« Elle ne relève certainement pas du cœur, ni du sang, ni des atomes ;
relève-t-elle du souffle, du feu ? Je l'ignore »

Tusculanes, 45 a. è., 54-66.

Introduction

Au mois de janvier 2021, l'historien Benjamin Stora remet son rapport sur la colonisation et la guerre d'Algérie au Président de la République. Ce travail d'histoire se conclut par une vingtaine de préconisations qui visent un apaisement des mémoires collectives. Ainsi, les questions des archives, des essais nucléaires, des cimetières européens et juifs, de la construction commune de mémoires entre la France et l'Algérie, des commémorations, de la recherche ou de l'édition sont soulevées. Depuis 2016 et la reconnaissance faite par le président François Hollande des « *responsabilités des gouvernements français dans l'abandon des harkis, les massacres de ceux restés en Algérie, et les conditions d'accueil inhumaines de ceux transférés en France* », des excuses sont attendues, de même que l'expression d'une repentance française. À ce sujet, Benjamin Stora conseille une diffusion de savoirs scientifiques ainsi que des gestes politiques et symboliques. C'est dans cette voie que l'Élysée s'est engagé : « *ni excuses ni repentance, des actes symboliques* » (A. MOUMEN, 2021). Cet exemple rappelle le divorce entre la « mémoire historique », celle du groupe des historiens et la « mémoire collective » qui s'affirme dans le vécu des groupes ou ce qu'ils font du passé, telles qu'elles ont été définies par Pierre Nora. Pour lui, « *la mémoire historique unit, et la mémoire collective divise* » (P. NORA, 1978).

Les mémoires collectives se heurtent à l'histoire qui instaure une distance au passé qu'elles abolissent par le vécu dont elles sont porteuses. Alors qu'elles ne semblent exister que parce qu'elles sont constituées par un groupe et une somme de mémoires individuelles, elles sont aussi le fait d'acteurs politiques et institutionnels pour qui elles sont un moyen de donner une version de l'histoire et d'orienter son cours. La mémoire vécue peut alors être cachée par la mémoire officielle. Celle d'un groupe, de ses héros, peut être perçue grâce au témoignage donnant à voir la mémoire nationale (P. JOUTARD, 2015). L'appropriation politique des mémoires existe avant même que naissent les nations, au sens qu'elles acquièrent au XIXe siècle, et trouve son origine dans l'histoire antique.

Concepts/notions

- **Devoir de mémoire** : l'expression apparaît en 1990 pour désigner l'obligation d'entretenir les souffrances endurées par les victimes juives du génocide dans un premier temps et de réparer le préjudice moral et matériel qu'elles ont subi.
- **Lieu de mémoire** : « *unité significative d'ordre matériel ou idéel dont la volonté des hommes ou le travail du temps a fait un élément symbolique d'une quelconque communauté* » (P. NORA, 1984).
- **Lois mémorielles** : lois qui établissent des vérités historiques officielles sur certains faits historiques et qui visent à sanctionner ceux qui les nient ou les falsifient.
- **Mémoire(s)** : ensemble de souvenirs d'évènements vécus par soi-même, ses ancêtres ou les personnes de son groupe. La mémoire n'est pas le souvenir de tout le passé vécu, elle est aussi faite d'oubli et a un rapport direct avec le passé (P. JOUTARD, 2010, 2015).
- **Mémoire collective** : mémoire d'une communauté ou d'un peuple, elle est sélective et faite d'oublis considérés comme insignifiants et de l'oubli-occultation volontaire.
- **Mémoire individuelle** : ensemble des souvenirs propres à chacun. Le débat porte sur sa possible existence en dehors de tout groupe social.
- **Négationnisme** : terme qui apparaît en France en 1987 dans l'ouvrage d'Henri ROUSSO, *Le syndrome de Vichy. De 1944 à nos jours*. Il s'agit d'une réaction historienne dans un contexte de développement de la négation de l'existence de la Shoah. La notion est ensuite étendue à d'autres massacres, comme l'esclavage ou les génocides arménien ou du Rwanda dont certains nient l'existence.
- **Politique mémorielle** : moyens mis en œuvre par l'État pour entretenir le souvenir d'évènements, de personnages ou de groupes mémoriels par des commémorations officielles, des mémoriaux, des musées ou des actions éducatives.
- **Repentance** : acte par lequel l'État reconnaît officiellement une faute commise dans le passé.
- **Révisionnisme** : évolutions doctrinales, revendications territoriales ou constitutionnelles (H. ROUSSO, 1987).
- **Souvenirs** : impressions, idées et toute forme de survivance du passé.

Chronologie de la mémoire, objet scientifique, littéraire, philosophique et objet d'histoire

- **1690** : John LOCKE dans son *Essai sur l'entendement humain* démontre que c'est à travers la mémoire et donc un rapport au passé que se construisent les identités.

- **1820-1823** : l'historien et philosophe Jules MICHELET rédige ses *Écrits de jeunesse. Journal (1820-1823). Mémorial. Journal des idées* dans l'objectif de constituer une mémoire. Dans le *Mémorial* qu'il rédige à 20 ans il cherche à « *fixer ce qui s'est déjà écoulé pour* [lui] *de cette vie si courte* » afin de tenir le registre de sa vie dans lequel mémoire individuelle et mémoire historique sont synonymes.
- **1874** : au contraire de John LOCKE, Friedrich NIETZSCHE démontre dans sa *Seconde Considération intempestive* que c'est l'oubli qui fonde la liberté des individus et leur permet de projeter leur identité dans le présent.
- **1881** : Théodule RIBOT, un des fondateurs de l'étude scientifique de la mémoire, publie *La Mémoire et ses maladies* empruntant à la théorie de l'évolution et à Herbert SPENCER l'idée que la mémoire est davantage liée à la biologie qu'à la psychologie.
- **1882** : Ernest RENAN dans sa leçon inaugurale au collège de France *Qu'est-ce qu'une nation ?* donne une définition de la nation qui n'est pas seulement une mémoire partagée mais une somme d'identités collectives en construction permanente.
- **1887** : Friedrich NIETZSCHE, philosophe de l'oubli, relie l'oubli, la mémoire et la morale qui deviennent des volontés dans son ouvrage *La Généalogie de la morale*.
- **1896** : Henri BERGSON, philosophe de la mémoire, analyse les rapports entre l'âme et le corps à travers la mémoire dans *Matière et mémoire*.
- **1907** : identification de la maladie d'Alzheimer comme un ensemble de troubles de la mémoire liés à la dégénérescence progressive des neurones.
- **1910-1913** : Charles PÉGUY est le premier à opposer histoire et mémoire dans son *Dialogue de l'histoire et de l'âme païenne*, puis dans le *Dialogue de l'histoire et de l'âme charnelle*.
- **1913-1927** : Marcel PROUST publie *À la recherche du temps perdu* s'interrogeant sur les réminiscences du passé dans la vie présente.
- **1915** : Sigmund FREUD questionne la mémoire et le souvenir dans *Métapsychologie* et met en évidence le refoulement. Il définit l'oubli comme le destin d'un récit impossible du souvenir.
- **1925** : publication des *Cadres sociaux de la mémoire* par le sociologue Maurice HALBWACHS.
- **1938** : publication de l'*Esquisse d'une psychologie des classes sociales* par Maurice HALBWACHS.
- **1948** : l'Université de Columbia à New York effectue les premiers enregistrements d'histoire orale.
- **1949** : publication de *1984* par George ORWELL ; il met en scène une politique totalitaire imposant sa mémoire et lui permettant de contrôler l'histoire.
- **1950** : publication posthume de *La Mémoire collective* de Maurice HALBWACHS.
- **1951** : dans *Qu'appelle-t-on penser ?*, Martin HEIDEGGER analyse la mémoire comme lieu de pensée, miroir de l'âme.

- **1964** : René RÉMOND anime le séminaire « Durée, mémoire et politique » à l'Institut des sciences politiques.
- **1970** : Maurice HALBWACHS et René BASTIDE contribuent à l'élaboration de la théorie de la mémoire collective dans *Mémoire collective et sociologie du bricolage.*
- **1978** : création de l'Institut d'histoire du temps présent (IHTP) en France.
- **1991** : instauration des journées européennes du patrimoine par le Conseil de l'Europe.
- **1996** : Joël CANDAU, sociologue et anthropologue, apporte sa contribution à la définition de la mémoire collective à travers l'ouvrage *Anthropologie de la mémoire.*
- **1998** : publication de *Mémoire et Identité* de Joël CANDAU.
- **2000** : Eric R. KANDEL, neurobiologiste américain, devient prix Nobel pour ses études sur la modification de la mémoire en fonction de l'importance et de la régularité de l'activation des réseaux neuronaux.
- **2013** : le Parlement européen commande une étude sur « La mémoire historique européenne : politiques, défis et perspectives ».
- **2016** : programme de recherche lancé par le CNRS, l'Inserm et HeSam Université sur la mémoire des attentats.

Historique

Aux origines d'une mémoire collective, concept forgé par Maurice HALBWACHS : la pensée grecque et romaine, d'un régime d'historicité à l'autre

À l'origine, la mémoire est un objet d'étude qui intéresse davantage les philosophes que les historiens. Dès l'Antiquité, elle se définit par son imbrication dans la sphère religieuse, puis politique, pour se confondre finalement avec l'histoire des empires ou des hommes illustres. La sociologie initie les travaux de recherche sur la mémoire, même s'il y a bien quelques précurseurs comme Jules MICHELET pour qui histoire et mémoire se confondent dans une « *résurrection intégrale du passé* ». Charles PÉGUY, dans *Clio, dialogue de l'histoire et de l'âme païenne*, 1912-1913, en livre une autre vision : « *L'histoire est parallèle à l'évènement, la mémoire lui est centrale et axiale* » défendant ici l'opposition entre histoire et mémoire. Pour autant, dans la mémoire collective, l'histoire se confond alors avec la mémoire dans un récit collectif sans distance critique (P. NORA, 1984-1992).

Toutefois, avant d'être une conscience collective, la mémoire est une « fonction psychologique » et non une « faculté ». Elle se détache ainsi de l'être humain, à l'exemple de ce qu'elle est dans l'Antiquité grecque à travers la figure de Mnémosyne qui est une divinité (J.-P. VERNANT, 1985). Clio, dans la mythologie grecque, est la muse de l'histoire et l'une des neuf filles de Mnémosyne et de Zeus. L'histoire apparaît dès lors comme fille de la mémoire. Or, la mémoire a de l'importance dans les sociétés humaines avec une particularité pour chaque culture et chaque époque. La mémoire, à travers Mnémosyne est considérée comme une puissance religieuse et mythique se confondant avec la vérité (M. DETIENNE, 1990). Dès lors, Mnémosyne s'oppose à l'Oubli, autre puissance divine. La parole appartient aux puissances divines qui détiennent la vérité. Le caractère divin de la parole disparaît avec l'apparition de la cité et de la pensée rationnelle alors qu'elle devient communautaire. Le langage n'est plus synonyme de vérité. Pour PLATON (428-348 a. è.), qui croit en la réincarnation de l'âme, la mémoire sert à sortir du temps en accédant à un au-delà vrai. L'anamnèse, c'est-à-dire, le récit des antécédents, permet, chez PLATON, d'accéder aux Idées, au Vrai et à l'essence éternelle. Or, pour ARISTOTE (384-322 a. è.) «*la mémoire est du* passé». Il fait de la mémoire un lien au temps détaché de la réminiscence. Elle est reliée au passé, alors qu'à l'origine la pensée grecque dissocie le passé et la mémoire (C. BAROIN, 2010). Dans l'Antiquité romaine, à l'inverse de la culture grecque, la mémoire n'est pas divinisée. C'est la «laïcisation» de la mémoire, de la parole et de la vérité qui permettra le passage d'une pensée religieuse et mythique à une pensée philosophique et rationnelle. La mémoire correspond à un «projet d'action». Elle n'est pas cognitive (au sens de recouvrir le contenu d'un souvenir), mais elle est bien un acte, une intention sur l'avenir. Elle permet les rapports entre les hommes et les dieux. Elle apparaît bien ici différente d'une faculté intellectuelle (M. SIMONDON, 1982). Les mémoires romaines sont faites d'oubli et en politique, il y a un bon oubli. Cicéron, homme d'État, avocat et philosophe, défend en 43 a. è. la solution politique de l'oubli. Il rappelle la proposition faite par Antoine aux sénateurs réunis au temple de Tellus quelques jours après l'assassinat de César en 44 a. è. : «*Dans ce temple, autant qu'il a été en mon pouvoir, j'ai jeté les fondements de la paix et j'ai fait revivre l'antique modèle des Athéniens; j'ai même fait usage du mot grec, dont s'était servi cette cité pour apaiser ses discordes et j'ai proposé de détruire tout souvenir des discordes par un oubli éternel*». Cicéron fait référence à l'amnistie athénienne de 403 a. è. Il suggère l'oubli volontaire collectif pour mettre fin aux luttes entre les partisans de César et ses opposants. Il ne s'agit pas de perte de mémoire, mais d'oubli pragmatique afin de ramener la concorde. Les historiens modernes parlent d'abolition de la mémoire (*damnatio memoriae*) pour désigner le processus qui vise à effacer les traces, les monuments, les statues et inscriptions de noms des personnalités ou princes tyranniques, afin de les éliminer de toute commémoration publique. L'existence de ces personnages ne disparaît pourtant pas de la mémoire des citoyens, ils sont en réalité privés de toute célébration publique du souvenir. La mémoire devient une caractéristique du pouvoir politique et une valeur civique du citoyen romain. Cicéron attribue la mémoire à l'âme qui est de nature divine. Elle ne définit pas seulement l'homme au plan philosophique en le distinguant des autres êtres vivants et en le rapprochant de la divinité, elle caractérise un homme par rapport aux autres. Outre les divinités et les hommes, la mémoire investit également les lieux à travers les arts de la mémoire qui sont le fait des élites à Rome, des orateurs qui ravivent en fonction d'un lieu le souvenir par le discours. Ce sont des «lieux de mémoire», tels que Pierre NORA les définit : «*lieux où notre mémoire nationale s'est sélectivement incarnée*», à travers des fêtes, des monuments, des commémorations et des éloges. Cicéron fait dire à Pison qu'«*il y a dans les lieux un pouvoir de rappel si grand que c'est d'eux, non sans raison, qu'on a tiré l'art de la mémoire*». Un lieu connu produit une reconnaissance, ravive des souvenirs qu'il impose à tous. Les monuments ne suffisent pas à définir la ville, il faut leur ajouter les récits des orateurs pour ainsi en constituer la mémoire collective. Rappelons que ce ne sont pas les lieux qui ont de la mémoire mais les hommes. Un lieu de mémoire n'a ce statut que s'il est regardé et caractérisé comme tel par un discours ou des actes; «*le lieu n'existe pas sans la parole des hommes qui lui donne un sens*» (C. BAROIN, 2010). Au regard de cette utilisation politique de la mémoire dans les sociétés antiques, quelle place occupent ces dernières dans les débats contemporains? La politique contemporaine et le modèle antique montrent-ils des points de convergence? La mise en scène dans l'espace impérial romain de la mémoire n'est pas sans rappeler la force du témoignage des lieux dans les sociétés contemporaines. C'est aussi ce que Paul RICŒUR observe dans les sociétés grecques archaïques: «*L'histoire monumentale relève de la culture savante: comme la dénomination choisie le suggère, elle enseigne et avertit par l'insistance d'un regard obstinément rétrospectif qui interrompt toute action dans le souffle retenu de la réflexion*». Il induit ici une distinction entre histoire monumentale dont l'objectif est d'enseigner et une histoire critique dont le but est d'avertir (P. RICŒUR, 2013). À l'exemple du mausolée de l'empereur Auguste à Rome, accompagné de ses statues et de celles de la famille impériale, ainsi que de discours constituant un «bilan-programme» consigné dans les *Res gestae divi Augusti,* c'est toute une mise en scène cérémonielle et un discours performatif qui se met en place, propre à inspirer le présent (S. BENOIST, 2016). La mémoire est dès lors conçue comme une pratique sociale soulevant trois problématiques qui tiennent au cadre de la mémoire, aux «politiques mémorielles» et au rapport entre l'historiographie et la mémoire. Ici la notion de mémoire collective forgée par Maurice HALBWACHS revêt tout son sens dans une opposition entre histoire et mémoire. Il s'agit alors d'interroger en quoi la mémoire est fondatrice dans le quotidien des pratiques sociales. Alors que l'objectif initial des travaux de Pierre NORA sur les «lieux de mémoire» semble avoir été détourné pour faire de la mémoire une «industrie», la mémoire, enfermée dans le présent, tend à tenir lieu d'histoire (P. NORA, 2008). Il faut alors revenir aux préceptes de Maurice HALBWACHS, précurseur des recherches sociologiques de la mémoire, pour saisir que l'important à Rome, comme aujourd'hui, est bien ce que l'on fait de la mémoire plus que ce qu'elle est concrètement (T. SPÄTH, 2016).

Maurice HALBWACHS, inventeur du concept de mémoire collective, définit la mémoire individuelle à partir de ses dimensions sociales. Au sens strict, il n'existe de mémoire qu'individuelle, mais toute mémoire est collective avant d'être individuelle, selon sa thèse. Aucune mémoire individuelle ne peut exister selon lui en dehors des rapports sociaux. Il trouve les traits fondamentaux de la mémoire collective dans la mémoire religieuse qui fait partie intégrante des trois monothéismes. Ses travaux sur *Les Cadres sociaux de la mémoire* (1925) le conduisent à l'élaboration d'une théorie de psychologie collective. Pour lui, seule la mémoire collective permet à chaque individu de se souvenir. La capacité d'évoquer son passé ne tient qu'au fait qu'il soit suggéré par l'autre. La mémoire se construit donc dans le cadre de la famille, des classes sociales et de la société. Ces trois institutions génèrent des représentations qui modèlent la mémoire. Elle se construit par des images-souvenirs d'évènements, de personnes ou de lieux qui ne deviennent des souvenirs que parce qu'ils ont un sens dans un cadre social. Selon son *Esquisse d'une psychologie des classes sociales* publiée en 1938, la mémoire des ouvriers ou des paysans se construit à travers leur expérience de classe. Les paysans se rattachent à une mémoire de classe contraire à celle de la société englobante qui ne se tourne plus vers les campagnes mais vers la ville. Ils incarnent la tradition face à la modernité. Ces représentations légitiment leur attachement à la terre, au village, à la religion traditionnelle, aux lieux de sociabilité villageois tels que l'église, le cimetière, la place, la mairie, le lavoir ou le café. En ville, la vie collective est plus intense et participe de la construction d'une mémoire collective plus riche. La pensée sociale se constitue alors autour de la mémoire se rapportant au passé et de la raison ancrée dans le présent. Les mémoires ne sont pas fixes et se construisent et reconstruisent dans le présent. Cependant, si la mémoire est répétée par les membres d'un groupe et perpétuée en ses formes initiales, elle devient tradition. René BASTIDE, lecteur de Maurice HALBWACHS, propose la théorie du bricolage sur la construction de la mémoire collective (1970). Elle répondrait à des contraintes liées aux matériaux à disposition pour la constituer. Ce sont soit des souvenirs, soit des représentations récupérées à partir des référents sociaux inscrits dans les mémoires. Ce « bricolage » serait à l'origine de la construction des mémoires collectives dans les sociétés coloniales par exemple. En Afrique, la colonisation impose un rapprochement entre les individus dont les mémoires collectives sont divergentes alors que la domination coloniale produit une mémoire spécifique. Toutefois, pour l'anthropologue Joël CANDAU, il n'y a de faculté de mémoire qu'individuelle et la mémoire collective n'existe pas pour les neurosciences. Elle n'est que « *mémoire partagée* » à partir « *d'interrelations de mémoires individuelles* ». La mémoire collective serait une synthèse des mémoires individuelles. C'est ainsi que se pose la question d'une représentation acceptable par tous du passé. Ici, le conflit mémoriel apparaît comme un dépassement du couple mémoire-oubli. Dans *Mémoire et Identité* (1998), il identifie le langage comme étant la spécificité de la mémoire humaine et la différencie de la mémoire animale. Au-delà de cette spécificité, les nouvelles technologies renouvellent le rapport de l'homme à la mémoire. Aussi la mémoire se trouve-t-elle façonnée par des artefacts culturels, sociaux, patrimoniaux, ancestraux et technologiques (J. CALAUZÈNES, G. TRANIÉ, 2017). De l'analyse de Paul RICŒUR ou de Maurice HALBWACHS, il ressort qu'il n'y a pas de souvenir sans langage, lui-même étant par définition social. Alors, si la mémoire n'existe que dans la conscience de chaque individu, sa construction n'est que le fait d'un processus collectif. La pratique de l'enquête orale montre bien qu'après avoir recueilli un certain nombre de témoignages, des constantes apparaissent, ainsi que des oublis. Il n'est ainsi possible de parler que de mémoire collective au sens de mémoire partagée et érigée à partir de mémoires individuelles (P. JOUTARD, 2010). L'historien Marc BLOCH, dans un compte-rendu des *Cadres sociaux de la mémoire* dans *La Revue de synthèse*, présente trois limites à la thèse de Maurice HALBWACHS : premièrement, il ne s'est pas intéressé au passage de la mémoire individuelle à la mémoire collective et notamment à la question de la transmission ; deuxièmement, il ne s'est pas préoccupé des erreurs de la mémoire collective qui repose sur nombre de commémorations « légendaires » ; troisièmement, il ne considère pas dans son étude la coutume et la mémoire juridique. Il s'agit d'une attention insuffisante portée au travail des historiens par le sociologue. Dans *La Mémoire collective* Maurice HALBWACHS prend davantage en considération ces questions (P. JOUTARD, 2015). Paul RICŒUR fait de la transition entre mémoire individuelle et mémoire collective une des liaisons entre la mémoire et l'histoire, passant des souvenirs personnels aux souvenirs d'une communauté, dans un processus où la temporalité structure la mémoire, mais aussi l'oubli.

Aussi, la mémoire s'inscrit-elle dans un régime d'historicité (F. HARTOG, 2003). Il s'agit d'un instrument permettant d'interroger les diverses expériences du temps, les crises du temps, les « brèches », selon Hannah ARENDT, qui permettent d'articuler passé, présent et futur. Il y a trois régimes d'historicité :

- un **régime ancien** dans lequel l'intelligibilité provient du passé ;
- un **régime moderne** et futuriste au sein duquel l'histoire est un processus et l'expérience du temps est portée par le progrès ;
- aujourd'hui l'omniprésence du présent fait parler de **présentisme**.

Les façons d'écrire l'histoire, les sujets traités et les hypothèses formulées changent en fonction du régime d'historicité. Il permet de comprendre les œuvres, les personnages à l'exemple de François-René de CHATEAUBRIAND dans les *Mémoires d'outre-tombe* (1849), qui se décrit comme un nageur ayant plongé entre les deux rives du fleuve du temps, celle du passé et celle de l'avenir. Aujourd'hui, le présent semble l'emporter ; « *mémoire, patrimoine, commémoration, identité, ces maîtres mots de notre contemporain ont instauré, pour ainsi dire, un tête-à-tête entre passé et présent. Il y a un passé qui ne passe pas et un futur fermé* », alors que l'histoire est un processus qui englobe le futur, la mémoire peut éclipser l'histoire car elle accompagne les expériences du présent (F. HARTOG, 2010). Ce décalage tient à la façon dont l'histoire est construite au regard de la mémoire. D'une grande proximité entre l'histoire et la mémoire de l'Antiquité au XVIIIe siècle, le passé est ensuite rejeté au profit du futur, puis à partir du XXe siècle, seul le présent est retenu. Les premiers historiens à s'intéresser à l'existence d'une mémoire collective sont des médiévistes comme Jacques LE GOFF, Georges DUBY ou Roger FOLZ, comprenant l'importance des faits de mémoire dans la construction d'une mémoire nationale au moment de la genèse de l'État moderne. En outre, l'anthropologue français Claude LÉVI-STRAUSS a montré que les sociétés ayant le même degré d'historicité la perçoivent différemment et développent un rapport différent au passé, au présent et au futur. La reconnaissance du patrimoine témoigne de la rupture avec le passé et non sa réactivation dans le réel (J. CALAUZÈNES, G. TRANIÉ, 2017). Le surgissement de la mémoire dans le champ de l'histoire, en 1978, tient à un article de Pierre NORA sur la « Mémoire collective » dans *La Nouvelle histoire*, encyclopédie réalisée sous la direction de Jacques LE GOFF, Roger CHARTIER et Jacques REVEL. Cette émergence de la mémoire en tant qu'objet d'histoire survient dans un contexte d'affirmation des identités locales avec, par exemple, la publication du *Cheval d'orgueil* par Pierre-Jakez HÉLIAS en 1975. Le réveil de la mémoire des victimes juives du génocide, la commémoration du bicentenaire de la Révolution française en 1989 ou encore la disparition du communisme en 1990 accompagnent cette ferveur mémorielle. L'histoire orale est alors développée (P. JOUTARD, 2010).

La mémoire collective, si elle apparaît dès l'Antiquité sous la forme d'une parole inspirée aux hommes ou d'une grammaire du politique imposée d'en haut, sa conceptualisation contemporaine vient d'abord de la sociologie. Ceci prouve son essence profondément sociale avant même sa nature historique. Une des utilisations de la mémoire collective dans les sociétés contemporaines tient à la construction des mémoires nationales dont la vocation est à la fois politique et identitaire. Le danger de trouver, dans le présent, les sources de l'histoire ne doit pas pour autant détourner les historiens de l'objet d'étude que constituent les mémoires nationales pour comprendre les représentations et les buts moraux et politiques qui sont ceux des États.

Actualité

La mémoire nationale, une construction politique et identitaire

Les mémoires nationales empruntent beaucoup aux mémoires religieuses en se construisant à partir de récits fondateurs mis en cohérence pour définir l'existence d'un groupe national. Le « roman national » en est un exemple. Il est le fait de l'État et s'appuie sur des études historiques, cinématographiques, des réalisations picturales ou sculpturales, mais aussi un patrimoine par lequel la monumentalisation des villes capitales participe d'une véritable pédagogie mémorielle. La poussée mémorielle qui accompagne l'entrée dans un nouveau régime d'historicité, marqué par l'omniprésence du présent, induit de nouvelles utilisations de la mémoire à des fins politiques et identitaires comme outil du maintien ou de l'affirmation de la cohésion nationale.

C'est à l'étude de ce sentiment national que s'est attaché Pierre NORA à travers ses *Lieux de mémoire*, non pas à partir des idées, mais à partir des objets, des lieux ou des formules dans lesquels se manifeste le sentiment d'appartenance. Par ces lieux, il considère tout autant les monuments aux morts que les statues de Paris, le front de mer ou la *Marseillaise*, ainsi que le *Tableau de la géographie de la France* dressé par Paul VIDAL DE LA BLACHE en 1903 ou bien le coq gaulois. Il s'agit là d'une réflexion sur l'identité de la France. Partant de la tripartition République-Nation-France, l'objectif de Pierre NORA était de déconstruire l'histoire de France d'Ernest LAVISSE qui dans une synthèse des trois entités présentait une « *République à enraciner comme la nation accomplie d'une France définitivement réalisée* » (P. NORA, 2017). Rétrospectivement, il analyse son étude à partir des registres mémoriels existant dans les années 1980-1990 en France. Ainsi, les « lieux de mémoire » relèvent tout autant de la mémoire des minorités que de la mémoire collective et nationale. La première se caractérise par l'irruption des groupes mémoriels face à l'érosion de la tradition de la mémoire vécue par la collectivité et transmise par l'école. Les mémoires des ouvriers, des femmes, des Juifs, des immigrés, des Corses ou des Bretons apparaissent comme un moyen pour les minorités de revendiquer leur propre histoire, mais aussi d'affirmer leur identité alors que la mémoire collective avait oublié ces groupes. Par conséquent, la mémoire collective et nationale ne peut être que celle des groupes mémoriels. On commence ainsi à parler de la « mémoire paysanne » avec la disparition du monde rural. Chaque « collectivité-mémoire » ne peut revivre qu'à travers son histoire et non plus seulement à partir d'une mémoire existant dans le présent. Progressivement les Français en appellent à une histoire qui les avait faits Français, ce qui explique l'intérêt pour la mémoire et, qui plus est, pour la publication des *Lieux de mémoire* qui viennent répondre à cette attente à la fois sociale, mais aussi politique. La mémoire des femmes s'inscrit ici à l'envers de l'histoire nationale faite par les hommes alors que dans le même temps la mémoire juive vient mettre en cause la France depuis son antisémitisme médiéval et chrétien jusqu'à Vichy. Les groupes mémoriels attendent une reconnaissance, une justice rendue et leur part dans le récit de l'histoire nationale. Au départ, l'entreprise des *Lieux de mémoire* vise à l'adoption d'une distance critique face à une histoire nationale unitaire et téléologique. Pierre NORA a voulu forger un outil pour dissoudre le commémoratif, mais il l'a surtout renforcé. C'est ainsi qu'il explique que « ses » *Lieux de mémoire* lui ont échappé. Les commémorations nationales jusqu'ici centrées sur le 14 juillet et le 11 novembre s'enrichissent d'autant d'occasions de faire acte de repentance ou de réunir les acteurs associatifs bien plus que de satisfaire le cérémonial républicain. Ainsi, le 16 juillet devient la journée de commémoration des persécutions racistes et antisémites ; le 25 septembre la journée d'hommage aux harkis ; le 10 mai la journée dédiée à la « mémoire de la traite, de l'esclavage et de leur abolition » ou encore le 27 janvier, la journée de la mémoire des génocides et de la prévention des crimes contre l'humanité. Le problème pour Pierre NORA est que la mémoire tend à remplacer l'histoire par sa simplicité de compréhension en lieu et place d'une distance critique nécessitée par l'approche historique. Son objectif était de faire une critique de la transmission et de la réutilisation d'une histoire évènementielle à travers cette histoire mémorielle. Au départ, il considère que la notion de « lieu de mémoire » n'est pas exportable car elle est née en France et qu'elle exprime une « exception française ». Puis, sa position évolue, forcé de constater le succès international des lieux de mémoire. C'est l'Allemagne qui manifeste notamment le plus grand intérêt pour les lieux de mémoire à travers les travaux de Reinhart KOSELLECK sur les monuments aux morts, mais aussi l'Italie, l'Espagne, la Russie, l'Algérie ou le Québec (P. NORA, 2017). C'est ainsi que les « lieux de mémoire » s'exportent à l'échelle européenne et mondiale.

Dans un contexte de panne de la construction européenne, l'étude des lieux de mémoire européens revêt un enjeu politique. Il s'agit de savoir s'il existe une mémoire historique européenne, pouvant dépasser les divergences nationales. Dans *Europa, notre histoire*, Étienne FRANÇOIS et Thomas SERRIER analysent la construction des mémoires collectives à partir d'une vaste enquête transnationale sur les mémoires européennes. Comme dans l'Antiquité, pour qu'il y ait lieu de mémoire, il faut qu'il y ait une reconnaissance publique, et notamment touristique ou une appropriation politique. Tourisme et mémoire apparaissent actuellement comme les deux versants d'un même phénomène de construction mémorielle qui renforce les identités nationales ou *a contrario* participe d'une uniformisation. Le lieu de mémoire renvoie à l'habiter en tant qu'il est photographié, pratiqué et habité. À travers le concept de « mémoire-Monde » Olivier LAZZOROTTI dresse une critique des lieux de mémoire de Pierre NORA en analysant des lieux mondialisés comme Shanghai. Ils ne sont pas des espaces locaux mais bien des pôles de la mondialisation, à l'exemple du Val d'Europe où «*les mémoires localisent ce que le tourisme mondialise*» (O. LAZZAROTTI, 2012). Depuis le XVIIIe siècle, l'approche de la mémoire par le monument est une vision très française et nationale. Cependant, l'idée de patrimoine mondial est venue d'Amérique du Nord. Les «lieux de mémoire» (P. NORA, 1986) sont devenus touristiques avec ou sans charge mémorielle. Pour Maurice HALBWACHS, la mémoire nationale ne doit pas être confondue avec l'identité, ni les «lieux de mémoire» avec les «lieux d'identité». Il s'agit alors d'appréhender un héritage collectif à forte charge émotionnelle à travers une identification vécue et des symboles s'estompant (T. SPÄTH, 2016). Aujourd'hui, la mémoire se trouve de plus en plus associée à la morbidité à travers le tourisme mémoriel dans les territoires associés à la mort. Cela débute avec la «fête des Morts», le 2 novembre, lors de laquelle les catholiques visitent les tombes de leurs proches disparus. Dans les années 1980 à 2000, les anciens combattants développent le tourisme mémoriel afin de conserver le souvenir des deux guerres mondiales. En France, la mémoire des conflits est entretenue par des musées, des nécropoles ou des lieux de mémoire. Le «tourisme de mémoire» est lié aux recueillements et commémorations et le «tourisme d'histoire» à des visites à vocation pédagogiques. Le «tourisme morbide» relève davantage de «l'attraction» et apparaît à partir des années 1990 à travers la visite de sites ayant pour thème central la mort. Les lieux de grandes catastrophes sont alors investis, à l'exemple du Centre de la mémoire d'Oradour-sur-Glane en Nouvelle-Aquitaine où 642 civils ont été assassinés par les SS le 10 juin 1944. Les flux du tourisme morbide sont aussi mondialisés, comme en témoignent les randonnées en Afghanistan dans les montagnes en guerre en 2001 ou les visites sur les lieux du tsunami qui touche Fukushima en 2011. Le développement de ce type de tourisme pose des questions éthiques alors que les études associées sont peu développées en France (C. LAURENT, D. MESSAOUDI, 2017). Les lieux des attentats ne sont pas épargnés par ce tourisme mémoriel. En revanche, la construction de leur mémoire est un objet d'études pluridisciplinaires. Le programme «13-Novembre» du CNRS, de l'Inserm et de l'Université HeSam tente depuis 2016 d'étudier la mémoire des attentats en suivant un échantillon de 1 000 volontaires témoins ou survivants des attentats jusqu'en 2026. Des historiens, des sociologues, des psychologues et des neuroscientifiques cherchent à analyser la manière dont se construisent ces mémoires individuelles et collectives. Une étude biomédicale sur le stress post-traumatique est menée en parallèle sur 180 volontaires. Il s'agit de comprendre comment la mémoire sociale des attentats du 13 novembre 2015 s'élabore au sein de la société française (J. CALAUZÈNES, G. TRANIÉ, 2017). En outre, la mémoire nationale s'enrichit de la mémoire sportive qui tient une place de plus en plus importante (C. BROMBERGER, 1998). La victoire de la France lors de la coupe du monde de football en 1998 inscrit dans la mémoire nationale la renommée d'une équipe «Black, Blanc, Beurre» qui semble réconcilier la nation et écrire une nouvelle page du «roman national» (P. JOUTARD, 2010). Une même page se réécrit vingt ans après en 2018 avec une nouvelle victoire française au Mondial de football. C'est le moment pour les Français de se retrouver autour du drapeau tricolore. L'évènement historique de la coupe du monde a le pouvoir de dire aux Français et d'inscrire dans leur mémoire «*le temps d'une victoire, aimons-nous vivants»* (*Le Monde*, 16 juillet 2018). À travers la commémoration ou ce «marketing mémoriel» il devient difficile de distinguer une célébration civique et nationale d'une fête populaire, d'autant que l'accès à l'évènement est désormais relayé instantanément via les médias et les réseaux sociaux.

La construction de la mémoire collective et nationale se heurte ainsi à de nouveaux enjeux liés à l'apparition d'Internet en 1990. L'arrivée dans l'ère du numérique fait entrer l'humanité dans l'instantanéité. Une mémoire alors fragmentée et individualisée sert à construire une mémoire collective où l'émotion commémorative s'incorpore dans une réflexion identitaire sur le présent. Le numérique permet aujourd'hui le stockage de données, des écrits, des sons, ou des images. Est-ce qu'il contribue à nous faire perdre la mémoire à travers cette numérisation? Notre potentiel de mémoire est désormais externalisé et la mémoire individuelle est moins sollicitée. Il devient possible de tout conserver. Ceci rend d'autant plus difficile l'oubli volontaire pratiqué lors de la construction des mémoires nationales, dans un souci de cohésion ou de pacification. Contrairement à la mémoire humaine, la mémoire numérique conserve tout et n'oublie rien. L'accès aux textes récents et anciens se fait pêle-mêle, comme l'accès aux lieux tout en s'affranchissant de la distance. Cependant, l'avènement d'Internet ne détruit pas le lieu. Il s'agit d'un autre lieu, d'une dimension nouvelle de nos sociétés, qui n'enlève rien à l'importance de se rendre sur le lieu, notamment pour laisser place à l'imprévu ou aux émotions (O. LAZZAROTTI, 2012). Le témoignage oral, source si importante pour l'histoire orale et pour qui veut bâtir une histoire des mémoires, ne s'efface pas; il se transforme *via* les réseaux sociaux et forums qui deviennent une source d'information quotidienne (même si l'écriture est utilisée au détriment de la parole). L'information devient instantanée et infinie et «*l'ère du témoin diagnostiquée par Annette Wieviorka n'a pas fini de s'étendre*» (P. JOUTARD, 2015). Ces informations relayées par les médias qui diffusent images, photographies, vidéos et autres interviews participent du règne de la mémoire. Ils livrent à l'ensemble de la société une mémoire patrimoniale, alors qu'ils sont dépourvus de mémoire immédiate. La fin du XXe siècle et le tournant du millénaire ont été l'heure du bilan. Les médias ont accompagné une nouvelle poussée mémorielle. À la fin de l'année 1999, *Le Monde* présente son «tour du siècle en un numéro». Alors que le nouveau millénaire débute avec les attentats du 11 septembre 2001, un intense travail de mémorisation débute. Conformément à l'analyse de François HARTOG du présentisme, la commémoration est immédiate et relayée *via* les médias et réseaux sociaux. Le 11 septembre devient un *Patriot Day* en souvenir des victimes des attentats terroristes. «Un mémorial de la lumière» est installé en 2002 pour rappeler les tours jumelles du *World Trade Center*, ainsi que le mémorial *Ground Zero* et la construction de la tour de la Liberté de 1776 pieds qui s'inscrit dans le roman national américain, pour rappeler la date de la Déclaration d'indépendance. Internet inaugure également l'apparition de nouveaux lieux de mémoire, à travers les musées en ligne, les expositions ou les monuments virtuels. Par exemple, alors que la ville de Paris ne dispose pas de monument aux morts civils et militaires de la Première Guerre mondiale, elle lance en 2016 un portail nommé «*14-18, le Monument aux morts de la Grande guerre*» en mémoire de près de 95 000 morts, durant le conflit. En février 2018, elle engage cependant des travaux pour construire un mur des noms au cimetière du Père Lachaise, sur le boulevard de Ménilmontant. Le numérique apporte une force supplémentaire à la mémoire. Cependant, celle-ci n'est ni un phénomène de mode alimenté par les médias, ni une spécificité française (P. JOUTARD, 2015).

Malgré la mise en garde faite par bon nombre d'historiens contre le présentisme, les conflits mémoriels qui relèvent du *lobbying* de certains groupes ne sont en rien le reflet d'une mémoire partagée. La création littéraire ou artistique a réussi bien avant les historiens ou même les philosophes à ressentir la réalité mémorielle. Or, il appartient désormais aux historiens de prendre à nouveau la parole pour réintroduire « *une part de vérité sans laquelle il n'y a pas d'humanité* » (P. JOUTARD, 2015).

Prospective

Les conflits entre histoire et mémoires à l'heure des politiques mémorielles

Le sujet de la vérité est à l'origine du conflit entre histoire et mémoire. Chacune détient sa propre vérité. Les acteurs intervenant dans le processus de construction mémorielle, que ce soient des individus, des groupes mémoriels ou l'État, se heurtent aux historiens qui, dans leur quête d'objectivité, adoptent des attitudes de méfiance ou au contraire d'attrait, face à une mémoire qui constitue une source. Elle doit être confrontée à la méthode critique de l'histoire et les évolutions historiographiques témoignent d'une acceptation d'une part de subjectivité dans les travaux des historiens. Entre obsession mémorielle et désaffection, les historiens se voient réaffirmer leur rôle d'experts lors des débats portant sur la construction des mémoires collectives. Ils n'en restent pas moins inféodés, pour la plupart, aux immixtions politiques dans le travail d'histoire par le biais des politiques mémorielles. Ils revendiquent leur devoir d'histoire.

Maurice HALBWACHS distingue la mémoire et l'histoire (*La Mémoire collective*, 1950), et notamment la mémoire collective de la mémoire historique. La première repose sur le souvenir, la seconde sur l'oubli. Sans oubli, il n'y aurait aucun besoin de connaître l'histoire et de vouloir la reconstituer. L'histoire peut avoir recours à la mémoire dans la mesure où elle existe encore. Il est par exemple impossible de la solliciter en histoire ancienne. Comment la recherche se nourrit-elle de la mémoire, des témoignages et de l'histoire ? Il n'y a pas de témoignage neutre. Le rapport entre l'historien et le témoin n'est pas toujours facile. Beaucoup de témoins ne se retrouvent pas dans le tableau « historique » des évènements dont ils pensent avoir gardé un souvenir intact pour les avoir vécus directement. L'historien, à l'inverse du cinéaste, du romancier ou de l'artiste, n'a pas pour vocation de faire revivre les évènements, les émotions. « *L'histoire s'efforce d'établir les faits de façon précise et exacte et de les rendre, autant que possible, intelligibles dans leur succession et leur conditionnement* » (J.-P. VERNANT, 2004). Elle est à la recherche de ce qui peut être admis comme vrai à un moment donné. La question de la vérité oppose l'historien au témoin. L'histoire orale en France n'est plus seulement une discipline comme aux

États-Unis mais une méthode qui investit tous les champs de l'histoire contemporaine. Elle reprend la méthode des « histoires de vie » à travers l'enquête et l'entretien à la manière de la sociologie de l'École de Chicago dans les années 1930. Comme la sociologie se veut plus qualitative et compréhensive, l'histoire se veut plus sociale, notamment à partir des années 1970, délaissant l'histoire des traités et batailles ou bien celle des grands hommes. Il s'agit alors de s'intéresser aux humbles, aux oubliés de l'histoire, aux dominés. Les années 1980-1990 portent les débats sur la mémoire ou le témoignage (A. WIEVIORKA, 1998). La philosophie subjective éclipse alors l'histoire positiviste. Ces discussions permettent de légitimer la source orale et la figure du témoin comme élément central de l'histoire du temps présent. L'entrée dans une première «*ère du témoin*» se fait au sujet de la violence du choc de la Première Guerre mondiale dont le souvenir s'efface progressivement au profit d'un deuxième temps d'affirmation du témoin en lien avec le traumatisme de la Shoah décrit par A. WIEVIORKA. L'histoire orale acquiert alors un lien privilégié avec l'histoire des mémoires, qu'elles soient communautaires, religieuses, partisanes, syndicales, politiques, sociales, culturelles, locales ou nationales (M.-C. LAVABRE, 1994). L'histoire orale qui s'appuie sur les souvenirs et la parole, ne doit pas être confondue avec la mémoire orale qui est le fait d'une forte demande sociale (F. DESCAMPS, 2010). Pour saisir la mémoire populaire, il est inévitable de considérer la tradition orale par laquelle elle se transmet.

L'historien peut aussi choisir d'imprégner son récit historique de sa propre mémoire comme Ivan JABLONKA ou Annette WIEVIORKA. Cette dernière publie sa thèse, *Déportation et génocide. Entre la mémoire et l'oubli* en 1992. L'axe directeur de cette étude est de savoir quel est le sens et quels sont les malentendus sur la « mémoire de la Shoah », le « devoir de mémoire » et le « témoin ». Dans un entretien avec Séverine NIKLE, rédactrice en chef de la revue *L'Histoire*, elle évoque son enfance au commencement d'un ouvrage qui entend s'interroger sur un parcours intellectuel. Les questions qu'elle se pose tiennent à son histoire familiale. Elle a grandi en l'absence de ses grands-parents et de ses tantes assassinés par les nazis. Elle savait de son grand-père, mort pendant la guerre, qu'il était journaliste et écrivain, sans que le nom d'Auschwitz n'ait jamais été prononcé à son sujet. La mémoire de sa famille apparaît dès lors comme mutilée, faite de cet oubli nécessaire. Enfant, elle se représentait son grand-père à travers les émissions de radio qu'écoutait la famille comme *Malheur aux barbus* ! (TSF, puis Europe n° 1, 1951-1952). Elle imaginait que son grand-père reviendrait puisque dans l'émission de radio on recherchait les « barbus ». Ce fantasme du retour des personnes assassinées à Auschwitz a été partagé par son père et beaucoup d'autres à l'image du film d'Emmanuel FINKIEL, *Voyages*, en 1999. La publication par Serge KLARSFELD du Mémorial de la déportation des Juifs de France en 1978 avec les listes des déportés par convois et la description du sort qui les attendait a rendu cette histoire réelle et a permis d'accepter ces disparitions. Annette WIEVIORKA a perdu ses grands-parents paternels, deux de ses tantes et sa grand-mère maternelle alors qu'elle tentait de franchir la ligne de démarcation. De ces absents, il n'a été transmis que peu de choses. Sa génération a été privée de transmission, les objets ou les photographies ayant été pillés par les Allemands. Adulte, il a été important pour Annette WIEVIORKA de reconstituer l'histoire de son grand-père, Wolf WIEVIORKA, à partir de ce que son père a pu lui en dire et de ses recherches. Son premier travail en archives, à New York, lui est consacré. Dans sa famille on ne parle pas du génocide, mais plutôt de la « guerre ». Chaque année celle-ci prenait part à la cérémonie commémorative de la mémoire de l'insurrection du ghetto de Varsovie le 19 avril 1943. La mémoire des héros de l'insurrection était célébrée et six bougies allumées en mémoire de six millions de morts. Dans les années 1950, rien dans l'espace public ne rappelait ces morts, ils ne relevaient que de la sphère privée et du cadre familial. L'objectif était alors de célébrer les résistants. C'est ainsi que se construit une mémoire collective, sur des oublis volontaires, des occultations. En classe de 4e, Annette WIEVIORKA visionne le film *Nuit et Brouillard* d'Alain RESNAIS, réalisé en 1955, dans le cadre du tout nouveau « Concours de la Résistance ». Pour les professeurs, cette déportation concerne les Résistants. Elle y voit autre chose. Aussi, son histoire familiale orientera son travail d'historienne : « *j'ai opté pour l'histoire. Cette discipline, à tous les sens du mot, m'a convenu. Elle m'a permis de mettre en mots et en récits ce qui, dans mon enfance, me semblait étrangement inquiétant : cette famille si peu conforme, ces trous dans la généalogie* ». Pour elle, la mémoire collective se vit au présent, elle est liée à l'identité et trie dans le passé ce qui lui est utile. Elle se passe de l'histoire et des historiens qui pourraient bousculer son récit. Ainsi, les historiens ne produisent pas un récit destiné à une quelconque commémoration (A. WIEVIORKA, 2011).

Dans *L'Histoire est une littérature contemporaine. Manifeste pour les sciences sociales* (2014), Ivan JABLONKA théorise la démarche qu'il adopte pour construire l'histoire de sa famille. Dans l'*Histoire des grands-parents que je n'ai pas eus* (2012), il retrace l'histoire de l'emprisonnement, de la clandestinité et l'itinérance de ses grands-parents communistes qui, en mars 1943, sont déportés à Drancy. Il débute cette enquête d'histoire familiale alors qu'il est âgé de 35 ans et que son père se disait fils d'orphelin. Il ne voulait pas laisser à ses filles une histoire faite de banalités. En historien, il travaille à partir de sources issues des archives publiques, notamment des rapports de police, qui lui permettent de contredire ses propres écrits. Historien de l'enfance, son livre se veut un dialogue entre lui et son père, les deux présents d'une histoire au sein de laquelle deux absents, les grands-parents, livrent à la famille la mémoire douloureuse de l'onde de choc qu'a été la Shoah. La mémoire est utilisée en tant que source et tout au long de son texte l'auteur fait part de ses doutes, ce qui est assez nouveau dans l'écriture de l'Histoire. Dans un essai qui mêle histoire factuelle et littérature fictionnelle, il réconcilie la mémoire avec la démarche de l'historien, à condition qu'elle soit une source soumise à des hypothèses, des vérifications et des confrontations à d'autres traces du passé. Il s'accommode d'une mémoire reconstruite car, dans le cas de ses grands-parents, le génocide a détruit leur mémoire comme celle de toutes les victimes. Il produit, en effet, un effacement définitif de toutes les personnes assassinées. Les ressources orales et écrites sont alors le moyen de construire cette histoire. Dans sa démarche mémorielle, la mémoire est subordonnée à l'histoire (I. JABLONKA, 2014). Alors que Marc BLOCH dans un compte rendu des travaux de Maurice HALBWACHS a mis en évidence l'importance des grands-parents dans la transmission de la mémoire familiale aux petits-enfants (P. JOUTARD, 2010), il s'agit à l'inverse pour Ivan JABLONKA de renouer avec la mémoire individuelle de ses grands-parents absents pour reconstruire une mémoire familiale par le biais de la méthode historique et de compléter les souvenirs communs d'une mémoire collective.

En France, outre les historiens, l'État s'empare de la mémoire en préconisant le devoir de mémoire et en édictant des lois pour l'organiser. La mémoire tend alors à remplacer l'histoire. Afin d'éviter toute instrumentalisation, les historiens se sont saisis de la mémoire comme objet d'histoire. Cependant, le risque de confusion entre histoire et mémoire reste alors aigu, surtout entre mémoire collective et usage politique du passé car la mémoire transforme le passé en fonction du présent (P. JOUTARD, 2010). Parmi les politiques mémorielles, des lois visent à cadrer ce que doit être la mémoire nationale. Par exemple, la loi Gayssot définit les champs de l'histoire et s'inscrit dans la continuité de celle de 1972 réprimant l'antisémitisme. C'est une loi contre l'antisémitisme plus qu'une loi mémorielle. Elle lutte contre le négationnisme qui est une forme d'antisémitisme universitaire et sanctionne toute négation du génocide juif. En 2001, la loi Taubira, faisant de l'esclavage un crime contre l'humanité, invite les programmes scolaires à parler davantage de l'esclavage mais elle ne vise que l'esclavage des Occidentaux envers les Africains. Elle n'insiste pas sur l'esclavage durant l'Antiquité, ni sur celui qui existe en terre d'islam et en Afrique. Ces lois imposent le point de vue officiel de l'État sur des évènements historiques. Les politiques mémorielles instituent aussi le devoir de mémoire. Pourquoi le devoir de mémoire serait-il une obligation ? Ivan JABLONKA lui substitue la liberté de l'histoire. Une « Pétition Liberté pour l'histoire » est initiée par Pierre NORA et René RÉMOND. Pour Pierre NORA, la mémoire est le signe qu'une société n'est plus dans les grands rangs de l'histoire. La mémoire est un droit. Au nom de quoi peut-on restreindre ses expressions sociales ? Les historiens refusent-ils que la vérité vienne du débat ? L'objectif des négationnistes est de créer de pseudo-débats avec des historiens. Ce n'est pas l'objet de l'histoire. Le négationnisme est une haine raciale et antisémite (I. JABLONKA, 2014). Pour autant, il existe plusieurs vérités; celle du témoin et celle de l'historien. Les deux peuvent entrer en conflit lorsque l'historien ôte au héros sa part de vérité ou que le témoin invalide l'hypothèse historique par la force du récit et des émotions. Le témoin est un acteur des évènements historiques alors que l'historien est un observateur critique de ces mêmes évènements, confrontant un discours du vécu lié à l'enquête au croisement des sources. Deux ordres de vérité s'opposent ou s'alimentent aussi parfois. Le témoin peut témoigner pour l'historien, mais pas uniquement. Il peut le faire à des fins personnelles, sociales, politiques, littéraires ou spirituelles. Le philosophe de l'histoire des concepts, Giorgio AGAMBEN questionne la parole du témoin survivant de la Shoah qui livre une mémoire indirecte. Alors qu'il n'a pas vécu la mort, comment peut-il remplacer la parole de l'intérieur de la mort ? Il parle à la place du « témoin intégral » qui a disparu. Il relève ici le paradoxe de Primo LEVI pour qui le témoignage comporte inévitablement une lacune. C'est aussi une manière de voir Auschwitz, devenu métonymie de la mort et de la destruction des Juifs d'Europe. Il n'est plus seulement vu comme le camp de la mort, mais bien aussi comme le lieu d'une expérience atroce où les frontières entre la vie et la mort disparaissent. S'il y a eu à Auschwitz le plus grand nombre de morts du système concentrationnaire, c'est aussi d'Auschwitz qu'est revenu le plus grand nombre de survivants. Même si la position du philosophe est discutable, il n'en pointe pas moins les limites du témoignage. Il comporte une dimension factuelle que l'historien doit mettre à l'épreuve de sa méthode critique. Il contient également une dimension éthique, morale ou psychologique qui ne relève pas uniquement de la méthode historique. L'historien adopte alors diverses postures, du relais des témoins, au militant en faveur des dominés ou de compilateurs de témoignages oraux. Il s'agit de recueillir et d'analyser ces « histoires de vie » à l'exemple de Philippe JOUTARD qui en 1977 publie une vaste enquête sur la mémoire collective dans les Cévennes. L'historien en fonction des choix de présentation des témoignages dans ses études, par extraits, coupés ou annotés, peut orienter leur lecture. Enfin, l'historien peut aussi être témoin d'évènements dont il construit l'histoire. Ainsi, Marc BLOCH publie en 1946, *L'étrange défaite. Témoignage écrit en 1940,* alors qu'il a participé à la campagne de France en 1940. Face à l'intrusion des politiques mémorielles et de la justice pour dire et sanctionner quelles mémoires peuvent être exprimées, il devient difficile pour l'historien de construire un récit cohérent au-delà des expériences individuelles ou des mémoires de groupes (N. OFFENSTADT, 2010). En effet, de la mémoire à l'oubli dont il est constitutif, l'historien doit aussi lutter contre les dérives négationnistes. Elles se développent durant la Deuxième Guerre mondiale et l'après-guerre, notamment autour du génocide des Juifs que les nazis commencent à dissimuler par des destructions d'archives, de traces, de preuves de l'extermination de masse. Ce sont aussi des écrits qui, dans les années 1940 en France, relativisent la violence et la cruauté nazies[1]. Au cours des années 1970 à 1990, dans un contexte de mise à jour de la responsabilité du régime de Vichy dans l'entreprise génocidaire, puis du réveil de la mémoire des victimes juives, le négationnisme devient un véritable problème public. Ainsi, Robert FAURISSON publie en 1978-1979 plusieurs articles dans la presse affirmant que « *les prétendus massacres en "chambre à gaz" et le prétendu "génocide" ne sont qu'un seul et même mensonge* ». La pénalisation du négationnisme accroît l'impact des procès en diffamation. C'est le cas de celui qui oppose Robert FAURISSON à Robert BADINTER en 2007. En juin 2017 la justice française reconnaît le qualificatif de « *faussaire de l'histoire* » attribué par Ariane CHEMIN, alors que Robert FAURISSON avait poursuivi pour injure la journaliste du journal *Le Monde* ayant rapporté ses propos dans un article, ou pour diffamation les éditions Flammarion pour avoir republié son article de 1978. L'homme alors âgé de 89 ans, débouté, a fait appel du jugement rendu. Il s'agit là « *d'une exception de vérité* » qui est extrêmement rare en droit français et d'une victoire pour les historiens. Devenus témoins, Annette WIEVIORKA, Valérie IGOUNET et Laurent JOLY, avaient démontré que Robert FAURISSON n'avait « *nullement adopté pour ses recherches, la démarche d'un historien* », « *en l'absence de recoupement avec les matériaux usuels, susceptibles de corroborer ses conclusions que sont, pour l'historien, les documents et les témoignages d'époque* » *(Le Monde,* 13 avril 2018*)*. Ici la justice intervient de manière de plus en plus intrusive dans l'interprétation de l'histoire. Dans les années 1990-2000,

1. Maurice BARDÈCHE fait partie de ces intellectuels néofascistes qui cherchent à conforter l'extrême droite après l'échec de la collaboration et la découverte des camps nazis. Il publie en 1947, *Nuremberg ou la Terre promise*.

la mémoire de la Shoah est devenue un enjeu européen et international et le négationnisme entraine des réactions morales et politiques comme le « devoir de mémoire » ou « l'antifascisme ». Ce contexte incite les historiens à mener des travaux sur le nazisme afin de réfuter les thèses négationnistes. Certains d'entre-eux, comme Pierre VIDAL-NAQUET, refusent de débattre avec les négationnistes sans pour autant nier l'existence des « assassins de la mémoire ». Le statut de l'histoire et ses usages politiques questionnent les conditions de la construction d'une vérité historique, mais aussi de l'instrumentalisation qui peut être faite du passé. Le danger tient à ce que les sociétés démocratiques établissent des vérités officielles réduisant la marge de manœuvre des historiens tout en n'admettant pas le négationnisme, alors qu'il faudrait sans doute considérer la vérité comme impossible (H. ROUSSO, 2010).

Ainsi la mémoire est ancrée dans le présent, alors que l'histoire tient à la séparation entre le présent et le passé. Elle est plurielle par définition bien que chaque groupe social construit sa propre mémoire collective et que l'histoire est une et au-dessus des groupes sociaux selon l'approche positiviste.

Conclusion

La sociologie ou l'ethnologie permettent de dépasser l'opposition stérile entre histoire et mémoire. La mémoire et l'enquête orale approchent les émotions, mais aussi les représentations et l'imaginaire qui accompagnent les faits historiques. Les travaux des historiens contemporanéistes comme Annette WIEVIORKA ou Ivan JABLONKA montrent qu'ils sont influencés par la mémoire ambiante voire par leur propre mémoire. La méthode historique n'en reste pas moins astreinte à la confrontation de cette mémoire aux sources de diverses natures, littéraires ou orales. On ne peut donc rejeter l'approche mémorielle sous le prétexte d'une confusion entre histoire et mémoire.

Si la sphère politique a de plus en plus recours à la mémoire pour instrumentaliser le passé, la réception de la construction mémorielle collective en tant que mémoire partagée reste relative dans l'ensemble de la société (P. JOUTARD, 2010). À l'exemple de la commémoration du Centenaire de la fin de la Première Guerre mondiale en 2018, la question de la participation de toute une société aux évènements officiels mérite d'être soulevée.

Document

Les historiens et la lutte contre le négationnisme

Les assassins de la mémoire ont bien choisi leur objectif : ils veulent frapper une communauté sur les mille fibres encore douloureuses qui la relient à son propre passé. Ils lancent contre elle une accusation globale de mensonge et d'escroquerie [...]. À cette accusation globale, je n'entends pas répondre en me lançant sur le terrain de l'affectivité. Il ne s'agit pas ici de sentiments mais de vérité [...]. Qu'il soit entendu une fois pour toutes que je ne réponds pas aux accusateurs, que, sur

> aucun plan, je ne dialogue avec eux. Un dialogue entre deux hommes suppose un terrain commun, un commun respect, en l'occurrence la vérité. Mais avec les « révisionnistes », ce terrain n'existe pas. Imagine-t-on un astrophysicien qui dialoguerait avec un « chercheur » qui affirmerait que la lune est faite de fromage de Roquefort ? Je me suis donc fixé cette règle : on peut et on doit discuter sur les « révisionnistes » ; on peut analyser leurs textes comme on fait l'anatomie d'un mensonge ; on peut et on doit [...] se demander le pourquoi et le comment de leur apparition, on ne discute pas avec les « révisionnistes ».
>
> Pierre VIDAL-NAQUET, *Les Assassins de la mémoire, « Un Eichmann de papier » et autres essais sur le révisionnisme*, Paris, La Découverte, 1987, rééd. 2005.

Bibliographie

Outils :

- DESCAMPS Florence, « Histoire orale », *in* DELACROIX Christian, DOSSE François, GARCIA Patrick, OFFENSTADT Nicolas, *Historiographies I. Concepts et débats*, Paris, Gallimard, 2010, pp. 391-398.
- HARTOG François, « Historicité/régimes d'historicité », *in* DELACROIX Christian, DOSSE François, GARCIA Patrick, OFFENSTADT Nicolas, *Historiographies II. Concepts et débats*, Paris, Gallimard, 2010, pp. 766-771.
- JOUTARD Philippe, « Mémoire collective », *in* DELACROIX Christian, DOSSE François, GARCIA Patrick, OFFENSTADT Nicolas, *Historiographies II. Concepts et débats*, Paris, Gallimard, 2010, pp. 779-191.
- OFFENSTADT Nicolas, « Le témoin et l'historien », *in* DELACROIX Christian, DOSSE François, GARCIA Patrick, OFFENSTADT Nicolas, *Historiographies II. Concepts et débats*, Paris, Gallimard, 2010, pp. 1242-1252.
- ROUSSO Henri, « Négationnisme », *in* DELACROIX Christian, DOSSE François, GARCIA Patrick, OFFENSTADT Nicolas, *Historiographies II. Concepts et débats*, Paris, Gallimard, 2010, pp. 1119-1126.

Manuel de préparation aux concours d'entrée Sciences Po :

- CALAUZÈNES Jérôme, TRANIÉ Ghislain, *La sécurité. La mémoire*, Paris, Vuibert, 2017, 287 pages.

Ouvrages spécialisés sur l'histoire, la mémoire et l'oubli :

- GENSBURGER Sarah, LEFRANC Sandrine, *À quoi servent les politiques de mémoire*, Paris, Presses de Sciences Po, 2017, 184 pages.
- HARTOG François, *Régimes d'historicité. Présentisme et expériences du temps*, Paris, Seuil, 2003, 272 pages.
- JABLONKA Ivan, *L'Histoire est une littérature contemporaine. Manifeste pour les sciences sociales*, coll. « La Librairie du XXIe siècle », Paris, Seuil, 2014, 352 pages.
- JOUTARD Philippe, *Ces voix qui nous parlent du passé*, Paris, Hachette, 1983, 268 pages.
- JOUTARD Philippe, *Histoire et mémoires, conflits et alliance*, La Découverte/Poche, Paris, La Découverte, 2015, 342 pages.
- NORA Pierre [dir.], *Les lieux de mémoire, I. La République, II. La Nation, III. Les France,* 3 tomes, Paris, Gallimard, 1984, 1986 et 1992, 674, 667, 1034 pages.
- RICŒUR Paul, *La Mémoire, l'Histoire, l'Oubli*, Paris, Seuil, rééd. 2003, 736 pages.

- TODOROV Tzvetan, *Les Abus de la mémoire*, Paris, Arléa, 2004, 60 pages.
- VERNANT Jean-Pierre, *La Traversée des frontières. Entre mythe et politique II, « Un temps insoumis »*, coll. « La Librairie du XXIe siècle », Paris, Éditions du Seuil, 2004, 194 pages.
- WIEVIORKA Annette, *L'ère du témoin*, Pluriel, Paris, Fayard, 1998, rééd. 2013, 192 pages.
- WIEVIORKA Annette, *L'heure d'exactitude, Histoire, mémoire, témoignage*, Itinéraire du savoir, Paris, Albin Michel, 2011, 256 pages.

La mémoire communiste :

- LAVABRE Marie-Claire, *Le fil rouge, sociologie de la mémoire communiste*, Paris, Presses de Sciences Po, 320 pages.

La mémoire dans l'Antiquité :

- BAROIN Catherine, *Se souvenir à Rome. Formes, représentations et pratiques de la mémoire*, Paris, Belin, 2010, 328 pages.
- BENOIST Stéphane, DAGUET-GAGEY Anne, HOËT-VAN CAUWENBERGHE Christine, *Une mémoire en actes : espaces, figures et discours dans le monde romain*, Villeneuve d'Asq, Septentrion, 2016, 318 pages.
- DETIENNE Marcel, *Les maîtres de la vérité dans la Grèce archaïque*, Paris, Le Livre de Poche, 1990, rééd. 2006, 240 pages.
- SIMONDON Michèle, *La mémoire et l'oubli dans la pensée grecque jusqu'à la fin du Ve siècle av. J.-C.*, Paris, Les Belles Lettres, 1982, 357 pages.
- VERNANT Jean-Pierre, *Mythe et pensée chez les Grecs. Études de psychologie historique*, Paris, La Découverte, Poches Sciences, 1985, rééd. 2005, 434 pages.

La mémoire européenne et mondiale :

- FRANÇOIS Étienne, SERRIER Thomas [dir.], *Europa, notre histoire : l'héritage européen depuis Homère*, Paris, Les Arènes, 2017, 1385 pages.
- LAZZAROTTI Olivier, *Des lieux pour mémoire. Monuments, patrimoines et mémoires-Monde* ? Le temps des idées, Paris, A. Colin, 2012, 216 pages.

La mémoire de la Shoah :

- AGAMBEN Giorgio, *Ce qui reste d'Auschwitz. L'archive et le témoin*, Paris, Rivages, 1999, 233 pages.
- JABLONKA Ivan, *Histoire des grands-parents que je n'ai pas eus,* Histoire, Paris, Éditions du Seuil, Points, 2012, 426 pages.
- WIEVIORKA Annette, *Déportation et génocide. Entre la mémoire et l'oubli*, coll. « Pluriel », Paris, Fayard, rééd. 2013, 512 pages.

La mémoire de la guerre d'Algérie :

- MOUMEN Abderahmen, *Entre histoire et mémoire : les rapatriés d'Algérie : Dictionnaire bibliographique*, Nice, Editions Jacques Gandini, 2003, 130 pages.
- STORA Benjamin, *France-Algérie. Les passions douloureuses,* Paris, Albin Michel, 2021, 208 pages.

La mémoire sportive :

- BROMBERGER Christian, *Football, la bagatelle la plus sérieuse du monde*, Montrouge, Bayard Jeunesse, 1998, 136 pages.

Revues :

- BASTIDE René, « Mémoire collective et sociologie du bricolage », *L'Année Sociologique*, vol. 21, 1970, pp. 65-108.
- FRANÇOIS Étienne, SERRIER Thomas, « Lieux de mémoire européens », *Documentation photographique*, Paris, La Documentation française, n° 8087, octobre 2011, 64 pages.
- LAURENT Céline, MESSAOUDI Dalila, « Mémoire et morbidité : tourisme des territoires associés à la mort », *Carto*, n° 44, novembre-décembre 2017, pp. 41-44.
- LEDOUX Sébastien, « La mémoire, mauvais objet de l'historien ? », *Vingtième Siècle. Revue d'histoire*, n°133, 2017/1, pp. 113-128.
- NORA Pierre, « Les lieux de mémoire, ou comment ils m'ont échappé », *L'Histoire*, Hors-Série, avril 2017, pp. 54-57.
- NORA Pierre, « Mémoire collective », *in* LE GOFF Jacques, CHARTIER Roger et REVEL Jacques [Dir.], *La Nouvelle Histoire,* Paris, CEPL, 1978, pp. 398-401.
- RICŒUR Paul, « Vers la Grèce antique. De la nostalgie au deuil », *Esprit*, n° 399, novembre 2013, pp. 22-41.
- WIEVIORKA Annette, « Les Polonais, la mémoire et les Juifs », *L'Histoire*, n° 448, juin 2018, pp. 24-25.

Pour aller plus loin

- LEO Maxim, *Histoire d'un Allemand de l'Est*, Arles, Actes Sud, 2010, 504 pages.
- MENDELSOHN Daniel, *Les Disparus*, Paris, Flammarion, 2007, 650 pages.
- ZWEIG Stefan, *Le Bouquiniste Mendel*, Paris, Édition Sillage, rééd. 2013, 64 pages.

Sujets

- Mémoire collective et usages numériques.
- Le devoir de mémoire est-il nécessaire ?
- La mémoire collective est-elle un poids pour l'histoire ?
- Le rapport des sociétés à leur passé entre histoire et mémoire.

4 Décentralisation, déconcentration et réforme territoriale : les 13 régions de France métropolitaine

« Un espace politique s'est ouvert pour repenser l'aménagement du territoire, aujourd'hui invoqué par le gouvernement d'Édouard Philippe au nom de la cohésion territoriale [...] : soit quelqu'un dans le gouvernement lance le signal d'une énième réforme territoriale, avec redécoupage et réassemblage, histoire d'occuper le Landerneau, et c'est perdu ; soit un nouveau vocabulaire s'installe (alliances, réciprocité, capacitation, réversibilité...) et une époque enthousiasmante aura commencé »

MARTIN VANIER, 2017.

Introduction

Treize nouvelles régions métropolitaines sont nées de la fusion des vingt-deux anciennes régions administratives françaises, sans redécoupage, et vingt-deux métropoles obtiennent un statut d'intercommunalité afin de renforcer l'attractivité des régions au sein desquelles elles constituent les points forts d'une « économie d'archipel » (P. VELTZ, 2014). Cette restructuration modifie la nature et les identités des territoires. Les lois de réforme territoriale engagées entre 2014 et 2016 s'inscrivent dans l'histoire de la pensée modernisatrice de l'organisation des pouvoirs locaux en France. Elles facilitent aussi l'exercice du marketing territorial en instrumentalisant les identités historiques ou fonctionnelles. Désormais, la communication territoriale doit faire face au défi médiatique au cœur duquel se situent les territoires alors que leur existence même est remise en cause par leur réticularisation dans une économie mondialisée. « *Le territoire n'est plus une évidence qu'il faut mettre en valeur ; c'est une construction qu'il faut mettre en récit* » (D. BEHAR, 2015). Il devient une construction politique et médiatique auquel une image est attachée, ainsi que des représentations mettant aux prises des acteurs aux pratiques et aux intérêts divergents sur ces territoires.

L'enjeu de cette réforme tient à concilier le fonctionnement des collectivités territoriales à moindre coût, le fonctionnement de la démocratie et le respect des identités (P. SUBRA, 2016).

Concepts/notions

- **Aménagement des territoires** : ensemble des politiques publiques qui contribuent à fabriquer l'espace français.
- **Décentralisation** : processus accompagné de transferts financiers, par lequel les collectivités territoriales gagnent des prérogatives au détriment de l'État.

- **Déconcentration** : processus de délocalisation des services centralisés de l'État à Paris vers les régions et départements.
- **Gouvernance** : notion qui à l'origine vient du domaine privé et qui s'applique à la sphère publique comme un processus de coordination entre différents acteurs qui leur permet de s'accorder sur un projet collectif et de le mener à terme (M. REGHEZZA-ZITT, 2017).
- **Intercommunalité** : coopération de communes qui peut prendre différentes formes et qui permet de gérer les services publics locaux ou des projets de développement local.
- **Région** : niveau de gestion politique, administrative et économique, territoire de proximité, à la fois géré et aménagé ; territoire de référence des identités et des appartenances vécues devenant un enjeu géopolitique (L. CARROUÉ, 2017).
- **Régionalisation** : processus de renforcement des pouvoirs des régions en matière de développement économique, de gestion des transports et de développement durable.

Chronologie

- **1789** : création des communes, administrées par un conseil municipal, un maire et plusieurs adjoints.
- **1790** : création des départements.
- **1890** : création des SIVU (Syndicats intercommunaux à vocation unique), première forme de coopération intercommunale.
- **1941** : création de vingt préfectures régionales par le régime de Vichy.
- **1948** : création des treize circonscriptions régionales militaires.
- **1955** : définition des « circonscriptions d'action régionale » par le Commissariat-général au Plan, qui deviennent les vingt-et-une « régions de programme » pour mettre en œuvre la politique d'aménagement du territoire national.
- **1972** : la loi officialise le terme de « région » comme « établissement public territorial » avec une assemblée élue au suffrage universel indirect.
- **1975** : vingt-deux régions sont définies avec la Corse détachée de PACA (Provence-Alpes-Côte-d'Azur).
- **1982** : « Acte I de la décentralisation » ; loi DEFFERRE de décentralisation ; la région devient une collectivité territoriale avec un Conseil régional élu au suffrage universel direct. Le président de région se substitue au Préfet en tant que chef de l'exécutif régional.
- **1988** : « loi d'amélioration de la décentralisation ».
- **1992** : loi d'orientation relative à l'« administration territoriale de la République ».
- **1999** : loi Chevènement sur la coopération intercommunale.
- **2003** : « Acte II de la décentralisation » ; la décentralisation est inscrite dans la Constitution avec la Région comme l'une des trois collectivités territoriales à laquelle s'ajoutent le département et la commune.

- **2010** : rationalisation de la carte intercommunale ; création des métropoles qui obtiennent le transfert de compétences départementales et régionales.
- **2014** : loi MAPTAM (Modernisation de l'Action Publique Territoriale et d'Affirmation des Métropoles).
- **2015** : loi NOTRe (Nouvelle organisation territoriale de la République) ; passage de 22 à 13 régions métropolitaines.
- **2016** : prise d'effet de la réforme régionale, « Acte III de la décentralisation ».

Historique

La construction des régions et des identités régionales

La région est ici entendue à l'échelle de la France et peut renvoyer à des attributs homogènes tant historique que naturel, industriel ou agricole. Elle revêt une certaine cohésion interne et s'inscrit dans des flux qui la mettent en relation avec d'autres régions à l'échelle européenne ou mondiale. Les régions françaises sont le résultat d'un maillage administratif et deviennent, sans lien avec la région homogène, fonctionnelle ou identitaire, une unité de gestion administrative.

Les identités régionales se construisent sur des héritages historiques et culturels, des milieux physiques, des spécialisations économiques sectorielles ou fonctionnelles, des hiérarchies urbaines qui assurent la cohésion ou au contraire le morcellement régional. Les héritages historiques jouent par exemple un rôle majeur dans l'organisation urbaine de la région Île-de-France, de façon concentrique autour de Paris, à partir de la Cité dont les premières traces d'occupation datent du Néolithique auxquelles s'adjoignent des enceintes successives avec Philippe Auguste en 1209, les Fermiers généraux en 1785 et Thiers en 1841-1844. Puis, vient l'annexion des communes limitrophes en 1860, formant l'extension définitive de la ville *intra-muros*. Les travaux d'aménagement de grandes percées du baron HAUSSMANN, préfet de la Seine de 1853 à 1870 marquent profondément l'identité de la ville, puis ce sont les présidents successifs de la Ve République qui imposent leur marque : DE GAULLE fait construire le quartier des affaires de la Défense ; les Musées d'Art moderne, d'Orsay ou le Centre Pompidou sont édifiés par Georges POMPIDOU et Valéry GISCARD d'ESTAING ; la Pyramide du Louvre ou la Bibliothèque nationale par François MITTERRAND et le Musée des Arts premiers par Jacques CHIRAC. La région des Hauts-de-France trouve quant à elle son identité dans le prolongement des paysages ruraux d'Île-de-France, « *avec des cathédrales pour uniques montagnes* » (Jacques BREL). Les « plateaux de la craie » offrent des villages de pierre blanche et de toits d'ardoise dans la Somme ou l'Ouest de l'Oise. Les plaines du Nord et de l'Artois sont celles des champs de bataille de la Première Guerre mondiale et les bassins houillers du Nord-Pas-de-Calais ont perdu leur fonction économique mais conservent celle d'habitat et se transforment en nouveaux pôles reconvertis. Autre exemple, la région Grand Est doit son nom à une consultation informatique de ses habitants, même s'ils sont peu nombreux à s'être exprimés. Cette région abstraite sans identité régionale est le fait d'une décision centrale sans approbation des élus locaux ni même des habitants qui craignent la disparition de leurs spécificités culturelles devenues identitaires. Par ailleurs, l'Ouest est la terre du sacre des rois de France à Reims, mais aussi celle du duché de Champagne intégré au royaume de France par Philippe le Bel en 1284. Quant à l'Est, c'est une terre du Saint-Empire-romain-germanique rattachée à la France par le traité de Westphalie en 1648, puis contrôlée par le IIIe Reich entre 1940 et 1945 (L. CARROUÉ, 2017). Ces faits historiques régionaux sont autant de facteurs de patrimonialisation, de communication et d'attractivité, convoqués pour définir des identités communes ou spécifiques.

La région se révèle être un marqueur identitaire, fruit d'une appropriation historique. Longtemps considérée comme l'archétype de la région naturelle et historique, la géographie urbaine apporte un regard renouvelé sur l'espace régional à partir des années 1960, à l'instar de Pierre GEORGE dans les *Annales de Géographie*: « *le passage de la monographie de géographie urbaine à l'étude d'un réseau urbain s'identifie au passage de la notion de ville sécrétée par sa région au rôle joué par l'appareil urbain dans l'organisation de la région* » (1964). Le réseau urbain devient un outil d'analyse de chaque région au-delà de ses caractéristiques physiques ou historiques. Ici, la ville comme institution polarisante de la région peine à devenir un véritable foyer d'autonomie locale du fait de la centralisation étatique héritée du compromis monarchique entre l'État et les pouvoirs locaux puis du consensus républicain. En 1969, Charles DE GAULLE avait tenté de promouvoir l'échelle régionale sans succès après le vote négatif lors du référendum sur la régionalisation visant à transformer les régions en collectivités locales et à réformer le Sénat. Cependant, à partir de la « loi de décentralisation » du 2 mars 1982 les droits et libertés des communes, départements et régions sont redéfinis et correspondent à trois niveaux de collectivités territoriales. Celles-ci exercent des compétences en matière de logement, de transport, d'urbanisme, d'enseignement ou de santé. La décentralisation est un processus non achevé en 1982 et qui se poursuit. En 1988, la « loi d'amélioration de la décentralisation » permet la création des districts et des communautés urbaines. Ensuite, la coopération intercommunale, la démocratie locale et la déconcentration sont renforcées par la loi d'orientation relative à l'administration territoriale de la République du 6 février 1992, puis par la loi Chevènement du 12 juillet 1999. Jean-Pierre RAFFARIN, Premier ministre en 2003, initie « l'Acte II de la décentralisation » mettant en œuvre une réforme devant « *bâtir une République des proximités, unitaire et décentralisée* ». La loi constitutionnelle du 28 mars 2003 porte la mention suivante: « *la France est une République indivisible, laïque, démocratique et sociale* » (art. 1) et rappelle qu'il n'y a qu'une seule loi s'imposant aux collectivités territoriales, celle de l'État, mais que « *son organisation est décentralisée* » quant à l'action sociale et politique. La région se dote alors de compétences en matière de développement économique et le département en matière sociale. Les personnels de l'État sont ainsi redéployés vers la fonction publique territoriale, les collectivités locales devenues territoriales disposant désormais de ressources financières propres et d'autonomie de gestion. La loi du 16 décembre 2010 de réforme des collectivités territoriales permet une rationalisation de la carte intercommunale. Alors, la répartition des compétences entre les régions et départements leur permet d'intervenir dans n'importe quel domaine en supprimant la clause de compétence générale (M. REGHEZZA-ZITT, 2017).

La Région, née de la fusion des vingt-deux régions en treize régions métropolitaines, à travers « l'Acte III de la décentralisation » (2016) devient le nouvel acteur de la révolution territoriale qui engage la refonte de la base communale à travers un processus de regroupement de communes en communautés d'agglomérations depuis la loi MAPTAM de 2014. Les grandes métropoles reçoivent une délégation de compétences des collectivités locales au détriment des départements selon la loi NOTRe de 2015 (L. CARROUÉ, 2017). Dans le contexte d'intégration européenne et de mondialisation, la centralisation est de plus en plus décriée ainsi que l'État-providence.

Actualité

Les enjeux de la réforme territoriale : le débat sur les compétences de la Région

Faut-il en finir avec le département ? Faut-il réduire le nombre de régions ? Faut-il renforcer l'intercommunalité et réduire encore les communes ou renforcer les liens entre les collectivités territoriales ?

Les départements ont pour fonction d'assurer la solidarité et la péréquation de la gestion des services d'aide sociale. La question de la suppression des départements a été confiée à la commission ATTALI (2007-2008) puis à la mission de réflexion pour relancer la croissance française sous l'impulsion d'Édouard BALLADUR (2008-2009). Le département est l'échelon administratif le plus contesté par les détracteurs du « millefeuille territorial français ». Il existe en réalité cinq niveaux administratifs en France, et non mille : les communes, les intercommunalités, les départements, les régions et l'État. Si les départements sont perçus comme les acteurs de la résistance au changement et un héritage archaïque d'une France encore majoritairement rurale jusqu'au mi-temps du XXe siècle, c'est parce que les élus mettent en avant les services rendus aux territoires ruraux isolés ou marginalisés face aux métropoles ou dans les territoires périurbains pour assurer la cohésion sociale. Les réactions sont alors vives face à la volonté de les supprimer, comme pour la région Picardie, à travers des slogans tels que « *Touche pas à ma région* » ou « *Fier d'être Picard* » sur fond de logo emprunté à la marque « Ricard ». Ainsi, en 2015, la loi NOTRe réaffirme les compétences du département en matière d'aide sociale à l'enfance (ASE), de revenu de solidarité active (RSA), de gestion des services de protection maternelle et infantile (PMI), d'aide aux personnes handicapées avec la création des maisons départementales des personnes handicapées (MDPH), et de mineurs étrangers isolés. Il gagne des compétences pour les grands aménagements de voirie, la gestion des collèges, l'aménagement rural et les missions de secours et incendie avec le service départemental d'incendie et de secours (SDIS). La suppression de la clause de compétence générale limite ses interventions dans tous les domaines. Au moment des élections sénatoriales de septembre 2017 se pose la question d'une recentralisation du territoire alors que le Sénat assure la représentation des collectivités territoriales. Pour le géographe Roger BRUNET, « *il s'agit au contraire d'un nouveau retrait de l'État, se désintéressant des collectivités locales pour se soucier surtout des entreprises*». Le débat sur la réforme ou la suppression du Sénat porte sur sa capacité à assurer l'équilibre entre les territoires tout en représentant les zones rurales et les petites et moyennes villes. Historiquement, le Sénat est plutôt la chambre de la résistance au changement selon Martin VANIER. Pour Roger BRUNET, ce sont les conseils de département qui seraient les mieux à même d'assurer les équilibres entre métropoles et périphéries (*Libération, Le Libé des géographes*, 28 septembre 2017). Ainsi, la réforme des départements est prévue pour 2020.

Avant la suppression des départements, fallait-il réduire le nombre de régions françaises ? Elles apparaissent comme trop nombreuses et trop petites. La réduction du nombre de régions est un gage auprès de l'Union européenne de réformes structurelles afin de rendre le fonctionnement des pouvoirs publics moins coûteux et de réduire le déficit public en deçà de 3 %. Cette réforme a été voulue par Manuel VALLS et conduite par François HOLLANDE qui a arbitré son contenu. Au niveau européen, l'augmentation de la taille des régions marque une volonté de concurrencer les *Länder* allemands bien plus peuplés. Un seuil démographique de 12 millions d'habitants, à l'exemple de la Bavière, permettrait de rendre les régions plus efficaces. Cette masse critique donne également à la Région la possibilité d'obtenir des budgets plus conséquents afin d'assurer le pilotage de grands projets. Cependant, dans cette volonté d'inscrire la région française dans la compétitivité européenne, l'échec est consacré. En effet, les budgets régionaux français restent modestes à l'échelle européenne, 22 fois moins importants que la Bavière, région la mieux dotée (www.lagazettedescommunes.com, 24 septembre 2015). Dans cette volonté d'accroissement de la taille des régions françaises par fusion, des inégalités spatiales persistent car six régions métropolitaines demeurent inchangées, ainsi que les cinq régions-départements d'Outre-mer (DROM). Les tensions territoriales qui apparaissent au moment de la fusion des régions montrent une volonté d'appropriation territoriale, reflet de l'attachement des Français à leur région. Aussi la réforme vise-t-elle à réduire les fractures identitaires qui ressurgissent pourtant en Bretagne, en Corse, ou en Guyane à l'exemple des manifestations de mars 2017. La concurrence entre les villes se développe pour devenir ou rester capitale régionale. Ainsi Amiens revendique le statut de capitale administrative de la région des Hauts-de-France face à Lille métropole. Elle mobilise tout un collectif qui rappelle l'identité de la ville et scande le slogan «*Amiens capitale, c'est capital*» (*Le Courrier picard*, 1er mars 2015). La ville peut se glorifier d'avoir l'une des plus belles cathédrales de France, même si elle n'a pas les attributs d'une véritable capitale économique lui permettant de rester compétitive face à sa nouvelle rivale, Lille. Mais comme le disent les slogans de type «*Amaizing Amiens* ! », si le groupe Amazon est attiré par la ville, alors pourquoi pas d'autres acteurs économiques ? La ville déploie un marketing territorial pour séduire les acteurs privés comme Amazon qui installe un centre logistique à Amiens, alors même que la ville n'est pas desservie par le TGV. Ainsi les anciennes capitales régionales, souvent des villes moyennes, siège des anciennes préfectures régionales sont déclassées. C'est le cas de Châlons-en-Champagne et Metz au profit de Strasbourg qui devient la nouvelle capitale de la région Grand-Est. Le choix des noms de régions donne également lieu à des débats passionnés. Les Catalans se sont élevés contre le choix de nommer Occitanie l'ancien territoire Languedoc-Roussillon-Midi-Pyrénées. Par ailleurs, la Nouvelle-Aquitaine porte un adjectif en référence aux anciennes régions Poitou-Charentes et Limousin et privilégie le lien à l'ancien Duché d'Aquitaine montrant que les entités politiques s'ancrent dans les identités historiques (M. REGHEZZA-ZITT, 2017).

À plus grande échelle que la région, la réforme pose la question du rôle des intercommunalités à renforcer, de la réduction du nombre de communes ou de l'accroissement des liens entre les collectivités territoires. Afin d'assurer un équilibre entre les compétences des diverses collectivités territoriales, la loi NOTRe (2015) attribue respectivement aux diverses institutions les compétences suivantes en matière de gestion et d'entretien :

	Communes et intercommunalités	**Départements**	**Régions**
Aménagement du territoire	PLU SCOT Permis de construire Équipement		Plan régional
Développement économique	Zones artisanales		Primes à la création d'entreprises et d'emplois
Éducation et formation	Écoles primaires	Collèges	Lycées Formation professionnelle
Transports	Voirie Réseaux locaux Transports en commun	Routes départementales Routes nationales aux deux tiers	TER Ports Aéroport Ramassage scolaire Cars départementaux
Politique de la ville, logement social	ANRU Parc social	Parc social (offices départementaux)	
Aide sociale	CCAS	RSA Handicap Enfance Personnes âgées	

D'après P. SUBRA, 2016.

La commune demeure l'échelon de proximité privilégié du fait de l'attachement que lui portent les Français. Grâce à la loi du 16 mars 2015 « *relative à l'amélioration du régime de la commune nouvelle pour des communes fortes et vivantes* », le nombre de municipalités a baissé de plus d'un millier en deux ans. De 36 658 communes au 1er janvier 2015, la France passe à 35 498 en janvier 2017. En 2016, 493 opérations de fusion d'intercommunalités ont été réalisées (*Le Monde*, 19 janvier 2017). Pour le géographe Jacques LÉVY, « *les communes sont des fossiles* » (*L'Express*, 12 août 2013) et pourtant, elles n'ont pas disparu jusqu'à leur dilution dans les structures de coopérations intercommunales. Elles sont encore trop petites et pas suffisamment puissantes, d'où la volonté de renforcer les métropoles. Les intercommunalités, consolidées par la loi MAPTAM (2014) et la création de quatorze métropoles françaises apparaissent comme l'institution garantissant l'équilibre de base en ayant reçu pour onze d'entre elles les compétences des départements. Paris, Lyon et Marseille ont un statut particulier. À partir du 1er janvier 2015, le statut de métropole est acquis de plein droit pour les EPCI[1] à fiscalité propre de plus de 400 000 habitants situés dans une aire urbaine de plus de 650 000 habitants. Il permet d'obtenir un label et une image développée par le marketing territorial engagé par les métropoles. La loi NOTRe de 2015 précise les compétences spécifiques échues aux départements et régions en supprimant les clauses de compétences générales qui leur permettaient jusque-là d'intervenir dans de nombreux domaines de manière autonome. Les départements conservent des compétences en matière de solidarité sociale et territoriale alors que la Région intervient dans les champs du développement économique et de l'aménagement territorial (L. CARROUÉ, 2017). La question de la cohérence géographique, territoriale ou économique de ces choix se pose. Pour Béatrice GIBLIN, il s'agit d'un «*découpage incohérent*» (*Le Monde*, 2017), car la réforme nie les fondements des régions en termes de populations, de main-d'œuvre, de systèmes productifs et urbains. Elle résulte de choix stratégiques en matière de gestion, de développement et de management et a recours à des ressources subjectives au regard des identités, des représentations ou des mémoires. C'est ce que Jacques LÉVY appelle des «*biens publics spatiaux*» en référence à diverses modalités d'urbanité, de mobilité, de capital spatial propres aux divers acteurs et environnements spatiaux. Quelles sont alors les missions de la Région du XXIe siècle dans une démocratie territoriale renouvelée? Celles-ci tiennent aujourd'hui au marketing territorial auquel se livrent les Régions qui tentent de promouvoir une nouvelle image, un nouveau nom en faisant la promotion de leurs villes et métropoles innovantes, mais aussi à leur dynamisme économique et culturel, instituant une forme de «marque régionale». Ainsi, la campagne «*Passez à l'Ouest*» de la Région Bretagne a été un succès offrant un exemple de marque territoriale qui fonctionne (www.lagazettedescommunes.com, 13 février 2018). Les Régions interviennent aussi en matière de développement économique et d'aménagement territorial. Aujourd'hui, ce n'est plus l'État qui aménage, mais une multitude d'acteurs dont la Région, faisant parler de «*mésogouvernements*» (G. BAUDELLE, 2009) ou «d'interterritorialité» (M. VANIER, 2015).

L'État a transféré ses compétences à de multiples acteurs en matière d'aménagement des Régions, aux villes, métropoles et intercommunalités, en passant par les acteurs économiques et les citoyens dans une dynamique de co-construction, sans oublier l'Union européenne qui peut soutenir et financer des projets.

1. EPCI: statut d'Établissement public de coopération intercommunale défini par le code général des collectivités territoriales. De onze métropoles, la réforme porte à quatorze leur nombre au 1er janvier 2015, puis à vingt-deux aujourd'hui, par des ajouts successifs opérés sous la pression des élus locaux. Il s'agit de Lille, Strasbourg, Grenoble, Nice, Montpellier, Toulouse, Bordeaux, Nantes, Rennes, Brest, Rouen, ainsi que les Métropoles de Lyon, du Grand Paris et de Marseille-Aix-Provence au statut particulier de collectivités territoriales. Puis, Nancy en 2016, Metz, Dijon, Saint-Étienne, Clermont-Ferrand, Toulon, Tours et Orléans en 2018.

Prospective

La Région, nouvel acteur de l'aménagement territorial en France ?

La région semble être le cadre privilégié de l'appropriation des territoires à travers des dynamiques d'aménagement. Elle est tout d'abord un acteur de premier plan par les prérogatives qui lui sont conférées depuis 2015 et la loi NOTRe. Elle est aussi au cœur des enjeux géopolitiques de l'aménagement des territoires tout en permettant de développer de nouvelles formes d'appropriation territoriale. Il s'agit alors de considérer dans quelle mesure les politiques publiques, au cœur desquelles se situe la Région, permettent de réduire les inégalités entre les territoires.

La Région en tant qu'acteur de l'aménagement des territoires obéit à un processus de décentralisation et de régionalisation dans un ancrage européen et mondial. L'aménagement du territoire a d'abord été l'affaire de l'État, dès le lendemain de la Seconde Guerre mondiale, dans un cadre centralisateur et envisagé dans sa dominante rurale. La décentralisation accompagne le passage à l'aménagement des territoires par les collectivités territoriales depuis 1982 à travers la prise en compte d'un nécessaire aménagement des territoires à toutes les échelles. Une stratégie du « *bottom up* » est établie, du bas vers le haut de la pyramide administrative, et non plus des décisions prises à l'échelon national et imposées aux autres mailles. Ainsi, en 2017, le Ministère de l'Aménagement du territoire, de la Ruralité et des Collectivités territoriales devient le Ministère de la Cohésion des territoires. L'aménagement des territoires n'a plus pour but le rééquilibrage des années 1960 mais de la création de « *l'espace dont la société et l'économie françaises en mutation ont besoin* » (M. VANIER, 2015). La France est dotée d'une forte culture aménagiste impulsée par l'État, mais elle cherche aujourd'hui à s'adapter à la construction européenne et à la mondialisation par l'aménagement des territoires régionaux et locaux dans sa dimension métropolitaine, ultramarine et supranationale. Les neuf RUP[1] (Régions ultrapériphériques) sont au cœur des politiques d'aides régionales de l'Union européenne afin de valoriser leurs atouts, leurs ressources maritimes et agricoles, de promouvoir une gestion durable ou encore de favoriser l'intégration de la France et de l'Europe dans la mondialisation par leur localisation aux quatre coins du globe. Entre 2007 et 2013, elles ont bénéficié de 11 milliards d'euros d'investissement communautaire. Malgré l'inscription de l'Outre-mer français dans ce programme européen, cela ne permet pas un rattrapage total. Par ailleurs, à l'échelle continentale des exemples de coopération transfrontalière se développent dans le cadre des eurorégions. C'est le cas du projet de ligne de tram reliant Strasbourg à Kehl grâce à un co-financement franco-allemand. Cependant, si le *Land* allemand participe au financement, côté français ce n'est pas la région Grand-Est qui est engagée mais l'État. Ceci révèle les contradictions en matière de gouvernance territoriale. De plus, sur ces territoires, les Français, citoyens ou aménageurs, projettent des attentes parfois divergentes.

Le jeu des acteurs se déployant à l'intérieur de la région, ses compétences et ses choix politiques révèlent la dimension politique de la région. Dans quelle mesure

1. Les neuf RUP sont les Açores, les Canaries, la Guadeloupe, la Guyane, Madère, la Martinique, Mayotte, la Réunion et Saint-Martin.

la Région est-elle contestée dans son rôle d'aménageur par des agents aux intérêts divergents ? Les acteurs publics ou privés qui convoitent un aménagement pouvant leur profiter se heurtent à des opposants. Ils peuvent donner lieu à des conflits d'aménagement révélant les enjeux de géopolitique locale autour des projets d'aménagement des territoires (P. SUBRA, 2018). Jusque dans les années 1960, l'État aménageur n'est pas contesté, puis les projets d'aménagement deviennent le prétexte du recyclage de toute une idéologie d'extrême gauche, avant l'irruption du militantisme écologiste. Plusieurs types d'acteurs apparaissent dans la contestation de projets qui ne leur profitent pas : les Nimbistes (de l'acronyme NIMBY – *Not in my backyard*), les riverains pour qui la localisation de l'aménagement est nuisible, mais aussi les militants écologistes ou altermondialistes dont la logique dépasse l'échelle locale de l'aménagement pour embrasser des thématiques globales comme la lutte contre le réchauffement climatique ou les méfaits liés à la mondialisation. Cette synergie d'acteurs peut donner lieu à la construction de ZAD sur des Zones d'aménagement différé devenues Zones à défendre, à l'exemple de Notre-Dame-des-Landes où le projet de construction d'un nouvel aéroport pour la ville de Nantes a été rejeté alors que le devenir de la ZAD en Zone d'autonomie définitive est discuté. Le problème a tenté d'être résolu sous François HOLLANDE avec l'organisation d'un référendum. Celui-ci a montré les limites de la démocratie participative et de l'instrumentalisation du vote ciblé car, malgré le vote du « oui » au projet d'aménagement, le gouvernement actuel, plus intéressé par la victoire politique que par l'aménagement lui-même, a abandonné le projet après avoir nommé une commission d'enquête et d'expertise (P. SUBRA, 2018).

L'exemple du Grand Paris apparaît comme une autre source de tensions politiques. Le projet d'aménagement est initié en 2007 par Nicolas SARKOZY lors de son discours de Roissy. Il s'agit d'une réalité urbaine correspondant à la fois à la ville centre de Paris *intra-muros* avec 2,2 millions d'habitants sur 105 km², à l'agglomération de plus de 10 millions d'habitants sur 2 645 km², à l'aire urbaine se confondant avec la région Île-de-France et à la région urbaine. À cela s'ajoute un projet d'aménagement urbain portant sur les transports automatiques pour relier des *clusters* censés réaliser de la croissance. Une consultation nationale d'architecture sur le Paris du XXIe siècle est alors lancée et la loi de 2010 en fait un projet d'aménagement en matière de transports en commun, avec notamment plus de 130 km de lignes de métro créées. Le coût des travaux est d'abord estimé à 25 milliards d'euros en 2013 pour atteindre 38 milliards d'euros en 2018. Il devait être supporté par la participation des entreprises et des usagers, sans levée d'impôts supplémentaires. Il s'agit également d'un système de co-gouvernance conflictuelle entre l'État et la Région, à travers « l'Arc Express », projet défendu par la Région, face au « Grand Paris Express », porté par l'État. Il s'en dégage alors des enjeux géopolitiques forts car ce système attise les critiques des écologistes. La Région se positionne contre le retour de l'État à travers ce projet, ce dernier bloquant le schéma directeur d'aménagement de la région. Dès 2012, François HOLLANDE avait fait campagne sur un projet d'intercommunalité. La métropole du Grand Paris (MGP) est ensuite créée au 1er janvier 2015 grâce à la loi MAPTAM (P. SUBRA, 2016). Afin d'agrandir Roissy et le Plateau-Saclay devenus stratégiques pour la Métropole, les trois départements de la petite couronne, les Hauts-de-Seine, la Seine-Saint-Denis et le Val-de-Marne sont apparus comme menacés par le scénario CADOT, du nom du préfet d'Île-de-France ayant présenté la proposition à Emmanuel MACRON afin de conforter la Métropole (*Le Monde*, 23 décembre 2017). La MGP est aussi un projet de développement durable avec la création d'un quartier zéro carbone, zéro déchet, zéro énergie fossile et fissile à Romainville dans la ZAC (Zone d'aménagement concerté) de l'Horloge. Les lauréats du concours « Inventons la Métropole » ont dévoilé leurs projets urbains à l'échelle d'un quartier intégrant l'économie circulaire, la résilience et la mobilité. Le promoteur Alsei, l'agence France Architecte et le paysagiste Horticulture et jardins mettent ainsi la végétalisation au cœur du « Lab21 » de Romainville pour favoriser le retour à la nature et à la biodiversité en ville, tout en mêlant logements, espaces de travail collaboratifs et des lieux consacrés à l'éco-design et à l'alimentation durable, le tout dans un bâtiment aux formes classiques et aux matériaux biosourcés, suivant des techniques de construction modulables. Une ferme urbaine de 1 000 m^2 investira la toiture sur une vaste terrasse végétalisée agrémentée de serres en bioponie, c'est-à-dire, en culture hors sol avec apports nutritifs en goutte à goutte (*Le Monde*, 07 octobre 2017). L'avenir du projet de transport du Grand Paris Express semble menacé, à l'exemple de la ligne 18, pourtant promise d'ici 2024 et qui mobilise élus, chercheurs et étudiants (*Le Monde*, 11 janvier 2018). En refusant de voter le budget 2018 de la Société du Grand Paris, les élus révèlent la hausse du budget de 2,24 milliards d'euros par rapport à celui de 2017, mais aussi les modalités du financement à long terme sur les marchés internationaux, ainsi que les 100 milliards d'euros d'investissements supplémentaires escomptés (*Les Échos*, décembre 2017). Le projet, même s'il veut s'en détacher, n'en reste pas moins lié à l'organisation des Jeux Olympiques de Paris en 2024. Aussi, la proposition d'étaler les travaux jusqu'en 2045 pour en supporter les coûts est également contestée. La forte présence de l'État centralisateur face à une multitude d'acteurs pose un problème de gouvernance régionale. Le Grand Paris se heurte à des enjeux en termes de logement, de fracture entre Paris et sa banlieue et les nouveaux défis tiennent au renforcement des intercommunalités et au choix d'une gouvernance efficace et cohérente. De plus, les retards accumulés sur les différents chantiers en cours ont poussé la Société du Grand Paris à revoir son calendrier prévoyant des mises en services des nouvelles lignes, non pas pour les Jeux olympiques de 2024, mais entre 2025 et 2030.

La Région définit les orientations en matière de développement économique et génère de nouvelles formes d'appropriation territoriale. Alors pourquoi la Région devient-elle le cadre privilégié de l'aménagement des territoires pour favoriser le développement et l'appropriation territoriale ? À travers la réforme engagée, l'exemple de la fusion de la région Nord-Pas-de-Calais et de la Picardie au sein des Hauts-de-France est fondée sur l'héritage historique d'activités agricoles, de production de blé et sur l'industrie agroalimentaire, ce qui fait de la nouvelle région, la première dans le domaine de l'agroalimentaire non viticole. Ainsi, la Région des Hauts-de-France a-t-elle défendu l'argument économique pour promouvoir le projet d'aménagement du canal Seine-Nord-Europe pour permettre son insertion dans le réseau fluvial et maritime européen, en rejoignant le projet Haropa de liaison des trois ports de Paris, Rouen et Le Havre. C'est aussi pour la Région un moyen de favoriser une meilleure insertion dans la mondialisation et de renforcer l'attractivité des territoires. Au-delà du développement économique, il s'agit de voir quels projets d'aménagement sont portés par la Région. Sont-ce des politiques de durabilité, en faveur de la maritimité, de la croissance économique ou d'un rééquilibrage dans un souci de justice spatiale? Les transports sont le secteur privilégié de l'aménagement des territoires porté par la Région, afin de satisfaire le développement des territoires. L'organisation spatiale de l'espace régional est fortement polarisée autour des « pôles de croissance » (F. PERROUX, 1981) qui nécessitent d'être reliés par des réseaux de transports performants pour réaliser son maillage. Le projet de LGV finalisé à Rennes en 2017 induit des perspectives variables à l'horizon 2040. La géoprospective permet d'envisager plusieurs *scenarii* possibles dans lesquels la LGV accompagne le développement local ou se trouve concurrencée par les mobilités alternatives, voire s'intègre à une stratégie de développement durable, sinon aboutit à une modération des projets urbains initiés à l'occasion de son arrivée face à la concurrence des métropoles européennes (G. BAUDELLE, R. NEGRE, 2015). En 2017, Rennes et Bordeaux ont pu se rapprocher de Paris à 1 h 27 et 2 h 04 de temps, contre 2 h 04 et 3 h 14 auparavant, grâce à une politique de réduction du temps de voyage alors que la SNCF connaît une privatisation difficile (T. CHABRE, 2017). L'aménagement des territoires donne aussi lieu à des formes de coopérations entre acteurs. Celle entre les territoires qui font système peut être une alternative aux conflits d'aménagement. Plutôt que d'appuyer cette passion française qui vise à imposer l'égalité des territoires d'en haut (P. ESTÈBE, 2015), il semble aujourd'hui préférable de rechercher l'équité entre les territoires (J. LÉVY, 2013) en acceptant la différenciation qui doit mener à des alliances entre tous les territoires, qu'ils soient urbains ou ruraux, pour « *l'égalité dans la réciprocité et non plus à la compassion des forts pour les faibles* » (M. VANIER, 2015). Un exemple de ce type de coopération est donné en matière de développement économique, culturel, agricole, alimentaire, touristique, scientifique, technique et de mobilité par le Contrat de Réciprocité signé entre la Métropole de Toulouse et le PETR (Pôle d'équilibre territorial et rural) du Pays des Portes de Gascogne. Il a été promu par le ministre de la Cohésion des territoires, dans une dynamique d'uniformisation des territoires, tout en renforçant l'influence des métropoles instituées par la loi MAPTAM de 2014.

La Région, si elle apparaît comme l'acteur privilégié de l'aménagement des territoires, doit composer avec d'autres intervenants au premier rang desquels se trouvent les Métropoles, mais aussi les acteurs privés, les citoyens au-delà de l'État, des communes ou des départements qui trouvent autant d'occasions de s'affronter que de coopérer lors de la mise en œuvre de projets d'aménagement.

Conclusion

La réforme territoriale méritait-elle les critiques d'autoritarisme, de précipitation, d'improvisation et de confusion qui lui ont été adressées? Au-delà des objectifs escomptés en termes de compétitivité à l'échelle européenne ou de simplification administrative, la fusion des régions et la réforme territoriale accroissent les inégalités territoriales. De plus, malgré les lois de décentralisation, l'État reste l'acteur majeur de l'organisation politique du territoire national. Ayant perdu une partie de ses prérogatives juridiques et financières, il s'est transformé en régulateur face aux défis de la mondialisation. Il n'y a bien que dans le domaine des transports que les collectivités territoriales semblent être jugées plus efficaces que l'État (M. REGHEZZA-ZITT, 2017). Si « *la France a eu besoin d'un pouvoir fort et centralisé pour se faire. Elle a aujourd'hui besoin d'un pouvoir décentralisé pour ne pas se défaire* » disait François MITTERRAND en 1981. L'invective qui accompagnait la décentralisation semble toujours d'actualité.

Malgré la réforme territoriale et la volonté d'ériger la Région et les Métropoles en cadre privilégié de l'aménagement des territoires, leurs actions demeurent inabouties et les prochains défis d'une démarche géo-prospective tiennent à un redécoupage de la France encore inachevé.

Document

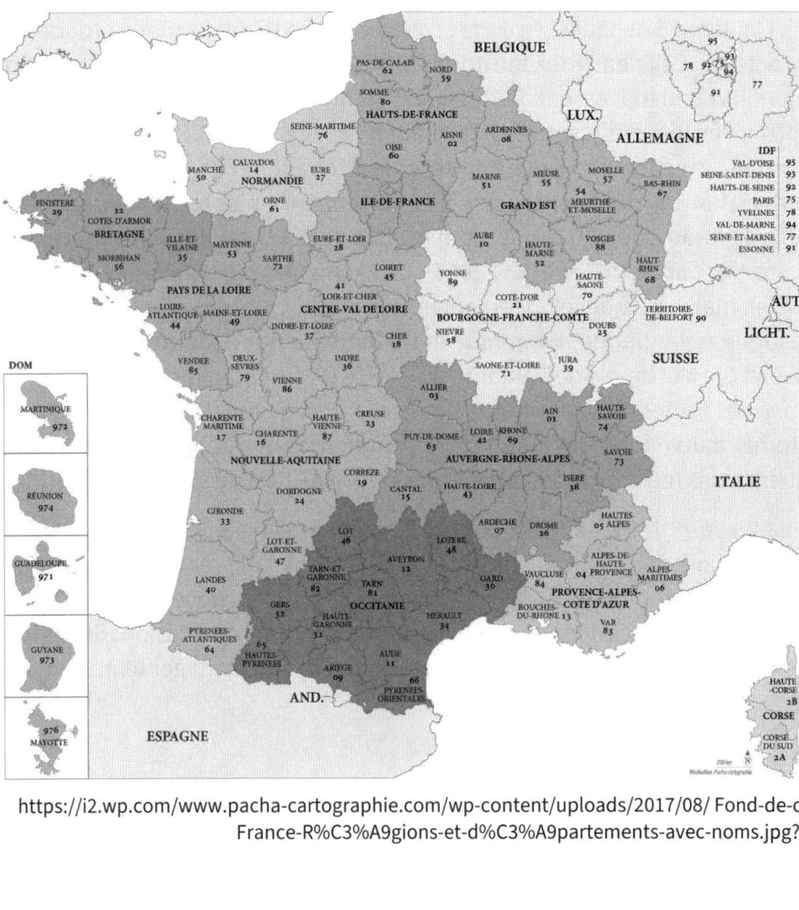

https://i2.wp.com/www.pacha-cartographie.com/wp-content/uploads/2017/08/ Fond-de-carte-France-R%C3%A9gions-et-d%C3%A9partements-avec-noms.jpg?ssl=1

Bibliographie

Ouvrages spécialisés :

- BAUDELLE Guy, *L'Europe, aménager les territoires*, Paris, A. Colin, 2009, 424 pages.
- CARROUÉ Laurent [dir.], *Les 13 régions françaises,* Paris, A. Colin, 2017, 320 pages.
- ESTÈBE Philippe, *L'égalité des territoires, une passion française*, Paris, PUF, 2015, 96 pages.
- GIBLIN Béatrice [dir.], *Nouvelle géopolitique des régions françaises*, Paris, Fayard, 2005, 976 pages.
- LÉVY Jacques, *Réinventer la France. Trente cartes pour une nouvelle géographie*, Paris, Fayard, 2013, 246 pages.
- REGHEZZA-ZITT Magali, *La France dans ses territoires*, Paris, A. Colin, 2017, 260 pages.
- SUBRA Philippe, *Géopolitique de l'aménagement du territoire*, Paris, A. Colin, à paraître août 2018.
- SUBRA Philippe, *Géopolitique locale. Territoires, acteurs, conflits*, Paris, A. Colin, 2016, 335 pages.
- VANIER Martin, *Demain les territoires : capitalisme réticulaire et espace politique*, Paris, Hermann, 2015, 216 pages.
- VELTZ Pierre, *Mondialisation, économie et territoires : une économie d'archipel*, Paris, PUF, 2014, 288 pages.

Revues :

- BEHAR Daniel, « Réforme territoriale : la fin d'un cycle ? », *L'Économie politique*, n° 68, 2015/4, pp. 36-46.
- BEHAR Daniel, DESJARDINS Xavier, « Les régions françaises enfin aménageuses du territoire ? », *Population et Avenir*, n° 733, 2017/3, pp. 17-19.
- CHABRE Théotime, « Le train en France : les limites du « modèle TGV » », *Carto*, n° 43, septembre-octobre 2017, pp. 26-27.

Sitographie

- BRENNETOT Arnaud, DE RUFFRAY Sophie, « Une nouvelle carte des régions françaises », geoconfluences.ens-lyon.fr, 2015, 6 pages.
- BAUDELLE Guy, NÈGRE Romaric, « Quel impact de la LGV sur Rennes en 2040 ? », *Place publique*, n° 35 disponible en ligne, mai-juin 2015, pp. 72-75.
- VANIER Martin, « L'aménagement du territoire en France au XXIe siècle », *la Tribune*, édition électronique, 15 juin 2017, 1 page.

Pour aller plus loin

- ADOUMIÉ Vincent [dir.], *Les nouvelles régions françaises*, Vanves, Hachette Supérieur, 2018, 288 pages.
- KERNALEGENN Tudi, PASQUIER Romain [dir.], *30 ans de démocratie régionale : des régions pour faire quoi ?*, Boulogne-Billancourt, Berger-Levrault, 2018, 244 pages.

Sujets

- Décentralisation et territoires en France.
- Les recompositions territoriales de la France face aux enjeux européens et mondiaux.
- La cohésion des territoires et le rôle de l'État en France.
- La France est-elle un patchwork territorial ?

Fait religieux

5 Les origines des trois monothéismes

> « Jésus, fils de Marie, dit : Ô fils d'Israël ! Je suis en vérité, le Prophète de Dieu envoyé vers vous pour confirmer ce qui, de la Torah, existait avant moi ; pour vous annoncer la bonne nouvelle d'un prophète qui viendra après moi et dont le nom sera Ahmad. »
>
> CORAN, LXI, 6.

Introduction

À travers l'étude des trois monothéismes, il s'agit de dissocier dans le judaïsme, le christianisme et l'islam, ce qui relève de la croyance et de l'histoire. Afin d'observer les différences entre ces religions, mais aussi leurs points communs, il est à considérer que chaque monothéisme connaît des interprétations différentes au cours de sa longue histoire. La place du Livre ou de la figure d'Abraham peuvent être des axes de différenciation. Si judaïsme et christianisme admettent l'Ancien Testament, l'islam ne considère pas de vérité dans les écrits qui précèdent le Coran. Pour autant, la moitié des versets du Coran s'inspire de récits de l'Ancien Testament. De plus, les rapports entre la religion et le pouvoir amènent à considérer le radicalisme religieux qui tend à investir le politique et à éveiller des conflits. Si Jésus disait « *rendez à César ce qui est à César et à Dieu, ce qui est à Dieu* », son message pacifiste a été interprété différemment au cours de l'histoire. Les croisades ou les querelles entre les pouvoirs spirituel et temporel de l'Europe moderne en témoignent. Pour les musulmans, ce message n'est que blasphème car aucun domaine n'est interdit à Dieu.

C'est à travers les figures communes aux trois monothéismes et leurs livres sacrés que leurs origines communes et leurs divergences peuvent être perçues.

Concepts/notions

- **Catholicisme** : branche du christianisme qui se sépare en 1054 de l'orthodoxie lors du schisme entre les Églises d'Orient et d'Occident, se référant à l'ensemble des croyances et rites admis par l'Église catholique romaine, à vocation universelle.
- **Christianisme** : religion des chrétiens fondée sur le message de Jésus-Christ.
- **Islam** : religion des musulmans fondée sur le Coran.
- **Judaïsme** : religion des juifs fondée sur la Bible, le Talmud, à l'origine d'une culture.
- **Laïcisation** : expulsion de la religion en dehors des affaires publiques par un volontarisme étatique.

Chronologie

- **597 a. è.** : première prise de Jérusalem et première déportation des Hébreux à Babylone.
- **590 a. è.** : fin de la rédaction de l'Ancien Testament.
- **586 a. è.** : seconde prise de Jérusalem, destruction de Jérusalem et de son Temple par l'Empire babylonien ; deuxième déportation du peuple hébreu à Babylone.
- **515 a. è.** : inauguration du second Temple à Jérusalem.
- **500-400 a. è. :** rédaction de la Torah ou Pentateuque (les cinq premiers livres de la Bible).
- **333 a. è. :** Alexandre le Grand met fin à l'Empire perse et arrive en Palestine.
- **330 a. è.** : conquête de l'Égypte par Alexandre.
- **250 a. è. :** début de la traduction grecque de la Bible, la Septante. Hellénisation de la Palestine.
- **130 a. è.** : fin de la rédaction de la Septante.
- **63 a. è.** : conquête romaine de la Judée par Pompée qui entre à Jérusalem.
- **37 a. è.** : la Judée devient un royaume « ami et allié » de Rome où règne Hérode le Grand.
- **20 a. è. :** rénovation du second Temple de Jérusalem, dont il reste aujourd'hui le mur occidental.
- **30** : mort de Jésus à Jérusalem.
- **50** : Épitre aux chrétiens de Thessalonique par Paul de Tarse.
- **65** : rédaction du premier Évangile de Marc.
- **70** : destruction du second Temple de Jérusalem par l'Empire romain.
- **85** : Marc, Matthieu et Luc poursuivent l'écriture des Évangiles.
- **v. 95** : rédaction du dernier livre du Nouveau Testament, *Apocalypse*, par Jean.
- **312** : conversion de l'empereur Constantin au christianisme.
- **v. 570** : naissance de Mahomet à La Mecque.
- **400** : achèvement de l'écriture secrète du Talmud.
- **610-632** : Mahomet aurait reçu la révélation du Coran à La Mecque, puis à Médine.
- **622** : Hégire ; émigration de Mahomet à Médine ; début du calendrier musulman.
- **630** : prise de La Mecque par Mahomet.
- **632** : mort de Mahomet.
- **633-634** : Abu Bakr, premier calife.
- **644-656** : sous le califat d'Othman, fixation du Coran (« Vulgate »).
- **657** : schisme au sein de l'islam ; Ali, quatrième calife, est écarté au profit de Muawiya.
- **661** : assassinat d'Ali, son deuxième fils Hussein, reprend le combat contre Muawiya.

- **661-750** : dynastie des Omeyyades (sunnites) et installation du califat à Damas.
- **680** : bataille de Kerbala, Hussein et ses soixante-douze compagnons sont éliminés.
- **750-1258 :** dynastie des Abbasides et établissement du califat à Bagdad.
- **1475** : premier livre publié en hébreu en Calabre du rabbin Rachi, « Commentateur de la Loi ».
- **1482** : première édition du Talmud en Espagne.
- **1523** : le pape autorise la publication du Talmud à Venise.
- **1543** : impression du Coran à Bâle.
- **1547** : traduction intégrale du Coran en Italien.
- **1647** : traduction du Coran de l'arabe en français par André Du Ryer.
- **1924** : la grande mosquée-université du Caire ordonne la confiscation de toutes les reproductions du Coran sous prétexte d'erreurs. Le roi Fouad commande une nouvelle édition imprimée et officielle, appelée le « Coran du roi ».
- **2011** : le roi du Maroc, Mohammed VI, créé une édition nationale du Coran distribuée gratuitement dans les mosquées et les écoles coraniques marocaines, mais aussi en Afrique de l'Ouest.
- **2019 :** ouverture du site internet Coran 12-21 mettant en ligne les différentes versions du Coran connues en Europe depuis le XIIe siècle.

Historique

Abraham, figure commune des trois monothéismes, donne lieu à trois lectures spécifiques

Si l'on cherchait une figure commune aux trois monothéismes, celle-ci pourrait être incarnée par Abraham, dont l'authenticité tient à sa pérennité dans la mémoire des peuples et notamment des juifs, qui d'abord nomades, ont fixé leur tradition oralement à travers des personnages dont il fait partie (J. BOTTÉRO, 1994).

D'après la Bible, Abram (qui signifie père élevé), habitant d'Our en Chaldée, était polythéiste, adorant « d'autres dieux ». Il épouse Sarah et devient Abraham (père fécond) lorsqu'il a des enfants, alors que son épouse est stérile. Le récit biblique raconte qu'il part avec sa tribu guidée par Terah (le père, descendant de Sem, un des trois fils de Noé, du peuple sémite) pour s'installer à Haran, où Terah meurt à 250 ans. Âgé de 75 ans, Abraham aurait reçu le message d'un dieu inconnu lui ordonnant : « *Quitte ton pays, ton peuple et la maison de ton père pour le pays que je te montrerai. Je ferai de toi un grand peuple* ». Ce serait le début de l'histoire de la tribu nomade. L'interprétation religieuse qui est donnée de ce départ est celle de l'appel de Dieu. Abraham abandonne le polythéisme et les dieux de Mésopotamie pour suivre le Dieu unique vers une terre promise à sa postérité. En route dans le désert, l'accueil est parfois bon, parfois guerrier. Le roi de Salem offre le pain et le vin, offrande habituelle dans l'Orient ancien, seule nourriture que les hommes pouvaient fabriquer, alors que les animaux et végétaux sont aussi accessibles aux animaux. La tribu parvient en Égypte où Abraham craignant sa vieillesse suggère à Sarah de se faire passer pour sa sœur pour le sauver. Il apparaît alors prêt à sacrifier sa femme. La Bible montre que Dieu accepte les hommes tels qu'ils sont pour les élever. À travers ce type de positionnement le texte biblique enseigne une morale qui se veut divine. Pharaon empressé auprès de Sarah découvre qu'elle est l'épouse d'Abraham. Elle est renvoyée à lui avec des offrandes. Sarah ne pouvant donner un enfant à Abraham, désigne sa servante Agar afin qu'elle le lui donne. La maîtresse, finalement éconduite par Sarah, fuit dans le désert d'Égypte avec son fils Ismaël où elle aurait reçu une promesse de Dieu : « *de lui je ferai une autre nation* ». Le futur empire d'Ismaël sur les Arabes est dessiné. Après la première alliance conclue entre Dieu et Noé, une nouvelle alliance avec Abraham met en scène le récit qui unit dans une histoire d'amour Dieu et les hommes. Abraham a un deuxième fils de Sarah, nommé Isaac. Le caractère miraculeux de cette naissance apparaît dans l'âge d'Abraham qui a 100 ans et celui de Sarah qui a 80 ans. Ici, les chrétiens pourront voir dans ce miracle le signe de la conception virginale de Jésus. Ensuite, alors que Dieu aurait demandé à Abraham de sacrifier Isaac, un ange l'aurait arrêté pendant qu'il s'exécutait. C'est ainsi que les sacrifices humains cessent. Jacob, petit-fils d'Abraham, dont les douze fils forment les douze tribus d'Israël, donne naissance à un peuple. Ismaël engendre la lignée des musulmans. Mahomet vit aux VIe et VIIe siècle après Jésus-Christ à La Mecque, puis à Médine, où les Arabes sont polythéistes. Il lit des passages de la Bible et est attiré par le Dieu unique. Il fait des retraites dans les grottes et cavernes où il aurait rencontré l'archange Gabriel qui lui aurait révélé des messages de Dieu qui formeraient le Coran (« récitation »). Mahomet s'attache à Abraham en qui il voit le vrai croyant, le père du monothéisme, soumis à Dieu lors du sacrifice d'Isaac, comme le croyant musulman (*muslim*) qui signifie « soumis ». Mahomet dit : « *Ô détenteurs de l'Écriture ! Pourquoi vous disputez-vous au sujet d'Ibrahim ? La Torah et l'Évangile n'ont été envoyés d'en haut que longtemps après lui… Ibrahim n'était ni juif ni chrétien, il était pieux, soumis à Allah !* ». Bientôt, avec une meilleure connaissance de la Bible, les musulmans pensent que c'est Ismaël plutôt qu'Isaac qui a failli être sacrifié. Mahomet rompt avec les juifs, les accusant de déformer les enseignements de la Bible. Le sacrifice d'Abraham est déplacé à La Mecque et les prières ne sont plus prononcées vers Jérusalem, mais vers La Mecque. La tradition affirme qu'Abraham et Ismaël ont construit la Kaaba vers laquelle viennent chaque année des millions de pèlerins, alors qu'il s'agit d'une pierre noire d'origine météorique.

Les trois grandes religions monothéistes sont donc abrahamistes. Plutôt que de s'unir dans une origine commune, leurs traditions se sont retranchées dans des positions orthodoxes ou offensives (J. DUQUESNE, 2012).

La Bible, une des sources de l'histoire du peuple hébreu

La Bible est un ensemble de livres disparates. Le mot vient du grec *biblos* qui signifie bibliothèque. Elle est celle du peuple hébreu, dont certains livres relatent l'histoire. Elle permet de saisir l'évolution de la croyance et des rapports entre un peuple et Dieu.

Le contexte historique et géographique de la naissance de la Bible est celui d'un tout petit royaume en proie aux guerres et calamités. Elle retrace depuis la rencontre entre Dieu et Abraham, l'histoire de la migration du peuple hébreu en pays de Canaan jusqu'à sa libération de la servitude par Moïse au temps de l'émergence, puis de la chute des royaumes d'Israël et de Juda. Elle ne provient pas d'une révélation miraculeuse, mais elle est le fruit de l'imaginaire humain. Sa rédaction par une multitude de scribes, prophètes, prêtres et fonctionnaires de la cour judéenne date d'il y a environ 2600 ans et se fait sur deux ou trois générations (I. FINKELSTEIN, N. A. SILBERMAN, 2004). Elle se compose de récits mythiques inspirés d'autres textes. Noé et le Déluge apparaissent dans un poème mésopotamien du XVIIIe siècle a. è. et son héros « Supersage » se retrouve aussi dans la tradition laotienne ou maya. À chaque fois, le Déluge instaure une nouvelle relation entre l'homme et la nature, l'homme cessant d'être prédateur et protégeant les animaux. Cet évènement peut être rapproché de la « révolution néolithique », lors de l'apparition de l'élevage et de l'agriculture. Ici les animaux domestiqués servent à garantir l'alimentation des hommes par la domination d'une espèce sur l'autre (J. DUQUESNE, 2012). La Bible est tout à la fois : un récit historique, une œuvre de mémoire d'un peuple, un recueil de légendes et poèmes, mais aussi un texte de propagande royale. Elle raconte l'histoire du peuple hébreu et non celle d'un monde œcuménique, donnant naissance au monothéisme. Une réforme religieuse est alors engagée du polythéisme au monothéisme. La Bible est devenue un objet d'étude de la société qui en est à l'origine. L'archéologie accompagne ce changement de regard sur l'objet biblique. Dès le XVIIIe siècle, des études critiques de la Bible sont faites. Les premières recherches archéologiques datent du XIXe siècle, notamment avec les travaux d'Edward ROBINSON en Palestine ottomane. Il ressort de l'observation des paysages une correspondance avec le récit biblique. Au XXe siècle, l'étude des tertres par William ALBRIGHT permet de reconstituer l'évolution des sociétés et des cultures à partir des différentes couches archéologiques. De nouvelles méthodes et conclusions sont tirées de l'archéologie à partir des années 1990 : il ne s'agit plus seulement de vérifier les données de la Bible, mais de voir celle-ci comme le reflet de l'idéologie et de la culture d'une société. Ainsi, jusqu'en 1990 l'archéologie induit un raisonnement fondé sur la fiabilité de la Bible en tant que document historique. Or, si la croyance attribuait à Moïse sa rédaction[1], l'histoire montre à partir de l'analyse des textes et de l'archéologie qu'elle est le fait de plusieurs rédacteurs et de rajouts successifs, Moïse n'ayant pas pu lui-même raconter son propre décès. L'archéologie emprunte alors la méthode des sciences sociales et permet l'élaboration d'une histoire globale de la Bible, considérée comme une source permettant d'approcher les transformations économiques, politiques, religieuses, démographiques et sociales des VIIIe-VIIe siècles avant notre ère à travers le Pentateuque[2]. Les théories relatives à l'historicité des patriarches, dont le premier est Abraham, puis Isaac et Jacob, font apparaître trois hypothèses de datation de l'époque des patriarches. La thèse historique de la grande migration d'Abraham du Bronze ancien

1. Au moins pour la partie appelée le Pentateuque, composée des cinq livres constituant la Torah. Le Deutéronome est le dernier des cinq livres décrivant la mort de Moïse.
2. Le Pentateuque est composé des cinq livres formant la Torah : *La Genèse, l'Exode, le Lévitique, les Nombres, le Deutéronome*.

au IIIe millénaire a. è. est remise en cause. Elle repose sur la disparition des grandes cités et des cités-États, lors des invasions, qui aurait accompagné le passage d'un mode de vie sédentaire au nomadisme. Cependant, la majorité des populations reste sédentaire dans de petits villages et hameaux. Au IIe millénaire a. è., l'urbanisation reprend à l'âge du Bronze moyen. Entre ces deux périodes de développement de la vie urbaine, William ALBRIGHT place l'époque des patriarches dans cet intermède nomade entre 2100 et 1800 a. è. Il s'agit d'une période de vitalité du pastoralisme et du commerce caravanier. Une autre hypothèse place l'époque des patriarches dans la première moitié du IIe millénaire a. è. au Bronze moyen II, lors de l'apogée de la vie urbaine. Roland de VAUX relève que dans le récit biblique, les patriarches sont souvent évoqués vivant sous des tentes près des cités. Les archives de la cité de Mari sur l'Euphrate en Syrie du IIe millénaire a. è. témoignent de l'existence de ces liens entre tentes et cités. Les noms des patriarches semblent de surcroît correspondre aux noms d'usages alors répandus, à l'exemple de Jacob. Cyrus GORDON et Éphraïm SPEISER ont montré que les coutumes sociales et législatives du IIe millénaire a. è. correspondent aux pratiques bibliques. Les tablettes de Nuzi en Irak, du XVe siècle a. è., renseignent qu'une femme stérile doit présenter une esclave à son mari pour assurer sa descendance. Ceci rappelle l'histoire de Sarah et Agar (*Genèse*, chapitre 16). Enfin, au regard d'un certain nombre d'anachronismes dans le texte biblique, Benjamin MAZAR développe une troisième hypothèse, faisant apparaître le récit des patriarches à l'époque du Fer ancien où la migration des patriarches entre Sichem et Hébron correspond aux paysages de la première occupation israélite. Kyle McCARTER montre que le récit est composé de références à différentes époques de l'âge du Bronze à la monarchie tardive du VIIe siècle a. è (I. FINKELSTEIN, N. A. SILBERMAN, 2004). Les sources les plus anciennes parvenues de la Bible hébraïque s'échelonnent de 895 à 1008 p. è. avec le Codex des prophètes du Caire, le Codex Babylonicus de 916 et le Codex Leningradensis. Deux cents rouleaux conservés dans des jarres ont été retrouvés en 1947 dans une grotte à l'Ouest de la mer Morte, ainsi que 380 fragments des IIe ou Ier siècles a. è., dispersés dans dix grottes alentour. Toutes ces sources révèlent un contenu identique. Une tradition solide, une parfaite maîtrise de l'écriture et le respect du texte semblent caractériser les copistes juifs. Les rouleaux de la mer Morte montrent que s'il n'y a pas de manuscrit complet de l'Ancien Testament avant le Xe siècle, il reste fiable dans la perpétuation de la tradition du fait de la constance des récits. La Bible révèle une grande unité, malgré sa rédaction sur au moins huit siècles. L'Ancien Testament est achevé vers 590 a. è. lors du grand exil des juifs à Babylone, dans l'Irak actuel. Ils sont alors privés du Temple et éprouvent le besoin de posséder un texte en captivité pour pérenniser leur rituel. Une importante diaspora juive s'installe à Alexandrie et perd progressivement l'usage de l'hébreu au profit du grec alors que l'Égypte est conquise par Alexandre en 330 a. è. Cette communauté a besoin de traduire la Bible en grec, ce sera la Septante, achevée en 130 a. è. par plus de soixante-dix érudits. De cette époque les chrétiens ont hérité de deux livres. Les juifs égyptiens reconnaissent la Septante et des livres postérieurs, alors que les juifs de Jérusalem ne les considèrent pas comme inspirés et ne se rapportent qu'au canon de Jérusalem, actuellement acquis par les juifs et protestants. Catholiques et orthodoxes conservent, quant à eux, les écrits du deuxième canon, « deutéronomiques ». Au début de notre ère, le judaïsme ajoute à la Bible son commentaire, le Talmud. Le récit biblique de la rencontre entre Moïse et Dieu fait état de la loi écrite et consignée par Moïse dans les cinq livres de la Torah accompagnée de son commentaire oral. Ainsi le Talmud est d'abord un héritage oral qui se fixe par écrit après la destruction du Temple de Jérusalem en 70. Sa mémoire douloureuse conduit à la rédaction de la Mishna, préalable au Talmud, qui devient une compilation d'études rabbiniques et d'étudiants en religion. Il existe des écoles talmudiques à Jérusalem et à Babylone donnant lieu à l'écriture de deux Talmud. Ils concentrent les opinions, les modes de vie et pratiques juives en matière d'agriculture, de fêtes, de relations entre hommes et femmes, de sacrifices, de pureté et d'impureté, mais aussi de droit civil et pénal. Les débats légaux et aigus pouvant avoir cours sont consignés dans la Gemara, la deuxième partie du Talmud. Après la conversion de l'empereur Constantin au christianisme en 330 et les persécutions faites aux juifs, la fabrication du Talmud se fait en secret pour être achevée en 400 et fixer une tradition qui ne sera modifiée qu'à la marge, mais jamais achevée. Les XVe et XVIe siècles permettent la publication du Talmud en Europe ; d'abord en Espagne, puis à Venise avec l'autorisation du pape.

À l'Ancien Testament commun aux juifs et chrétiens, s'ajoute le Nouveau Testament, propre aux chrétiens.

Le Nouveau Testament, le livre des chrétiens

La Bible est le livre sacré commun aux juifs et aux chrétiens qui ont les mêmes origines. Ils se différencient par leurs croyances et leurs pratiques religieuses à partir du moment où une secte au sein du judaïsme se forme autour du personnage de Jésus. Après sa mort, une nouvelle religion monothéiste apparaît : le christianisme.

À l'Ancien Testament vient s'ajouter le Nouveau Testament relatif à la vie de Jésus[1]. Ce dernier est juif, né en Galilée autour de l'an 6 à 4 a. è. Il prêche à la synagogue et délivre un message particulier. Jugé à Jérusalem en 30 devant le sanhédrin, il est condamné par les autorités romaines au supplice de mise à mort réservé aux esclaves. Après sa crucifixion, certains de ses proches disent l'avoir vu ressuscité près de son tombeau, mais peu de personnes croient en sa résurrection. Puis, quelques mois après sa mort, le nombre de ces croyants augmente jusqu'à 3 000 personnes d'après les Actes des Apôtres. Le christianisme n'existe pas encore ni les chrétiens. Ils prennent ce nom lorsque Jésus devient Christ, désignant selon l'étymologie grecque *christos* traduite de l'hébreu *messiah*, le messie, c'est-à-dire, « celui qui est oint ». Ainsi, les premières communautés fidèles au message de Jésus commencent à s'organiser et à former des églises en mettant leurs biens en commun et en se retrouvant à la synagogue. Les Évangélistes vont pendant 70 ans enrichir la Bible et constituer le Nouveau Testament. Le cinquième livre de l'Ancien Testament mentionne les activités missionnaires des premières communautés. Elles sont liées par la croyance que le martyre de Jésus annonce la fin des temps. Les communautés chrétiennes attendent son retour et le jugement dernier. En Judée et en Galilée, ces missionnaires racontent la vie de Jésus et répandent cette Bonne Nouvelle. La

1. Le Nouveau Testament se compose des Évangiles, des Actes de Apôtres, des Épîtres et de l'Apocalypse.

transmission orale est une nouvelle fois la règle de diffusion de cet héritage. Il n'est pas utile d'écrire puisque le monde doit disparaître. Cependant, la fin du monde ne venant pas, ceux qui ont connu Jésus fixent cette mémoire par écrit. Le premier est Paul de Tarse dans son Épitre aux chrétiens de Thessalonique. C'est un juif converti qui écrit en 50. Puis à partir de 65, la rédaction des Évangiles débute. Ce sont des témoignages de foi en Jésus qui constituent aujourd'hui la seule source de connaissance de sa vie. Il s'agit à l'époque de répondre à la question que se posent les premiers chrétiens : « qui était le Christ ? ». Au premier Évangile de Marc succèdent ceux de Matthieu et Luc en 85 après la destruction du Temple de Jérusalem en 70 qui ouvre une période d'affrontement entre chrétiens et juifs. Entre la fin du Ier siècle et le début du IIe siècle le dernier Évangile attribué à Jean est écrit. Le dernier livre du Nouveau Testament est l'*Apocalypse* rédigé vers 95. Le plus ancien fragment retrouvé sur papyrus date de 125 et est aujourd'hui conservé au musée de Dublin en Irlande. Le Nouveau Testament est le fait de plusieurs rédactions successives qui ont été enrichies dans les différentes communautés chrétiennes (M. QUESNEL, 1987).

Au moment où Jésus vivait, le christianisme n'existait pas. Ce sont ses disciples qui en ont fait une religion.

Le Coran, le livre sacré des musulmans qui n'a cessé d'évoluer

Une révélation à l'origine d'une nouvelle religion, l'islam, aurait été reçue par Mahomet à La Mecque, puis à Médine entre 610 et 632 revêtant selon la tradition une forme orale. Le Coran-livre n'a quant à lui jamais cessé d'évoluer.

Le Coran est issu de la « récitation » (en arabe) d'une même version répétée depuis des siècles par les autorités musulmanes dont l'origine est contestée par les historiens. Il existe alors sept « porteurs du Coran » l'ayant appris par cœur à partir de versets écrits qui constituent un texte en rimes. Mahomet meurt en 632, suivi de ces sept porteurs de la tradition en 633. Le premier calife, beau-père de Mahomet, Abu Bakr (633-634), se heurte à différentes menaces qui fragilisent l'islam, dont la venue de faux prophètes d'Arabie, comme Mesaylima (« l'Imposteur ») qui se proclame l'égal du Prophète. Ce dernier est vaincu mais Abu Bakr, d'abord hostile à la fixation par écrit du Coran, car contraire au vœu de Mahomet, nomme le meilleur récitant du Coran, Zayd ibn Thabit, habitant de Médine pour l'écrire. La règle est de retenir les versets recueillis oralement auprès de deux récitants reconnus pour leur probité. La tradition veut que cette version ait été écrite sur parchemins, mais ceux-ci n'ont jamais été retrouvés. Omar, successeur d'Abu Bakr, reprend la « recension » qu'il confie à Hafsa, sa fille, une des veuves de Mahomet. Plusieurs rédactions parallèles livrent des versions différentes. Le texte est fixé sous Othman, troisième calife, qui nomme une commission, composée de quatre scribes, présidée par Zayd. Le Coran actuel est une synthèse faite à partir du IXe siècle en 114 sourates (ou chapitres) et 6 219 versets. Il permet de connaître la foi musulmane et la tradition (la *Sunna*) à partir des hadiths (« les dits de Mahomet »). Il s'agit d'un ensemble de questions issu de la communication orale de Mahomet (F. DEROCHE, 2014). Pour les historiens, les sourates qui auraient été révélées à La Mecque entre 610 et 622, d'orientations théologiques et celles plus politiques et juridiques de Médine (622-632), forment la base juridique de la communauté musulmane et le fondement d'une théocratie politico-religieuse. Cependant, cet ordre chronologique n'est pas toujours respecté dans la version écrite du Coran car des versets mecquois et des sourates médinoises sont parfois mélangés. La rédaction du Coran semble se faire sur plusieurs dizaines d'années et révèle de fortes contradictions. Si les califes Abu Bakr et Omar avaient bien demandé à Zayd de se charger de la collecte des versets du Coran, celui-ci se serait effectivement opposé à un projet que Mahomet n'avait pas souhaité au préalable. La tradition rapporte aussi que Zayd aurait pu écrire sous la dictée de son père adoptif Mahomet. Les contradictions sont ici manifestes. D'après les sources chiites, Ali, gendre de Mahomet, aurait en sa possession un autre Coran. Sunnites et chiites s'opposent alors sur deux conceptions inconciliables du pouvoir politique et religieux (D. de SMET, 2015). En 632, à la mort de Mahomet, une question divise la communauté musulmane : qui hérite du califat et de la « Succession » de Mahomet ? Immédiatement, Abu Bakr, premier calife, proche de Mahomet, est contesté par les partisans d'Ali, gendre et neveu de Mahomet. Ali devient le quatrième calife après l'assassinat d'Othman en 656. Une scission au sein de l'islam s'opère alors entre les chiites partisans d'Ali et les sunnites. Les chiites majoritaires ou « duodécimains » attendent la venue du « douzième imam caché », le successeur d'Ali. Ils sont localisés en Iran, au Liban, en Irak ou en Azerbaïdjan. Les chiites minoritaires, hétérodoxes, relèvent de sectes plus ou moins rattachées au chiisme, comme les druzes au Liban, en Syrie ou en Israël, les ismaéliens au Pakistan, ou les alaouites en Turquie et en Syrie. Les sunnites sont les gens de la tradition, tenant leur nom de la *Sunna*. Ils font déposer Ali au profit de Muawiya, gouverneur de Syrie et parent d'Othman rattaché à la dynastie omeyyade. Ils définissent la ligne de l'islam officiel orthodoxe d'Égypte, du Pakistan, du Maghreb et d'Indonésie. En 680, Hussein, le fils d'Ali est tué par les sunnites omeyyades ce qui déclenche la martyrologie des chiites et la guerre entre sunnites et chiites à l'origine de la division de la *oumma* (la communauté des musulmans). Alors que les chiites font d'Ali presque un dieu, les sunnites n'en veulent pas pour successeur. Les chiites reconnaissent les douze imams qui fondent le chiisme duodécimain et attendent le douzième imam qui a disparu de la vue des hommes et doit revenir comme le Christ. Ainsi, les successeurs d'Ali sont considérés comme des saints alors que les sunnites sont contre la sanctification. Ils reprochent aux chiites de croire en plusieurs dieux, comme les chrétiens. Après la mort de Mahomet les chiites pensent que la « révélation » se poursuit par l'intermédiaire des imams issus de la descendance d'Ali à qui Mahomet aurait confié le sens caché et les connaissances liés à la « révélation ». L'imam est ainsi perçu comme un Messie. Pour les sunnites, la mort de Mahomet a mis fin aux révélations et plus personne ne peut prétendre agir sous une inspiration divine. Le chef de la communauté musulmane est alors élu pour appliquer la Loi révélée par Mahomet. Ali et Othman meurent de ces querelles où le Coran apparaît comme un enjeu de pouvoir. Il est le fait de la volonté des califes d'imposer à leurs rivaux un texte contrôlant la « révélation ». Entrepris sous Othman (644-656), il pourrait être issu du travail d'Hudayfa, un juif de Médine, converti à l'islam pour donner une unité aux fragments contradictoires hérités de l'époque Mahomet. Il s'agit de réconcilier la communauté musulmane afin d'éviter qu'elle ne diverge comme les juifs et les chrétiens. Le texte naît également de la nécessité de légitimer la conquête arabe menée au nom du djihad (« la guerre sainte »). Avec la conquête de la Syrie et de la Palestine sur les Byzantins en 637, puis de l'Irak, le Coran se répand et a été enrichi (R. DAGORN, 1981). L'influence de la Bible se retrouve dans le Coran, même si l'islam, en concurrence avec le judaïsme et le christianisme, tente de se doter d'un Livre sacré visant à les surpasser. Le Coran réfute le dénouement de la Bible, dont il prétend achever une vérité incontestable car il apparaît comme « incréé » et issu de la pensée de Dieu. Le Coran consacre une relecture de la Bible. Si Mahomet, une fois installé à Médine à partir de 622, énonce des principes de tolérance envers les juifs (« les gens du Livre » dans le Coran) qui se convertiraient à l'islam, ceux qui ne le font pas sont exilés, massacrés, leurs biens spoliés, leurs femmes et enfants réduits en esclavage. Le sort des juifs reste fort différent selon les régions de l'Empire musulman. Certains obtiennent des responsabilités politiques, financières ou deviennent médecins (G. GOBILLOT, 2012). Par la suite, à l'issue de querelles jamais véritablement achevées, la dynastie des Omeyyades installe son califat à Damas de 661 à 750. La mosquée du dôme du Rocher est construite à Jérusalem par le calife Abd al-Malik (685-705) qui entreprend une œuvre d'islamisation de l'Empire musulman étendu jusqu'au Nord de l'Espagne, à l'Ouzbékistan et au Pakistan, grâce à la rédaction d'une nouvelle version du Coran (M. YAHIA, 2015). Le nom du calife apparaît dans les sources relatives à l'élaboration du Coran, ce qui laisse penser qu'il est l'initiateur de la compilation officielle au tournant des VIIe et VIIIe siècles. Le texte se veut le prolongement de la Torah et de l'Évangile, décrivant le Prophète comme le successeur d'Abraham, de Moïse et de Jésus (M. A. AMIR-MOEZZI, 2020). Les « gens du Livre », juifs et chrétiens, peuvent poursuivre la pratique de leur culte moyennant le paiement d'un impôt. Puis, la dynastie des Abbasides prend le pouvoir et installe le califat à Bagdad de 750 à 1258. Il s'agit de la période considérée comme l'apogée de l'islam alors que les chiites considèrent les trois premiers califes, les Omeyyades et les Abbasides, comme des usurpateurs. Avec l'extension de l'empire, l'augmentation des conversions et les dissensions, le Coran nécessite d'être expliqué et interprété. Les interprétations se font à l'image de celles qui ont pu être faites par Mahomet, le Prophète, et de tout ce qui a pu être dit ou écrit sur lui (M. YAHIA, 2015).

La civilisation de l'islam s'impose au sein de l'immense Empire conquis par les Arabes. Le pouvoir musulman se met en place entre les VIIe et VIIIe siècles s'appuyant sur la *Charia* élaborée à partir du Coran qui régit la vie quotidienne des habitants de l'Empire, de l'impôt jusqu'au mariage.

Conclusion

C'est au sein d'un même terreau religieux que naît chacun des monothéismes se dotant des mêmes attributs qui en font des religions. Si à l'origine ils peuvent se présenter comme des sectes naissant au sein d'une religion majoritaire, ils s'organisent autour d'un rituel, d'un dogme, d'un livre sacré, d'autorités spirituelles, voire politiques et de lieux de cultes.

Document

> **Un Dieu, 28 prophètes**
>
> Si Muhammad est « *le sceau des prophètes* » (comme il est dit dans la sourate XXXIII), celui qui vient authentifier autant que clore la révélation divine, il est aussi le dernier d'une longue liste de prophètes envoyés par Dieu. Le Coran en mentionne 28, d'Adam à Muhammad, en passant par David et Salomon, Jean le Baptiste et Jésus : l'islam se pense donc comme l'héritier des lois religieuses qui l'ont précédé, à commencer par la loi de Moïse (le judaïsme) et celle de Jésus (le christianisme). De là vient la dévotion qui entoure en Islam les tombeaux des prophètes bibliques, lieux de mémoire disputés aux Juifs et aux chrétiens depuis le Moyen Âge.
>
> Julien LOISEAU, « Quatre sourates décryptées », *L'Histoire*, n° 472, juin 2020, p. 53.

Bibliographie

Judaïsme, christianisme :

- BOTTÉRO Jean, *Babylone et la Bible*, Paris, Les Belles Lettres, 1994, 336 pages.
- DAGORN René, *La Geste d'Ismaël d'après l'onomastique et la tradition arabe*, Genève, Droz, 1981, 427 pages.
- FINKELSTEIN Israel, SILBERMAN Neil Asher, *La Bible dévoilée : les nouvelles révélations de l'archéologie*, Folio Histoire, Paris, Folio, 2004, 560 pages.
- QUESNEL Michel, *L'Histoire des Évangiles*, Cerf, Fides, 1987, rééd. 2009, 112 pages.

Islam :

- AMIR-MOEZZI Mohammad Ali, *Le Coran des historiens*, Paris, Le Cerf, 2019, 3408 pages.
- CHABBI Jacqueline, *Le Seigneur des tribus : l'islam de Mahomet,* Paris, Noêsis, 1997, 725 pages.
- DÉROCHE François, *Le Coran*, Que sais-je ?, Paris, PUF, 6e édition 2019, 128 pages.

Revues :

- « Coran. La fabrique d'un livre », *L'Histoire*, n° 472, juin 2020, pp. 30-63.
- « Juifs, chrétiens, musulmans, la grande histoire de Dieu », *L'Express*, HS n° 1, décembre 2012, mars 2013, 210 pages.
- « L'islam, ce qu'il faut savoir, les textes fondateurs », *Le Point*, septembre-octobre 2016, 114 pages.
- « Penser l'islam, hier et aujourd'hui, les grands textes », *Le Point*, novembre-décembre 2015, 122 pages.

Sujets

- La religion est-elle indispensable à l'homme ?
- Les trois monothéismes sont-ils une seule et même religion ?
- Les textes sacrés diffusent-ils une morale divine ?
- La fabrique du Livre dans les religions révélées.

6 Islamisme, salafisme, djihadisme, des concepts politiques ou religieux ?

« Une des plus grandes plaies théoriques du monde islamique est que les gens en sont venus peu à peu à comprendre l'islam comme une identité plutôt que comme une vérité »

ABDOLKARIM SOROUSH, 1996.

Introduction

Les enjeux contemporains de la question religieuse portent sur l'éventualité d'un « retour » du religieux au XXIe siècle. Si la croyance n'a jamais disparu, l'interrogation est surtout le fait du regard occidental, mais aussi de l'agitation médiatique. Le continent européen a depuis le XIXe siècle connu un recul des pratiques religieuses mais ce n'est pas le cas du reste du monde. Ce qui émerge au sein des grandes rivalités géopolitiques mondiales, et notamment au Moyen-Orient, est davantage un « recours » au religieux (G. CORM, 2012). Le fait religieux instrumentalisé est projeté au cœur des relations internationales. Alors que l'analyse des conflits au XXe siècle était soit marxiste, soit libérale, depuis la fin de la guerre froide et notamment les années 2000, le recours au religieux est privilégié pour lire et expliquer les conflits. En 1981, Ronald REAGAN, président des États-Unis, emploie l'expression « empire du mal » pour désigner l'URSS, dans une vision manichéenne du monde et ouvre la voie à l'instrumentalisation des monothéismes pour combattre les Soviétiques. Depuis la fin des années 1980, le recul des idéologies laisse place à un repli identitaire fondé sur la religion. Le religieux semble combler le vide laissé par le combat politique. Aussi, le radicalisme succède-t-il au nationalisme, à l'exemple de l'islamisme qui éclipse l'arabisme tant socialement que politiquement.

S'il y a une radicalisation aujourd'hui, c'est que toutes les positions sont possibles dans l'interprétation des hadiths et des actes du Prophète qui fondent la loi coranique (la *charia*). Cependant, toutes les sociétés musulmanes ne sont pas extrémistes et si les médias agitent le spectre d'un « retour du religieux », il s'agit en réalité d'un « recours au religieux » (R. BRAGUE, G. CORM, *L'Express,* Hors-Série n° 1, 2012-2013).

Concepts/notions

- **Califat** : institution créée après la mort de Mahomet mêlant pouvoir politique et religieux. Les dynasties Omeyyades puis Abbasides succèdent au califat, puis il est repris par l'Empire ottoman en 1516 avant d'être aboli en 1924. Après la conquête de Mossoul en 2014, *Daech* rétablit le califat.
- **Charia** : « loi islamique » qui recouvre plus largement l'ensemble des normes édictées par la Révélation et la Tradition musulmane.

- **Désendoctrinement** : action de lutter contre l'enseignement d'une « doctrine » considérée comme dangereuse ou sectaire (M. GUIDÈRE, 2017).
- **Djihadisme** : idéologie politico-religieuse radicale qui prône l'établissement d'États islamiques et le rétablissement du califat par l'usage de la violence au nom de la « guerre sainte », le djihad.
- **Fatwa** : avis juridique donné par un spécialiste de la *Charia*.
- **Hadiths** : paroles, faits ou gestes de Mahomet.
- **Islam :** religion des musulmans fondée sur le Coran.
- **Islamisme** : à l'origine, religion des musulmans puis courant de pensée radical voulant faire de l'islam une idéologie politique par l'application de la *Charia* (loi coranique) et la création d'États islamiques.
- **Islam politique** : formes idéologisées qui se réclament de la religion musulmane ayant recours à la violence et au terrorisme dans le but de mettre en place des régimes théocratiques fondés sur la *Charia* (M. GUIDÈRE, 2017).
- **Radicalisation** : processus idéologique passant par un retour aux sources gommant l'existant, à travers un refus de tout compromis et la volonté de purifier les sociétés et les individus (M. GUIDÈRE, 2017).
- **Salafisme** : de l'arabe *salaf* qui signifie « ancêtre », c'est un mouvement sunnite qui revendique un retour à l'islam des origines par une lecture littérale de la Tradition et le rejet des interprétations ultérieures.
- **Wahhabisme** : courant politico-religieux qui tient son nom de Mohamed ibn Abd al-Wahhab (1703-1792) dont le but est de construire un État sunnite non seulement en Arabie, mais aussi dans tous les pays arabes, et dont l'objectif est de revenir à un islam des origines et expansif.

Chronologie

- **1922** : Mustafa Kemal Atatürk fonde la République turque et instaure la laïcité.
- **1924** : fin du califat.
- **1928** : fondation en Égypte des Frères musulmans.
- **1932** : fondation du royaume d'Arabie Saoudite par Ibn Saoud.
- **1979** : Révolution islamique iranienne ; l'ayatollah Khomeini en devient le guide suprême ; prise de la Grande Mosquée de La Mecque ; traité de paix entre l'Égypte et Israël.
- **1979-1989** : guerre d'Afghanistan.
- **1982** : création du Hezbollah libanais.
- **1983** : premiers attentats du Hezbollah.
- **1988** : création d'Al-Qaïda en Afghanistan par Oussama Ben Laden.
- **1992** : premiers attentats d'Al-Qaïda au Yémen.
- **1996** : instauration de l'Émirat islamique d'Afghanistan.
- **2001** : attentats du 11 septembre aux États-Unis.

- **2003** : invasion de l'Irak.
- **2006** : création de l'État islamique en Irak.
- **2010** : début des Printemps arabes en Tunisie.
- **2012** : les Frères musulmans gagnent le pouvoir en Égypte.
- **2013** : l'État islamique en Irak et au Levant est proclamé (*Daech*).
- **2014** : prise de Mossoul et expansion du terrorisme ; rétablissement du califat sur les territoires contrôlés par *Daech* en Syrie et en Irak.
- **2015** : 50 attentats meurtriers dans le monde par les « soldats du califat », dans 15 pays, causant 1500 morts.

Historique et actualité des fondamentalismes musulmans

L'islamisme, une instrumentalisation politique de l'islam

L'islam est au cœur de dérives avec le développement de l'islamisme. À l'origine, islam et islamisme sont synonymes pour désigner la religion des musulmans, puis l'islamisme tend à devenir une idéologie politique radicale qui passe par la mise en œuvre de la *Charia* (la loi coranique) et par la création d'États islamiques.

Ce courant réformiste apparaît à la fin du XIXe siècle à travers Jamal Eddine al-Afghani (1839-1897), Mohamed Abduh (1849-1905), puis Rashid Rida (1865-1935), sensibles au wahhabisme d'Arabie et nostalgiques du califat supprimé en 1924 lors de la proclamation de la République de Turquie. Au XXe siècle, la confrérie des Frères musulmans est fondée par Hassan al-Banna en Égypte, ce qui permet au mouvement de s'organiser. Dans un contexte de domination britannique, considérée comme une humiliation, le courant se radicalise. Même sous le régime de Nasser la radicalisation se poursuit avec Sayyid Qutb (1906-1966) qui perçoit tous les régimes nationalistes arabes comme « impies ». Emprisonné par le régime nationaliste égyptien, il est pendu. Cela n'empêche pas les Frères musulmans de diffuser leur idéologie dans les États autoritaires, récupérant les désastres économiques, géopolitiques et la corruption pour favoriser leur assise populaire et opérer une islamisation par le bas. Les élections organisées après les mouvements des Printemps arabes de 2011-2012, notamment en Égypte, montrent la force des partis islamistes dans le tissu social. Même s'ils sont démis du pouvoir en 2013, ils demeurent des groupes politiques d'opposition dans le monde arabe, comme le Hamas en Palestine ou le Hezbollah au Liban. Le succès électoral des islamistes, même s'il a permis de récupérer les révoltes populaires transformées en révolutions lors des Printemps arabes, a ouvert un hiver islamiste dont la portée est variable en fonction des pays. En Turquie, leur installation est durable, alors qu'en Égypte, leur prise de pouvoir ne tient que deux ans. Leurs résultats sont mitigés en fonction du rôle de l'armée et de la crédibilité des autres formations politiques. Un islamisme d'État est installé en Arabie saoudite et en Iran, avec des systèmes politiques et juridiques fondés sur une interprétation rigoriste de l'islam. Au XVIIIe siècle, la famille des Saoud noue une alliance avec le mouvement wahhabite de Mohamed ibn al-Wahhab. Ceci leur permet de reprendre le pouvoir au XXe siècle avec Abdul Aziz ibn Saoud qui conquiert Riad en 1902. Il fonde un État, s'appuyant sur le wahhabisme, reconnu internationalement en 1932. Le Coran est la seule source de loi. Le roi gouverne conformément à la *Charia* selon le texte constitutionnel de 1992 (art. 55). Un système de succession dynastique s'impose alors. Depuis 2015, Mohamed ben Salman est le dernier de cette lignée gérontocratique. En Iran, la révolution islamique de 1979 renverse le régime monarchique des Shahs d'Iran. Une République islamique fondée sur un islam chiite est établie. Dans l'attente de l'imam dont les chiites croient en la résurrection, le pouvoir est confié, grâce à l'expression populaire, à un guide aux pouvoirs considérables. L'ayatollah Khomeini devient ainsi le chef des armées. Il est à l'origine de la politique générale et de la nomination à tous les postes de l'État. Une élection présidentielle a lieu tous les quatre ans. En 2017, Hassan Rohani est réélu. L'Assemblée consultative islamique est élue au suffrage universel direct et exerce le pouvoir exécutif. Les lois qu'elle promulgue ne sont valables que si elles sont validées par les douze membres du Conseil des Gardiens nommés par le Guide. Depuis 1963 les femmes votent en Iran mais elles sont exclues des plus hautes charges étatiques (P. BLANC, J.-P. CHAGNOLLAUD, 2016).

L'islamisme se détache d'abord de l'islam à travers une tendance modérée, puis se radicalise à la faveur de l'essoufflement des nationalismes et notamment de l'échec de l'arabisme à créer une unité du peuple arabe fondée sur l'arabité dans une grande nation arabe. L'islamisme récupère les dissensions politiques, les difficultés économiques et le désarroi social pour prospérer et affirmer ses tendances totalitaires.

Le salafisme, un retour radical aux origines de l'islam

Une autre forme de fondamentalisme musulman monte en puissance à travers le salafisme qui prône un retour à la religion des anciens et à une interprétation littérale des sources religieuses.

C'est un courant qui s'affirme lors des élections qui succèdent aux Printemps arabes de 2011 et qui s'inspire du soufisme proposant un islam intériorisé et mystique à travers un retour aux pratiques religieuses des ancêtres qui vivaient au temps des origines de l'islam (les *salafs*). Le salafisme se radicalise en dépassant ce mouvement dans sa quête de pureté originelle. Au sein de la mouvance sunnite d'Arabie, le salafisme apparaît entre 1902 et 1932. Il devient alors la version officielle de l'islam dans l'Arabie conquise par Abdul Aziz ibn Saoud et ses soutiens wahhabites. Ce courant se diffuse sur la scène internationale grâce aux revenus du pétrole qui permettent à l'Arabie saoudite d'étendre son influence dans les années 1970. À la fin du XXe siècle, le salafisme emprunte la voie du terrorisme. Dans le contexte de fin de guerre froide et d'affrontement en Afghanistan entre les troupes soviétiques et les moudjahidines soutenus par les États-Unis, de 1979 à 1989, le groupe Al-Qaïda prend forme sous l'influence d'Oussama Ben Laden. Dans les crises et conflits d'après-guerre froide, l'islamisme s'internationalise. Al-Qaïda est à l'origine des attentats du 11 septembre 2001 contre les États-Unis et dénonce les dérives du gouvernement

Georges BUSH, quant à la guerre illégitime en Irak. En Égypte, après l'exil des héritiers d'Hassan al-Banna, les salafistes voient leur champ d'action limité au domaine caritatif. Grâce au succès des Frères musulmans en 2011, le parti salafiste al-Nour obtient de bons scores aux élections. Après la reprise en main militaire du pouvoir en 2013, l'action terroriste connaît un regain de vitalité. Le salafisme a profité des réseaux sociaux pour séduire les jeunes et accroître ce tournant rigoriste à l'échelle internationale (P. BLANC, J.-P. CHAGNOLLAUD, 2016). Le passage d'un terrorisme à l'autre se fait avec la chute du communisme qui amène un nouvel affrontement entre libéralisme et islamisme relevant non d'un « choc des civilisations » comme l'aurait préconisé Samuel HUNTINGTON en 1996, mais de l'apparition d'un ennemi mal défini et d'un débat idéologique assez flou dans le cadre d'une « guerre globale contre la terreur » entamée en 2001 par G. BUSH. La voie révolutionnaire qui était celle de l'extrême gauche est récupérée par l'islamisme radical. La scène médiatique se fait le relais des interrogations et amalgames portés par les sociétés occidentales au regard de la compatibilité de l'islam avec la modernité ou la démocratie, mais aussi quant à la condition des femmes, la violence du Coran, l'immigration et l'intégration des musulmans ou encore l'antisémitisme et l'islamophobie (M. GUIDÈRE, 2017).

Le salafisme a profité du contexte géopolitique pour se répandre à l'échelle mondiale.

Le terrorisme, un des moyens d'action de l'islamisme salafiste

L'avènement de ces djihadistes salafistes s'appuie sur le djihad (la « guerre sainte ») non plus au nom de préceptes religieux mais dans une démarche individuelle pour faire éclore un État islamique et une société musulmane qui combat les mécréants.

Cette vision du djihad est contemporaine de la guerre d'Afghanistan de 1979-1989, car à l'origine le djihad prôné à Médine ne comporte aucune représentation idéologique musulmane (J. CHABBI, 1997). Après la mort de Mahomet, le combat au nom de Dieu s'organise en rupture avec la société arabe traditionnelle car, dans les sociétés tribales, mourir c'est manquer aux siens et risquer de remettre en cause leur survie. Le combat n'est alors légitime qu'en dernier recours. La figure du martyr apparaît au sein du chiisme pour désigner celui qui a été tué de manière injuste, alors que les sunnites désignent par le terme de « témoin » celui qui est mort au combat pour Dieu au cours du IXe siècle. Au XIVe siècle se pose la question de savoir s'il est légitime de combattre les Mongols, pourtant convertis à l'islam, qui envahissent l'Empire musulman. La vérité est alors interrogée à travers la notion de « vrais » ou de « bons » musulmans. C'est au Pakistan, pendant la guerre d'Afghanistan que la question est récupérée. À Peshawar, au « Bureau des services » créé par Abdullah Azzam, un palestinien docteur en jurisprudence islamique, seuls les musulmans « complets » peuvent être légitimes à diriger un État islamique. Il donne naissance au premier réseau de recrutement de combattants radicaux prêts à aider les Afghans dans la guerre qui les oppose aux Soviétiques (1979-1989). Le djihad devient ici une obligation pour tout croyant au même titre que le jeûne ou la prière. Il est alors du ressort de chacun d'entrer en guerre contre des États illégitimes, ce que le wahhabisme saoudien réfute, remettant au seul détenteur du pouvoir légitime la possibilité de décider de la guerre sainte. Le djihad se fait le bras armé de l'islam politique. À la mort d'Abdullah Azzam, Oussama Ben Laden, ayant fondé Al-Qaïda sur le « Bureau des services », prend pour cible l'occupation occidentale des pays musulmans. L'État saoudien, allié des Occidentaux, est considéré comme « impie » et le wahhabisme est attaqué. De plus, alors que le Koweït est envahi par les troupes de Saddam Hussein en 1990, l'Arabie saoudite accepte des troupes américaines sur son sol. Ben Laden fait prospérer son idéologie en Afghanistan une fois les Talibans installés au pouvoir en 1996. Il a lancé en 1998 le « Front mondial islamique contre les croisés et les juifs » au sein duquel « *chaque musulman doit tuer un citoyen américain, civil ou militaire* ». Tous ceux qui sont considérés comme mécréants (*kouffar*), les mauvais musulmans ou les Occidentaux, sont assimilés à des ennemis, selon les préceptes de Musab al-Zarqawi (1996-2006). En 2000, la « guerre des pierres » ou deuxième *Intifada* en Palestine justifie l'attentat contre les États-Unis, alliés d'Israël, face aux Palestiniens érigés en symbole des musulmans persécutés. Puis en 2001, Al-Qaïda frappe les États-Unis au cœur du *World Trade Center*. Georges BUSH décide alors d'entrer en « guerre contre le terrorisme » et d'engager la riposte en Afghanistan, puis en Irak en 2003. Le djihad se renforce et se radicalise au niveau idéologique tout en bénéficiant d'un afflux de combattants. Moussab al-Zarkaoui et Abou Bakr al-Bagdadi jouent un rôle fondamental dans le ralliement de ces nouvelles forces, notamment à partir des anciens cadres militaires de Saddam Hussein. Ils forment la branche irakienne d'Al-Qaïda en 2004. C'est de celle-ci que *Daech* s'est formé. En 2006, les militants irakiens se constituent en « État islamique en Irak » et prennent des territoires riches en pétrole en Syrie. En 2010, al-Bagdadi se détache d'Al-Qaïda et grâce aux territoires acquis en Syrie et en Irak proclame, en 2013, un « État islamique en Irak et au Levant ». Ce pseudo-État qui se constitue sur la Syrie, l'Irak et la Libye est à l'origine de la nouvelle figure des djihadistes salafistes qui restaurent le califat en 2014. De lourds revers lui sont cependant imposés par les forces de la coalition internationale. Sur un territoire gagné par la force, une logique totalitaire et un contrôle des populations s'établit par la violence et la propagande (P. BLANC, J.-P. CHAGNOLLAUD, 2016).

La force de persuasion de ce courant radicalisé à l'extrême tient à la cohérence idéologique sectaire qui vise à l'élimination de tous les éléments considérés comme impurs. Il séduit ceux qui se trouvent en difficultés sociales (P. BLANC, J.-P. CHAGNOLLAUD, 2016).

Prospective

Les ressorts individuels de la radicalisation et la lutte contre les dérives djihadistes

L'islamisation de la radicalité s'accentue au tournant de 2011 avec l'échec des Printemps arabes qui laisse apparaître des mouvements utopistes et extrêmes.

Si les attentats islamistes se sont multipliés jusqu'à la fin des années 2010, l'Institut pour l'Economie et la Paix estime qu'entre 2018 et 2019 ceux-ci ont diminué de 15 %. Il existe cependant des inégalités géographiques dans la répartition et le nombre de ces attentats. En effet, si l'Europe, l'Asie, la Russie, l'Amérique du Sud ou le Proche et le Moyen-Orient connaissent moins de victimes, l'Asie du Sud et l'Afrique subsaharienne voient, au contraire, un regain de ce type de violence. Il semble que le terrorisme touche davantage les pays en guerre alors que dans d'autres régions son repli tient aussi à l'épidémie de COVID-19, au moins pour le début de l'année 2020. Quelques pays font exception en Occident, à l'exemple de la France, régulièrement la cible d'attentats revendiqués par Daech (Jean-Marc FOUR, « Le terrorisme est en recul », *France inter,* 25 novembre 2020).

Nombre d'attentats islamistes dans le monde

	Nombre d'attentats	Nombre de morts
1979-2019	33769	167096

Source : Fondation pour l'innovation politique – novembre 2019.

Aussi, la radicalisation islamiste, qui précède le passage à l'acte terroriste, se fait en trois étapes : après une exposition initiale aux préceptes et doctrines islamistes qui peut se faire *via* les réseaux sociaux, une phase d'endoctrinement ou d'« autoradicalisation » succède, avant l'action violente. Un « profilage comportemental » peut permettre de repérer les profils radicalisés. Ceux-ci sont opposés à tout compromis se considérant comme seuls détenteurs de la vérité qui légitime leur recours à la violence, leur intolérance et la diabolisation de ceux qu'ils considèrent comme leurs ennemis. Les leviers d'action sur la radicalisation peuvent porter sur l'information et la désinformation des jeunes *via* la propagande et donc la contre-propagande. Plus particulièrement, les adolescents sont vulnérables face à un sentiment d'injustice, de marginalisation ou d'ennui dans leur milieu d'origine. L'inculture religieuse est aussi un motif qui pousse vers une quête de sens, ainsi que la politisation au cœur du système de radicalisation. Ainsi la déradicalisation, processus inverse à la radicalisation, peut passer par une approche comportementale, doctrinale avec un désendoctrinement ou une démarche mixte. Dans les années 2000, l'approche comportementale s'intéresse aux symptômes plus qu'aux causes de la radicalisation. Il s'agit alors d'observer les attitudes et comportements des individus radicalisés pour adopter une démarche pédagogique. Les mécanismes comportementaux, sociaux ou relationnels, sont alors convoqués pour répondre aux problèmes posés par la radicalisation. Cela aboutit à la mise en place de mesures de sanctions ou de récompenses, voire d'isolement et d'emprisonnement. L'unique centre de déradicalisation en France, situé à Pontourny en Indre-et-Loire a fermé en 2017. Le désendoctrinement vise à détourner un individu radicalisé des idéologies qu'il considère pour vraies. Il se rattache à une assimilation de la radicalisation à une dérive sectaire. Ici, les individus radicalisés sont considérés comme des victimes qu'il s'agit de défaire de leurs croyances et de leur violence. Depuis les années 2010, sous l'impulsion des pays nordiques, une démarche mixte permet de considérer à la fois l'individu et le groupe radicalisés en rompant avec l'approche psychologique ou sociologique.

Au-delà des lois et de la répression, il s'agit de prévenir et de protéger les individus vulnérables par une action philosophique visant à substituer à « l'idéologie de la mort » l'« amour de la vie » par une réhabilitation individuelle, un encouragement au respect de l'autre et une rénovation sociale (M. GUIDÈRE, 2017).

Les moyens de séduction qui concourent à la radicalisation doivent être contrôlés par ceux qui luttent contre celle-ci. Ils tiennent tant à la propagande, qu'à l'utilisation des réseaux sociaux ou du *dark web*, qu'à l'endoctrinement individuel qui s'apparente à celui exercé par les groupes sectaires.

Conclusion

L'islam et l'interprétation de ses origines ont pu donner naissance à un islam politique et religieux dont l'ambivalence se retrouve dans la confusion sémantique entre islam et islamisme. À l'islam, religion, s'est adjointe une idéologie, l'islamisme, dont le terrorisme est un des moyens d'action. La figure de Mahomet, Prophète, prédicateur, mais aussi homme de pouvoir et chef de guerre rappelle également la dualité de l'islam.

Sans dévier vers l'extrémisme, chaque monothéisme connaît dès ses origines une confusion entre pouvoir spirituel et pouvoir temporel. Aucun ne reste cantonné dans la sphère privée et tous peuvent être sujets aux récupérations les plus radicales.

Document

Rashid Rida à l'origine d'un fondamentalisme musulman né d'une interrogation sur le déclin de l'islam face à l'Europe et des divisions internes à l'islam

Au Moyen Âge, il y a eu un homme parmi les plus capables, digne d'évocation, le « cheikh al-Islam » Tâqî ad-Dîn Ahmad ibn Taymiyyah – que Dieu tout-puissant lui fasse miséricorde. Dieu lui a donné des dons rarement réunis parmi les hommes : rapidité d'apprentissage ; force de la mémoire ; capacités d'évocation, de déduction, de démonstration de la preuve ; mémorisation du Coran et des commentaires qui en ont été faits dans les hadiths attestés et les dits des Compagnons et de leurs successeurs ; mémorisation des témoignages laissés en tout lieu par les oulémas sur les dogmes religieux et les prescriptions légales ; connaissance des quatre écoles juridiques et de leur système de preuves. Toutes ces connaissances, il les convoquait dans ses écrits et ses fatwas. Il avait lu les livres des nations et des sectes religieuses, les livres de logique, de philosophie, de théologie spéculative, de soufisme. Puis, il était capable de tout remettre en cause pour porter la contradiction aux Nazaréens [chrétiens] et aux gens de l'innovation. Il a rédigé de puissants traités [grâce à] l'ampleur de ses lectures et la puissance de ses démonstrations. Il a concentré toute son énergie à assurer la victoire du sunnisme et de l'école salafiste face à tous ses contradicteurs – théologiens spéculateurs et maîtres soufis, même ceux qui, parmi eux, se rattachaient au sunnisme [...].
Malgré tout cela, il demeurait le plus humble et le plus dépouillé des serviteurs de Dieu [...]. Certains oulémas officiels ont attaqué l'école salafiste et le sunnisme. Ces oulémas, proches de sultans et des rois, produisaient des fatwas empreintes

> de théologie spéculative et d'imitation aveugle. [...] Parmi eux, il y en avait qui demandaient aux sultans d'interdire la lecture de certains versets ou de certains hadiths. Ces imitateurs et ces théologiens continuaient de contraindre les gens, jusqu'à ce que Dieu tout-puissant inspire dans la région du Nejd l'action d'un nouveau restaurateur de la foi, l'invocateur Muhammad ibn 'Abd al-Wahhâb, suivie de celle de ses enfants et de ses petits-enfants ainsi que de ses partisans parmi la famille des Saoud – les émirs du Nejd depuis la fin du XVIIIe siècle et le début du XIXe siècle.
>
> Rashid Rida, « Les wahhabites et le Nejd », 1926, traduction Bernard Rougier, *in* « De la Nahda au wahhabisme », *Le Point, Références*, novembre-décembre 2015, p. 79.

Bibliographie

Ouvrages spécialisés sur l'islam et l'islamisme :

- CHABBI Jacqueline, *Le Seigneur des tribus : l'islam de Mahomet,* Paris, Noêsis, 1997, 736 pages.
- CORM Georges, *Pour une lecture profane des conflits. Sur le « retour du religieux » dans les conflits contemporains du Moyen-Orient*, Cahiers libres, Paris, La Découverte, 2012, 256 pages.
- BLANC Pierre, CHAGNOLLAUD Jean-Paul, *Atlas du Moyen-Orient*, Paris, Autrement, 2016, 96 pages.
- GUIDÈRE Mathieu, *Atlas du terrorisme islamiste. D'Al-Qaïda à Daech*, Paris, Autrement, 2017, 96 pages.
- KEPEL Gilles, *Fitna. Guerre au cœur de l'islam,* Paris, Gallimard, 2007, 448 pages.
- KEPEL Gilles, *Terreur et martyre. Relever le défi de civilisation*, Champs actuel, Paris, Flammarion, 2008, 365 pages.

Revues :

- « Dieu bientôt obsolète ? Retour du religieux ou soubresaut final », *Le Monde des religions*, n° 76, mars-avril 2016, 82 pages.
- « Juifs, chrétiens, musulmans, la grande histoire de Dieu », *L'Express*, Hors-Série n° 1, décembre 2012, mars 2013, 210 pages.
- « L'islam, ce qu'il faut savoir, les textes fondateurs », *Le Point*, septembre-octobre 2016, 114 pages.
- MARTINACHE Igor, « Les religions sont-elles solubles dans la modernité ? », *Alternatives Économiques*, n° 368, mai 2017, pp. 76-79.
- « Penser l'islam, hier et aujourd'hui, les grands textes », *Le Point*, novembre-décembre 2015, 122 pages.

Sujets

- De l'islam à l'islamisme, quels sont les enjeux géopolitiques de l'affirmation des fondamentalismes musulmans ?
- La déradicalisation est-elle possible ?
- Peut-on parler d'un « retour du religieux » dans les relations internationales aux XXe et XXIe siècles ?

7 La Laïcité en France, une valeur républicaine en débat

« Si Dieu n'existait pas, il faudrait l'inventer »

VOLTAIRE, *ÉPÎTRES* (1706-1778).

Introduction

Principe d'une République qui se veut démocratique, sociale, indivisible et laïque, la laïcité interroge les sociétés contemporaines, qu'elles soient françaises, européennes ou mondiales. Dans des espaces nationaux devant faire face au nouveau défi de la pluralité religieuse, la laïcité tente de s'imposer comme nouveau credo pour faire fi du religieux devenu « problème » notamment dans les sociétés occidentales. Or, la laïcité est, par essence, interreligieuse. Elle n'est pas anti-religieuse mais tolérante vis-à-vis de toutes les religions et neutre pour n'en privilégier aucune. Sa définition est cependant mouvante dans le temps et en fonction des pays. Du lien originel entre pouvoir politique et religieux issu des trois monothéismes, la laïcité apparaît comme une tentative de solution pour ces querelles séculières liées aux rapports réciproques entre le spirituel et le temporel. Elle appartient pleinement, comme les religions ont pu l'être à leur origine, au processus de construction étatique, voire républicain et démocratique.

Dans sa dimension historique et internationale, la laïcité apparaît comme une notion débattue, à l'origine d'engagements citoyens, mais qui peut être aussi menacée.

Concepts/notions

- **Laïcisation** : expulsion de la religion en dehors des affaires publiques par une volonté étatique.
- **Laïcité** : du grec *laos*, signifie le « peuple ». La laïcité désigne la perte d'emprise de la religion sur l'État et sur la société, et de manière plus restrictive, il s'agit du refus de la subordination du politique au religieux, ainsi qu'inversement, même si les deux ne sont pas totalement imperméables (V. ZUBER, 2017).
- **Protestantisme** : branche du christianisme née du schisme de 1517 initié par les *95 Thèses* publiées par Luther donnant lieu à la Réforme.
- **Sécularisation** : perte d'emprise des institutions religieuses sur les sociétés modernes.

Chronologie, la laïcité en France

- **1789** : la Déclaration des droits de l'homme et du citoyen reconnaît la liberté de conscience : nul ne doit être inquiété pour ses opinions, même religieuses, pourvu que leur manifestation ne trouble pas l'ordre public établi par la loi.
- **1790** : Constitution civile du clergé en France à laquelle les ecclésiastiques doivent prêter serment. Ils reçoivent alors un salaire de l'État. Certains refusent et deux Églises s'opposent : une constitutionnelle, l'autre relevant du pape.
- **1791** : les édifices religieux ne peuvent être utilisés que par les religieux salariés de l'État.
- **1794** : le calendrier des fêtes républicaines se substitue aux fêtes catholiques.
- **1795** : premier essai de séparation des Églises et de l'État en France.
- **1801-1802** : concordat entre la France et le Saint-Siège.
- **1882** : l'éducation morale et religieuse est remplacée par l'éducation morale et civique à l'école.
- **1905** : loi de séparation des Églises et de l'État.
- **1946** : inscription du principe de laïcité dans la Constitution de la IVe République.
- **1959** : loi « DEBRÉ » sur les modalités de financement des établissements privés sous contrat.
- **1989** : polémique sur le port du « foulard islamique » à l'école.
- **1994** : circulaire BAYROU sur le port des signes religieux ostentatoires à l'école.
- **2002** : création du Conseil français du culte musulman (CFCM).
- **2004** : loi française contre le port de signes religieux ostentatoires dans les établissements scolaires publics.
- **2011** : loi portant interdiction de dissimuler son visage dans l'espace public.
- **2013** : publication de la Charte de la laïcité dans l'école.
- **2016** : autorisation des crèches dans les établissements publics pour leur caractère culturel, artistique et festif.
- **2017** : circulaire relative au respect de la laïcité dans la fonction publique.
- **2018** : le ministre de l'Education nationale installe à ses côtés un « Conseil des sages de la laïcité » dont la mission vise à « *préciser la position de l'institution scolaire en matière de laïcité et de faits religieux* ».
- **2020** : assassinat de Samuel Paty, professeur d'histoire-géographie ; projet de loi contre le « *séparatisme* » présenté le 9 décembre en conseil des ministres sous le nom de loi « *confortant les principes républicains* ».
- **2021** : lancement d'un plan de formation des personnels de l'Éducation nationale sur la laïcité à l'école.

Historique

De la querelle entre pouvoir politique et religieux naît la laïcité

La question du lien entre pouvoir spirituel et temporel est au cœur des tensions liées à la laïcité. Elle soulève le problème de l'équilibre entre ces deux pouvoirs. Or, elle a pourtant été tranchée par le message évangélique de Matthieu qui indique aux hommes de «*rendre à César ce qui est à César et à Dieu ce qui est à Dieu*». Elle revêt aujourd'hui un intérêt tout particulier dans un contexte d'affirmation des identités religieuses, mais aussi face à l'augmentation du nombre de personnes se revendiquant «sans religion» (V. ZUBER, 2017).

État et religion apparaissent liés dès les origines et dans la Tradition. L'alliance entre Dieu et Moïse révélée dans l'Ancien Testament peut être perçue comme une constitution à la fois religieuse et civile qui a permis de transformer le système des tribus juives en royauté centralisée. La religion a un rôle unificateur et accompagne la construction des États centralisés. Après la conversion de l'empereur Constantin au christianisme en 312, la priorité pour l'Empire romain est l'unification de la théologie chrétienne et des pratiques religieuses. La puissance publique convoque plusieurs conciles œcuméniques pour définir et fixer le dogme. Les évêques, qui en sont à l'origine, deviennent des fonctionnaires impériaux. Les conciles de Nicée-Constantinople (325-381), en fixant la doctrine trinitaire ont permis de normaliser la théologie chrétienne et de centraliser le pouvoir ecclésiastique afin que le pouvoir impérial puisse mieux le contrôler. À l'époque médiévale, c'est la Chrétienté qui réaffirme sa volonté de contrôler le pouvoir temporel. L'unité de l'Église catholique lui permet d'imposer sa supériorité sur la puissance des princes. Le *Dictatus papae* du pape Grégoire VII de 1075 instaure la suprématie du spirituel sur le temporel. La réforme grégorienne s'engage alors, affirmant le caractère absolu de l'autorité du pape sur les princes. Le pape se réserve le choix des évêques et la possibilité de déposer un empereur. De nombreux conflits opposent alors les pouvoirs temporel et spirituel jusqu'à la querelle des investitures. Le pape Grégoire VII est déposé par Henri IV empereur du Saint Empire romain germanique malgré la soumission provisoire de l'empereur à Canossa en 1077. Les évêques allemands nomment alors l'antipape Clément III. Le bras de fer se solde en 1122 par le concordat de Worms où l'empereur reconnaît la séparation des pouvoirs spirituel et temporel et accepte la nomination des évêques par le pape (V. ZUBER, 2017).

Dans l'Europe moderne, le schisme au sein du christianisme, faisant apparaître le protestantisme et ses diverses formes comme le luthéranisme ou le calvinisme, provoque des guerres sanglantes. Lorsque ce sont les religions qui se détachent progressivement de la tutelle juridique de l'État, il s'agit de sécularisation. Avec la Réforme du XVIe siècle, la réflexion s'engage sur l'autonomie de l'État moderne face au domaine religieux. Jean CALVIN, réformateur genevois, écrit en 1535 son Epître à François Ier : il affirme qu'une séparation est nécessaire entre les autorités civiles et religieuses. Les Églises réformées d'Europe et d'Amérique rompent avec l'Église romaine, ce qui inspire le pouvoir politique. Les propositions calvinistes gagnent les États allemands, l'Écosse, les Pays-Bas. Le roi d'Angleterre Henri VIII se convertit alors au luthéranisme. Ayant d'abord réfuté les thèses de Luther, il est frappé d'excommunication par le pape Clément VII en 1534 pour avoir fait annuler par une institution temporelle, le tribunal anglais, son mariage avec Catherine d'Aragon qu'il juge douteux au regard de la Bible puisqu'elle est la femme de son frère. Le Parlement vote alors l'Acte de Suprématie qui accorde au roi et à ses successeurs le titre de «*chef unique et suprême de l'Église d'Angleterre*». La doctrine politico-religieuse protestante proclame en Allemagne, comme en Angleterre, la supériorité absolue du temporel sur le spirituel. Progressivement les États européens adoptent ces principes politiques. Aucune réconciliation doctrinale n'est alors possible et seules des règles civiles et juridiques laïcisées peuvent résoudre ce type de conflit. L'État moderne se renforce dans ce contexte. Cependant, l'avènement de la tolérance religieuse reste encore difficile. L'Édit de Nantes qui accorde en 1598 la liberté de culte aux protestants est révoqué en 1685 par l'Édit de Fontainebleau. Le roi Très Chrétien Louis XIV tente une nouvelle fois d'imposer l'unité religieuse. Pierre BAYLE ou John LOCKE réfléchissent à la manière dont l'État peut s'en départir et gérer pacifiquement la pluralité confessionnelle. Leur pensée libérale trouve des applications politiques en Amérique du Nord et est relayée par les Lumières françaises (V. ZUBER, 2017).

En France, la laïcité se construit en référence aux préceptes des penseurs des Lumières du XVIIIe siècle. Ils ne sont pas opposés à la religion civile. ROUSSEAU place une religion civique au cœur de la cité démocratique. VOLTAIRE, quant à lui, est hostile à l'athéisme. Tous deux donnent à l'idée de tolérance et de liberté religieuse un écho mondial. La Révolution française proclame à travers la Déclaration des Droits de l'Homme et du Citoyen de 1789, après la déclaration américaine de 1776, que «*Nul ne doit être inquiété pour ses opinions, même religieuses*» (art. 10). Un an après, l'unité nationale est célébrée par une grande messe lors de la fête de la Fédération le 14 juillet 1790. L'Église catholique se divise au moment où elle veut être contrôlée par la Constitution civile du clergé du 12 juillet 1790, l'amenant à un rejet violent du régime qui lui impose de «*veiller avec soin sur les fidèles du diocèse, être fidèle à la Nation, à la Loi et au Roi, maintenir tout le pouvoir de la Constitution décrétée par l'Assemblée nationale et acceptée par le Roi*». Les biens du clergé sont confisqués. Des cultes d'État apparaissent avec la Révolution en l'honneur de la Déesse Raison ou de l'Être suprême qui figurent toujours dans notre Constitution à travers la Déclaration des Droits de l'Homme et du Citoyen de 1789. Le préambule de la Constitution du 3 septembre 1791 indique que «*la loi ne reconnaît plus ni vœux religieux, ni aucun autre engagement qui serait contraire aux droits naturels ou à la Constitution*» ouvrant ainsi la voie à la laïcisation. La première séparation des Églises et de l'État du 21 février 1795 met fin au laïcisme de type révolutionnaire. L'État se désengage financièrement des affaires religieuses, ferme les églises lui appartenant et garantit la liberté religieuse même si des obstacles sont mis à son exercice public. Le concordat de Napoléon BONAPARTE met en place un régime des «cultes reconnus» en 1801-1802. L'État reconnaît son lien avec les Églises chrétiennes qui sont de nouveaux subventionnées. En 1808, le culte israélite est ajouté à cette reconnaissance. C'est la IIIe République qui, en France, reprend les idées de divorce civil, de fêtes civiles comme le 14 juillet, d'enseignement public proposé par CONDORCET en 1792 ou encore la laïcisation de la justice et de la santé (V. ZUBER, 2018). Au plan philosophique, un État laïque se voudrait agnostique, ni croyant, ni incroyant, mais pratiquant abstention et neutralité. Malgré son hostilité aux religions, MARX s'oppose à cette idée car, selon lui, l'athéisme ne doit résulter que d'un libre choix. Ferdinand BUISSON prône la laïcité dans l'enseignement et veut en faire une philosophie religieuse pour guider la vie des futurs citoyens. Si NIETZSCHE considère la laïcité et la religion comme des nihilismes, l'imposition d'une laïcité radicale ne serait-elle pas elle-même contraire au libre arbitre ? Dans quelle mesure la laïcité ne revêtirait-elle pas elle-aussi des modalités d'affirmation propres aux religions ? Deux formes de laïcité existent. Une laïcité « négative », fermée et privant de liberté, s'oppose à une laïcité « positive » ou « plurielle » qui trouve sa neutralité dans la tolérance. Cette dernière est empruntée aux idées des Lumières, puis elle est reprise par Régis DEBRAY, défenseur de l'enseignement du « fait religieux » à l'École ou encore Nicolas SARKOZY en 2008 à Rome. L'éducation à la raison et au savoir scientifique doit permettre la compréhension de toutes les religions selon cette conception d'une laïcité « plurielle » afin de leur permettre de coexister pacifiquement en étant soumises au contrôle de la raison (Y. QUINIOU, 2014).

La nécessité d'une éducation à la laïcité se trouve réaffirmée dans le cadre des programmes d'Éducation morale et civique (EMC) venant remplacer l'Éducation civique, juridique et sociale (ECJS) à compter de 2015 dans l'enseignement secondaire.

La France revendique la paternité de la laïcité

L'affirmation du principe de laïcité apparaît en France à travers la loi de 1905, qui n'en porte cependant pas le nom. Celle-ci n'était pas consensuelle et a fait l'objet de nombreux débats. Elle s'inspire de textes antérieurs français et d'outre-Atlantique.

En France, selon le principe de séparation des Églises et de l'État, ce dernier ne reconnaît ni ne subventionne aucun culte (art. 2, loi du 9 décembre 1905). Il ne les interdit pas, mais ne se réclame d'aucun. Chacun est toléré à condition qu'il respecte les lois de la République et qu'il se conforme à l'ordre public. Il s'agit ici de laïcisation lorsque l'État se détache lui-même de l'Église catholique. Les espaces publics sont progressivement laïcisés, les signes religieux sont ôtés des tribunaux, des hôpitaux ou des écoles. Le premier article de la loi renouvelle le principe de la Déclaration des droits de l'homme et du citoyen de 1789 en matière de liberté religieuse. « *Tous les établissements publics du culte* » sont supprimés (art. 2). Des inventaires administratifs des biens d'Églises, temples et synagogues appartenant à l'État sont réalisés avant leur acquisition par des associations cultuelles créées pour l'occasion (art. 3). L'Église catholique reçoit la garantie de récupérer tous les biens dont elle disposait jusqu'alors (art. 4). Cet article fait débat face au principe d'une laïcité n'accordant de primauté à aucune religion (V. ZUBER, 2017).

> **Loi de 1905 de « séparation des Églises et de l'État »**
>
> Article premier : La République assure la liberté de conscience. Elle garantit le libre exercice des cultes sous les seules restrictions édictées ci-après dans l'intérêt de l'ordre public.

> Art. 2 : La République ne reconnaît, ne salarie ni ne subventionne aucun culte. En conséquence, à partir du 1er janvier qui suivra la promulgation de la présente loi, seront supprimées des budgets de l'État, des départements et des communes, toutes dépenses relatives à l'exercice des cultes. [...] Les établissements publics de culte sont supprimés, sous réserve des dispositions énoncées à l'article 3.
> Art. 3 : Les établissements dont la suppression est ordonnée par l'article 2 continueront provisoirement de fonctionner, [...], jusqu'à l'attribution de leurs biens aux associations privées prévues [...]. Dès la promulgation de la présente loi, il sera procédé par les agents de l'administration des domaines à l'inventaire descriptif et estimatif : 1° des biens mobiliers et immobiliers desdits établissements ; 2° des biens de l'État, des départements et des communes dont les mêmes établissements ont la jouissance.

La laïcité apparaît dans la Constitution comme liée à l'idée de démocratie, de progrès social et d'indivisibilité de la République. Or, la loi de Séparation des Églises et de l'État adoptée en 1905 ne s'applique pas au Bas-Rhin, au Haut-Rhin, à la Moselle, à la Guyane et aux Territoires d'Outre-Mer. Ceci montre qu'il n'y a pas une seule forme de laïcité. Il en existe sept : « *les laïcités antireligieuse, gallicane, ouverte, identitaire, concordataire, séparatiste stricte ou séparatiste inclusive* » (J. BAUBÉROT, 2017). Selon les époques, la laïcité revêt différentes réalités. Les polémiques apparaissent quand il s'agit de la renforcer ou de l'ouvrir. Au regard de la loi de 1905 aucune mention ni définition du terme laïcité n'apparaît. Le pluriel des Églises concernées par la loi montre que la laïcité est une notion plurielle alors que la France est majoritairement chrétienne. Cependant, la loi instaure que chacun puisse prier, manifester sa foi dans l'espace public dans le respect d'autrui et de l'ordre public. Elle établit que « *la République ne reconnaît, ne salarie, ni ne subventionne aucun culte* » (art. 2). Cependant, pour que chaque citoyen puisse jouir de la liberté religieuse, il existe des aumôneries dans certains hôpitaux, casernes, lycées ou prisons, financées par l'État. C'est un assouplissement de la loi de séparation de 1795 pour permettre le libre exercice religieux de tous, y compris dans des lieux fermés. Les cultes protestants et israélites se plient à la loi, mais le pape s'y oppose. Ainsi en 1907, l'Église catholique obtient que les biens catholiques lui soient laissés en libre disposition sans contrepartie financière. Ces rapports sont pacifiés dans les années 1920 avec la création d'associations cultuelles diocésaines qui respectent l'organisation interne du culte catholique. Le culte musulman apparaît, quant à lui, à partir des années 1980 comme un nouvel enjeu. Le terme de séparation ne signifie pas cloisonnement car l'État se réserve un droit de regard sur les affaires musulmanes ou la nomination des évêques catholiques. La laïcité n'en est pas moins la condition nécessaire à l'existence d'un État de droit, dont les critères constitutifs sont la neutralité, l'impartialité, l'indépendance des instances politiques et religieuses, la liberté de religion et d'expression religieuse et la non-discrimination (V. ZUBER, 2017).

Deux conceptions du lien entre le politique et le religieux s'opposent. Celle d'une société traditionnelle qui défend ses racines chrétiennes et celle d'un peuple ancré à gauche et ouvert à l'athéisme. Il s'agit là de convictions dans lesquelles la loi n'a pas à prendre parti. Aucune religion ne devrait s'attendre à souffrir des faveurs ou de la neutralité de l'État. La laïcité n'est pas une doctrine et les dérives de son interprétation ne doivent pas en faire une contre-religion ou une nouvelle religion. Il est possible d'être laïc et croyant, en dehors de toute forme de radicalisme religieux (Y. TARDAN-MASQUELIER, 2016).

Actualité et prospective

La laïcité, une exception française ?

La laïcité n'est pas une exception française. Elle accompagne la pratique démocratique et devient une réalité juridique des sociétés modernes. Le mot français n'a cependant pas d'équivalent dans toutes les langues, ce qui rappelle les multiples sens qui lui sont attachés. Historiquement, un État devient laïque après un processus concomitant à la construction nationale. La laïcisation peut être longue et jamais totalement achevée. La modernité occidentale est ainsi à l'origine de la laïcité qui se diffuse.

En Europe et dans le monde, une unification des modèles de gestion des cultes tend à s'opérer. La Turquie, par exemple, est un État laïque non séparatiste. L'État est théoriquement pluraliste, mais il contrôle et privilégie ouvertement l'islam sunnite face aux minorités alévies, kurdes, arméniennes ou grecques orthodoxes. Aux États-Unis, la laïcité est mise en place dès l'indépendance de 1776 suivant un modèle séparatiste entre les Églises et l'État. Les religions protestantes restent privilégiées jusqu'à l'élection en 1961 de John Fitzgerald KENNEDY, seul président catholique. Toutes les propositions religieuses sont alors associées à la religion civile américaine créée par la Déclaration d'indépendance. Cette dernière est considérée comme inspirée par Dieu, contrairement à la Déclaration des droits de l'homme et du citoyen en France. Il s'agit d'un Dieu commun à toutes les religions et cette religion civile garantit l'unité de la nation. Tout élu ou fonctionnaire prête serment sur un livre sacré, en principe une Bible fermée, afin de ne pas livrer connaissance de la version dont il s'agit. En Europe, les garanties de liberté de conscience et de non-discrimination se renforcent. Les cultes ont tendance à s'autoadministrer et les États les traitent de manière égalitaire dans l'objectif d'une coopération entre eux. Les spécificités culturelles nationales sont encore un obstacle à la laïcisation, ainsi qu'en témoignent les débats lors de l'adoption de la Charte des droits fondamentaux de l'Union européenne en 2000. Le traité de Lisbonne en 2007 a, quant à lui, rappelé en préambule les « *héritages culturels, religieux et humanistes de l'Europe, à partir desquels se sont développées les valeurs universelles que constituent les droits inviolables et inaliénables de la personne humaine, ainsi que la liberté, la démocratie, l'égalité et l'État de droit* ». Cependant, dans certaines monarchies constitutionnelles européennes comme l'Angleterre ou le Danemark, le souverain ne bénéficie pas de la liberté de conscience. De la même manière, les États musulmans à l'origine de la Charte arabe des droits de l'homme par la Ligue des États arabes en 2004 montrent leur réticence à l'universalisation et à l'application de la laïcité aux droits humains. La question de savoir si un État doit avoir une religion et si un individu ou un groupe peuvent la professer reste d'actualité dans les pays musulmans. Ils reconnaissent l'islam comme religion officielle de l'État. Depuis les Printemps arabes, c'est le cas de la Tunisie, qui malgré une libéralisation démocratique adopte dans sa Constitution de 2014 que « *La Tunisie est un État libre, indépendant et souverain, l'islam est sa religion, l'arabe sa langue et la République son régime* » (art. 1). Les pays anglo-saxons, sous couvert de séparation entre l'État et les religions, adoptent un pluralisme « ouvert ». Les autres États du monde privilégient plutôt un pluralisme « fermé » avec la reconnaissance de relations particulières avec certaines Églises relevant de la tradition nationale et proposant des accords aux autres religions (V. ZUBER, 2017).

Les défis que pose actuellement la laïcité tiennent à la pluralisation accélérée des sociétés dans le monde. Des sociétés plurielles au plan religieux et des croyances se forment dans pratiquement tous les États qui doivent faire face à des revendications religieuses multiples. Le numérique et les réseaux sociaux sont un vecteur de transfert des modèles religieux. Si un « retour » du religieux semble visible aujourd'hui, il ne faut pas oublier le nombre croissant d'individus se déclarant « sans religion » dans le monde. En 2012, l'institut Gallup réalise une étude montrant que la moyenne mondiale de personnes se déclarant non religieuses serait de 23 % et les athées convaincus représenteraient 13 % de l'échantillon. Les chiffres s'établissent respectivement entre 20 et 30 % de personnes sans appartenance religieuse en Europe, 47 % en Chine et 14 % d'athées en Europe de l'Ouest, pour 5 % en Europe de l'Est. Dans tous les pays et sur tous les continents, des personnes se déclarent athées ; même l'Arabie saoudite en compterait 5 %. Un des enjeux récents des politiques publiques dans les pays occidentaux tient à la place croissante des diasporas musulmanes dans l'espace social. Si dans les années 1960-1970 elles sont encore invisibles, la première génération issue de l'immigration musulmane commence à revendiquer l'islam comme une dimension identitaire. En France, la question du « voile » occupe le débat public dès les années 1980. Le contexte géopolitique international contribue à faire de la question musulmane un « problème » dans les pays occidentaux. Les attentats qui s'y multiplient depuis 2015 contribuent à accroître la défiance des Occidentaux vis-à-vis de l'islam (V. ZUBER, 2017). Ainsi en France, l'« islam politique » devient un enjeu politique majeur. Dans sa Déclaration de politique générale du 15 juillet 2020, le Premier ministre, Jean Castex, a évoqué la menace d'une République « *ébranlée dans ses fondements par la coalition de ses ennemis, terroristes, complotistes, séparatistes, communautaristes* ». Dans le but d'éviter le repli ethnique ou religieux de certains groupes, mais aussi afin de lutter contre les violences et discriminations, un projet de loi contre les « séparatismes » est mis à l'étude à l'automne 2020.

La laïcité apparaît sous des formes multiples dans le monde. En France, si elle est d'abord une notion inclusive du religieux, elle s'en détache progressivement depuis la Révolution française. À la religion d'État se substitue progressivement un athéisme d'État, notamment au plan juridique. Faire de la laïcité une religion serait une contradiction pour la France qui revendique l'origine de cette notion avec le combat engagé par les Lumières et la loi de 1905 (Y. TARDAN-MASQUELIER, 2016). Les croyances et les identités religieuses sont cependant en cours de réaffirmation, notamment à travers une récupération et instrumentalisation par des idéologies radicales.

Conclusion

Avec les amalgames véhiculés par les médias face à la multiplication des attaques terroristes, des vagues d'immigration en Europe et des conflits du Moyen-Orient dont la teneur religieuse est instrumentalisée, le religieux a tendance à être considéré comme un problème à faire disparaître, ce qui favorise un renforcement de la laïcité. Celle-ci est de plus en plus considérée comme tout ce qui n'est pas religieux, alors qu'elle comporte dans son essence même une forme d'interreligiosité, à la manière de ce que propose le modèle américain.

La caricaturiste « RISS » écrivait dans l'éditorial de *Charlie Hebdo*, le 6 janvier 2016 que *« les convictions des athées et des laïcs peuvent déplacer encore plus de montagnes que la foi des croyants »*. Or, le principe de laïcité doit aujourd'hui répondre aux divers défis des recompositions sociales, de l'éclatement de l'unité religieuse à l'intérieur des pays et de l'interdépendance des sociétés, afin de permettre la coexistence pacifiée des sociétés plurielles.

Document

Projet de loi confortant le respect des principes de la République [exposé des motifs]

Notre République est notre bien commun. Elle s'est imposée à travers les vicissitudes et les soubresauts de l'histoire nationale parce qu'elle représente bien davantage qu'une simple modalité d'organisation des pouvoirs : elle est un projet.

Mais ce projet est exigeant ; la République demande une adhésion de tous les citoyens qui en composent le corps. Elle vit par l'ambition que chacun des Français désire lui donner. Et c'est par cette ambition qu'elle se dépasse elle-même. Ainsi que le disait le Président de la République, à l'occasion de la célébration du 150e anniversaire de la proclamation de la République le 4 septembre 2020 : *« la République est une volonté jamais achevée, toujours à reconquérir »*.

Tout au long de son histoire, notre République a su être à la fois intransigeante sur les principes et généreuse dans son action. Au fil des ans, patiemment, elle a rassemblé tout un peuple et, parmi ce peuple, mêmes ceux qui au départ lui étaient hostiles.

Notre République s'est construite sur des fondations solides, des fondements intangibles pour l'ensemble des Français : la liberté, l'égalité, la fraternité, l'éducation, la laïcité.

Un entrisme communautariste, insidieux mais puissant, gangrène lentement les fondements de notre société dans certains territoires. Cet entrisme est pour l'essentiel d'inspiration islamiste. Il est la manifestation d'un projet politique conscient, théorisé, politico-religieux, dont l'ambition est de faire prévaloir des normes religieuses sur la loi commune que nous nous sommes librement donnée. Il enclenche une dynamique séparatiste qui vise à la division.

Ce travail de sape concerne de multiples sphères : les quartiers, les services publics et notamment l'école, le tissu associatif, les structures d'exercice du culte. Il s'invite dans le débat public en détournant le sens des mots, des choses, des valeurs et de la mesure.

L'idéologie séparatiste a fait le terreau des principaux drames qui ont endeuillé notre communauté nationale ces dernières années.

> Face à l'islamisme radical, face à tous les séparatismes, force est de constater que notre arsenal juridique est insuffisant. Il faut regarder les choses en face : la République n'a pas suffisamment de moyens d'agir contre ceux qui veulent la déstabiliser.
>
> En terminer avec l'impuissance face à ceux qui malmènent la cohésion nationale et la fraternité, face à ce qui méconnait la République et bafoue les exigences minimales de vie en société, conforter les principes républicains : telle est l'ambition du projet de loi.
>
> Présenté au nom de M. Jean CASTEX, Premier ministre, par M. Gérald DARMANIN, ministre de l'Intérieur, et par Mme Marlène SCHIAPPA, ministre déléguée auprès du ministre de l'Intérieur chargée de la citoyenneté, le 9 décembre 2020.
>
> https://www.assemblee-nationale.fr/dyn/15/textes/l15b3649_projet-loi

Bibliographie

Ouvrages spécialisés :

- BAUBÉROT Jean, *Les 7 laïcités françaises*, Paris, MSH, 2015, 175 pages.
- BOUCHET Julien, *Laïcité chérie*, Paris, Atlande, 2018, 150 pages.
- QUINIOU Yvon, *Critique de la religion. Une imposture morale, intellectuelle et politique*, Montreuil, La ville brûle, 2014, 256 pages.

Revues :

- MARTINACHE Igor, « Les religions sont-elles solubles dans la modernité ? », *Alternatives Économiques*, n° 368, mai 2017, pp. 76-79.
- VINSON Éric, « La laïcité à la française, orgueil et préjugés », « Paradoxes laïcs, heureux comme Dieu en France », in « Religions et laïcité », *Le Monde des religions*, n° 77, mai-juin 2016, pp. 34-41.
- ZUBER Valentine, « La laïcité en France et dans le monde », *Documentation photographique*, La Documentation française, n° 8119, septembre-octobre 2017, 62 pages.

Sujets

- Comment réconcilier la laïcité et la pratique religieuse ?
- La laïcité, une religion ou une antireligion ?
- La loi de 1905 est-elle menacée en France ?
- Enjeux et défis de la laïcité en France et dans le monde.

Géopolitique

8 Pour une géographie des conflits. Aux origines des conflits : les représentations

« Les géographes ont appris, à la suite des philosophes, le rôle des perceptions et des représentations pour corriger l'orgueil de l'objectivité »

MICHEL FOUCHER, 1998.

Introduction

Les conflits désignent toutes les oppositions entre acteurs dont les intérêts divergent. Les conflits territoriaux sont autant d'objets d'étude auxquels la géographie s'attache tout en considérant le poids de l'imaginaire, des représentations et du vécu des sociétés. La géographie n'est pas pionnière dans l'étude des représentations. Dans les années 1960, la psycho-sociologie est à l'origine du concept de « *représentations sociales* » (S. MOSCOVICI, 1961). Dans la mouvance d'André SIEGFRIED et de Jean GOTMANN, André-Louis SANGUIN (1977) redonne à la géographie politique française le statut de science universitaire autonome. Il formule le concept de « *perceptions spatiales* » dans une conception spatiale héritée de la philosophie d'Emmanuel KANT. En géographie, les représentations qui façonnent les visions du monde sont nombreuses. Elles modifient la manière dont les acteurs agissent et se projettent dans le monde. Yves LACOSTE introduit la notion de « *représentations géopolitiques* » dans l'analyse des rivalités de pouvoir sur des territoires et les populations qui y vivent. « *Elles expliquent les projets et autant que les données matérielles, elles déterminent les choix stratégiques* » (Y. LACOSTE, 1993). À sa suite, Frédéric ENCEL a montré qu'« *en géopolitique, on accorde un intérêt privilégié aux représentations* ». Dans les conflits, l'action des différents acteurs trouve souvent sa légitimité dans des représentations ancrées dans l'imaginaire. La dimension symbolique est alors particulièrement importante pour mobiliser les masses (F. ENCEL, 2008). Les représentations s'enracinent dans un espace perçu qui peut être vécu. Il s'agit du sol natal, terre des ancêtres, des autres, constitué d'idées reçues parfois depuis l'enfance à travers l'enseignement de l'histoire et de la géographie à l'école, *via* les cartes murales. Les mémoires sont alors convoquées pour expliquer la pluralité des représentations. Elles sont plurielles et clivantes du fait des distinctions sociales. Albert CAMUS le rappelle dans *Le Premier Homme* (1994) : « *la mémoire des pauvres est déjà moins nourrie que celle des riches, elle a moins de repère dans l'espace puisqu'ils quittent rarement le lieu où ils vivent, moins de repères aussi dans le temps d'une vie uniforme et grise* ». La « *mémoire habitude* » (H. BERGSON, 1896), qui répète le passé, génère autant de représentations que d'habitudes passées se juxtaposant ou s'opposant. Par ailleurs, Denis RETAILLÉ suggère deux concepts opératoires dans la géographie des conflits : celui d'« *espaces de représentation* » et celui de « *représentations de l'espace* ». Ils permettent de saisir les liens entre représentations et territoires, liens souvent conflictuels.

À l'origine des conflits sur les espaces terrestres se trouve une opposition dans les représentations des acteurs multiples impliqués dans la géopolitique interne et externe.

Concepts/notions

- **Conflit** : processus d'opposition entre deux ou plusieurs acteurs et impliquant des ressources. L'espace est le support ou l'objet des conflits pouvant l'impacter (A. CADORET, 2009).
- **Frontière** : limite de l'aire de compétence d'une souveraineté s'accompagnant de discontinuités spatiales majeures : barrière, seuil ou gradient.
- **Guerre** : forme de conflit en faisant usage de la violence et des armes ; violence collective organisée entre groupes sociaux ; exercice continu de la violence et degré d'intensité maximale du conflit.
- **Horogenèse** : néologisme créé par Michel FOUCHER (1988) désignant le processus de production des frontières.
- **Nettoyage ethnique** : volonté de faire coïncider nation et État territorial par des déplacements massifs de populations.
- **Ontotopies** : réserves de lieux chargées d'histoire qui se dévoilent sous l'effet du temps, à mesure que les territoires gardent en mémoire les frontières (G. VAREILLES, 2014).
- **Représentations géopolitiques** : « *combinaison sélective d'images empruntées à diverses catégories du champ sociohistorique propre au groupe qui l'a produit, et qui sont recomposées, de manière à former un ensemble spatial dont la dénomination est à la fois le symbole et le slogan d'un projet en principe cartographiable. Il a valeur d'icône et exprime un grand dessein* » (M. FOUCHER, 1991) ; « *elles expliquent les projets, et autant que les données matérielles, déterminent les choix stratégiques* », (Y. LACOSTE, 1993)
- **Urbicide** : construit sur le modèle de « génocide », le terme a été prononcé pour la première fois par le maire de Belgrade Bogdan BOGDANOVIC. Il désigne « *les violences qui visent la destruction d'une ville non en tant qu'objectif stratégique, mais en tant qu'objectif identitaire* ». La haine des destructeurs est attisée par la cohabitation, le multiculturalisme et le cosmopolitisme des villes qui en sont victimes (B. TRATNJEK, 2008).

Chronologie

- **1948** : premier conflit israélo-arabe.
- **1949** : tracé de la ligne Verte de cessez-le-feu dans le cadre du premier conflit israélo-palestinien.
- **1965** : conflit territorial entre Israël et la Palestine.
- **1967** : guerre des Six Jours et réactivation du conflit israélo-arabe.

- **1973** : guerre du Kippour.
- **1982** : guerre du Liban.
- **1987** : première *Intifada*, soulèvement des Palestiniens contre Israël.
- **1992** : massacre des Kurdes en Irak par Saddam HUSSEIN.
- **1992-1996** : siège de Sarajevo.
- **1999** : guerre du Kosovo.
- **2000** : seconde *Intifada* qui réactive le conflit israélo-palestinien.
- **2001** : guerre d'Afghanistan ; construction d'un mur de séparation entre Israël et les territoires palestiniens par Israël.
- **2003** : guerre en Irak.
- **2006** : conflit israélo-libanais ; début de l'installation de migrants à Calais.
- **2008-2009** : guerre de Gaza.
- **2011** : Printemps arabes ; début de la révolution syrienne.
- **2012** : guerre de Gaza.
- **2014** : guerre de Gaza ; frappes aériennes de la communauté internationale contre *Daech*.
- **2015-2018** : violences israélo-palestiniennes.
- **2017** : démantèlement des camps de Calais et Grande-Synthe.
- **2020** : conflit armé entre les États-Unis et l'Iran ; guerre dans le Sud Caucase pour la région du Haut-Karabakh.

Historique

Les représentations politiques divergentes des États, créatrices ou destructrices de territoires

Les conflits ouverts à partir de 1991 dans l'ère post-soviétique s'appuient sur des représentations divergentes, créatrices ou destructrices de territoires. Les conflits interétatiques ont des origines diverses, mais ils mettent systématiquement en tension des acteurs dont les perceptions spatiales s'opposent.

À l'échelle mondiale, les États se trouvent impliqués dans le conflit syrien. Diverses représentations de l'espace sont imbriquées à différentes échelles. Un système d'acteurs aux représentations contradictoires est impliqué dans la guerre en Syrie. Combien d'acteurs sont aujourd'hui concernés par le conflit en Syrie et quel est leur objectif ? Ce système évolue dans le temps tout comme les représentations des conflits en Syrie car il y a bien en Syrie plusieurs guerres : guerre civile, guerre froide ou guerre sainte. Huit guerres frappent la Syrie à travers un système d'acteurs qui préexiste au conflit. La guerre civile découle des Printemps arabes qui touchent la Syrie en 2011. Ce conflit dépasse très vite les frontières de la Syrie et s'inscrit dans la lutte contre le terrorisme mondial depuis la création de *Daech* à cheval sur la Syrie et l'Irak en 2014. Les Occidentaux ont eux-mêmes changé de cible au cours du conflit : de Bachar el-Assad à *Daech*. Le conflit est asymétrique entre des rebelles et des armées. Les acteurs utilisent les images pour diffuser leurs représentations. Bachar el-Assad apparaît en militaire sur toutes les photographies dans les rues de Damas, alors l'ASL cherche des armes pour combattre au début du conflit. De nouvelles conflictualités se juxtaposent visibles à travers les images de snipers postés sur des Pick-up issues de la propagande de *Daech* et postées sur Internet. D'une rébellion contre Bachar el-Assad le conflit engage progressivement le monde. Les États étrangers fournissent des armes aux divers camps en présence et interviennent suivant un système d'alliance.

Le cœur du conflit tient aux représentations des acteurs impliqués. Les médias l'ont bien saisi en soulevant des questions propres à interroger les perceptions de chacun : ils titrent, « *Que peut-il bien se passer dans la tête de Bachar el-Assad ?* » (www.slate.fr, 16 septembre 2016) ou « *La Question : Que cherche Vladimir Poutine avec son plan en Syrie ?* » (*Le Monde,* 17 septembre 2016). Le poids des représentations des acteurs pèse sur les territoires. Elles déterminent les motivations liées au conflit en cours. Bachar el-Assad perçoit une Syrie dans une échelle régionale sur le temps court et s'inscrit dans les logiques de Printemps arabes. *Daech* espère perdurer et renforcer son assise territoriale sur la Syrie et l'Irak en enracinant le califat au Moyen-Orient. Il s'agit d'une « utopie mobilisatrice » à travers cette volonté de faire face à l'Iran, à l'Arabie saoudite, à la Jordanie ou à l'Égypte à l'échelle régionale (F. BALANCHE, 2015). La Turquie perçoit le conflit syrien à travers la menace de l'avancement de *Daech* à l'échelle régionale et son installation dans la durée. Le conflit local et régional devient international avec l'intervention des Occidentaux contre Bachar el-Assad et *Daech*. La position américaine face à la Russie a pu rappeler une opposition de guerre froide notamment pour les médias. La guerre en Syrie témoigne, du local au mondial, des représentations divergentes qui motivent des implications diverses de la part d'acteurs étatiques, politiques, rebelles ou terroristes.

À l'échelle régionale, les conflits interétatiques déchirent des populations ayant la volonté de former des nations indépendantes. Dans la région des Balkans, la guerre en Yougoslavie a mobilisé différents camps nationalistes dont l'objet du conflit et le facteur de différenciation est l'identité. Comment plusieurs déterminismes contradictoires peuvent-ils alors être opposés ? La Yougoslavie est contrôlée après la Deuxième Guerre mondiale par TITO et divisée en six républiques. Le cas du Kosovo est un exemple de conflit en représentation qui donne lieu à une « bataille des cartes ». Ainsi, s'opposent les cartes serbes de la Serbie avec le Kosovo et les cartes du Kosovo indépendant. Le Kosovo est marqué par deux représentations nationales divergentes. En 1999, les forces nationalistes serbes ont tenté de vider le territoire de la province de Kosovo de sa population à majorité albanaise. La fuite de 800 000 personnes vers l'Albanie et la Macédoine est un nettoyage ethnique. Les représentations serbes et albanaises sont à l'origine d'un conflit sans doute non encore résolu. Pour les Serbes, le Kosovo est un territoire inaliénable de leur nation. Ils refusent de laisser la majorité albanaise, qui représente 88 % de la population du Kosovo, s'autogérer et s'autonomiser au sein de la Serbie. Or, la population albanaise souhaite plus de reconnaissance et un statut d'autonomie. Ainsi, l'OTAN intervient entre 1999 et 2008 pour que finalement le Kosovo se déclare indépendant en 2008. Cependant, le Kosovo n'est reconnu que par 74 États membres de l'ONU. Avant le conflit, le peuplement des villes et villages était produit par un habiter loin de « l'Autre », mais pas sans « l'Autre ». Dans les villes, les populations minoritaires restent importantes. Le conflit a modifié la ville en produisant une homogénéisation. L'« Albanité » devient l'identité du Kosovo (TRATNJEK B., 2008). Les confrontations d'espaces de représentations produisent des représentations de l'espace imposées par les armes. C'est le cas également au Kurdistan. Ce territoire existe depuis les accords de Sykes-Picot en 1916 appelé « Territoire de l'Est », sous influence française et britannique. Les Kurdes sont aujourd'hui engagés dans la lutte contre *Daech*. En pleine guerre ouverte depuis mars 2011 avec la Syrie, ils tentent de construire une entité autonome autour d'une administration installée dans le Nord. À partir de 2012, ils souhaitent la reconnaissance de leur région autonome sur le modèle irakien. La représentation d'un Kurdistan irakien commence à apparaître à travers des cartes dessinées sur les murs dans les villes. Elle se heurte aux représentations des autres populations présentes dans la zone de peuplement kurde : celles des chrétiens, des Turkmènes et des Arabes. Toutefois, certains de ces peuples peuvent avoir des perceptions convergentes. Aussi, un bataillon arabe rejoint-il les forces kurdes en 2013. À partir de 2014, l'intervention de la communauté internationale leur donne une légitimité. Les États-Unis soutiennent la formation de la coalition des Forces démocratiques syriennes (FDS) en lui fournissant des armes et une formation militaire. Cette alliance contre *Daech* favorise l'adhésion des groupes armés arabes proches de l'Armée syrienne libre (ASL). Ils se heurtent cependant à la Turquie qui tente d'imposer ses représentations dans la région. Elle ne souhaite engager aucune négociation avec les Kurdes. L'existence même d'un Rojava autonome dans une Syrie fédérale est ainsi compromise. L'alliance militaire entre les Kurdes et les Arabes se mue en « fédération du Nord » syrien à vocation politique. Il s'agit par cette alliance de renverser l'idée de création d'un territoire indépendant sur des fondements ethniques. Cette fédération de régions trouve de fait une reconnaissance extérieure en se substituant au vide laissé par l'État, mais il s'agit encore d'un territoire en construction. L'indépendance du territoire kurde en Irak est votée à 92,7 % le 25 septembre 2017. Les Kurdes attendent une reconnaissance de leur engagement dans la lutte contre *Daech* par la communauté internationale (A. HESSO, C. ROUSSEL, 2017).

À l'échelle locale, c'est dans la ville que les représentations divergentes des acteurs en conflit sont les plus visibles. Qui détermine l'échelle juste des représentations, à savoir la ville ou le quartier de la ville ? Quelle échelle dicte l'espace des représentations ? Avant la guerre, les villes d'ex-Yougoslavie, à l'exception du Kosovo, étaient des lieux de rencontres. Les conflits territoriaux ont produit une guerre de l'habiter entre populations urbaines et rurales ne possédant pas le même mode d'habitat. Les représentations de « l'Autre » tiennent à l'opposition entre la ville, lieu de rencontre, et le village monoethnique. Ces perceptions étaient fortement ancrées dans les esprits des habitants de l'ex-Yougoslavie. Les urbains considéraient les ruraux comme des rustres et les ruraux rejetaient la mixité culturelle de la ville. Cette endogamie n'est pas spatiale, mais ethnique. Il faut en cela conserver un esprit critique quant aux cartes, car il n'y a pas de peuplement réellement mêlé

(J.-A. DÉRENS, C. SAMARY, 2000). À Sarajevo, par exemple, lieu d'un siège depuis l'indépendance de la Bosnie-Herzégovine entre 1992 et 1996, la ville est victime d'un urbicide. Des lieux sont détruits : des géosymboles de « l'Autre » (la Mosquée), de l'entente (la Croix-Rouge) et de l'urbanité (le cinéma). Il s'agit d'un choix symbolique pour les nationalistes serbes dont l'idée est de récupérer Sarajevo pour en faire la capitale de la république serbe de Bosnie-Herzégovine. Sarajevo est le lieu d'un « nettoyage territorial » qui vise à « purifier » un lieu de la présence de l'Autre. Il est difficile d'avoir des chiffres des populations touchées. Ils sont tabous. Si dans les discours, les nationalismes n'ont pas gagné et si la vie se fait comme avant le conflit, dans la réalité, le nettoyage ethnique a fonctionné de manière très efficace avec une homogénéisation et une impossibilité de vivre ensemble (R. BAUDOUÏ, 2001). L'incendie de la bibliothèque de Sarajevo n'est pas un hasard. Il vise un haut lieu considéré comme un patrimoine culturel commun, comme un mode d'habiter et un modèle de bon voisinage. C'est l'entente entre les populations qui est visée par l'incendie, ainsi que l'accès à une éducation « yougoslavite ». De la même manière, le vieux pont Mostar représentait, avant la guerre, la bonne entente entre les Bosniaques et les Croates installés depuis longtemps dans la ville. C'était un pont entre les hommes. Or, la guerre a transformé cet équilibre : les communautés vivent aujourd'hui chacune de leur côté. Le bombarder n'était pas seulement un objectif stratégique, c'était aussi un objectif symbolique. « *La partition de Mostar reflète la redéfinition permanente des identités et des représentations de part et d'autre de celles-ci* » (M. AVRILLIER, 2002). La reconstruction du pont à l'identique n'a pas résolu le problème. En effet, la ligne de fracture entre les deux parties de la ville, entre les deux communautés, est restée dans les mentalités, mais aussi dans les espaces pratiqués et dans les peurs de chacun.

Le conflit amène des évolutions sociales, mentales et psychologiques. L'exemple de l'urbicide a montré l'apparition d'une frontière vécue qui ne disparaît pas et la destruction de territoires. Les représentations sont transformées sous l'effet du conflit.

Actualité

Vers une instrumentalisation des représentations religieuses au détriment des représentations territoriales comme facteurs explicatifs des conflits

De la géographie de la peur de l'Autre à la géographie de la haine de l'Autre, l'opposition des représentations s'illustre dans la géographie du terrorisme. Du local au mondial, les représentations religieuses sont instrumentalisées à des fins politiques dans les nouvelles conflictualités du XXIe siècle. Elles trouvent une application dans la région du Proche et du Moyen-Orient et s'exportent à l'échelle mondiale à travers les actes terroristes.

Le cas du conflit israélo-palestinien et israélo-arabe est un exemple d'affrontement entre deux groupes aux représentations divergentes d'un même territoire, qui se battent pour du territoire, mais dont les croyances sont instrumentalisées à des fins politiques et suralimentées par le traitement médiatique. Le processus de frontiérisation que connaît la Palestine depuis 1948 jusqu'au mur de séparation construit en 2001 révèle les adaptations aux perceptions spatiales et aux pratiques territoriales. Comment étudier alors des territoires qui changent en fonction de l'évolution des représentations ? Le territoire approprié, délimité et d'appartenance est à considérer comme une entité dont le corps serait les habitants ; l'âme, les activités, et l'esprit seraient les dynamiques. La production de frontières sur le territoire israélo-palestinien est la cause de l'apparition de nouveaux territoires. Comment les différentes formes de frontières de la Palestine font-elles alors émerger de nouvelles territorialités et temporalités dans le cadre de conflits territoriaux qui bouleversent les représentations de l'espace ? Les territoires gardent la mémoire des frontières et se nourrissent de leurs représentations. Les ontotopies constituent des réserves de lieux chargées d'histoire, qui se dévoilent dans le temps (G. VAREILLES, 2014). Une approche diachronique des continuités spatiales révèle la double représentation de la frontière israélo-palestinienne. La frontière de 1948 est le fil directeur du mur de séparation de 2001. En 1948, la frontière locale et régionale est visible à Jérusalem et celle de l'État d'Israël, nouvellement créé, est l'objet de discussions. La ligne Verte génère une asymétrie et une rupture biopolitique. Pour Israël le « mur sécuritaire » vise à ériger une barrière de protection contre les attentats palestiniens. Ceux-ci ont effectivement diminué depuis sa construction, mais davantage du fait des dispositifs de contrôle et de la séparation entre Israéliens et Palestiniens qui préexistait au mur. Pour les Palestiniens, le mur vient entériner un état de fait et la poursuite de la colonisation menée par Israël. Les populations ont accompagné l'horogenèse et l'ont assimilée à leurs comportements et représentations jusqu'à devenir un élément constitutif de leur identité. L'interaction des échelles amène une redéfinition de la région à travers ses frontières. La charge symbolique portée par la frontière révèle son caractère potentiellement explosif, alors que rien d'autre que le territoire n'est engagé dans ce type de conflit. L'actualité en témoigne à travers de nouvelles violences entre le Hamas et Israël dans la bande de Gaza dans la nuit du 19 au 20 juillet 2018. Le bilan est de quatre morts palestiniens et un soldat israélien. Ces émeutes survenaient après des bombardements de cibles militaires dans la bande de Gaza par les avions et chars israéliens. Elles s'inscrivent dans un mouvement de manifestations débuté le 30 mars 2018 alors que les Palestiniens réclament le retour des réfugiés palestiniens chassés de leur territoire en 1948. Plus d'une centaine de Palestiniens ont été tués par l'armée israélienne lors de ces évènements. En réplique, des cerfs-volants et ballons incendiaires sont lancés depuis Gaza sur le territoire israélien, ce qui amène à un durcissement de la position israélienne. Si Israéliens et Palestiniens ont des représentations opposées quant à l'appropriation du territoire de Gaza, les victimes des trois guerres ouvertes depuis 2008 subissent une grave crise humanitaire et n'ont pour perception de leur territoire vécu que celle de la survie liée à l'aide internationale (*Le Monde*, 20 juillet 2018). Pour elles, le conflit ne peut tenir à des considérations religieuses. L'escalade militaire entre le Hamas et Israël se poursuit aujourd'hui dans la bande de Gaza. En dix jours, depuis le 10 mai 2021, 243 Palestiniens sont morts et 12 Israéliens :

> **Les hostilités les plus intenses depuis sept ans dans la bande de Gaza**
>
> Le sort de familles palestiniennes menacées d'expulsion de Jérusalem-Est par des colons israéliens est au cœur des tensions des derniers jours. Dimanche, la justice israélienne avait annoncé le report d'une audience sur le sujet à la Cour suprême. Fort attendue, cette audience devait se tenir lundi, mais a été repoussée. Depuis 2008, dix familles ont déjà dû partir. Trois autres attendent qu'une date d'expulsion leur soit signifiée en août. En tout, 70 familles sont menacées.
>
> *Le Monde,* 12 mai 2021.

Depuis lors, le président Joe Biden prône une solution de paix à deux États afin que les affrontements entre Palestiniens et Israéliens cessent à Jérusalem.

Même les affrontements au sein d'une religion n'ont pas pour seule origine des divergences religieuses. Au Moyen-Orient, « l'arc chiite » est une représentation géopolitique des pouvoirs sunnites face à l'arrivée au pouvoir en Irak des chiites après la chute du régime de Saddam HUSSEIN en 2003. Il est associé à la volonté de nucléarisation de l'Iran. L'émergence politique des chiites au Moyen-Orient est perçue de manière très négative par les gouvernements arabes sunnites de Jordanie, d'Arabie saoudite et d'Égypte. Ils craignent que cette influence grandissante ne porte préjudice à leurs intérêts. Pour eux, la continuité géographique chiite, de la Méditerranée au monde indien, constitue un « croissant » chiite perçu comme une menace. Cette représentation engendre des conflits identitaires, économiques et politiques bien plus que religieux au sein des territoires nationaux. Si les conflits trouvent leur origine dans les passions identitaires et que la religion peut participer de la construction des identités, les passions religieuses ne sont cependant pas le seul facteur de guerre. En outre, la localisation géographique d'un nombre important de chiites sur les zones d'extraction d'hydrocarbures en Arabie saoudite (région de Hassa) et en Irak (région de Bassora) induit des revendications identitaires soutenues par l'extérieur. Elles sont source de déstabilisation régionale. Ce que les chiites irakiens ou libanais revendiquent, c'est une meilleure représentativité au sein de leur État, en adéquation avec leur poids démographique. Ces conflits cristallisent des enjeux locaux et non régionaux ou internationaux (A. CATTARUZZA, 2014).

Les représentations divergentes de l'islamisme et du libéralisme occidental nées de visions manichéennes du monde s'affrontent depuis les attentats du 11 septembre 2001. Aussi, le terrorisme importe la violence dans des zones très éloignées et différents territoires comme la France. Les attentats à Paris contre les employés de *Charlie Hebdo*, du magasin Hyper Cacher parisien, du Bataclan ou de l'usine de gaz de Saint-Quentin-Fallavier en 2015, puis du 14 juillet 2016 à Nice et du prêtre de Saint-Etienne-du-Rouvray en ce même mois, ainsi que du lieutenant-colonel BELTRAME le 23 mars 2018, parmi bien d'autres, produisent de nouveaux espaces de représentation en Syrie et en France. Les frappes aériennes occidentales et notamment françaises en sont renforcées. À Paris et dans les villes françaises, tristesse, colère et indignation trouvent des manifestations spatiales diverses, dessinant une géographie des émotions. Les espaces publics voient se déployer un dispositif juridique et sécuritaire et accueillent commémorations et marquages artistiques. Les espaces virtuels diffusent les *hashtag #CharlieHebdo* ou

#JesuisCharlie après le 7 janvier 2015. « *Les émotions participent de notre manière d'habiter, de nous déplacer, de pratiquer ou encore d'agir dans l'espace* » (P. GUINARD, B. TRATNJEK, 2015). D'une géographie des émotions à la mémoire des évènements, les représentations évoluent pour pacifier ou exacerber les conflits territoriaux.

Face à la confrontation des représentations religieuses, identitaires, politiques et économiques des communautés et des territoires, la régulation des conflits s'inscrit dans la compréhension des nouveaux enjeux des conflictualités qui marquent le XXIe siècle.

Prospective

Régulation et nouveaux enjeux des conflits du XXIe siècle à l'échelle locale, point de cristallisation des représentations divergentes

C'est à l'échelle locale que l'évolution de « *l'espace des représentations et des représentations de l'espace* » (D. RETAILLÉ, 2011) ainsi que l'impact de leur régulation sont les plus visibles. Différents types de conflits illustrent les enjeux nouveaux des antagonismes du XXIe siècle et de leur gestion : ils investissent les champs migratoires, environnementaux et de l'aménagement.

Les conséquences du conflit international syrien se diffusent en Europe. Les représentations de la frontière évoluent sous l'effet des vagues migratoires de réfugiés syriens arrivés en Europe. Les pays voisins de la Syrie se ferment, à l'image de la tranchée à la frontière de la Syrie et de la Turquie. En Europe, les réactions sont tout aussi vives à « la crise des migrants », ne venant pour autant pas tous de Syrie. La Hongrie dresse des barbelés et sa représentation de la frontière passe d'un symbole de libération lorsque la Hongrie est la première à ouvrir le rideau de fer en 1990, à un marqueur du gradient économique pour les migrants. Elle devient aussi le reflet d'une politique migratoire visant à enrayer les flux de Syriens qui transitent en Macédoine et en Serbie. S'ils passent en Hongrie, ils cherchent ensuite à gagner l'Allemagne, la France puis le Royaume-Uni. Calais est sur leur route un territoire de transit et de contrôle de l'immigration clandestine. La frontière à Calais s'individualise et sa représentation peut se trouver sur le corps des migrants autant que dans leur imaginaire. À Calais, en 2009, les migrants se mutilent le bout des doigts pour ne pas laisser de trace ou de nom au passage des frontières. Leur corps porte alors les stigmates de la frontière (A.-L. AMILHAT-SZARY, 2015). Les migrants arrivés à Calais fuient les conflits territoriaux et pas seulement la Syrie. Ils viennent d'Albanie, du Pakistan, d'Éthiopie, d'Égypte, du Soudan, d'Afghanistan, ou d'Erythrée. Calais représente un territoire de transit vers l'eldorado britannique pour ces migrants politiques et économiques. L'espace vécu diffère en fonction des migrants : les plus riches voient dans les parkings et les aires d'autoroute des lieux de départ vers le Royaume-Uni ; pour les plus pauvres cette migration n'est possible que sur les lieux informels proches du port, de l'Eurotunnel ou des rocades. Alors que le contrôle se renforce avec la construction d'un mur à Calais et la présence de policiers britanniques, le sort de nombre de migrants reste comme suspendu face à l'impossibilité de traverser la Manche, les enfermant dans une forme de « migrerrance » (M. AGIER, 2014). De nouveaux conflits territoriaux s'expriment dans les espaces du quotidien entre migrants et usagers. Les voyageurs se heurtent parfois à des difficultés pour emprunter l'Eurotunnel et les habitants qualifient la Jungle de Calais de squats ou de bidonvilles. D'autres disent qu'elle renvoie à l'univers concentrationnaire tant les conditions de vie sont déplorables. Un camp de réfugiés est construit à Grande-Synthe par Médecins sans Frontières, mais il n'a une existence qu'éphémère puisqu'il est construit en 2016 et démantelé en 2017 comme le camp de Calais. Les mouvements migratoires continus apparaissent comme porteurs d'espace de représentations non conformes et l'espace peut être mobile, comme la mobilité des références.

Les conflits environnementaux et ceux liés à l'aménagement des territoires convoquent également un jeu d'acteurs aux représentations divergentes. Par exemple, le projet d'aménagement d'un nouvel aéroport Grand Ouest à Notre-Dame-des-Landes montre un système d'acteurs publics et privés aux représentations et objectifs divers. Face à la montée en gamme de la métropole nantaise, le déplacement de l'aéroport vise à transférer les zones de survol vers des zones beaucoup moins peuplées. Pour les collectivités locales et Vinci, tenants du projet, l'aéroport représente une zone d'emplois. De 1999 à 2009 le débat public fait émerger les représentations divergentes au sein même du groupe des opposants, qu'ils soient riverains, élus, écologistes ou représentants des associations locales. Les riverains défendent leur qualité de vie, dénoncent les dégradations paysagères et les nuisances générées par l'aéroport dans le cadre d'un mouvement NIMBY (*Not In My Back Yard*). Les écologistes, quant à eux, tiennent le discours suivant lequel le trafic aérien doit diminuer pour lutter contre les impacts sur le réchauffement climatique. Les associations défendent, elles, une philosophie de vie et de développement afin de ne pas avoir la critique du NIMBY, perçu comme égoïste et ne se souciant guère de l'intérêt général. Entre 2009 et 2013 l'opposition se radicalise. Le camp *Action climat* attire les altermondialistes qui s'installent sur le site. C'est le début de la ZAD : après la constitution d'une Zone d'Aménagement Différé, les opposants au projet installent une Zone A Défendre. Le site du futur aéroport est occupé et les pouvoirs publics doivent l'évacuer. Des images de disproportion entre les forces de l'ordre et les zadistes attirent la faveur de l'opinion publique dans le camp des opposants. Dans tout conflit, un groupe qui cristallise le conflit est stigmatisé. Il s'agit de la recherche d'un « *bouc émissaire* » (R. GIRARD, 1982). Les porteurs du projet Vinci et Jean-Marc AYRAULT, Premier ministre, sont accusés. Le collectif s'opposant au projet transcende les clivages habituels et rassemble des associations altermondialistes, écologistes et un large spectre de partis politiques. Cependant, le conflit peut avoir des effets positifs sur la recomposition des acteurs sociaux (P. SUBRA, 2007). Si le projet a été soutenu par un référendum local organisé en 2016, il est finalement abandonné après une expertise commandée par Emmanuel MACRON en 2017. La ZAD pourrait être amenée à devenir une Zone d'Autonomie Définitive. La question de la propriété foncière, des zones occupées et des activités agricoles et alternatives développées est en cours de résolution.

Autre type de conflit à portée environnementale, le maintien de certaines espèces animales près des zones d'habitation et d'exploitation humaine génère des représentations conflictuelles. Par exemple, le loup en France est victime des représentations divergentes de ceux pour qui il est une menace pour les troupeaux, et de ceux qui l'acceptent et le protègent. La géopolitique interne (B. GIBLIN, 2012) s'intéresse aux territoires locaux et aux conflits nationaux. Elle est pertinente pour analyser une espèce emblématique comme le loup. Le point de départ du conflit est écologique. Les prédateurs en France sont des espèces qui ont une biologie qui les pousse à faire peser une contrainte sur les activités humaines (concurrence ou dégradation). La science sociale considère la nature comme une construction sociale. Ainsi, la nature n'existe pas et n'est que représentation. Les animaux sont autant des analyseurs que des médiateurs dans les rapports des sociétés à l'environnement et entre eux. Ils éveillent des conflits entre ceux qui protègent et ceux qui souhaitent éliminer les espèces. Les milieux et les activités humaines ayant évolué, la présence du loup est associée à des territoires ayant connu la déprise, l'exode rural et une agriculture marquée par une moindre présence humaine. Les manifestations contre le loup se développent en France quand on ne parvient pas à cohabiter avec lui. Elles surviennent, par exemple, dès 2017 contre le « plan loup 2018-2023 » fixant le nombre d'abattages autorisés alors que les attaques se multiplient (*Le Point économie*, 9 octobre 2017). Des tensions surviennent entre éleveurs de bovins ou d'ovins et le loup. Ce dernier devient un « animal géopolitique » *via* les représentations contradictoires qu'il génère faisant émerger un conflit territorial entre l'Homme et l'Animal (F. BENHAMMOU, R. MARION, 2015).

Les différents types de conflits ont fait apparaître les distorsions entre acteurs résultant de l'évolution des territoires et des mentalités.

Conclusion

Les conflits territoriaux, leurs représentations et celles qui en sont à l'origine, ont une temporalité et s'inscrivent dans une durée variable. Ces perceptions constituent une manière, parmi d'autres, d'échanger entre ces acteurs. L'externalisation des conflits territoriaux et leur transposition vers d'autres échelles témoignent d'une articulation entre le local et le global. La mondialisation impose une ultime échelle commune de référence. Ils sont en cela un objet de la géopolitique, « *méthode globale d'analyse géographique de situations sociopolitiques concrètes envisagées en tant qu'elles sont localisées, et des représentations habituelles qui les décrivent* » (M. FOUCHER, 1988).

En prolongement de l'étude des territoires terrestres, la dimension maritime des liens entre représentations et conflits est à considérer, voire son extension à l'espace extra-atmosphérique.

Document

Le système des alliances engagées dans le conflit syrien

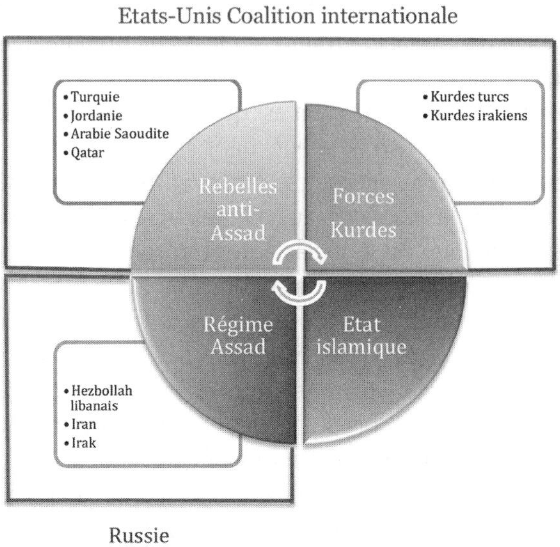

D'après Delphine PAPIN, *Le Monde,* 27 octobre 2015.

Bibliographie

Anthropologie :

- AGIER Michel, *Un monde de camps*, Paris, La Découverte, 2014, 350 pages.

Géographie :

- GÉRARDOT Maie, LEMARCHAND Philippe [dir.], *Géographie des conflits*, Clefs concours, Neuilly, Atlande, 2014, 285 pages.

Géopolitique :

- AMILHAT-SZARY Anne-Laure, *Qu'est-ce qu'une frontière ?*, Paris, PUF, 2015, 142 pages.
- BENHAMMOU Farid, MARION Rémy, *Géopolitique de l'ours polaire*, Approche Natura, Saint-Claude-de-Diray, Éditions Hesse, 2015, 192 pages.
- CATTARUZZA Amaël, *Atlas des guerres et conflits : un tour du monde géopolitique*, Paris, Autrement, 2014, rééd. 2017, 96 pages.
- DÉRENS Jean-Arnault, SAMARY Catherine, *Les conflits yougoslaves de A à Z*, Points d'appui, Paris, Éditions de l'Atelier, 2000, 427 pages.
- ENCEL Frédéric, *Atlas géopolitique d'Israël : les défis d'une démocratie en guerre*, Paris, Autrement, 2012, 96 pages.
- FOUCHER Michel, *Fronts et frontières : Un tour du monde géopolitique,* Paris, Fayard, 1988, rééd. 1991, 690 pages.

- LACOSTE Yves [dir.], *Dictionnaire de géopolitique*, Paris, Flammarion, 1993, 1679 pages.
- SUBRA Philippe, *Géopolitique de l'aménagement du territoire*, coll. « Perspectives géopolitiques », Paris, A. Colin, 2007, 327 pages.

Géographie politique :

- SANGUIN André-Louis, *La géographie politique*, Paris, PUF, 1977, 183 pages.

Psychologie sociale et sociologie :

- MOSCOVICI Serge, *La psychanalyse, son image et son public*, Bibliothèque de psychanalyse, Paris, PUF, 1961, rééd. 2004, 512 pages.

Revues :

- AVRILLIER Marion, « La destruction des ponts Mostar. Partition, construction d'Entités et d'identités en Bosnie-Herzégovine », *CEMOTI (Cahiers d'Études sur la Méditerranée orientale et le Monde turco-iranien)*, n° 34, 2002, pp. 197-210.
- BALANCHE Fabrice, « Géopolitique du Moyen-Orient », *Documentation photographique,* Paris, La Documentation française, n° 8102, novembre-décembre 2014, 64 pages.
- BAUDOUÏ Rémi, « De la menace atomique aux conflits de « faible intensité ». L'emprise croissante de la guerre sur la ville », *Annales de la recherche urbaine*, n° 91, 2001, pp. 31-32.
- GIBLIN Béatrice, « Géographie des conflits », *Documentation photographique,* Paris, La Documentation française, n° 8086, mars-avril 2012, 64 pages.
- HESSO Aimad, ROUSSEL Cyril, « Quel territoire pour les Kurdes dans le conflit syrien ? », *Carto*, n° 44, novembre-décembre 2017, pp. 38-40.
- RETAILLÉ Denis, « Introduction à une géographie des conflits », *L'Information géographique*, Paris, A. Colin, vol. 75, 2011/3, pp. 6-22.
- VAREILLES Guillaume, « Le concept d'ontotopie à l'épreuve des données pour les territoires israélo-palestiniens », *Fronts et frontières des sciences du territoire*, Paris, CIST, 2014, pp. 374-378.

Sitographie

- Colloque Université Lumière Lyon 2, « Quatre années de conflit en Syrie : un désastre humanitaire », https://crisyr.hypotheses.org/author/fabricebalanche, 16 mars 2015.
- GUINARD Pauline, TRATNJEK Bénédicte, « Géographie des émotions : Les attentats à Paris de *Charlie Hebdo* au Bataclan », blog : http://geographie-ville-en-guerre.blogspot.com/, novembre 2015.
- TRATNJEK Bénédicte, « Sarajevo ou l'illusion multiethnique », blog : http://geographie-ville-en-guerre.blogspot.com/, octobre 2008.

Pour aller plus loin

- *La Ville monde*, Documentaire France 3, diffusion 23 juillet 2018.

Sujets

- Représentations géopolitiques et enjeux des conflits depuis le XXe siècle.
- Les représentations religieuses sont-elles un moyen d'analyser les conflits du Proche et du Moyen-Orient ?
- L'Homme peut-il entrer en conflit pour ou contre la nature ?
- Les représentations des acteurs des conflits d'aménagement en France.

9 Les nouvelles stratégies de domination des mers et des océans

« La mer appartient à qui sait la dominer,
et ce savoir n'est pas seulement militaire »

ANDRÉ VIGARIÉ, 1995.

Introduction

En 1969, le général Charles de Gaulle prononce un discours à Brest lors duquel il prédit que « *l'activité des hommes se tournera de plus en plus vers la recherche et l'exploitation de la Mer. Et naturellement les ambitions des États chercheront à la dominer pour en contrôler les ressources* ». En effet, la maîtrise des mers et des océans révèle des enjeux géopolitiques forts, liés aux conflictualités et rapports internationaux qui s'inscrivent dans la mondialisation, se traduisant par une forte maritimisation. Mers et océans sont à appréhender, non comme des espaces marins, considérés comme « naturels », mais comme des espaces maritimes appropriés par les sociétés humaines qui les mettent en valeur et les aménagent. Ce sont des espaces stratégiques cristallisant les problèmes et les défis actuels posés à des acteurs variés pour mieux les connaître, les explorer, les exploiter, les sécuriser, les découper, les maîtriser et les préserver. Certains espaces maritimes font l'objet d'une territorialisation et d'une militarisation accrues car ils revêtent des intérêts économiques, logistiques, militaires ou environnementaux particuliers.

Si les espaces marins sont appropriés par des sociétés aux représentations différentes, ils sont aussi le lieu de l'affirmation des tensions issues des intérêts divergents d'acteurs publics et privés qui s'expriment à toutes les échelles. Il s'agit alors de percevoir en quoi les mers et les océans sont des espaces stratégiques dans le cadre de la mondialisation, qu'ils sont sources de convoitises générant une nouvelle forme de gouvernance mondiale pour une meilleure maîtrise et durabilité.

Concepts/notions

- **Conteneurisation** : révolution dans le transport de marchandises qui s'opère à partir des années 1990 et consistant à les acheminer dans des conteneurs. Ce sont des boîtes métalliques standardisées de six à douze mètres de long empilées sur des porte-conteneurs.
- **Espace marin** : mers et océans en tant que vastes espaces « naturels ».
- **Espace maritime** : espace marin approprié et de plus en plus aménagé par les hommes.
- **Gouvernance** : mode de gouvernement à différentes échelles et dans différents domaines (politique, économique). C'est une façon de gouverner, un échelon administratif, un État, une association économique régionale ou le monde.

- **Maritimisation** : processus d'accroissement des échanges internationaux par voies maritimes, s'accélérant grâce à l'abaissement des coûts de transport et à la conteneurisation. Elle se déroule en trois phases depuis l'Antiquité grecque, les Grandes découvertes du XVIe siècle, puis durant les XIXe et XXe siècles qui voient le développement du commerce et du libre-échange. Mers et océans font figure de « dernière frontière » du monde contemporain, ce qui donne à la maritimisation un volet géopolitique et géostratégique. Il s'agit d'un processus global qui n'exclut pas une « démaritimisation » de certains lieux, du fait de la diversification de leur économie (A. VIGARIÉ, 1995).
- **Ressource** : une ressource n'existe pas en soi. Un élément « naturel » ne peut être considéré comme une ressource qu'à partir du moment où des sociétés l'utilisent pour répondre à leurs besoins.

Chronologie

- **1609** : le principe de liberté de navigation et de communication maritime est établi conformément aux préceptes de Grotius, *Mare liberum*.
- **1948** : création de l'OMI (Organisation maritime internationale) pour agir contre la pollution hydrocarbure.
- **1954** : première convention pour la prévention de la pollution des eaux de la mer par hydrocarbures.
- **1958** : Convention de Genève.
- **1971** : convention pour réglementer le transport maritime nucléaire.
- **1973** : convention internationale pour la prévention de la pollution par les navires (MARPOL).
- **1975** : plan d'action pour la Méditerranée afin de lutter contre la pollution et de réguler l'exploitation des ressources halieutiques. Il s'agit de la première mer régionale à disposer d'un programme de protection et de conservation.
- **1982** : Conférence des Nations unies pour le droit de la mer à Montego Bay (CNUDM).
- **2004** : réglementation sur les eaux de ballast des navires.
- **2009** : Grenelle de la mer.
- **2012** : au Sommet de Rio + 20 la haute mer devient bien commun de l'humanité.
- **2017** : l'Union européenne interdit la pêche en eau profonde.
- **2019** : rapport « Mers et océans : quelle stratégie pour la France ? » ; Assises de la mer.
- **2021** : les îles Glorieuses deviennent la 170e réserve naturelle nationale française.

Historique

La territorialisation des mers et des océans

L'appropriation juridique, économique ou symbolique des mers et des océans engendre la formation de territoires maritimes qui impliquent en principe la présence de limites précises. Il peut cependant exister des limites plus floues correspondant à une organisation réticulaire lorsqu'il s'agit des territoires de la mobilité ou de la communauté. Le partage des mers repose sur une délimitation du tracé des frontières maritimes fixée suivant les conventions adoptées à la Conférence des Nations Unies pour le droit de la mer (CNUCDM) en 1982. Cette dernière remet en cause la doctrine juridique maritime des Provinces Unies depuis 1609 alors que le gouvernement hollandais publie le chapitre 12 de Grotius, *Mare liberum* (*De la liberté des mers*), qui établit le principe de liberté et de libre communication en mer.

Les espaces maritimes apparaissent comme la dernière frontière stratégique de la mondialisation avant l'espace. Le droit de la mer peut apparaître comme un outil de délimitation. La mondialisation abolit les frontières circulatoires et renforce les frontières juridiques. Si Jean-René VANNEY dans une vision globalisante (*L'océan globalisé*, 2001) conçoit l'océan universel comme impartagé et répondant à une forme de régionalisation, Christian GRATALOUP a montré « comment l'Europe a découpé et nommé le monde liquide » (*Géoconfluences*, 2015) sans donner corps à la notion d'océanisme. Les efforts pour regrouper les pays baignés par un même océan restent modestes. La géohistoire montre que les usagers ont eu besoin de délimiter l'océan pour se situer, puis les Européens pour s'approprier le monde et le coloniser. Aux premiers découpages autour de la triade océanique du XIXe siècle vont se substituer les cinq océans reconnus en 1928 et dont les limites ont été tracées par l'OHI (*International Hydrographic Organization*) pour faciliter les transports maritimes. La nomenclature océanique répond à la tentation de nommer les étendues liquides en prolongeant les terres. La notion d'eaux territoriales en est un exemple. Les navires étrangers disposent sur cette étendue d'un droit de passage « inoffensif », et le droit de police s'exerce jusqu'à 24 milles, ou bien sur l'étendue de la ZEE. Les cartes régionales indiquent, en marge des littoraux, le nom de mers suivi d'un toponyme terrestre (mer du Brésil, mer de Chine méridionale, océan Indien).

Le partage de la mer et le tracé des frontières maritimes suivant les conventions décidées à Montego Bay (1982) distingue trois espaces délimités par une frontière maritime :

- **la ligne d'équidistance** qui relie les points de la côte pour composer la mer intérieure où l'État exerce sa pleine souveraineté jusqu'à 24 milles nautiques (soit 20 km) ;
- **la ZEE** (Zone économique exclusive) jusqu'à 200 milles nautiques, soit 370 km. L'État bénéficie d'avantages économiques pour l'exploitation des ressources naturelles (pêche et hydrocarbures) ; si l'entité souveraine peut prouver que la croûte continentale s'étend, la ZEE peut être prolongée jusqu'à 350 milles nautiques ;

- **les eaux internationales** (sans souveraineté spécifique) : les grandes puissances comme les États-Unis y disposent de moyens économiques et militaires de contrôle (7 flottes américaines parcourent les mers et les océans du monde).

Les acteurs intervenant sur le tracé des frontières océaniques sont l'OHI, les États et l'Union européenne qui a demandé à ses membres en septembre 2016 une planification à l'horizon 2021, ainsi que l'ONU au travers de la CIJ (Cour internationale de justice). Au total, 167 États ont signé la Convention des Nations unies sur le droit de la mer à Montego Bay, la Chine l'a ratifiée, mais pas les États-Unis.

Les découpages sont évolutifs à l'image de la France qui a obtenu en 2015 plus de 500 000 km^2 sous les océans, soit le double de la surface hexagonale. Une exploitation future des ressources du sol et du sous-sol marin est possible sur l'extension octroyée par la CIJ du plateau continental français au large de la Martinique, de la Guadeloupe, de la Guyane, des Kerguelen, et de la Nouvelle-Calédonie. Avec 11 millions de km^2 de ZEE, la France se place au 2e rang des puissances maritimes derrière les États-Unis.

Dans cette quête ou conquête juridique des espaces maritimes, la haute mer est le dernier espace à découper, représentant 55 % de la surface du globe. Les frontières maritimes ne font pas l'objet de tractations bilatérales comme beaucoup de frontières terrestres mais multilatérales. Ainsi, le 15 mars 2016, s'ouvre une session de deux semaines à New-York, réunissant 196 États pour lancer les préparatifs de futures règles régissant la haute mer qui n'en comporte aucune aujourd'hui. Ses enjeux sont les mêmes que ceux de l'océan globalisé puisqu'elle constitue un espace de circulation pour les flux mondialisés.

Le découpage des espaces maritimes, outil de résolution des conflits ou d'affirmation des nationalismes ?

La recomposition des frontières maritimes et la territorialisation des surfaces marines et des fonds marins génèrent des tensions à l'échelle régionale.

En Asie du Sud-Est les dissensions interétatiques sont fortes. La Chine voit la Corée du Nord comme un turbulent voisin, la Corée du Sud comme l'allié des États-Unis, de même que le Japon, Taïwan ou les Philippines. La Chine dépend de la mer pour ses exportations et ses approvisionnements alimentaires, énergétiques, miniers ou hydrauliques. Elle est entourée de pays alliés des États-Unis et s'incommode que de petites nations, au sein de l'ASEAN, puissent avoir droit aux mêmes revendications territoriales qu'elle. Pour sécuriser ses approvisionnements et être au plus près des détroits, elle revendique les ZEE de ses voisins suivant une « langue de bœuf » en créant des îlots ou en s'installant dans des ports.

En Arctique, le partage des territoires paraît impossible (A. LOUCHET, 2014). « Mer du milieu », ceinturée de continents, cet océan offre un passage vers l'océan extérieur par le détroit de Béring et la mer de Norvège. Il existe des revendications territoriales des États riverains en raison de la fonte de la banquise et des découvertes de richesses minières et d'hydrocarbures. L'application de la Convention de la mer de Montego Bay à l'Arctique conduit à des rivalités d'autant plus vives que cet espace forme une « Méditerranée » où le partage océanique est impossible en raison des obstacles politiques, et de la découverte de ressources. Il existe deux théories concurrentes du partage de l'Arctique :

- celle des « **secteurs polaires** » attribuant à chaque État riverain un quartier dont la pointe s'appuierait sur le pôle Nord, et qui aurait pour base la longueur de la côte du pays en question ;
- et la « **théorie norvégienne** » basée sur le principe d'une ligne médiane.

Ces thèses ne tiennent pas compte des fonds marins ne pouvant être revendiqués qu'au titre de plateau continental élargi et du fait que les pays n'ont de droits souverains que jusqu'à 200 milles. Au-delà, rien ne permet de s'approprier les espaces océaniques. La Russie revendique cependant la possession du point situé à la verticale du pôle à 4 500 m de profondeur en y plantant un pavillon.

À l'échelle locale, les îles sont les relais terrestres de la mondialisation maritime et des enjeux de convoitises car elles sont un moyen d'appropriation des espaces maritimes. Elles présentent un intérêt stratégique fort du fait de leur ZEE favorisant la maritimisation des États qui en possèdent. La Chine revendique des droits historiques sur ces « rochers » du fait de la présence de pêcheurs chinois depuis le XIIe siècle. Ainsi, se trouve-t-elle opposée à ses voisins comme le Vietnam et Taïwan sur l'archipel des îles Spratleys et Paracels. Les revendications portent sur des espaces maritimes enchevêtrés et comportent « neuf tirets » englobant l'essentiel de la mer de Chine méridionale. Elle s'oppose aussi au Japon autour des îles Senkaku et Diaoyu achetées par le gouvernement japonais en 2012 et revendiquées par la Chine et Taïwan. Depuis 2014, une visite d'État de B. OBAMA au Japon a rappelé à la Chine que les îles étaient couvertes par le traité de sécurité engageant les États-Unis à défendre le Japon en cas d'attaque refroidissant ainsi ses actions sur les îles (F. LASSERRE, E. GONON, E. MOTTET, 2016). Une autre forme d'appropriation des îles pouvant être portée devant l'ONU pour obtenir la reconnaissance de leur ZEE est le maintien d'une présence effective. Ainsi, l'île française de Clipperton est convoitée par les Mexicains pour ses pêcheries. Ceux-ci plantent leur drapeau sur l'île en été, la Marine française ne passant que deux fois par an pour l'ôter. Ils pourraient bientôt revendiquer l'ouverture d'un dossier devant la cour de l'ONU. Afin d'apaiser ces intérêts divergents et de limiter les pressions, convoitises et conflits sur les espaces maritimes, une gestion et une gouvernance sont nécessaires.

Actualité

Les défis de la gouvernance des espaces maritimes face à une nécessaire sécurisation

Le contrôle stratégique des espaces maritimes passe par une surveillance et une sécurisation des routes. Ils sont aussi en proie à des risques et une prise de conscience de la nécessité de les protéger commence à émerger. Différents acteurs sont ainsi convoqués : États, institutions internationales, ONG ou citoyens.

Surveiller et sécuriser les routes, les points nodaux et les hommes face au terrorisme, à la piraterie maritime et aux trafics en tous genres rappelle que les espaces maritimes sont tout autant le socle de la mondialisation légale que de l'antimonde (R. BRUNET, 1992). La sûreté maritime et portuaire passe par la protection des navires et des installations (T. LECOQ, 2016). La question de la sécurité maritime soulève celle de la gouvernance et donc de ses acteurs. La réponse à cette interrogation dépend du cadre juridique considéré. Si les États sont souverains sur leur ZEE, la Haute mer échappe à tout contrôle. Ainsi, pour la surveillance des mers, l'Union européenne a adopté une « stratégie de sûreté maritime » en 2014. 23 pays côtiers et 26 États de pavillon sont chargés d'un contrôle du littoral sur 90 000 km, sans compter l'outre-mer. Il s'agit d'assurer la sécurité aux navires, aux entreprises et aux flux. D'autres opérations sont menées par l'OTAN (Atalante) par exemple pour la protection du golfe d'Aden et des côtes somaliennes. Même si la piraterie maritime semble globalement contenue dans l'océan Indien, depuis près de deux ans, des groupes de pirates demeurent encore actifs. Tant que la situation économique et politique n'est pas résolue en Somalie, le risque de résurgence de cette menace est prégnant. Aussi, ce même risque s'accroît dans le Golfe de Guinée, au Nigeria, et les réseaux de pirates se maintiennent également dans le détroit de Malacca et en mer de Chine méridionale. Par ailleurs, même si la piraterie maritime semble globalement contenue dans l'Océan Indien, depuis près de deux ans, des groupes de pirates sont encore actifs. La piraterie moderne (C. POIRIER-COUTANSAIS, 2015) cible des navires de commerce, de pêche, des bateaux de plaisance ou des voiliers. Les attaques peuvent avoir lieu en pleine mer ou dans les ports où les pirates prennent le contrôle des navires, s'emparent de leurs cargaisons ou prennent en otage l'équipage.

L'immigration engendre des formes de contrôle. Les naufragés sont secourus par les marines nationales et la surveillance des frontières se renforce à l'exemple de l'Union européenne qui a remplacé Frontex par les gardes côtes européens et les gardes-frontières. Une véritable crise touche les migrants en mer. Avec plus de 3 800 morts en 2016 en Méditerranée, le chiffre dépasse le seuil de définition d'une guerre avec plus de 1 000 morts par an. Ils quittent les pays en guerre, comme la Syrie, fuient l'Erythrée ou encore le Soudan et achètent aux passeurs de *Daech* leur traversée sur des embarcations non ravitaillées en carburant.

Ces formes de sécurisation et de surveillance accrues des espaces maritimes favorisent aussi leur militarisation et l'essor des puissances maritimes.

Une militarisation des mers et des océans, reflet de la hiérarchie des puissances mondiales

Les forces navales nationales voient le nombre de leurs bâtiments augmenter dans le cadre d'une compétition entre puissances maritimes qui prend la forme d'une course à la mer. La puissance vient de la mer qui devient alors un espace stratégique.

Les États-Unis, « *thalassokrator* » (Strabon), apparaissent comme la première puissance navale mondiale par l'étendue de leur présence dans l'Océan global, ainsi que par le budget consacré (P. ROYER, 2012). On assiste aujourd'hui à un redéploiement de la flotte de guerre américaine vers le Pacifique devenant le nouveau centre de gravité des échanges économiques mondiaux. C'est aussi pour faire face à la montée en puissance de la flotte de guerre chinoise ainsi qu'en témoigne l'importance de l'OTASE. La marine de haute mer s'organise autour de l'US Navy, de la Royal Navy et de la Marine nationale française, qui offrent une palette complète de projection mondiale, grâce notamment à leurs porte-avions et bâtiments de projection, ainsi qu'un réseau de points d'appui (Dakar, Djibouti, Abou Dhabi, Nouméa, Papeete). Elles assurent quatre fonctions : dissuasion, maîtrise des mers, projection de puissance, présence et protection pour les ressortissants face à la piraterie, au terrorisme ou au narcotrafic.

La plus forte croissance des forces navales apparaît en Asie. Les puissances régionales développent des flottes sous-marines à proximité des routes maritimes et des détroits, d'où la nécessité de déployer des capacités de lutte anti-sous-marine. Ici un « basculement thalassocratique de la Chine » a été observé par François GIPOULOUX (*La Méditerranée asiatique*, 2009). Elle a acquis en 2012 le porte-avions Liaoning auprès de l'Ukraine, bâtiment de dissuasion qui lui permet d'interdire un espace maritime à un adversaire. La Chine modernise sa marine avec un second porte-avions livré en 2017 et construit dans le pays. Le porte-avion apparaît, selon Hervé COUTAU-BÉGARIE (2010), comme « *le meilleur des ambassadeurs* » pour mettre en exergue la diplomatie navale. Aujourd'hui, la Chine est capable de construire elle-même son propre porte-avions. Cependant, elle se heurte à l'essor de la marine vietnamienne qui cherche à consolider sa position stratégique et à s'affirmer dans les rivalités autour des îles Spratleys. Ainsi, le Vietnam acquiert dix hélicoptères embarquables sur frégates, douze avions de surveillance maritime, six sous-marins produits à Saint-Pétersbourg (CESM – Centre d'Études stratégiques de la Marine). De plus, la militarisation opérée par la Chine dans les eaux philippines a mobilisé la marine française dans des déploiements significatifs. En effet, en 2021, elle a massé 200 bateaux dans les Spratleys alors que les États-Unis ont déployé un porte-avions face au porte-aéronefs chinois. En outre, la France opère une cartographie des fonds de l'océan Indien avec des drones et a étendu ses opérations dans la zone de défense aérienne de Taïwan avec vingt chasseur J-20 pour faire face à la montée des tensions avec la Chine (*Le Monde*, 23 mars 2021).

Une coopération interétatique renforcée peut être une solution à travers la mise en commun de moyens pour faire face à des problèmes comme la piraterie, le terrorisme, la criminalité maritime ou les migrations clandestines. Trois marines paraissent capables d'assumer une projection de force mondiale : les États-Unis, les puissances européennes que sont le Royaume-Uni et la France, ainsi que la Chine. La puissance maritime est ainsi un révélateur de la place et du rang des États (A. VIGARIÉ, 1995).

La sécurité, la sûreté et la sauvegarde maritimes sont des éléments quotidiens de l'exercice de la puissance et du droit des États.

Prospective

Entre exploitation et protection, les défis liés aux ressources maritimes

La pression sur les ressources océaniques croît à la mesure de la croissance démographique mondiale et les convoitises économiques pesant sur les espaces maritimes s'accompagnent de conflits.

Ainsi, à l'échelle mondiale, un *continuum* de la violence lié à des convoitises économiques fortes révèle l'intérêt porté aux ressources halieutiques, minérales ou énergétiques des espaces maritimes devenant des espaces hautement stratégiques. L'activité de pêche est à ce titre extrêmement violente et peut déboucher sur des tensions diplomatiques à l'exemple du Brésil qui est sollicité par la Marine nationale pour surveiller ses pêcheurs. La Chine a coulé des chalutiers vietnamiens en 2014 et 2015 en mer de Chine méridionale, alors qu'en 2001, elle avait promulgué un moratoire de pêche dans ce qu'elle considérait être ses espaces de souveraineté maritime. Le secteur économique de la pêche présente à travers ces exemples toute sa dimension géopolitique.

Il existe également une géopolitique des flux d'hydrocarbures. Les flux mondiaux pour le pétrole et régionaux pour le gaz naturel empruntent divers tubes, oléoducs, gazoducs terrestres et sous-marins. Par exemple, la Russie et la Turquie ont signé en octobre 2016, un accord sur le projet Turkstream afin de construire un gazoduc sous la mer Noire. Un autre cas révélant les enjeux géopolitiques de l'énergie est révélé à travers le projet Nord Stream 2 dans la mer Baltique. Ici, le gazoduc reliant la Russie à l'Allemagne est presque totalement achevé, mais il risque de ne jamais entrer en service du fait des menaces américaines. En matière de transport, des méthaniers et pétroliers acheminent également les hydrocarbures à toutes les échelles. Plus récemment, des tensions gazières se sont exprimées en Méditerranée orientale entre la Turquie et la Grèce notamment. En octobre 2020, la Turquie a déployé un navire de prospection, l'« Oruç-Reis », malgré les appels internationaux à mettre fin à ces explorations. Si le dialogue entre la Turquie et la Grèce s'est ouvert en janvier 2021, le conflit n'est pas résolu. En outre, les routes doivent être surveillées et sécurisées, ainsi que les détroits et les isthmes. Ainsi, par exemple, pour ses approvisionnements miniers, la Chine a sécurisé ses bases régionales en installant ses sociétés en Indonésie, en Malaisie, aux Philippines ou au Laos. En effet, 70 % de l'approvisionnement chinois transite par les détroits de Malacca ou de la Sonde et ceux-ci paraissent hautement stratégiques (P.-L. TÊTU, E. MOTTET, F. LASSERRE, 2015). Les points de passage stratégiques pour des flux d'hydrocarbures cristallisent des enjeux économiques importants. De fait, le blocage de l'un deux peut donner lieu à des conséquences catastrophiques. C'est le cas du canal de Suez où l'échouage du porte-conteneurs « Ever-Given », en mars 2021, a obstrué la voie maritime pendant une semaine. L'Afrique, quant à elle, est la troisième grande région pétrolière au monde et assure 11 % de la production mondiale notamment autour du Golfe de Guinée. Des tensions existent entre États (Guinée équatoriale et Gabon), entre gouvernements locaux et compagnies pétrolières internationales, entre gouvernements et populations pour le partage des revenus, mais aussi entre les autorités locales, les groupes tribaux et les compagnies pétrolières à l'intérieur des États, ou entre États pour la délimitation des frontières (Nigeria et Cameroun). Les énergies sont soumises à de fortes pressions du fait de la croissance industrielle des pays du Sud, alors que ceux du Nord n'ont pas modifié leur système de développement, ce qui conduit à des demandes d'extension de ZEE au plateau continental.

Ces pressions sont aussi environnementales, à l'exemple de l'explosion de la plateforme pétrolière du groupe B.P. survenue en avril 2010 dans le Golfe du Mexique. Les enjeux économiques, sociaux et environnementaux sont révélés à travers l'opposition d'intérêts entre les acteurs publics et privés de cet espace maritime. Onze travailleurs de la plateforme sont morts. La firme B.P. a dû payer 61 milliards de dollars de dommages et réparations ainsi que 500 000 dollars de budget communication pour redorer son image. Le tourisme, la pêche, la faune et la flore sont menacés par la marée noire qui accentue les dégâts climatiques à l'image de la tempête Katrina. Les populations mexicaines continuent à manifester contre l'exploitation pétrolière et la commission des Droits de l'Homme des Philippines attaque les compagnies pétrolières mettant en cause leur responsabilité face au réchauffement climatique. B.P. a dû abandonner des projets de forage *offshore* au large de l'Australie, en Mer du Nord. B. OBAMA, en décembre 2016, avait sanctuarisé de vastes zones de la ZEE américaine afin de limiter l'exploitation *offshore*, mais son successeur entame une politique environnementale inverse, à l'image de sa volonté de se retirer des accords de Paris (COP21).

Une gestion raisonnée des ressources marines devient inéluctable si l'on entend que la mer demeure l'avenir de la terre.

Protéger, préserver les mers et les océans, les nouveaux enjeux d'un développement durable

La sécurité maritime et la sauvegarde en mer tiennent aussi à la lutte contre les pollutions et à la protection des populations (T. LECOQ, 2016).

Les pollutions font parler d'un océan de plastique (A. LOUCHET, 2014) en raison notamment des hydrocarbures qui forment des boulettes de goudron. Si les dégazages sont de moins en moins nombreux, les accidents provoquant des marées noires ont des conséquences considérables. Les secteurs les plus affectés sont l'Atlantique Nord, entre Singapour et le Japon, le Golfe Persique ou autour du Cap en Afrique du Sud.

La sauvegarde maritime paraît un enjeu majeur. La préservation des ressources, notamment halieutiques, commence à être envisagée. De nouvelles formes d'exploitation et de production s'orientent vers une pêche raisonnée et le développement de l'aquaculture marine. La transition est cependant longue face aux intérêts économiques en jeu. Julien NOEL a travaillé sur une altermondialisation halieutique. Pour lui, les quotas de pêche mis en place peuvent paraître une solution à l'exemple du moratoire de la pêche au cabillaud en Arctique grâce à l'action de Greenpeace qui obtient un accord gelant les aires de pêche au chalut autour de l'archipel Svalbard dans les mers de Barents et de Norvège ce 25 mai 2016, ou bien de l'accord minimal sur les quotas de pêche en mer baltique obtenu par la Commission européenne en octobre 2016. Ces accords reviennent parfois cependant à des privatisations des pêcheries (J. NOEL, 2009). L'ONG *Sea Shepherd* et son président Paul WATSON ont engagé des moyens colossaux dans la lutte contre le braconnage et la pêche illégale. Le vaisseau amiral *Ocean-Warrior* est à cet effet déployé pour lutter contre les baleiniers japonais.

Face au réchauffement climatique et au recul de la couverture mondiale de glace qui perd plus de 3 millions de km^2 depuis novembre 2016 par rapport à la moyenne de 1981-2010, les objectifs du développement durable fixés à la COP22 de Marrakech s'orientent vers une « Initiative ceinture bleue ». L'idée de « croissance bleue » semble avoir trouvé des relais en Occitanie, où le Parlement de la mer lancé en 2013 souhaite associer économie et environnement. Les 200 membres de l'assemblée issus de collectivités, du monde économique, associatif ou de la société civile s'engagent sur l'éolien *offshore* flottant, par exemple. Aussi, en Antarctique la mer de Ross est sanctuarisée par la création d'une AMP (aire marine protégée) décidée le 28 octobre 2016. Les États-Unis et la Nouvelle-Zélande ont ainsi créé le plus grand sanctuaire marin où tout prélèvement, comme la pêche, est interdit pour 35 ans.

La sauvegarde de la planète océan intéresse aussi la société civile, à l'exemple des lanceurs d'alerte ou du Mouvement citoyen. En fondant la Nation Océan, Olivier DUBUQUOY a émis l'idée de créer une nation, en travaillant avec des juristes, puisque l'Océan n'appartient à personne et qu'il n'a pas été revendiqué selon la Déclaration Universelle de l'Océan (*Ocean Nation*, 2015). Il s'agissait de mener une action de sensibilisation et de définir le terrain commun pour cibler les projets *offshore* et gagner la bataille climatique. Cette association mène des campagnes de désobéissance civile sur le climat et l'Océan. L'action d'Olivier DUBUQUOY peut trouver un exemple dans la lutte contre le rejet de boues rouges en Mer Méditerranée par la société Alteo de Gardanne qui a obtenu des autorisations de rejeter du mercure, du titane dans la mer. Les rejets ont débuté en 1963 alors que le groupe Pechiney avait fondé la fabrique d'aluminium et ont trouvé une opposition à partir des années 1993. Une pétition de 350 000 signataires n'a, à ce jour, toujours pas trouvé de réponse.

La protection et la sauvegarde des espaces maritimes font apparaître de nouveaux acteurs stratégiques : associations, ONG, citoyens, États et institutions internationales convoqués pour assurer leur sécurisation et leur sûreté. Si les espaces maritimes sont des espaces stratégiques, l'enjeu actuel majeur réside bien dans leur préservation.

Conclusion

Ce qui se joue aujourd'hui au sein des espaces maritimes, c'est le passage de la protection du territoire à la projection de la puissance, de la défense des frontières à la défense sans frontière, des enjeux liés aux limites terrestres aux systèmes d'alliances à la dimension maritime de l'exercice de la puissance, dans les territoires de la mondialisation et du champ des possibles (T. LECOQ, 2016). Les intérêts divergents des acteurs multiples sont parfois contradictoires et ne correspondent pas à l'intérêt des écosystèmes à préserver : les acteurs économiques visent à stabiliser et sécuriser les routes commerciales et les États à projeter leur puissance.

La question de la gouvernance de l'océan passe aujourd'hui par le jeu des États sur leurs zones de souveraineté, mais sans réelle supranationalité, et sans avoir réglé la question de la haute mer, véritable dernière frontière océanique.

Document

> **Les forces françaises, japonaises et américaines simulent la reprise d'une île dans le Pacifique**
>
> Pour la première fois, des militaires français participent au Japon à des manœuvres terrestres avec des troupes nippones. Ces exercices commencés vendredi 14 mai témoignent d'une coopération militaire accrue de l'Archipel avec les nations européennes, en plus de celle, traditionnelle, avec les États-Unis, sur fond d'inquiétudes croissantes face à la montée en puissance de la Chine dans la région indo-pacifique. Pékin ne s'y est pas trompé, fustigeant ces exercices dans un éditorial du 13 mai du quotidien *China Daily*, voix du pouvoir, en parlant d'une « *erreur potentiellement coûteuse si les États-Unis et leurs alliés évaluent mal la situation et pensent qu'ils peuvent utiliser la coercition pour forcer la Chine à renoncer à défendre ses intérêts fondamentaux* ». (…)
>
> Philippe MESMER, *Le Monde*, 14 mai 2021.

Bibliographie

- *Atlas économique de la mer 2016 : La croissance bleue dans le monde*, Nantes, Marines Éditions, 2016, 140 pages.
- COUTAU-BÉGARIE Hervé, *Le meilleur des ambassadeurs : théorie et pratique de la diplomatie navale*, Bibliothèque stratégique, Economica, Paris, Perrin, 2010, 383 pages.
- ESCACH Nicolas, *Géographie des mers et des océans*, Paris, Dunod, 2015, 448 pages.
- LASSERRE Frédéric, GONON Emmanuel, MOTTET Éric, *Manuel de géopolitique, Enjeux de pourvoir sur des territoires*, Collection U, Paris, A. Colin, 2016, 359 pages.
- LOUCHET André, *La planète océane : précis de géographie maritime*, Paris, Armand Colin, 2014, 559 pages.
- POIRIER-COUTANSAIS Cyrille, *La Terre est bleue, Atlas de la mer au* XXI*e siècle*, Paris, Les Arènes, 2015, 186 pages.
- ROYER Pierre, *Géopolitique des mers et des océans, qui tient la mer tient le monde*, coll. « Major », Paris, PUF, 2012, 208 pages.
- VIGARIÉ André, *La mer et la géostratégie des nations*, Paris, Economica, Institut de stratégie comparée, 1995, 432 pages.

Sitographie

- LECOQ Tristan, Florence SMITS [dir.], *Enseigner la mer. Des espaces maritimes aux territoires de la mondialisation,* Collection Trait d'union CNDP/CRDP de l'académie de Rennes, 2016, 128 pages.
- NOEL Julien, « Regard géographique sur les dimensions spatiales l'altermondialisation halieutique », *Norois*, n° 211, 2009/2, pp. 7-21.
- TÊTU Pierre-Louis, MOTTET Éric, LASSERRE Frédéric, « La Chine à la conquête des ressources minières du Canada et de l'Arctique canadien ? Géographie de l'approvisionnement chinois dans le secteur du fer et de l'acier », *Cybergeo, Européen Journal of Geography*, n° 750, 2015.

Pour aller plus loin

- « Géopolitique des océans », *Questions internationales*, Paris, La Documentation Française, n° 107-108, mai-août 2021, 184 pages.

Sujets

- Les enjeux géostratégiques des espaces maritimes.
- Quelle croissance bleue pour les mers et les océans ?
- Mers et océans, dernières frontières terrestres.
- Gérer et exploiter les espaces maritimes, vers une gouvernance mondiale ?

10 La conquête spatiale, au cœur de la gouvernance et des grands équilibres internationaux

« Au-delà des enjeux de puissance et des démonstrations de force, les États entendent en effet exploiter les formidables possibilités civiles offertes par la conquête de l'espace. Lequel s'érige en territoire d'une compétition géopolitique associant États et entreprises. »

JEAN-FRANÇOIS FIORINA, 2016.

Introduction

L'année 2021 est marquée par la mission scientifique Alpha, d'une durée de six mois au sein de l'ISS. À son bord se trouvent le Japonais Akihiko Hoshide, les Américains Shane Kimbrough et Megan McArthur ainsi que le Français Thomas Pesquet. Ils mènent des expériences sur le sommeil et les effets de l'apesanteur sur le cerveau. En outre, quatre sorties sont programmées dans l'espace afin de leur permettre d'installer de nouveaux panneaux solaires. L'intérêt scientifique pour l'espace mobilise les États qui opèrent coopérations et synergies, y compris, avec les acteurs privés à l'instar du lanceur *Falcon 9* utilisé lors de cette mission et exploité par SpaceX, l'entreprise d'Elon Musk.

L'appropriation de l'espace par les États s'accélère depuis le lancement des premiers vols commerciaux en 2017 par le groupe américain *Virgin Galactic* et témoigne de la volonté de projection des puissances nationales au-delà des dernières frontières de l'humanité. SpaceX annonce le lancement le 29 juin 2018 du premier robot d'intelligence artificielle pouvant entrer en interaction avec des humains dans l'espace. Ce « cerveau volant » en apesanteur, de la taille d'un ballon de basket, a été conçu grâce à l'impression 3D et les recherches de l'agence spatiale allemande. L'agence spatiale russe *Roscosmos* annonce en 2018 qu'elle enverra son premier touriste sur Mars, alors que les scientifiques chinois viennent de dévoiler le modèle d'un robot censé atterrir sur Mars en 2020. L'année 2020 sera finalement celle de la consécration du partenariat entre la NASA et SpaceX qui parviennent à envoyer deux astronautes vers la Station spatiale internationale grâce à la fusée *Falcon 9* et la capsule *Crew Dragon*. Il s'agit là d'une véritable course à l'espace dont les enjeux scientifiques, économiques mais aussi géopolitiques servent de nouvelles perspectives extra-atmosphériques. L'espace est devenu « *à la fois un territoire de puissance et de développement commercial* », (J.-F. FIORINA, 2011). Ainsi, les États entendent profiter des possibilités civiles offertes par la conquête spatiale. Alors que celle-ci a d'abord été le fait des États-Unis et de l'URSS pendant la période de guerre froide, elle est aujourd'hui au cœur de la stratégie de développement des pays émergents, à l'exemple du Brésil, de l'Inde ou de la Chine (GAILLARD-SBOROWSKY Florence, PUIG Emmanuel, SOURBÈS-VERGER Isabelle, 2012). Les acteurs économiques interviennent également dans cette conquête spatiale afin de pouvoir exploiter les ressources de l'espace.

Quels acteurs aux intérêts divergents interviennent pour l'appropriation et la territorialisation de l'espace, dernière frontière de l'humanité ?

Concepts/notions

- **Astéroïde** : petit corps céleste, petite planète de moins de 700 kilomètres de diamètre circulant entre l'orbite de Mars et de Jupiter.
- **Économie spatiale** : activité spatiale organisée autour de trois marchés : le militaire et la défense, le scientifique et le commercial. Ce dernier est le seul ouvert à la concurrence (Q. BLANC, 2016).
- **Espace** : en philosophie l'espace est considéré comme un milieu contenant tous les objets existants ou concevables. En cosmologie, l'espace désigne le vide entre les astres et toutes les zones extra-atmosphériques de l'Univers.
- **Territorialisation** : processus d'appropriation par les sociétés humaines de territoires sur lesquels elles projettent des représentations, un sentiment d'appartenance et qui passe par sa délimitation et son bornage.

Chronologie

- **1957** : l'URSS lance son premier satellite artificiel *Spoutnik*.
- **1958** : création de la NASA.
- **1959** : la France participe à l'exploration spatiale avec le CRS (Comité de recherches spatiales) créé par le général DE GAULLE et qui devient le CNES (Centre national d'études spatiales) ; création au sein de l'ONU (Organisation des Nations unies) du Comité pour l'utilisation pacifique de l'espace extra-atmosphérique.
- **1960** : création d'un programme spatial scientifique européen.
- **1963** : une résolution adoptée par l'Assemblée générale de l'ONU stipule que l'espace peut être exploré et utilisé pour le bien commun de l'Humanité et non à des fins d'appropriation ou d'affirmation de souverainetés nationales.
- **1961** : premier vol spatial habité par un homme, le Soviétique Youri GAGARINE.
- **1967** : premier traité international régissant les activités des États en matière d'exploration et d'utilisation de l'espace extra-atmosphérique.
- **1969** : premier pas sur la lune de l'Américain Neil ARMSTRONG ; création de l'*Indian Space Research Organisation* (ISRO) et du *National Space Development Agency of Japan* (NASDA).
- **1970** : lancement du premier satellite chinois.
- **1975** : fondation de l'ESA (Agence spatiale européenne) ; première coopération internationale à travers l'amarrage du vaisseau américain Apollo 18 au vaisseau soviétique Soyouz 19.
- **1979** : traité sur la Lune régissant les activités des États sur la Lune et les autres corps célestes.

- **1983**: Initiative de défense stratégique (IDS) du président des États-Unis Ronald REAGAN.
- **1984**: R. REAGAN présente le projet de Station spatiale internationale (ISS).
- **1993**: abandon de l'IDS après la chute de l'URSS.
- **2003**: la Chine envoie un homme dans l'espace, le taïkonaute Lang LIWEI.
- **2010**: abandon du projet « Constellation » par les États-Unis qui visait l'envoi d'astronautes sur la Lune pour des missions de longue durée d'ici 2020.
- **2014**: création du Forum International d'exploration de l'espace (ISEF) à l'initiative de la Chine, des États-Unis et de la Russie.
- **2016**: la sonde *Mars Reconnaissance Orbiter* permet à la NASA de diffuser des images de la « planète rouge »; lancement d'un satellite à communication quantique par la Chine.
- **2018**: Elon MUSK prévoit d'envoyer des touristes dans l'espace dans la capsule Dragon V2; annonce de la création de la *Space Force* par Donald TRUMP.
- **2020**: création en France d'un Commandement militaire de l'espace au sein de l'Armée de l'air; la société SpaceX d'Elon MUSK envoie deux astronautes vers la Station spatiale internationale.
- **2021**: mission Alpha à destination de Station spatiale internationale (ISS); la Chine a réussi à poser son robot Zhurong sur Mars; le milliardaire Richard Branson accomplit le premier vol touristique spatial grâce au vaisseau Virgin Galactic, créé par sa propre entreprise.

Historique

Le déploiement des capacités spatiales, outil de la géostratégie des nations

L'espace extra-atmosphérique devient un objet géopolitique au cours du XXe siècle dans un contexte de guerre froide qui oppose les États-Unis et l'URSS. Les perspectives qu'il offre entraînent le déploiement de la puissance des États pour son appropriation. Son exploration, sa connaissance scientifique, puis son exploitation sont le fait des États en fonction de leurs capacités spatiales, reflétant la hiérarchie des puissances. Dans un monde qui devient multipolaire, après la chute de l'URSS en 1991 et la fin de la guerre froide, de nouvelles puissances participent à la conquête spatiale et notamment les pays émergents.

Dans les années 1930, la connaissance de l'espace reste un défi. La notion de « conquête spatiale » apparaît dans les années 1950 dans un monde bipolaire dominé par les États-Unis et l'URSS. En 1957-1958, l'UNESCO lance dans le cadre de l'Année géophysique internationale des études sur la « *terre entière* » à travers les continents, les océans, l'atmosphère et l'activité solaire qui « *préfigurent logiquement la plus grande aventure que l'homme soit appelé à vivre : l'exploration de l'espace interplanétaire* » (rapport de l'UNESCO sur l'Année géophysique internationale,

1957). La conquête spatiale est alors un moyen de renforcer sa position stratégique face à l'adversaire. Dans une lutte qui oppose le capitalisme au communisme pour le « progrès », la capacité militaire et balistique accompagnant les programmes spatiaux suscite une très forte mobilisation idéologique, médiatique, économique et financière. L'espace devient en cette année 1957 un objet géopolitique avec le lancement de *Spoutnik*. La couverture médiatique de l'évènement renforce l'avance géopolitique de l'URSS alors que les États-Unis perçoivent le survol de leur territoire par le satellite soviétique comme une menace exacerbée par le contexte de guerre froide. L'espace est alors l'objet d'une instrumentalisation politique. Dans cette « course à l'espace » les Soviétiques enchaînent les « Premières » envoyant le premier homme puis la première femme dans l'espace ou produisant les premières photographies de la face cachée de la Lune. Les États-Unis reviennent dans la course avec le programme Apollo et la marche du premier homme sur la Lune en 1969. Cette forme d'affrontement de guerre froide est surtout le fait des représentations occidentales. Même si la figure du cosmonaute représentait parfaitement pour les Soviétiques l'homme nouveau communiste, l'investissement spatial n'était pas une priorité. Le défi a surtout été lancé par les États-Unis vis-à-vis d'eux-mêmes, l'URSS ne disposant pas des mêmes moyens financiers. L'URSS reste première en matière de vols humains dès 1975 (I. SOURBÈS-VERGER, 2010). Cette guerre technologique livrée en pleine guerre froide a des conséquences pour le développement des technologies modernes comme Internet ou la téléphonie mobile.

La conquête spatiale est un moyen de projeter la puissance des États dans l'espace. Elle est aussi le reflet de la hiérarchie des puissances. Si les États-Unis et l'URSS sont les premiers sur la ligne de départ de la course à la Lune, celle-ci gagne les nations asiatiques avec la Chine, le Japon et l'Inde. Une des ambiguïtés de la compétence spatiale des États tient au fait qu'elle soit associée à la compétence nucléaire. Seul le Japon, vassal des États-Unis, fait exception à cette règle depuis sa défaite en 1945. Quand la Chine annonce le lancement de son premier satellite en 1970, l'Inde prend conscience de la nécessité d'investir le secteur afin de devenir une « grande puissance ». La même logique anime Israël dans sa volonté d'indépendance et de contribution à la sécurité nationale liée aux États-Unis. D'autres États convoitent la puissance spatiale et par conséquent une reconnaissance internationale à l'image de l'Iran, du Pakistan, de la Corée du Nord, de l'Afrique du Sud ou de l'Irak. C'est aussi un moyen pour eux de couvrir des programmes d'armement nucléaire. Ainsi, en 1998 les États-Unis dénoncent le tir du missile Taepo Dong de la Corée du Nord qui est finalement interprété comme un lancement spatial avorté. La Corée du Sud réalise, quant à elle, son premier test de lanceur en 2009. L'espace revêt un caractère hautement « stratégique » augmenté de sa force symbolique et médiatique. Tous les lancements de satellites n'ont cependant pas la même résonnance que *Spoutnik*. La France bénéficie toutefois d'un fort retentissement lorsqu'elle lance le satellite Astérix en 1975 car elle devient la troisième puissance à pouvoir le faire après l'URSS et les États-Unis. Lors du premier vol chinois dans l'espace en 2003, l'épopée de Yang LIWEI intéresse le monde entier. La Chine apparaît alors comme le premier pays en développement capable de prendre part à la course à la domination spatiale. La hiérarchie des puissances présentes dans l'espace est le reflet de la géopolitique classique. Les États-Unis possèdent plus de la moitié des satellites opérationnels loin devant la Russie qui en compte à peine plus de 10 %, la Chine 5 %, l'Europe 4 % ou le Japon 2 % en 2010. L'Europe prend place dans le secteur concurrentiel des systèmes de navigation indépendants avec la constellation *Galileo* composée de trente satellites dont le lancement opérationnel survient à la mi-décembre 2016. Sa mise en service complète est prévue pour 2020 ce qui lui permettra de bénéficier des dernières technologies et de fournir des informations dix à cent fois plus précises que le GPS (*Global Positioning System*). L'armée américaine avait lancé le GPS en 1995, puis le *Glonass* russe est proposé en 1996 avant le *Compass* chinois aussi appelé *Beidou* depuis 2012 et dont la mise en service complète est prévue à partir de 2020. Les États-Unis ont une avance stratégique : en cas de conflit avec un État utilisateur du GPS, ils peuvent lui en bloquer l'accès. Au sommet de la hiérarchie des puissances spatiales sont présentes les principales puissances économiques. Par ailleurs, le traitement médiatique de l'information spatiale reflète la hiérarchie des puissances qui sont *a priori* les plus avancées en termes de compétences spatiales. Si, au regard de ses nouvelles ambitions économiques et géopolitiques, la Chine apparaît dans le discours médiatique comme la seule puissance capable de venir concurrencer les États-Unis, il n'en reste pas moins que ses moyens réels sont bien en-deçà des capacités américaines. En 2014, la moitié du budget militaire des États-Unis est consacré à la conquête spatiale alors qu'il s'agit du premier budget militaire mondial. Ceci permet des sauts technologiques et des marges de bénéfices considérables pour les industries spatiales américaines. L'espace est ainsi le lieu par excellence où se manifeste l'hyperpuissance américaine (I. SOURBÈS-VERGER, 2010).

Si la région Asie du Sud-Est semble devenir le pivot géoéconomique et géopolitique du monde, l'asiatisation de la question spatiale n'est pas récente. Les premières ambitions de la Chine se manifestent dès les années 1960. Elle lance son premier satellite en 1970 et à partir des années 1990 initie des lancements réguliers de fusées et de missions habitées. En 1998, elle crée le « vaisseau céleste *Shenzou* ». Puis, en 2003, elle devient la troisième nation à envoyer par ses propres moyens un humain dans l'espace. Dix ans plus tard, avec l'arrivée au pouvoir de XI YIPING, elle lance le véhicule téléguidé « lapin de Jade » dans l'orbite lunaire mais celui-ci tombe en panne prématurément. Le développement économique est le moteur principal de la conquête spatiale pour la Chine et l'Inde. La Chine cherche un « développement harmonieux » et l'Inde une utilisation de l'espace pour une application aux télécommunications, à la météorologie, à l'agriculture, à l'éducation et à la santé. L'espace est un moyen pour ces pays émergents d'accéder au statut de grande puissance en devenir (I. SOURBÈS-VERGER, 2010). En 2015, la conquête spatiale devient pour la Chine une cause nationale, source de fierté. Faisant de l'innovation le pilier de son développement, elle lance en 2016 le premier satellite à communication quantique. Il permet les communications cryptées et la résistance à toute tentative d'espionnage. Elle a rendu publique la feuille de route de son programme spatial jusqu'en 2040. Elle donne sa vision du transport spatial et des objectifs technologiques et scientifiques. Elle souhaite renforcer sa capacité d'accès à l'espace (*Futura Sciences*, 2017). L'Inde envoie, quant à elle, une sonde satellite autour de Mars en 2015 dans une volonté de s'affirmer stratégiquement face aux Chinois, aux Japonais, aux Coréens, mais aussi aux Pakistanais et Iraniens. Dès 2016 elle lance un modèle réduit de navette spatiale afin de se positionner sur le marché des véhicules spatiaux. Rares sont les pays qui ne se dotent pas aujourd'hui d'un programme spatial afin de garantir leur indépendance. Le Japon et la Corée du Sud n'échappent pas à la règle, ni la Corée du Nord, même si elle est contestée (T. HUREL, 2017).

De nouveaux États prennent aujourd'hui part à la géopolitique spatiale. Par exemple, la Tunisie est le premier pays du Maghreb à fabriquer son propre satellite. Elle est le sixième pays en Afrique à participer à la fabrication des satellites destinés à l'Internet des objets. En effet, comme l'Afrique du Sud, l'Egypte ou le Ghana, elle s'est spécialisée dans le *Space in Africa*. Alors que les chercheurs tunisiens participaient au *brain drain* en partant travailler pour la NASA, ils œuvrent désormais au développement national tout en répondant aux besoins des secteurs comme l'agriculture ou l'automobile en matière de connexion satellitaire des objets connectés.

> **La Tunisie envoie dans l'espace son premier satellite 100 % fait maison**
>
> La fusée a décollé lundi matin de Baïkonour, au Kazakhstan, suivie en direct depuis Tunis par le président Kaïs Saïed, qui a rejoint ingénieurs et journalistes au siège de TelNet. « *Notre richesse réelle est la jeunesse qui peut faire face aux obstacles* », a déclaré M. Saïed, soulignant que la Tunisie, empêtrée dans une crise sociale et politique, ne manquait pas de ressources mais de « *volonté nationale* ». « *Nous sommes fiers de notre jeunesse* » et des cerveaux tunisiens « *de par le monde* », a-t-il souligné.
>
> *Le Monde*, 29 mars 2021

Le renforcement de la présence des nations asiatiques dans l'espace accompagne le basculement du monde vers les Suds et l'affirmation de pays émergents et en développement sur la scène géopolitique mondiale et spatiale.

Actualité

L'appropriation de l'espace au risque d'une guerre dans l'espace ?

La relation entre les hommes et l'espace est celle de la découverte, de la connaissance puis d'une volonté d'exploitation voire d'appropriation au sein de laquelle les acteurs engagés pourraient entrer en conflit. Une « guerre des étoiles » est-elle encore possible alors que la stratégie des États semble évoluer vers une coopération dans le cadre de la conquête spatiale ?

L'occupation humaine de l'espace et les vols habités sont la vitrine de l'influence des puissances et un moyen de faire reconnaître leur *leadership*. En 2010, les États-Unis stoppent leurs vols de Navettes, ce qui laisse place à l'affirmation des compétences des autres puissances. Les citoyens américains sont de loin les plus nombreux à être allés dans l'espace, devant les Russes, les Européens, les Canadiens, les Japonais, les Chinois, puis les Kazakhes et les Ukrainiens. Les hommes dans l'espace reflètent le rôle traditionnel des puissances dans les relations internationales. L'absence de l'Afrique est notoire : seul le vol d'un « touriste » sud-africain, prêt à payer 30 millions de dollars son vol, illustre sa présence dans l'espace. L'Amérique latine reste également peu présente dans l'espace alors que le nombre d'Asiatiques augmente. La relation entre les hommes et l'espace est aussi celle des nations en quête d'appropriation. La guerre dans l'espace est-elle alors possible ? Il semble que la *Guerre des étoiles* n'existe qu'au cinéma. Malgré l'IDS du président REAGAN en 1983, aussi appelée « guerre des étoiles » dans les médias, pour assurer la sécurité des États-Unis face à une attaque de missiles, la guerre n'a pas eu lieu. Reste aujourd'hui la question de la sécurité dans l'espace. En 2007 et 2008, la Chine puis les États-Unis ont détruit des satellites en fin de vie par des tirs de missiles. La crainte d'une course à l'armement dans l'espace tient au fait que, dans l'art de la guerre, la maîtrise du point haut relève d'un avantage considérable. Cependant, les moyens de contrôle dans l'espace sont limités car la circulation est libre. Le *big data*, Internet et l'ubérisation font de l'espace le lieu de la lutte pour la circulation, le traitement et l'acquisition de l'information. Aussi, l'intérêt militaire pour l'espace tient à la capacité de surveillance qu'il confère. Si le risque de militarisation de l'espace existe, la négociation semble être le meilleur moyen de le limiter (I. SOURBÈS-VERGER, 2010).

En raison de difficultés économiques les États sont prêts à s'associer pour poursuivre la conquête spatiale. L'un des précurseurs de cette volonté de coopération spatiale est Ronald REAGAN qui présente en 1984 le projet d'ISS. En 1985 l'ESA s'associe au programme, puis la Russie en 1993 et le Brésil en 1997. Sa construction se fait entre 1998 et 2011. Elle constitue le plus grand des objets artificiels placés en orbite terrestre. Son utilisation est prévue jusqu'en 2024. Cette volonté de coopération n'est cependant pas toujours couronnée de succès. En 2011, la Chine et la Russie échouent à coopérer pour une mission martienne. Cependant, en 2014, la Chine, les États-Unis et la Russie parviennent à mettre de côté leurs rivalités pour une coopération mondiale d'exploration de l'univers et la création de l'ISEF. Il s'agit alors d'assurer le monopole des États en matière de connaissance et de technologie. Le Japon, cherchant à gagner une marge d'autonomie dans son programme spatial vis-à-vis des États-Unis, décide d'être actif dans le cadre d'études communes avec la France et l'Allemagne pour développer un lanceur d'ici 2020. « *L'agence japonaise apporte son savoir-faire en matière de moteur cryogénique réutilisable, l'Europe sa base de lancement en Guyane* » (*L'Usine nouvelle*, 3 juin 2016). L'Inde, pour une conquête spatiale à moindre coût, fait également le choix de la coopération. Le continent africain, jusque-là tenu à l'écart de la conquête spatiale, intervient dans la politique spatiale en 2017 grâce à une coopération continentale. Ainsi, l'Angola lance un satellite et le Nigeria devient la première puissance spatiale africaine. Le projet d'une Agence Spatiale africaine doit recueillir des soutiens internationaux et devient une ambition légitime au XXIe siècle face à l'émergence du continent (S. OUEDRAOGO, 2015).

Si la « guerre des étoiles » a été évitée et reste un fantasme, la coopération internationale s'avère être le modèle adopté par les États pour mutualiser leurs capacités même si la concurrence reste vive pour certains. Elle est aussi un facteur de développement autorisant des États à dépasser les frontières existantes pour intervenir dans de nouveaux espaces. Il s'agit aussi de composer avec les acteurs privés intervenant dans la conquête spatiale.

Prospective

Une territorialisation de l'espace aux mains des acteurs économiques ?

Avec la conquête spatiale un nouveau territoire s'ouvre aux activités commerciales. Elle pourrait mener à une territorialisation par les acteurs publics puis privés. Ainsi se pose la question de la privatisation de la conquête spatiale, mais aussi de la nécessaire anticipation de la définition des contours juridiques à lui donner, comme des cadres économiques, scientifiques et environnementaux légitimes.

L'exploitation de l'espace est le reflet de la projection des équilibres terrestres. Le « club spatial » apparaît comme un groupe fermé de six pays. Les États-Unis ont lancé le programme Constellation afin de concevoir des technologies novatrices et de définir la nouvelle « Vision » américaine de l'exploration spatiale pour 2020. Il a été abandonné en 2010. Alors que le marché des lanceurs spatiaux était jusque-là réservé aux États-Unis, à l'Union européenne et à la Russie, les firmes américaines comme SpaceX introduisent une concurrence vive entre acteurs publics ou privés en investissant le secteur. L'entreprise a réalisé l'exploit en avril 2016 de faire atterrir sur une plateforme dans l'océan Atlantique le premier étage de son lanceur de plusieurs tonnes propulsé à une vitesse de plus de 28 000 kilomètres à l'heure après avoir atteint une altitude de 200 kilomètres. Ceci permet de réduire le coût de mise en orbite, ce qui est considéré comme une menace pour l'Europe. Près de 10 % du PIB européen dépendrait des systèmes de positionnement par satellites. Cette part pourrait atteindre les 30 % du PIB dans l'avenir. C'est pour cette raison que la Commission européenne a fait le choix d'investir dans *Galileo*. La miniaturisation des satellites et l'augmentation de leur nombre envoyé par les lanceurs fait craindre de nouveaux usages. D'autres acteurs économiques comme OneWeb, Google ou Facebook pourraient alors satisfaire les besoins d'accès à Internet de plus de 2 milliards d'individus qui en sont exclus (T. HUREL, 2017). Le « tourisme spatial » devient aussi une niche mettant en concurrence les acteurs publics et privés. La Chine, d'après la feuille de route de son programme spatial pour les années 2017-2045, prévoit de se doter d'une économie spatiale grâce à l'exploitation minière des astéroïdes. Elle a aussi le projet d'installer une centrale solaire dans l'espace (*Futura Sciences*, 2017). Le modèle d'industrie spatiale forme un écosystème à forte valeur ajoutée. Les États et leurs agences comme l'ESA ne sont plus les seuls à intervenir. Ces dernières agissent comme client sans capacité propre de lancement ou en finançant et gérant les bases de lancement. Les acteurs privés agissant dans l'espace sont des *consortiums* d'opérateurs de lancement, des opérateurs de sites de lancement, ou des fabricants de fusées, de sondes et de satellites. Ainsi, SpaceX, l'entreprise d'astronautique d'Elon MUSK, effectue des lancements de fusées qui sont largement relayés par les réseaux sociaux. Le *Google Lunar X Prize* doit permettre à la première entreprise capable d'envoyer un vaisseau sur la lune de gagner 20 millions de dollars. Sa mission serait de prendre des photographies et des vidéos en haute définition grâce à un robot et de les transmettre à la Terre (*numerama*, 19 août 2017). Même si Google s'est retiré du projet en 2018, la fondation *X Prize* recherche de nouvelles entreprises pour sponsoriser l'opération et la mener à terme (*Futura Sciences*, 10 avril 2018). De plus, l'espace intéresse également l'industrie cinématographique. Ici, la Russie et les États-Unis se livrent une véritable concurrence, chacun souhaitant réaliser le premier film tourné dans l'espace. Ainsi, la NASA a dévoilé un projet de film avec Tom Cruise alors que l'agence spatiale *Roscosmos* a annoncé le départ d'une équipe de tournage le 5 octobre 2021 pour l'ISS afin de réaliser le film dont le titre provisoire serait « *Le défi* ».

Face à la juxtaposition d'acteurs publics traditionnels que sont les États et d'acteurs privés, la question de la privatisation de la conquête spatiale peut être posée. La stratégie des opérateurs privés vise à accompagner celle des États et non à la remettre en cause. Le marché des satellites pour les communications est désormais ouvert aux usages commerciaux. Cependant, les États-Unis, la Russie et l'Union européenne restent possesseurs des deux tiers des satellites mis en orbite. Le secteur ne peut être dynamisé que par la dépense publique. Ainsi les acteurs publics et privés sont fortement interdépendants. L'aspect dual des capacités spatiales tant civiles que militaires tient à cette synergie des acteurs publics et privés. Deux textes font évoluer la législation sur les ressources spatiales. En 2015, le *SPACE Act* aux États-Unis permet une mise à jour du droit de l'espace américain, des vols privés, commerciaux et de l'industrie minière. La loi concerne l'eau et les minéraux, mais pas la vie. Les États-Unis n'affirment aucune prétention de souveraineté *via* cette loi. En 2017, le Luxembourg légifère également. La loi permet aux entreprises installées sur son territoire d'utiliser les ressources de l'espace. Elles peuvent alors extraire les ressources en métaux, en eau et en hydrocarbures. Est-ce que progressivement, à travers ces lois, la communauté internationale serait en train de renoncer au principe de non-appropriation qui régit le droit de l'espace depuis 1967 ? Quant aux missions scientifiques, c'est de la Maison Blanche que provient l'idée de privatiser la Station spatiale internationale. Les États-Unis, ayant dépensé 100 milliards de dollars pour son lancement et son fonctionnement, souhaitent mettre un terme au financement de la mission dans les années à venir. La note interne de la NASA mentionne que « *la décision de mettre fin au soutien fédéral direct pour l'ISS en 2025 ne signifie pas que la plateforme elle-même sera retirée de l'orbite à ce moment-là – il est possible que l'industrie puisse continuer à faire fonctionner certains éléments ou capacités de l'ISS dans le cadre d'une future plateforme commerciale* ». La Station Spatiale pilotée par les États-Unis et la Russie accueillant un équipage international pourrait être financée par une entreprise privée (*Le Monde*, 12 février 2018). Cependant, comme un héritage de la guerre froide, la course à l'espace mobilise la Russie qui prévoie de construire sa propre station spatiale d'ici 2025 pour faire face à la puissance américaine.

L'aventure spatiale est à la fois faite de compétition et de coopération et son défi tient à la définition d'un cadre juridique pour organiser les activités scientifiques et économiques, mais aussi envisager les retombées environnementales. À l'exemple de ce qu'il se passe à bord de la Station spatiale internationale plusieurs questions juridiques sont soulevées : à qui appartient-elle ? Quelle loi s'y applique ? Que se passerait-il si un crime était commis en orbite ? Le cadre juridique de la station relève du traité international signé en 1998. Les États-Unis sont institués chefs de file de la coopération internationale. Ils composent avec l'ESA qui compte vingt-deux États européens dans une structure indépendante de l'Union européenne. La Suisse et la Norvège non-membres de l'Union européenne, ont signé le traité sur l'ISS. Le spationaute Thomas PESQUET est alors un salarié de l'ESA. Chaque participant doit fournir à la station des équipements. Chaque module de l'ISS est immatriculé par son État d'origine. Au regard du traité certains problèmes pourraient survenir. En cas de découvertes scientifiques qui nécessiteraient d'être brevetées, la question de leur propriété serait soulevée. Un régime de responsabilité entre États est conçu pour un renoncement à tout recours en cas de litige. Si une naissance était possible dans un module de la station, la nationalité de l'enfant serait celle du pays dans lequel le module est immatriculé. En dehors de cet accord sur l'ISS, les traités internationaux existent depuis 1967 sur l'espace. Aucun État ne peut s'approprier un corps céleste. Ceci remet en cause les projets de colonisation de l'espace d'Elon MUSK qui devront se faire dans le respect du droit international (*numerama*, 24 février 2018). De plus, de nouvelles coopérations apparaissent entre acteurs publics et privés, à l'instar de la NASA qui confie à la société SpaceX d'Elon MUSK la mission d'envoyer deux astronautes vers la Station spatiale internationale. Ainsi, le premier vol habité de la capsule Crew Dragon a décollé de Floride le 30 mai 2020 pour un amarrage du vaisseau le lendemain à l'ISS. Les deux astronautes, Bob BEHNKEN et Doug HURLEY, sont revenus sur Terre le 2 août 2020, mettant ainsi fin à une mission réussie. Désormais, SpaceX prévoit l'envoi de ses premiers touristes dans l'espace pour la fin de l'année 2021. Ainsi, le marché du tourisme spatial fait l'objet d'une compétition entre milliardaires: Richard Branson a réalisé en juin 2021 le premier vol touristique spatial, puis Jeff Bezos au mois de juillet. Au-delà des évolutions juridiques à venir et des coopérations entre les secteurs public et privé, la conquête spatiale ouvre de nouvelles dimensions prospectives. Elle pourrait permettre l'avancée de la coopération internationale vers une nouvelle forme de gouvernance mondiale ou extra-atmosphérique. Sur le plan économique, l'espace pourrait devenir le lieu de projection des ambitions terrestres en matière d'exploitation des ressources minières, des « terres rares » présentes sur Mars, mais aussi du platine, de l'hélium-3 et de l'eau sur le sol lunaire. Ici, l'exploration lunaire devient un enjeu pour l'envoi de sondes spatiales. Face à la multiplication des acteurs intervenant dans l'espace, des menaces nouvelles émergent tant sur le plan sécuritaire qu'environnemental avec la question de la gestion des déchets. L'innovation technologique dans l'espace permet aussi des apports importants dans le domaine environnemental comme la meilleure connaissance du niveau global des nappes phréatiques par exemple. Les satellites peuvent aussi aider à organiser une meilleure gestion des ressources terrestres grâce aux prévisions météorologiques (T. HUREL, 2017). Enfin, l'espace apparaît comme un nouveau front de colonisation face à la destruction de l'environnement terrestre. Ainsi, les imaginaires se nourrissent de plus en plus de fantasmes d'exode et pourquoi pas de coloniser Mars ?

Les États ne sont plus les seuls à intervenir dans la conquête spatiale. Ils opèrent des synergies avec les acteurs économiques. Une privatisation de la conquête spatiale semble entamée et la question des frontières dans l'espace est un débat qui reste ouvert et nécessitera des négociations.

Conclusion

Les ambitions spatiales des États restent multiples : *leadership* pour les États-Unis, économie de la connaissance pour l'Europe faute de pouvoir politique, renouveau économique et nationaliste en Russie, tournant sécuritaire et technologique pour le Japon, reconnaissance internationale pour la Chine ou encore signe de modernité pour l'Inde. Ces ambitions dessinent les contours de la géopolitique spatiale. L'espace est au cœur de la projection des préoccupations terrestres marquée par un géocentrisme. Au cœur d'une nouvelle gouvernance au-delà de l'échelle mondiale, l'espace pourrait pourtant être le champ de la solidarité planétaire (I. SOURBÈS-VERGER, 2010).

« *Un des enseignements des premières images spatiales a été de nous faire découvrir que le "vaisseau" Terre était unique et que ses habitants étaient tous interdépendants* » (I. SOURBÈS-VERGER, 2010).

Document

Acte de création d'un Commandement de l'espace au sein de l'Armée de l'air

Le Commandement de l'espace est un organisme à vocation interarmées qui relève du chef d'état-major de l'Armée de l'air. Il reçoit ses directives d'emploi du chef d'état-major des armées, responsable de la préparation de l'avenir, de la cohérence capacitaire des armées et des opérations militaires.
Ce commandement exercera des responsabilités dans le domaine de la conception et de la mise en œuvre de la politique spatiale militaire, ainsi que dans les domaines opérationnel et organique.
Il rassemble dans un premier temps les 220 personnels issus du Commandement interarmées de l'espace (CIE), du Centre opérationnel de surveillance militaire des objets spatiaux (COSMOS) et du Centre militaire d'observation par satellites (CMOS).
À terme, ce commandement, dont les effectifs seront amenés à monter en puissance, sera localisé à Toulouse où une équipe de préfiguration est d'ores et déjà en place.
L'espace est un domaine crucial pour le fonctionnement de notre société mais aussi des opérations militaires des armées françaises. Avec la création de ce nouveau commandement, le ministère des Armées traduit en actes les directives stratégiques du Président de la République dans un domaine en pleine mutation où les menaces se multiplient.

Communique de Florence Parly, 09.01.2020.
https://www.defense.gouv.fr/salle-de-presse/communiques/communique_florence-parly-acte-la-creation-du-commandement-de-l-espace-au-sein-de-l-armee-de-l-air

Bibliographie

Ouvrages et études spécialisés sur la conquête spatiale :

- GAILLARD-SBOROWSKY Florence, PUIG Emmanuel, SOURBÈS-VERGER Isabelle, *Analyse comparée de la stratégie spatiale des pays émergents : Brésil, Inde, Chine*, Études de l'IRSEM, Paris, IRSEM, n° 15, 2012, 312 pages.
- OUEDRAOGO Sékou, *L'Agence spatiale africaine. Vecteur de développement*, Paris, L'Harmattan, 2015, 190 pages.
- PASCO Xavier, *Le nouvel âge spatial : de la guerre froide au New Space*, Paris, CNRS Éditions, 2017, 192 pages.
- SOURBÈS-VERGER Isabelle, *Un Empire très céleste. La Chine à la conquête de l'espace*, Paris, Dunod, 2008, 275 pages.

Revue :

- HUREL Tristan, « Géopolitique des satellites : une guerre froide de l'espace ? », *Carto*, n° 40, mars-avril 2017, pp. 41-44.

Sitographie

Articles disponibles en ligne :

- BLANC Quentin, « L'économie spatiale : vers l'industrie et au-delà », *rapport BSI Economics*, www.bsi-economics.org, 14/04/2016, 7 pages.
- DECOURT Rémy, « La Chine dévoile ses ambitions spatiales », *Futara Sciences*, 23/11/2017 ; https://www.futura-sciences.com/sciences/actualites/astronautique-chine-devoile-ambitions-spatiales-35713/
- FIORINA Jean-François, « Confins et frontières », *CLES, Comprendre Les Enjeux Stratégiques, Note hebdomadaire d'analyse géopolitique*, disponible en ligne www.grenoble-em.com, Grenoble, Grenoble École de Management, n° 203, 11 mai 2017, 3 pages.
- FIORINA Jean-François, « Géopolitique de l'espace », *CLES, Comprendre Les Enjeux Stratégiques, Note hebdomadaire d'analyse géopolitique*, disponible en ligne www.grenoble-em.com, Grenoble, Grenoble École de Management, n° 45, 1er décembre 2011, 3 pages.
- FIORINA Jean-François, « Vers une nouvelle géopolitique de l'espace ? », *CLES, Comprendre Les Enjeux Stratégiques, Note hebdomadaire d'analyse géopolitique*, disponible en ligne www.grenoble-em.com, Grenoble, Grenoble École de Management, n° 192, 15 septembre 2016, 3 pages.
- LAUSSON Julien, « Naissance à bord, crime, territoire : quelle est la loi sur la station spatiale internationale (ISS) ? », *numerama*, 24/02/2018 ; https://www.numerama.com/sciences/330288-naissance-a-bord-crime-territoire-quelle-est-la-loi-sur-la-station-spatiale-internationale-iss.html
- LAUSSON Julien, « SpaceX et la NASA partagent des photos saisissantes de leur premier vol habité ver l'ISS », *numerama*, 06/06/2020 ; https://www.numerama.com/sciences/627850-spacex-et-la-nasa-partagent-des-photos-saisissantes-de-leur-premier-vol-habite-vers-liss.html

- « Le programme spatial habité chinois : hier, aujourd'hui et demain ? », *Rêves d'Espace*, 22/06/2016 ; https://reves-d-espace.com/le-programme-spatial-habite-chinois-hier-aujourdhui-et-demain/
- MEDDAH Hassan, « Europe et Japon montent dans une fusée réutilisable », *L'usine nouvelle*, 09/06/2016 ; https://www.usinenouvelle.com/article/l-europe-et-le-japon-montent-dans-une-fusee-reutilisable.N394962
- RENOUARD Guillaume, « SpaceX, Blue Origin, Virgin… : comment l'espace est devenu un business comme les autres », *numerama*, 19/08/2017 ; https://www.numerama.com/business/265703-spacex-blue-origin-virgin-comment-lespace-est-devenu-un-business-comme-les-autres.html
- SOURBÈS-VERGER Isabelle, « Espace et géopolitique », *L'information géographique*, n° 2, Paris, A. Colin, 2010, pp. 10-35 ; https://www.cairn.info/revue-l-information-geographique-2010-2-page-10.html

Presse :

- « La Maison Blanche envisage de privatiser la station spatiale internationale », *Le Monde*, 11/02/2018 ; https://www.lemonde.fr/ameriques/article/2018/02/11/la-maison-blanche-envisage-de-privatiser-la-station-spatiale-internationale_5255224_3222.html#xtor=AL-32280270
- ZIMMERLICH Julia, « Le « New Space » bouscule l'espace européen », *Le Monde*, 10/07/2018 ; https://www.lemonde.fr/cosmos/article/2018/07/10/le-new-space-bouscule-l-espace-europeen_5329359_1650695.html
- « SpaceX va mettre un « cerveau volant » en apesanteur », *Le Monde*, 29/06/2018 ; https://www.lemonde.fr/cosmos/article/2018/06/29/spacex-va-mettre-un-cerveau-volant-en-apesanteur_5322858_1650695.html

Pour aller plus loin

Podcasts :

- BOUZOU Nicolas, CHOL Éric, DORDAIN Jean-Jacques, PASCO Xavier, SOURBÈS-VERGER Isabelle, « L'exploitation de l'espace », France Culture, 30/12/2017, 59 minutes.
- FORGET François, SOURBÈS-VERGER Isabelle, « Mars, ça repart ? », parties 1 et 2, France Culture, 09/02/2018, 24 et 16 minutes.
- ISRAËL Arlène Ammar, KÉBÉ Fatouma, SOURBÈS-VERGER Isabelle, « De la NASA à Tesla, vers une privatisation de l'espace ? », France Culture, 21/07/2019, 1 H 09.
- GAILLARD-SBOROWSKY Florence, MAURICE Sylvestre, SOURBÈS-VERGER Isabelle, « Y aura-t-il bientôt des frontières dans l'espace ? », France Culture, 25/12/2017, 40 minutes.
- MARTIN Nicolas, « Qui arrêtera Elon Musk ? », *La méthode scientifique*, France Culture, 17/06/2020, 58 minutes.
- PASCO Xavier, SOURBÈS-VERGER Isabelle, « L'espace est-il le nouveau champ de bataille ? », France Culture, 01/07/2018, 45 minutes.

Sujets

- La militarisation de l'espace.
- Quelle sécurité dans l'espace ?
- Territorialisation et enjeux géopolitiques de l'appropriation de l'espace.
- Une protection de l'espace est-elle envisageable ?
- Peut-on privatiser l'espace ?

11 L'Europe : un espace migratoire sous tensions

« Une fois passés Boulogne et le cap Gris-Nez, les premières silhouettes apparaissent. Des ombres marchent sur le bord de l'autoroute, les unes derrière les autres, par petits groupes. Entre chien et loup. Ils sont jeunes, ne parlent pas, avancent en file indienne vers des aires d'autoroute ou des points de rendez-vous tenus secrets. Ils laissent filer les voitures à leurs côtés, concentrés tous sur le même rêve : l'Angleterre. »

LAURENT GAUDÉ, 2016.

Introduction

Parti de Libye avec 127 personnes à son bord, un bateau a coulé au large de Zarzis en Tunisie, dans la nuit du 2 au 3 juillet 2021. Une partie des migrants a pu être secourue par la marine tunisienne mais 43 d'entre eux ont été portés disparus. Cette opération n'est pas sans rappeler celle du 6 juillet 2020, alors que le bateau ambulance, *Ocean-Viking,* avait été autorisé à débarquer 180 migrants venus d'Afrique du Nord en Sicile. Dans le contexte de crise sanitaire liée au COVID-19, les traversées en Méditerranée avaient été interrompues. Leur reprise fait craindre à l'Italie l'arrivée de nouveaux migrants. L'Europe, à l'instar de ce pays, voit ses États opérer un tournant dans l'aide aux migrants (*Le Monde*, 07 juillet 2020). En effet, l'Union européenne considère que la « crise migratoire » est terminée et s'appuie désormais sur la Turquie et la Libye au sujet des migrants. Si les chiffres officiels témoignent d'une diminution du nombre de migrants, les missions de sauvetage n'en restent pas moins primordiales. Ainsi, 180 000 migrants sont arrivés en Italie en 2016, 120 000 en 2017, 23 000 en 2018 et 3 073 sont entrés sur la péninsule depuis le 1er janvier 2019. Cependant, la mission « Sophia » (2015-2019), dont le but premier était de refouler les migrants tentant de traverser la Méditerranée, a tout de même contribué au sauvetage d'environ 45 000 naufragés. D'après l'ONU, à la suite du naufrage d'un navire au large de la Libye, en février 2020, le nombre de morts en Méditerranée depuis 2014 dépasse les 20 000. Quant aux statistiques de l'OIM, ceux-ci comptabilisent au moins 1146 personnes noyées en mer Méditerranée au cours du premier semestre 2021. En 2020, 513 étaient mortes au cours de la même période. Leur nombre a doublé du fait du blocage des sauvetages. La question migratoire aux frontières de l'Europe révèle les enjeux géopolitiques autour des acteurs étatiques, associatifs et des citoyens dont les intérêts contradictoires alimentent les tensions relayées à l'intérieur de l'espace migratoire européen.

La « crise migratoire » ouverte en 2015 sur le continent européen est en réalité un épisode migratoire qui fragilise la communauté européenne. Ce dernier questionne les dynamiques d'intégration, de solidarité et d'accueil, tout en s'inscrivant à plus petite échelle dans un processus mondial, puisque 65 millions de personnes vivent en dehors de leur pays en raison des guerres, des persécutions, des difficultés économiques ou climatiques. Si crise il y a, c'est une vision des Européens qui ont le sentiment de la subir alors qu'en réalité elle frappe les migrants dans leur quotidien sur les routes de l'exil, jusque dans leur corps qui porte les stigmates de leur périple.

Les migrations dans l'espace européen, par leur diversité, sont le reflet des disparités des territoires. Elles posent la question de la cohésion territoriale et de la gestion des frontières.

Concepts/notions

- **Apatrides**: personnes sans nationalité, sans droits à la protection diplomatique ou au retour dans leurs pays d'origine. Un minimum de droits et de protection leur sont assurés par la loi internationale.
- **Déplacés**: migrants à l'intérieur des frontières de leur pays.
- **Migrants**: personnes se déplaçant d'un pays à un autre pour des raisons politiques, économiques, culturelles, climatiques ou personnelles.
- **Migrations**: déplacements de population vers un autre espace en vue de s'établir temporairement ou définitivement.
- **Réfugiés**: personnes craignant des persécutions pour des motifs raciaux, religieux, nationaux, sociaux ou politiques et contraintes à quitter leur pays d'origine, dont elles ont la nationalité, pour trouver la sécurité dans un pays étranger.

Chronologie

- **1922**: « passeport Nansen » pour les réfugiés et apatrides, du nom du premier haut-commissaire de la SDN (Société des nations).
- **1947**: création de l'OIR (Organisation internationale des réfugiés).
- **1950**: création du HCR (Haut-commissariat pour les réfugiés) au sein de l'ONU.
- **1951**: Convention de Genève reconnaissant internationalement le statut de réfugié.
- **1952**: création de l'OFPRA (Office français de protection des réfugiés et apatrides).
- **1954**: loi internationale instituant la Convention relative au statut des apatrides.
- **1961**: Convention sur la réduction des cas d'apatridie.
- **1973**: ouverture de CPH (Centres provisoires d'hébergement) en France.
- **1976**: droit au regroupement familial par décret de Valéry GISCARD D'ESTAING en France.
- **1985**: accords de Schengen relatifs à la suppression graduelle des contrôles aux frontières communes des pays européens signataires. Début du tournant sécuritaire en Europe.
- **1990**: accords de Dublin définissant une politique d'asile européenne et un dispositif de contrôle.

- **1991** : création des Cada (Centres d'accueil pour demandeurs d'asile) en France. Les demandeurs d'asile n'ont pas le droit de travailler à cette date.
- **1992** : arrivées de migrants sur l'île de Lampedusa au Sud de la Sicile, en Italie.
- **1999** : la Croix Rouge gère le centre d'accueil de Sangatte ouvert dans le département du Pas-de-Calais en France.
- **2000** : fondation du FER (Fonds européen pour les réfugiés).
- **2001** : construction de barrières anti-migrants à Ceuta et Melilla par l'Espagne, avec l'apport financier de l'Union européenne.
- **2002** : fermeture du centre d'accueil de Sangatte alors que l'arrivée des migrants se poursuit, constituant la « jungle » de Calais.
- **2003** : accords du Touquet entre la France et la Grande-Bretagne contre l'immigration clandestine.
- **2004** : création de l'agence Frontex pour surveiller les frontières de l'espace Schengen.
- **2009** : premier démantèlement de la « jungle » de Calais en France.
- **2010** : Agenda de coopération entre la France et la Libye contre l'immigration clandestine.
- **2011** : début de la guerre civile en Syrie.
- **2012** : construction du mur d'Evros par la Grèce à la frontière turque.
- **2014** : installation de *Daech*, pseudo-État à cheval sur l'Irak et la Syrie agitant l'arme migratoire.
- **2015** : amplification de l'épisode migratoire européen. Création de « hotspots » (centres de rétention et d'expulsion des migrants, en Grèce et en Italie).
- **2016** : nouveau démantèlement de la « jungle » de Calais en France.
- **2017** : condamnation de Cédric HERROU à 4 mois de prison avec sursis pour aide à l'immigration clandestine à la frontière franco-italienne et « délit de solidarité ».
- **2018** : le Conseil constitutionnel français a consacré la fraternité comme un des grands principes de droit français sous la pression de militants comme Cédric HERROU. Ceci conforte la liberté « d'aider autrui ».
- **2019** : quatorze pays membres de l'Union européenne s'accordent sur un « mécanisme de solidarité » afin de répartir l'immigration en Europe.
- **2020** : Cédric HERROU est rejugé après l'intégration du « principe de fraternité » par le Conseil constitutionnel et relaxé ; création d'une brigade franco-italienne contre les passeurs à la frontière ; un commandement unique doit permettre à des agents français et italiens de patrouiller aux frontières des deux pays ; entrée en vigueur du « pacte pour la migration » au sein de l'Union européenne.

Historique

Des réseaux migratoires légaux et illégaux utilisant les circuits classiques de la mondialisation

L'espace migratoire mondial est animé par une multitude de réseaux: des réseaux terrestres et maritimes, en passant par les réseaux internationaux des diasporas et les réseaux numériques.

Aussi pour gagner l'Europe, les migrants venus d'Afrique, du Proche et Moyen-Orient ou d'Asie empruntent les routes terrestres et maritimes qui sont celles de la mondialisation. La Méditerranée devient un espace migratoire où la migration légale ou clandestine utilise ferries, porte-conteneurs ou embarcations de fortune. Aux itinéraires maritimes d'abord dirigés vers Gibraltar et le canal de Sicile s'ajoutent les Canaries et la mer Égée. La traversée de la Méditerranée n'a d'égal que celle des déserts africains pour certains migrants, avec la soif, la faim, la peur et l'épuisement. Lorsque ce sont des femmes qui partent seules, sans famille, parce qu'elles ont dû laisser un époux enrôlé ou mort et leurs enfants, elles sont victimes des pires violences, viols ou mariages forcés. Elles connaissent les emprisonnements et prises d'otages dans les pays de transit. Les migrants, Érythréens, Somaliens, Soudanais ou Nigériens passent par la Libye où les réseaux de passage sont contrôlés par *Daech*. Les pays du Maghreb, tout en restant des foyers de départ, sont aussi des zones de passage pour les migrants subsahariens. Ils ont signé des accords avec les pays européens pour renforcer le contrôle aux frontières et reprendre les sans-papiers renvoyés par les pays européens. Ils deviennent des pays d'immigration. Les nouvelles routes des migrations tentent de contourner la Méditerranée et partent du Sénégal, du Nigéria ou du Soudan, en passant par le Maroc, l'Algérie, la Tunisie, la Libye et l'Égypte. Les routes du Nigéria et du Soudan se rejoignent alors pour gagner l'Europe par Israël, la Syrie, la Turquie, la Grèce, puis la route des Balkans. Une fois arrivés en Europe, les migrants et migrantes parfois enceintes connaissent la rétention, puis l'inhospitalité réservée aux étrangers en Europe. Celles qui ne passent pas par la détention mais par des centres d'accueil connaissent parfois les conditions bien pires réservées aux demandeurs d'asile, à l'exemple de ce que leur réservent les mafias et réseaux de prostitution en Italie.

Si les cartes représentent ces routes migratoires par des traits et les flux migratoires par des flèches, le vécu des migrants peut être appréhendé de manière différente. C'est ce qu'Anne-Laure AMILHAT-SZARY et Sarah MEKDJIAN ont tenté de faire à travers le collectif « antiAtlas des frontières ». Le franchissement des frontières, le voyage en camion, les contacts avec les passeurs peuvent être autant d'étapes traumatisantes dont les deux géographes ont voulu rendre compte en développant des ateliers de cartographie participative, auxquels des migrants ont bien voulu apporter leur expérience. À Grenoble, douze demandeurs d'asile ou réfugiés ont présenté leur vécu des frontières « expansées » du mois de mai au mois de juin 2013. Ainsi, cartographes, artistes et voyageurs ont livré une vision originale de la frontière, non linéaire. Des cartes co-produites de voyages migratoires et de franchissements de frontières ont ensuite été exposées au musée de Tapisseries d'Aix-en-Provence.

Elles sont fondées sur les mémoires d'exil mutilées. Il s'agit d'affronter des souvenirs douloureux : des contrôles de police aux postes frontières, de la faim, de la soif, du stress, de l'inconnu, de la violence et de ceux que l'on a laissés ou que l'on souhaite rejoindre. Le rôle des diasporas et des réseaux internationaux est primordial dans le processus de solidarité qui se met en place entre les migrants. Il s'agit pour eux de rester en contact avec la famille restée dans le pays d'origine ou de trouver un soutien auprès de ceux qui sont déjà partis et installés dans un pays d'accueil. Les migrants sont bien connectés aux nouvelles technologies. Ils utilisent Internet grâce aux smartphones et l'une de leur préoccupation majeure une fois arrivés en Europe est de trouver une carte SIM, de pouvoir recharger la batterie des téléphones portables et trouver un réseau qui permette d'envoyer un selfie à la famille restée au pays. Au-delà de ce que les cartes scientifiques ne disent pas des réseaux, il existe des liens très forts entre des hommes, des femmes et des enfants dont les sentiments sont murés dans le passé ou dans le présent de la rencontre qui peut être difficile.

Au cœur de ces flux migratoires à considérer à toutes les échelles, l'Europe apparaît, après avoir longtemps été un foyer de départ, comme une terre d'accueil de l'immigration. Depuis les années 1990, elle est le principal foyer de destination du monde en termes de flux migratoires. L'Angleterre reste l'eldorado visé mais Calais est la dernière étape, sans issue pour nombre de migrants. L'Europe est au cœur d'un système de migrations régional fondé sur des complémentarités historiques, culturelles et économiques. Les médias occidentaux s'occupent du sujet et notamment de la question des réfugiés syriens depuis le début de la guerre civile en 2011, lui donnant une ampleur qu'elle n'a pas. En effet, ils trouvent en réalité d'abord un accueil chez leurs voisins comme la Turquie pour 2,5 millions d'entre eux, ou au Liban, au Pakistan, en Jordanie ou en Éthiopie, alors que 500 000 arrivent en Europe. Quant aux réfugiés afghans, ils partent plutôt au Pakistan ou en Iran qu'en Europe, de même que les Somaliens choisissent principalement le Kenya ou l'Éthiopie. L'instabilité et la violence politiques ou religieuses poussent au départ en Érythrée, en Somalie, en Syrie, en Irak, en Iran, en Égypte, en Afghanistan ou en Libye. Ces flux migratoires pouvaient être anticipés depuis le début de la guerre en Syrie en 2011 voire depuis 1991 pour la Somalie. En effet, les migrations sont cycliques et prévisibles. Par ailleurs, si on pouvait dénombrer l'arrivée de 1,7 million de migrants à l'intérieur des frontières de l'Union européenne en 2012, il ne faut pas omettre qu'à cette même date, 2,7 millions de personnes quittaient l'Union européenne (H. THIOLLET, 2015). L'Europe forme alors avec la rive Sud de la Méditerranée une région migratoire.

Malgré la mondialisation des migrations, l'Europe participe d'une régionalisation des flux. Elle constitue un espace de libre circulation intérieure. Avec 511,8 millions d'habitants au 1er janvier 2017 (Eurostat), l'Union européenne compte plus de 35 millions d'étrangers, dont le cinquième est originaire d'un pays de l'Union. 3 % des Européens sont installés dans un autre État membre que leur pays d'origine. L'immigration est un moteur de la croissance démographique. L'Allemagne apparaît comme le premier pays d'accueil de l'immigration en Europe. Le différentiel d'accueil entre les pays européens est important. Alors que la Grèce compte 10 % d'étrangers dans sa population totale, la Finlande en regroupe seulement 2 %. L'Europe de l'Est attire moins que l'Europe de l'Ouest ou du Nord. Les flux Est-Ouest sont aussi marqués par une abondante main-d'œuvre originaire des pays de l'Est attirée par la différence des salaires en Europe de l'Ouest. Les déserts médicaux en France poussent au *care drain* (immigration de soins) depuis la Roumanie ou la Moldavie qui vont subir à leur tour un déficit de médecins. De nombreux métiers connaissent une pénurie de main-d'œuvre en Europe. Certains secteurs fonctionnent grâce à l'immigration irrégulière notamment dans le domaine du bâtiment, de la restauration, du nettoyage, de la cueillette des fruits et légumes ou de l'aide aux personnes âgées. Ce sont des emplois peu rémunérateurs. Ainsi, l'immigration apporte une réponse à des enjeux démographiques liés à l'augmentation de l'espérance de vie en Europe et à la diminution de la population active. Avec un indice synthétique de fécondité autour de 1,5 enfant par femme, en dessous du seuil de renouvellement des générations, l'Europe aura besoin de 30 millions d'immigrés d'ici trente ans pour rééquilibrer le ratio entre actifs et non-actifs (C. WIHTOL DE WENDEN, 2016). Il faut distinguer les migrants économiques des réfugiés au sein de l'Europe : un Kosovar qui gagne l'Allemagne par la Hongrie est un migrant économique, alors qu'un Syrien en route vers l'Allemagne, fuyant la guerre, est un réfugié. De fait, les réfugiés sont accueillis dans cinq pays de l'Union européenne : l'Allemagne, la Suède, la Finlande, la France et l'Italie. Leur accueil est tout à la fois un devoir d'humanité et un combat politique dans les pays européens (M. FOUCHER, 2012). De plus, les frontières de l'Union européenne évoluent et se déplacent en fonction des nouveaux pays intégrant l'association. Si les frontières physiques se renforcent sur le pourtour de l'Union européenne, elles ne sont pas fermées pour tout le monde. Pour ceux qui réussissent à passer, l'ouverture des frontières à l'intérieur de l'espace Schengen a tendance à installer les migrants dans la mobilité, comme s'ils étaient « suspendus en migration », en « migrerrance » (M. AGIER, 2014).

Les réseaux de la mondialisation et de l'antimonde (R. BRUNET, 1992) sont le socle des flux migratoires qui traversent l'espace européen et le dépassent. Ils mettent aux prises des acteurs aux intérêts contradictoires qui en font un espace de conflictualités.

Actualité

Des logiques d'acteurs divergentes qui transforment l'espace européen

Afin de comprendre de quelle manière l'espace européen est transformé par les acteurs de l'espace migratoire, il convient de s'interroger sur : qui sont les migrants ? Où vivent-ils ? Comment voient-ils l'espace européen à travers les obstacles rencontrés et les acteurs facilitant ou non leur voyage et pouvant conduire à des situations de conflits voire à la mort en chemin ?

En 2015, 1,2 million de personnes ont demandé l'asile à un État membre de l'Union européenne, soit deux fois plus qu'en 2014. Ces réfugiés fuient une guerre, un régime dictatorial ou partent pour des motifs économiques. Ce sont des « flux mixtes »

(C. WIHTOL DE WENDEN, 2016). Les migrants arrivent avec des titres de séjour, des contrats de travail ou des visas de tourisme et deviennent clandestins par la suite. Parmi ces derniers, certains sont initialement des réfugiés politiques. Les Syriens, Erythréens ou Somaliens qui arrivent en bateau au cœur de la Méditerranée sont des demandeurs d'asile au regard du droit international. Cependant, les risques qu'ils prennent sont liés à un dysfonctionnement de la politique migratoire de l'Union européenne qui les transforme en clandestins (H. THIOLLET, 2015). La sociologie des migrants récuse le mythe des pauvres qui vont envahir les pays riches. Pour migrer, il faut du capital, des réseaux, des informations et un peu d'éducation. Ceux qui n'en ont pas, les plus pauvres ne peuvent migrer. Ainsi, les migrants proviennent souvent des classes moyennes (H. THIOLLET, 2015). Leurs profils évoluent : aux migrants économiques et réfugiés politiques, lesquels comprennent déjà des femmes et des mineurs, s'ajoutent des professionnels de la santé, des touristes, des seniors et des migrants climatiques. Leur statut varie du demandeur d'asile aux bénéficiaires du regroupement familial, en passant par les sans-papiers mais tous se confondent sociologiquement. Les réfugiés en Europe sont jeunes, scolarisés ou diplômés, urbains et ils sont déterminés à vivre à l'étranger pour une durée assez longue pour leur permettre de régulariser leur situation. Arrivés en Europe, ils sont « triés » dans des centres de rétention et de tri, des « *hotspots* » instaurés en 2015 en Italie et en Grèce. En mission pour l'ONU en mai 2019 à Lesbos, Jean ZIEGLER rédige un ouvrage publié en 2020 qu'il intitule *Lesbos, la honte de l'Europe*. Il dénonce le refoulement des migrants par l'Union européenne et les conditions insalubres de rétention. Les migrants économiques sont reconduits, les autres peuvent déposer une demande d'asile. Il faut retrouver leur origine, leurs papiers, alors que pour échapper aux contrôles d'identité certains migrants se mutilent le bout des doigts pour ne pas livrer leurs empreintes digitales. Leur rétention ne peut durer plus de six mois et si leur origine n'est pas déterminée ou que leur pays ne peut les reprendre, les migrants deviennent des sans-papiers. Ils ne peuvent travailler légalement, ce qui est paradoxal avec la situation économique de l'Europe qui a besoin de main-d'œuvre. Parmi les étrangers en Europe la majorité sont turcs, marocains ou chinois. Viennent ensuite les Albanais, les Serbes et les Afghans et loin derrière les immigrés subsahariens. Le *brain drain* (exode des cerveaux) produit un autre profil de migrants et conduit à la formation d'une « diaspora de la connaissance » composée d'étudiants et de chercheurs en Europe. Dix pays africains ont 40 % de leur main-d'œuvre hautement qualifiée qui participe à ces migrations du travail, profitant du différentiel salarial. Ainsi, 48,3 % des chercheurs subsahariens résident en Europe. Des accords se mettent en place avec l'Union européenne pour tenter de réguler ces flux. Les étudiants européens peuvent bénéficier du programme Erasmus pour étudier dans un pays membre de l'Union européenne. Ce dispositif concerne 2 % des étudiants européens (C. WIHTOL DE WENDEN, 2016). Ces derniers ne sont pas ceux qui participent du débat clivant en Europe quant à cet épisode migratoire.

Vivre l'espace migratoire européen implique pour les réfugiés politiques de pratiquer les routes migratoires, mais aussi les lieux de sédentarisation temporaire dans les espaces d'accueil des villes, les camps de réfugiés, à l'exemple de Calais ou de Grande-Synthe en France et de vivre aussi leur démantèlement et la nécessité de repartir. La ville de Calais voit depuis 1999 affluer des migrants d'abord du Kosovo accueillis par la Croix-Rouge. Au départ ce sont 800 personnes qui sont installées dans un hangar, puis leur nombre augmente jusqu'à former une ville-champignon autour du centre de Sangatte appelée « jungle » par les migrants afghans et iraniens. Après la fermeture du centre en 2002, ce sont 7 000 à 10 000 personnes qui arrivent dans la forêt refuge près de l'Eurostar conduisant à l'Angleterre. De nouveaux centres d'accueil réouvrent et en 2016 les migrants sont redirigés vers d'autres régions avant le démantèlement du camp. Des problèmes sanitaires apparaissent, faute de toilettes et de douches, alors qu'une vie sociale s'organise autour des commerces, église, école, mosquée ou bars. Près de Dunkerque, le site de Grande-Synthe accueille jusqu'à 2 500 personnes entre une zone pavillonnaire et un stade. Il prend le visage d'un bidonville gardé par des CRS. Ici, ce n'est pas l'État qui prend l'initiative de l'installation d'un camp mais une ONG, Médecins Sans Frontières, qui installe en 2016 tentes, toilettes et douches. Dans ces deux camps, ainsi que dans la banlieue de Calais, 8 000 à 10 000 personnes sont installées en 2016. Depuis, plusieurs vagues de démantèlement de ces camps ont eues lieu. Ainsi, par exemple, 500 migrants ont été évacués d'une zone désaffectée dans laquelle ils occupaient des hangars. Ils ont été conduits vers des structures d'accueil régionales ou vers d'autres régions.

Elles ont eu besoin de l'aide d'autres acteurs pour parvenir jusqu'à cette dernière issue avant l'Angleterre qui les refoule. Les premiers acteurs qui permettent de partir sont les passeurs souvent à la solde de *Daech* dans les régions d'Afrique et du Proche et Moyen-Orient. Les passeurs alimentent tout un circuit économique informel, participant de l'antimonde (R. BRUNET, 1992) pour rançonner, violenter et abandonner les migrants. Leur nombre augmente depuis les années 1990 en parallèle d'une sécurisation accrue des frontières. Ils révèlent des profils très différenciés : du simple propriétaire de barque à l'image de *pateras* à Gibraltar aux vendeurs de « voyages au long cours » ayant pignon sur rue. Leurs candidats doivent travailler en route pour financer leur passage et sont parfois poussés à se sédentariser un temps, par exemple au Maroc qui a reçu l'obligation de l'Union européenne de fermer sa frontière Nord. Toute une économie du passage se met en place autour des centres de rétention aux frontières de l'Europe. Parfois les passeurs organisent des noyades intentionnelles, à l'exemple des 120 naufragés dont 50 sont morts après avoir été contraints de se jeter à la mer près du Yémen. Ils venaient de Somalie ou d'Éthiopie et même si le Yémen est en guerre, ils tentaient de le gagner pour passer ensuite dans un des pays du Golfe Persique. La Croix-Rouge intervient pour soigner les vivants et donner une sépulture aux morts (*Le Monde*, 09 septembre 2017).

Pour un migrant, vivre dans l'espace européen nécessite de pouvoir revendiquer le droit de migrer et d'avoir des soutiens multiples. Les sans-papiers organisent des manifestations collectives qui ont permis de poser la question du droit de migrer sur la scène internationale. Nombreux sont les volontaires qui quotidiennement donnent de leur temps pour parler aux migrants, leur apporter du pain, du café, des vêtements, des couvertures ou du bois. C'est ce que le film *Welcome*, sorti en 2009, révèle de la vie des migrants irakiens kurdes à Calais. Là où l'État a abandonné les migrants, une action citoyenne s'organise. Ce sont des associations qui leur portent secours à Calais, comme L'Auberge des migrants, Salam ou La Vie active. L'action humanitaire de la Croix-Rouge est aussi primordiale, notamment dans le centre de Sangatte. Cependant, le nombre de migrants fait que ces actions volontaires sont très vite dépassées. L'association La Vie active a pu, avec l'agrément de l'État, ouvrir le centre Jules Ferry de Calais en 2015, offrant douches, repas et hébergement à des femmes et des enfants. *Acted*, Médecins du monde puis Médecins Sans Frontières (MSF) s'investissent également. Cette même année le gouvernement de Manuel VALLS fait installer des conteneurs pour 1 500 personnes, sans douches ni cuisines. À Grande-Synthe, c'est différent, non pour le mieux. Le gouvernement a répondu absent aux appels du maire qui reçoit 1 500 migrants dans une petite forêt. C'est alors MSF, avec l'accord du ministre de l'Intérieur, qui installe les tentes, les palissades pour protéger les enfants, organise des lieux de rassemblement, des toilettes et des douches. Cependant la zone est un véritable marécage en prise au froid, à la pluie, à la boue. Les gendarmes assurent la sécurité a minima minima. Ces lieux ressemblent à s'y méprendre aux camps de réfugiés que l'on trouve dans les pays en guerre, parfois dans un dénuement bien supérieur. Face à ceux qui organisent secours et assistance aux migrants sur terre et sur mer, à l'exemple de la mission européenne Sophia engagée depuis 2015 dans la lutte contre le trafic de migrants en Méditerranée, ou l'ONG SOS Méditerranée, depuis août 2017, un navire anti-migrants financé par l'extrême droite et une campagne de *crowdfunding* suit les navires des ONG. Il s'agit du *C Star* appartenant au groupe identitaire Génération Identitaire.

Ainsi, les migrants n'ont pas toujours la chance de pouvoir vivre dans l'espace européen. Le bilan humain des migrations dans la région méditerranéenne est de plus de 3 000 naufragés qui meurent chaque année en Méditerranée depuis 2015. C'est bien plus que le seuil de 1 000 morts par an désigné par les historiens pour déterminer un état de guerre. Entre 2000 et 2016 ce sont 30 000 naufragés qui trouvent la mort en Méditerranée. En 2017, 3 116 migrants sont morts ou disparus dans cette même mer (*Le Monde*, 08 janvier 2018). Si certains sont sauvés par les missions des garde-côtes et garde-frontières européens ou par des pêcheurs et même si l'Union européenne a dépêché l'opération militaire Sophia en 2015 pour porter secours aux naufragés, son action reste celle du contrôle et de la dissuasion plutôt que du sauvetage. Aussi des associations interviennent comme SOS Méditerranée dont le financement provient majoritairement de dons de particuliers. La mortalité en Méditerranée est liée aux conditions de la traversée achetée auprès de passeurs officiant souvent pour *Daech* et qui embarquent les migrants sur des bateaux en manque de carburant, escomptant une prise en charge par les missions de sauvetage européennes. Certains montent sur de petites barques de pêcheurs, des zodiacs surchargés, des pirogues, des cargos ou clandestinement sur des porte-conteneurs. Ces derniers sont plus largement arrêtés par les missions de surveillance européennes qui visent à « faire du chiffre », alors que les petites embarcations passent plus facilement. La survie dépend de l'aide internationale ou humanitaire. Cependant, en 2017, l'ONG MSF se voit contrainte de suspendre ses activités de sauvetage aux migrants, à la suite de l'interdiction de présence des bâtiments marins étrangers en Libye faite par l'ONU. Durant le week-end du 27 mai 2018, 532 naufragés ont été secourus par les services de sauvetages espagnols alors qu'ils tentaient de gagner la France sur de petites embarcations désuètes (*Le Monde*, 28 mai 2018). Des pilotes professionnels volontaires se mobilisent pour apporter un soutien en matière d'observation aux navires de sauvetage. C'est le cas des Français José BENAVENTE et Benoît MICOLON. Ils permettent d'identifier, par avion, les petites embarcations. Ils interviennent au large des côtes libyennes dans les eaux internationales où, conformément au droit international défini par la CNUDM (Convention des Nations unies sur le droit de la mer, 1992), tous les naufragés secourus doivent être débarqués en « lieux sûrs ». Il s'agit d'un mouvement citoyen[1]. Récemment, durant le week-end du 31 juillet au 1er août 2021, ce sont plus de sept cents migrants qui ont été secourus au large de Malte, de la Libye et dans les eaux internationales grâce aux repérages et interventions des ONG SOS Méditerranée, Sea-Watch et ResQship (*Le Monde*, 2 août 2021).

L'espace migratoire européen révèle aussi ses tensions et la diffusion de conflits que les migrants fuient, mais qu'ils relaient dans les espaces migratoires au contact des populations locales. L'exemple du camp de Calais installé depuis 1999 sur la frontière extérieure de Schengen, trait-d'union entre la France et le Royaume-Uni révèle ces tensions entre acteurs. Quand les associations humanitaires interviennent pour distribuer de la soupe ou des couvertures dans le camp, le lendemain, la police détruit tout. Si l'État n'intervient pas pour aider à la constitution des camps, les CRS de Calais sont cependant en première ligne pour éviter que les migrants ne passent en Angleterre. Les logiques sécuritaires et humanitaires s'opposent dans la « jungle » de Calais. Des violences sont faites aux femmes et aux enfants dans le camp. De même, tous les locaux ne sont pas prêts à aider et les migrants préférant les accueillir avec leur fusil ou le pointer sur ceux qui les aident. Un sentiment de xénophobie s'oppose à celui de l'hospitalité et de la solidarité. Un autre symbole du rejet des migrants est la « teichopolitique », désignant l'édification de murs par les États. Il s'agit d'une politique de cloisonnement de l'espace dans une volonté de « protéger » et de contrôler un territoire (S. ROSIÈRE, 2009). Les murs sont la conséquence du développement des camps pour les étrangers, à l'exemple du mur de Ceuta édifié à la fin des années 1990 et financé par l'Union européenne dans l'enclave espagnole du Maroc, ou des murs édifiés en Europe de l'Est par la Hongrie ou la Bulgarie face aux flux migratoires qui s'intensifient depuis 2015. Ils sont un élément de dissuasion pour les migrants qui subissent la répression. Le mur au Sud de la Hongrie, construit à l'été 2015, renoue avec le pire des populismes. Il vise à empêcher le passage des migrants depuis la Serbie et la Croatie. La Macédoine construit aussi un mur de barbelés avec la Grèce. Dépassée par les flux de Syriens, d'Afghans et d'Irakiens, la Grèce a construit un mur en Thrace, à la frontière avec la Turquie afin d'éviter le passage de la rivière Evros. Ici encore l'Union européenne accorde un financement de 3 milliards d'euros en 2015 afin de maintenir les réfugiés à l'extérieur de l'Union. Cependant, cette politique de dissuasion aux frontières menée depuis les années 1990 n'a pas eu d'impact sur l'évolution des flux migratoires mais un bilan humain désastreux. Il reste des images fortement médiatisées des migrants accrochés aux grillages qui séparent l'Espagne du Maroc à Ceuta et Melilla. La militarisation de la frontière de Gibraltar en est un autre exemple. À Calais le mur érigé et le contrôle renforcé aux abords de l'Eurostar deviennent le symbole de l'échec de la solidarité

1. https://www.pilotes-volontaires.org

et de la cohésion européenne. Son point ultime est exprimé à travers le Brexit et la volonté britannique de sortir de l'Union européenne.

Si le quotidien des migrants en Europe reste marqué par les difficultés d'accueil et d'intégration, c'est qu'ils sont soumis à des politiques migratoires prises à différentes échelles et qui révèlent que la mondialisation est loin d'avoir aboli les frontières.

Prospective

Des flux migratoires entre crispations sur les frontières et gestion différenciée à toutes les échelles

La question des frontières est envisagée par les acteurs institutionnels à différentes échelles : de l'échelle mondiale, en passant par l'échelle régionale et continentale – ici communautaire dans le cas de l'Union européenne, mais aussi nationale. Cependant, l'acteur étatique se saisit souvent de la question migratoire.

La gestion des frontières à l'échelle globale a pour enjeu principal la question de l'entrée ou non dans l'espace Schengen, par la protection de ses frontières. L'Union européenne apparaît comme une forteresse qui répond à l'arrivée de réfugiés par un contrôle accru de ses frontières extérieures. L'agence Frontex, devenue « garde-côtes et garde-frontières européens », voit son budget passer de 6 millions d'euros en 2004 à 150 millions en 2015 pour faire face à l'épisode migratoire qui débute alors. Si ceux qui fuient la guerre, les persécutions ou la misère peuvent espérer obtenir le statut de réfugié, le HCR (Haut-Commissariat aux réfugiés) ne reconnaît pas les migrants climatiques comme des réfugiés. Les catastrophes climatiques qui se multiplient en raison du changement global portent à 17 millions le nombre de migrants internationaux pour des raisons environnementales (C. WIHTOL DE WENDEN, 2016). Alors que l'Europe apparaît comme l'une des régions les mieux équipées au monde pour mettre en œuvre la Convention de Genève grâce aux moyens humains, administratifs et financiers dont disposent les États, un raidissement s'opère au moment même où la gestion des frontières extérieures devient une priorité. Si dans les années 1970, 70 % des demandes d'asile étaient satisfaites, aujourd'hui, 80 % sont déboutées. L'Europe pour sécuriser les frontières extérieures n'a pas les moyens de faire la guerre aux passeurs car elle n'a pas de mandat pour intervenir dans leurs pays d'origine : ni en Libye ou en Égypte, ni dans leurs eaux territoriales. Elle choisit alors la voie diplomatique. En mars 2016, elle signe un accord avec la Turquie pour qu'elle garde les migrants sur son sol et qu'elle accueille ceux renvoyés par la Grèce, contre 6 milliards d'euros. Les Turcs obtiennent en retour la suppression des visas vers l'Union européenne. La Turquie apparaît alors comme un verrou entre la Syrie et la Grèce bloquant l'entrée dans la forteresse européenne. Les migrants restent ainsi en Turquie dans des camps où ils ont un toit, de la nourriture et où ils peuvent travailler pour une période d'un an renouvelable. Ils n'ont pas le statut de réfugié car, si la Turquie est signataire de la Convention de Genève (qui est une condition à l'intégration européenne), elle a émis une réserve géographique aux Européens. Alors, comme les migrants n'ont pas le statut de réfugié, ils préfèrent venir en Europe et cette politique de limitation d'abord destinée aux Syriens a peu d'effet car la Turquie fait face aujourd'hui à des crises qui touchent l'ensemble de Moyen-Orient. Cet accord avec la Turquie lui permettait d'améliorer son image en Europe alors que cette dernière semble peu apte à accorder les visas escomptés. La question des flux migratoires devra être repensée puisque d'ici 2050, l'Union européenne aura besoin de main-d'œuvre et de 25 à 40 millions d'étrangers pour équilibrer sa population active. Aussi les frontières extérieures de l'espace Schengen ont-elles à s'ouvrir davantage.

À l'intérieur de l'espace Schengen, si la circulation est libre, les logiques des acteurs sont parfois contradictoires, entre surveillance et contrôle ou aide et secours. Tous les pays membres de l'Union européenne ont signé la Convention de Genève en 1951. Ainsi, « *toute personne qui craint avec raison d'être persécutée du fait de sa race, de sa religion, de sa nationalité, de son appartenance à un certain groupe social ou de ses opinions politiques* » reçoit le statut de réfugié. Ceux qui n'ont pas obtenu le statut de réfugié et les demandeurs d'asile ne peuvent pas être renvoyés dans leur pays d'origine si celui-ci est en guerre. Grâce à une carte de séjour, tout réfugié peut travailler et circuler dans l'espace Schengen. Cet espace a plus de trente ans même si dès l'origine, l'Angleterre, l'Irlande et le Danemark n'adhèrent pas au projet de libre circulation. Son avenir est mis en question quand des pays comme la Hongrie, la Pologne ou la République tchèque ferment leurs frontières nationales. En parallèle, les politiques migratoires s'européanisent. Ainsi, en 2015, une liste commune de pays sûrs a été établie permettant de reconduire leurs demandeurs d'asile dans leur pays d'origine. Il s'agit du Kosovo, de l'Albanie, de la Serbie, de la Macédoine ou de la Bosnie. La Mongolie, l'Inde, le Bénin, le Ghana, le Sénégal, le Cap-Vert et de l'île Maurice s'ajoutent à cette liste. Face aux demandes d'asile qui se multiplient depuis 2015, les pays membres de l'Union européenne doivent, selon les accords de Dublin I de 1990, rester solidaires de la première réponse donnée à la demande d'asile par un des pays membres. Conformément aux accords de Dublin II de 2003, la demande d'asile doit être faite dans le premier pays européen dans lequel le demandeur a été enregistré. Ainsi les pays d'entrée dans l'Union européenne, notamment la Grèce et l'Italie supportent le poids de ces demandes. En 2015, l'Union européenne crée des « hotspots » qui sont des centres de rétention et d'expulsion des migrants en Grèce et en Italie. Entre contrôle et fermeture, la politique migratoire menée par l'Union européenne conduit à une sédentarisation des migrants en situation irrégulière (M. FOUCHER, 2012). Chaque État membre a la charge de la politique de l'asile, ce qui interroge sur la spécificité des politiques migratoires nationales. Le statut des réfugiés reste soumis à des débats depuis le projet de « pacte pour la migration » présenté à Bruxelles en septembre 2020. Celui-ci vise à établir une meilleure gestion des frontières extérieures, une politique de retour accélérée, une solidarité entre les pays et un code de bonne conduite pour les secours en mer. « *Ainsi, un migrant candidat à l'asile sera contrôlé à la frontière extérieure de l'Union. Si sa demande est jugée recevable, il entrera ensuite dans la procédure "classique" d'examen, qui devrait durer douze semaines au maximum. Pour soulager la Grèce, l'Italie ou Malte, cet examen pourrait être mené par un autre État membre. Ensuite, les démarches seraient accélérées, tant pour les déboutés, reconduits dans leur pays d'origine, que pour ceux qui obtiennent le statut protecteur, avec des relocalisations mieux gérées au sein de l'UE.* » (*Le Monde*, 23 septembre 2020). Au regard de la situation critique en Méditerranée centrale, le porte-parole de l'OIM, Paul Dillon, plaide « *pour de meilleures pratiques de gestion des migrations, une meilleure gouvernance des migrations et une plus grande solidarité de la part des États membres de l'UE* » (*Le Monde*, 2 août 2021).

Au niveau national, le problème est que les pays européens n'appliquent pas nécessairement généreusement la Convention de Genève. Face à la clause de non-refoulement, on fabrique des « ni-ni », des sans-papiers qui ne peuvent ni obtenir le statut de réfugié ni être expulsables dans leur pays d'origine. Ce sont des déboutés du droit d'asile, sans solution. L'Europe compte 5 millions de sans-papiers en 2016 (C. WIHTOL DE WENDEN). Ni la Grèce, ni l'Italie ne sont enclines à accorder le statut de réfugié en nombre. Faute d'un marché du travail florissant, les demandeurs d'asile ne restent pas sur place. Ils cherchent plutôt à rejoindre leur famille déjà installée en Autriche, en Allemagne ou en Angleterre. Les orientations des politiques européennes changent face à l'épisode migratoire de 2015, notamment pour venir en aide à la Grèce et à l'Italie. La Commission européenne impose des « quotas » pour « partager le fardeau » des nouveaux arrivants. L'Italie a financé entre 2013 et 2014 le programme *Mare Nostrum* pour sauver 146 000 personnes en un an. Mais découragée, elle a confié le sauvetage à Frontex avec la mission Triton qui n'a pas été efficace. Dans la nuit du 25 au 26 décembre 2017 alors que se terminent les fêtes de Noël, 255 personnes venues du Pakistan, du Bangladesh et d'Afrique de l'Ouest ont tenté de passer de la Libye en Italie. Elles ont été secourues par l'ONG *Proactiva Arms* avant d'être transbordées sur l'*Aquarius* de l'ONG SOS Méditerranée et du bâtiment militaire de l'opération Sophia pour être transportées en Sicile. L'Italie souhaite alors la mise en place de corridors humanitaires afin de permettre l'accueil en Europe de 10 000 personnes bloquées dans les camps de réfugiés en Libye (*Le Monde*, 26 décembre 2017).

Les premières réactions des États membres ont donc été négatives. Cependant, l'Allemagne est le premier pays européen d'immigration. La Constitution allemande comporte la question des réfugiés. Le 7 septembre 2015 Angela MERKEL annonce qu'elle est prête à accueillir 1 million de réfugiés donnant ainsi une autre image d'elle-même après sa dureté face à la Grèce. En 2015, l'Allemagne a accordé près de 150 000 statuts de réfugié sur 1,1 million de demandes. C'est aussi pour l'Allemagne un moyen de répondre à son déclin démographique qui entraîne des conséquences fortes en matière économique. Elle rencontre des difficultés après les violences faites aux femmes à Cologne et les incendies de camps de réfugiés pour faire accepter cette politique de l'accueil. Elle a cependant réussi à faire évoluer les positions des autres pays européens. La France s'engage, par exemple, à accepter 30 000 personnes sur deux ans. Aux côtés de l'Allemagne, après la publication dans la presse de la photographie du petit Aylan KURDI mort noyé à 3 ans le 2 septembre 2015 et échoué sur une plage turque alors qu'il partait pour la Grèce, François HOLLANDE et Angela MERKEL s'engagent dans « un mécanisme européen permanent et obligatoire » d'accueil des migrants.

La France n'octroie qu'entre 20 et 30 000 statuts de réfugié par an. En 2014, l'OFPRA protège juridiquement 206 172 personnes. 80 075 demandes sont déposées en 2015 et 35 000 aboutissent. La loi de 2015 sur l'asile permet de réduire le temps de procédures et d'améliorer les conditions d'accueil et d'accès au marché de l'emploi. Les Syriens en sont les principaux bénéficiaires. Les Africains subsahariens voient leurs demandes largement déboutées car ils ne sont pas considérés comme venant d'un pays en guerre. La France a la conviction que plus on accueille mal les migrants moins ils viendront. L'exemple du camp de Calais témoigne que cette politique ne fonctionne pas. Il accueille jusqu'à 10 000 personnes selon les sources humanitaires et devient une véritable « ville ». L'inefficacité de cette politique dissuasive tient au fait que les dirigeants politiques surestiment l'effet d'appel en pensant que la plupart des migrants veulent venir en Europe ce qui n'est pas nécessairement le cas. Les démantèlements de la « jungle » de Sangatte et de Calais témoignent de la volonté de « maîtriser l'immigration ». Le 24 mai 2018, ce sont des centaines de migrants qui sont évacués de Grande-Synthe encadrés par des CRS. Depuis le gymnase communal, ils sont amenés en cars dans des structures d'hébergement (*Le Monde*, 24 mai 2018). La loi de 2016 sur le séjour permet d'établir des cartes pluriannuelles de deux à quatre ans à l'issue du premier titre de séjour d'un an, de renforcer l'attractivité pour les talents et de faciliter le renvoi dans le pays d'origine. Le projet enterré de loi sur la déchéance de nationalité pour les auteurs de crimes djihadistes éveille une vive polémique. Il implique une inégalité entre les binationaux et ceux qui n'ont que la nationalité française ne pouvant être soumis à cette loi, depuis l'interdiction de créer des apatrides du fait de la Convention onusienne de 1954. En outre, la question migratoire en France est instrumentalisée par le Front national qui exerce une influence sur les positions du pays et qui participe de la diffusion d'amalgames entre migrants et musulmans notamment face aux attentats qui touchent le territoire national depuis 2015. La France a réussi à se rendre inhospitalière et ne pas anticiper l'arrivée des migrants dont les naufrages en Méditerranée étaient connus depuis le printemps 2015. Elle est devenue le verrou de l'Angleterre, s'engageant depuis les accords du Touquet en 2003 à bloquer les fugitifs et clandestins en partance et voulant traverser la Manche.

L'Angleterre n'est pas membre de l'espace Schengen. Elle demande la stricte application du dispositif de Dublin II qui fait que chaque demandeur d'asile doit effectuer sa demande dans le premier pays d'enregistrement. L'immigration est tributaire de l'économie. En 2008, une politique d'entrée de migrants qualifiés est mise en place pour les étrangers non communautaires. Un système de permis à points est établi. Depuis plus de vingt ans, Calais est perçu comme un « cul-de-sac » franco-britannique. L'Angleterre, ayant refusé tout mécanisme de répartition des réfugiés entre les États membres européens, a déployé à Calais ses propres policiers pour renforcer les dispositifs français et européens. Malgré le Brexit, la frontière Nord de la France, de Calais à Dunkerque, est concernée par les tentatives de passages clandestins vers l'Angleterre.

D'autres pays comme la Hongrie disent préférer « payer plutôt qu'accueillir des réfugiés ». Agitant le spectre de la menace à leur homogénéité nationale, la Slovénie, la Roumanie et la Pologne mènent une politique de refus. La République tchèque accepte de recevoir uniquement des Syriens chrétiens. Cette diversité des politiques nationales laisse réapparaître la fracture Est-Ouest et les difficultés qu'a l'Europe à parler d'une seule voix. Les pays du Nord de l'Europe se montrent également peu solidaires avec les pays du Sud qui ont accueilli la plupart des réfugiés. Il y a tout de même des exemples d'intégration à l'image du club de football andalou *Alma de Africa* (âme de l'Afrique) qui intègre de jeunes migrants passionnés de football. Les joueurs portent sur leur tee-shirt l'article 14 de la Déclaration universelle des droits de l'homme : « *Toute personne a le droit de chercher asile et de bénéficier de l'asile en d'autres pays* ». Le club a été fondé en 2015 et l'équipe rencontre un vif succès auprès du public et des médias (*Le Monde*, 31 mai 2018).

Du local au global, l'immigration est un enjeu majeur du monde au XXIe siècle. Elle amène à repenser les échelles de gouvernance.

Conclusion

Vers une gouvernance mondiale de l'immigration ?

Si l'immigration qui touche l'Europe fait parler d'une « crise migratoire » dans les médias, celle-ci est moins une crise des réfugiés qu'une crise de l'Union européenne dont les migrants sont les premières victimes (P. BOUCHERON, 2012). Il s'agit d'une crise de l'hospitalité et de la désunion européenne (L. GAUDÉ, 2012). La Méditerranée est, quant à elle, touchée par une crise humanitaire.

Le phénomène migratoire, même s'il ne concerne que 3,5 % de la population mondiale, s'est globalisé avec l'apparition des migrations de masse (C. WIHTOL DE WENDEN, 2016). Il dépasse largement les frontières de l'Europe. Même si l'urbanisation, le changement climatique, les conflits, la croissance démographique et l'évolution des moyens d'information indiquent une augmentation des migrations futures, elles sont encore difficilement prises en compte par les institutions de gouvernance mondiale. Comment accepter les conséquences d'un nouveau cosmopolitisme induit par la mondialisation (P. BOUCHERON, 2012) ? Celles-ci ont été mesurées dans une étude dirigée à partir de 2013 par Hélène THIOLLET qui montre qu'une ouverture générale des frontières n'entraînerait pas d'explosion parallèle des migrations mondiales. Les individus s'installent plus durablement si leur circulation est facilitée. Plus les frontières européennes se ferment et plus les migrants ont tendance à rester. Il s'agit pour eux de « rentabiliser » leur investissement humain et économique. Le PNUD (Programme des Nations Unies pour le Développement) qualifie en 2009 les migrations de facteur essentiel de développement humain, plaçant le droit à la mobilité comme un bien public mondial, alors que deux tiers des habitants de la planète ne peuvent circuler librement faute de visas. L'ONU préconise un « pacte mondial sur le partage des responsabilités ». La question migratoire est un des enjeux globaux du XXIe siècle, comme la question climatique, qui engage une gouvernance globale. En 2016, l'ONU a adopté la Déclaration de New York sur les réfugiés et les migrants. L'Assemblée générale de l'ONU sur les migrations internationales vise à faire adopter le Pacte mondial pour les migrations en 2018. Il s'agit du premier accord intergouvernemental dont l'objectif est de considérer toutes les dimensions des migrations internationales dans une approche globale et exhaustive[1]. Une régulation économique est ainsi envisageable entre les pays de départ et d'arrivée pour faciliter la circulation et la mobilité. Outre les aides au développement déjà mises en œuvre par la Commission européenne, des accords de cogestion doivent permettre une régulation. Les intérêts géopolitiques à longs termes sont ainsi à considérer par l'Union européenne (M. FOUCHER, 2015). Un statut sur la libre circulation en Méditerranée est à réfléchir au moins pour une période déterminée afin de pouvoir faciliter le travail autour du Bassin méditerranéen. L'urgence est à la protection des migrants en situation intermédiaire et des mineurs isolés devenus majeurs. Une politique plus générale de l'asile doit pouvoir être élargie au-delà des Syriens et des Irakiens. Mais du global au local, les initiatives ne viennent pas toujours des États, mais des municipalités ou des citoyens.

Document

> **A Ceuta, le Maroc défie son « grand allié » espagnol**
>
> L'arrivée non maîtrisée de quelque 8000 migrants à Ceuta, lundi 17 mai, rendue possible par la passivité de la police marocaine, a engendré une crise migratoire dans la ville [une enclave espagnole de plus de 80000 habitants située au nord du Maroc]. Celle-ci se retrouve débordée face à cet afflux sans précédent. Mais l'attitude du Maroc a aussi provoqué une crise politique et diplomatique avec l'Espagne, et plus généralement avec l'Union européenne.
>
> *Courrier international*, 20 mai 2021.

Bibliographie

Ouvrages spécialisés :

- AGIER Michel, BOUAGGA Yasmine, GALISSON Maël, HANAPPE Cyrille, PETTE Mathilde, WANNESSON Philippe, *La jungle de Calais*, Paris, PUF, 2018, 292 pages.
- AGIER Michel, *Un monde de camps*, Paris, La Découverte, 2014, 350 pages.
- FOTTORINO Éric, *Pourquoi les migrants ? Comprendre les flux de population*, Les Indispensables, Paris, Le 1, Philippe Rey, 2016, 95 pages.
- Réseau Migreurop, *Atlas des migrants en Europe. Géographie critique des politiques migratoires*, Paris, A. Colin, 2012, 176 pages.
- LAMORT Sarah, *Europe, terre d'asile ?*, Paris, PUF, 2016, 256 pages.
- RODIER Claire, *Migrants et réfugiés*, Paris, La Découverte, 2016, 96 pages.
- SCHMOLL Camille, THIOLLET Hélène, WIHTOL DE WENDEN Catherine, *Migrations en Méditerranée*, Paris, CNRS, 2015, 384 pages.

1. https://refugeesmigrants.un.org/fr/pacte-mondial-pour-les-migrations

- WIHTOL DE WENDEN Catherine, *Atlas des migrations. Un équilibre mondial à inventer*, Paris, Autrement, 4e édition, 2016, 96 pages.
- ZIEGLER Jean, *Lesbos, la honte de l'Europe*, Paris, Seuil, 2020, 144 pages.

Revues :

- WIHTOL DE WENDEN Catherine, « Un monde migrants », *Documentation photographique*, Paris, CNRS Editions, n° 8129, 2019/3, 64 pages.
- « L'Odyssée des réfugiés. De l'expulsion des Séfarades à la jungle de Calais », *L'Histoire, Les Collections*, Hors-Série, n° 73, octobre 2016, 98 pages.

Pour aller plus loin

Journalisme :

- FRAYER-LALEIX Arthur, *Dans la peau d'un migrant*, Paris, Fayard, 2015, 288 pages.

Histoire :

- NOIRIEL Gérard, *Réfugiés et sans-papiers*, Paris, Pluriel, (rééd.) 2012, 384 pages.

Documentaire :

- MEDDEB Hind, NACCACHE Thim, *Paris-Stalingrad*, 2019, sortie en salles le 26 mai 2021, 88 minutes.

Sujets

- L'immigration peut-elle être un facteur de croissance économique pour l'Europe ?
- Une gouvernance mondiale est-elle possible en matière de migrations internationales ?
- Tensions et conflits dans l'espace migratoire européen.
- Les acteurs de la protection et de l'aide aux migrants.

Questions contemporaines

12 Les secrets de l'histoire : secrets d'État et usages politiques du secret

> « Il est bon de cacher le secret du roi, mais il est honorable de révéler et publier les œuvres de Dieu »
>
> TOBIE, 12:6.

Introduction

En 2013, Edward SNOWDEN renverse la NSA et la surveillance qu'elle exerce sur les citoyens américains, mais aussi sur le portable d'Angela MERKEL ou encore sur 190 pays. Le journal *The Intercept* publie en février 2015 la réalité de l'espionnage réalisé par les renseignements américains et britanniques sur les cartes SIM de 450 opérateurs de téléphonie. Le secret semble alors menacé à l'image des prémonitions qui étaient celles de George ORWELL dont la fiction *1984*, englobant la plupart des dérives des régimes politiques, autoritaires comme démocratiques. Cependant, les tiroirs de l'histoire renferment encore quelques secrets politiques qui ont donné aux historiens une raison d'être.

Une approche politique du secret et de l'évolution de ses usages à travers différents régimes politiques, de la république romaine à l'empire, puis sous la monarchie en France du Moyen Âge à l'époque moderne, pour terminer par ces applications contemporaines en régimes totalitaires et démocratiques permet de montrer la pérennité de son usage.

Concepts/notions

- **Gestapo** : police secrète créée en 1933, composée de 15 000 hommes au maximum, chargée de lutter contre les ennemis de la communauté nationale allemande et les opposants au régime nazi (F. MC DONOUGH, 2017).
- ***Graecostasis*** : du grec *stasis* qui signifie se tenir debout et du latin *graeco* désignant les Grecs (G. STOUDER, 2018), le terme désigne le lieu, à Rome, où se tenaient les légats grecs venus négocier puis l'ensemble des légats de l'empire.
- **Information** : processus de mise en forme des données par enquête ainsi que leur communication. Elle se produit, s'utilise, se réutilise et se conserve (J.-B. SANTAMARIA, 2018).
- **Mythe** : récit imaginaire dont les faits ne sont pas attestés historiquement. Il transmet oralement des généralités d'ordre philosophique, métaphysique ou social.
- **NKVD** : Commissariat du peuple interne, organisme de l'URSS chargé de « combattre le crime et maintenir l'ordre public ».
- **Secret** : désigne ce que l'on ne peut connaître, ce qui est caché. Par extension, il devient ce qui n'est connu que de peu de personnes et il perd alors son essence.

Chronologie

- **1358** : ordonnance de Compiègne encadrant l'usage du sceau du secret.
- **1405** : Christine de PIZAN rédige un manuel d'éducation à destination des princesses, le *Livre des Trois vertus*, dans lequel elle fait du secret une vertu des princesses qui se doivent d'être d'une grande discrétion en toutes circonstances.
- **1410** : Christine de PIZAN dans le *Livre des faits d'armes et de chevalerie* enseigne au dauphin, le duc de Guyenne, combien l'usage du secret est utile en temps de guerre et légitime la figure du prince manipulateur.
- **1513** : MACHIAVEL dans *Le Prince* (1532) invoque la « raison d'État » pour justifier les entraves au droit et l'usage du secret par le prince.
- **1534** : édit de François Ier pénalisant la compromission avec les ennemis sous peine de crime de lèse-majesté.
- **1563** : édit de Charles IX précisant l'objet des conversations au sujet des affaires de l'État.
- **1576** : Étienne de LA BOÉTIE dans son *Discours de la servitude volontaire* montre que si l'on ne veut pas tomber dans la servitude, il ne faut rien donner au tyran, surtout pas ses secrets.
- **1791 ; 1810** : premier et deuxième code pénal prévoyant de punir de mort ceux qui divulgueraient des informations pouvant porter atteinte à la situation militaire ou politique de la France ou de ses alliés.
- **1946** : création du SDECE en France (Service de documentation externe et de contre-espionnage) qui devient la DGSE (Direction générale de la sécurité extérieure).
- **1949** : publication de *1984* de George ORWELL qui décrit dans une fiction toutes les facettes du pouvoir qui permettent le contrôle des consciences, dont la surveillance.
- **1950** : création de la Stasi, police secrète, d'espionnage et de contre-espionnage de RDA (République démocratique allemande).
- **1952** : création de la NSA (*National Security Agency*), Agence nationale de la sécurité chargée du renseignement numérique et de la sécurité des systèmes d'information du gouvernement américain.
- **1960** : création du SAC (Service d'action civique) pour protéger Charles de Gaulle et son parti.
- **1963** : décret du général de Gaulle portant organisation de la sécurité de défense. La protection du secret de la défense nationale est confiée au secrétaire général de la défense nationale.
- **1978** : loi française relative à l'informatique, aux fichiers et aux libertés.
- **1991** : loi sur les écoutes téléphoniques en France.
- **2001** : *Patriot Act* aux États-Unis.
- **2008** : réforme du renseignement intérieur en France ; apparition de la DCRI (Direction centrale du renseignement intérieur) devenue DGSI (Direction

générale de la sécurité intérieure) qui fusionne le contre-espionnage et les Renseignements généraux.

- **2015** : commission nationale de contrôle sur les techniques de renseignement dans le cadre de la lutte contre le terrorisme en France.
- **2016** : premier rapport public sur le secret de la défense nationale, publié par le SGDSN (Secrétaire général de la défense et de la sécurité nationale) français.
- **2018** : loi française sur l'adaptation de la loi de 1978 au cadre juridique européen. Elle instaure le Règlement général pour la protection des données (RGPD) sur la transparence et l'usage des données et en établissant des sanctions en cas de non-respect des règles.
- **2020 :** annulation de l'accord de 2016 sur le transfert des données personnelles entre l'Union européenne et les États-Unis.
- **2021** : projet de loi «*relatif à la prévention d'actes de terrorisme et au renseignement*» en France; révélations du «Projet Pegasus» induisant un usage abusif de la part de certains États du logiciel espion vendu par l'entreprise israélienne NSO Group.

Les secrets politiques de l'histoire antique

La diplomatie du secret : un usage du secret dans les négociations de la *res publica* romaine à l'Empire (IIe siècle a. è.-Ve siècle p. è.)

Rome, de la République à l'Empire, trouve à son service des diplomates chargés de négocier avec les peuples qui menacent son intégrité. Cette diplomatie secrète peut être analysée, dans un premier temps, à travers le rôle qu'ont joué les relations secrètes dans la construction et la pérennité de l'empire territorial romain sous la République devenue Empire du IIe siècle a. è. au IIIe siècle p. è. Dans un second temps, les IVe et Ve siècles voient la perpétuation de l'usage d'une diplomatie secrète face aux menaces des peuples barbares avec qui l'Empire va devoir négocier après s'être battu, jusqu'à sa capitulation finale.

L'une des premières difficultés pour appréhender la diplomatie secrète, essentiellement orale, en histoire romaine tient à la question des sources. Les sources écrites sont peu nombreuses et proviennent des archives politiques. Ensuite, le mot «diplomatie» n'existe pas et il n'y a ni ambassade ni appareil d'État dédié à la diplomatie à Rome. Les faits diplomatiques sont donc rapportés par des historiographes un ou deux siècles après. Par exemple, Tite Live (59 a. è, 17 p. è.) a transcrit les archives du Sénat et traite d'évènements diplomatiques. Par ailleurs, Polybe au IIe siècle a. è., raconte la rencontre entre *Flamininus*, un général romain et Philippe V de Macédoine en 197 a. è. qui donne lieu à un moment de diplomatie secrète après une méfiance de Philippe V de Macédoine vis-à-vis de Rome et de ses alliés Grecs. Plus tard, en 63 a. è., le secret de la conjuration de Catilina est rapporté par Cicéron dans ses discours appelés *Catilinaires*, puis par l'historien Salluste (*La Conjuration de Catilina,* 43 a. è.). Le complot politique visant à porter au pouvoir le sénateur romain Catilina est révélé par la présence à Rome d'une ambassade d'Allobroges. Ils sont venus du Sud-Est de la Gaule après des décennies de révoltes contre Rome. Arrivés à Rome, ils sont faciles à convaincre de se soulever contre elle. Ils rencontrent les complotistes et doivent porter un message à Catilina. Alors que leur secret a été dénoncé auprès de Cicéron, celui-ci les fait arrêter et leurs messages sont interceptés. Les noms des conjurés sont livrés et le secret levé. Ainsi à Rome, il demeure toujours une méfiance vis-à-vis des ambassadeurs. Ce sont des diplomates qui à l'origine sont des prêtres ou des légats. Les premiers font entrer les dieux dans les négociations et peuvent les utiliser comme caution ou moyen de pression, alors que les seconds négocient la diplomatie formelle et informelle avec les puissances de l'empire ou de l'extérieur. Pour exemple, lorsque les Romains négocient avec les Grecs, ils parlent d'égal à égal. À ce titre, le général *Flamininus* mène une politique philhellénique qui se retrouve à Rome où un lieu de négociations s'installe progressivement. Il s'agit du *graecostasis* situé sur le *forum* près du *comitium* où les affaires diplomatiques sont discutées. Cet espace est progressivement approprié par les Romains alors que des négociateurs grecs s'y tenaient. Progressivement, ce sont des légats de tout le pourtour du bassin méditerranéen qui se rendent à Rome et il devient le symbole de la puissance diplomatique de Rome (G. STOUDER, 2018). C'est sans doute le lieu dans lequel des secrets ont été prononcés, mais aussi où la pratique de la négociation se formalise progressivement.

À l'époque tardive, les récits de *Priscus*, historien du Ve siècle p. è. ayant participé à des ambassades auprès du roi des Huns Attila, montre que tout un personnel est chargé de négocier. Des démarches officieuses ont permis de déjouer un complot contre Attila en 449. La diplomatie secrète est tout autant celle qui crée des secrets que celle qui les déjoue. Au Ve siècle la menace des peuples considérés comme « barbares » par les Romains pousse les légats à négocier avec eux. À la différence des populations qui jusque-là étaient dans l'orbite de Rome, les « barbares » sont des peuples avec qui Rome se battait et n'avait pas pour habitude de négocier. D'ailleurs, jusqu'au IVe siècle la diplomatie dépendait de la guerre. Ensuite, les empereurs se chargent de la diplomatie au sein même de leur palais. Avec la christianisation de l'Empire, elle se complexifie. Les évêques tiennent une place importante dans les négociations face aux envahisseurs potentiels. En Occident, l'Empire perd ses structures et lorsque Attila assiège une cité il ne reste plus que les évêques comme interlocuteurs. Pour contrer leurs pouvoirs, les empereurs tentent de placer des proches de leurs *gens*[1], de leur famille, qui leur sont fidèles. Les rois barbares qui assiègent des villes s'installent et restent parfois plusieurs années. La négociation devient alors permanente avec les évêques. C'est d'ailleurs ce qui permet à certains d'entre eux d'accéder à la sainteté. Au VIe siècle, les hagiographies témoignent de ce type d'actions politiques récupérées. C'est le cas de Saint Aignan, évêque d'Orléans, ayant défendu les habitants face à Attila, roi des Huns en 451. Dans les négociations secrètes avec les envahisseurs, les évêques ont la capacité de sortir du rapport de force et de se présenter seuls, en tant qu'hommes de Dieu. La diplomatie secrète permet parfois la pacification et l'acceptation des frontières face à la venue d'envahisseurs qui menacent l'empire de Rome. L'idéologie d'un empire sans

1. La *gens* désigne, dans l'Antiquité romaine, les membres d'une famille portant le même nom.

frontières s'étiole face à la réalité de la diplomatie où les peuples mettent en place des frontières (A. BECKER, 2018).

La diplomatie romaine use du secret comme d'un outil de politique interne et externe au sein d'un empire dont les frontières s'étendent puis se rétractent face aux menaces des peuples envahisseurs ou souhaitant leur autonomie. De la République à l'Empire le secret reste un usage de la vie politique mais pas le seul rouage. La monarchie s'en empare également, à l'exemple de la France et de la Bourgogne médiévales.

Les secrets politiques de l'histoire médiévale

Le secret comme mode de gouvernement et outil d'analyse de l'exercice du pouvoir par le prince (XIe-XVe siècles)

Du Moyen Âge à l'époque moderne, la gestation de l'État moderne accompagne le développement d'un nouvel appareil d'État qui renforce l'usage du secret par le prince. En diplomatie, le secret se fait l'instrument de la puissance du prince alors que dans l'exercice quotidien de son pouvoir il doit l'apprivoiser et le partager avec un cercle de confiance (J.-B. SANTAMARIA, 2018).

Les fondements administratifs et intellectuels de l'État moderne apparaissent au Moyen Âge. Le secret s'installe dans la pratique du pouvoir. Utilisé en diplomatie, le secret devient un instrument de la puissance du prince. Il sert à faire la guerre et mener des actions secrètes. La diplomatie doit être entendue comme l'ensemble des négociations entre les puissances au Moyen Âge, mais le terme n'apparaît qu'au XVIIIe siècle. La guerre de Cent Ans (1337-1453) révèle la nécessite de maîtriser les secrets de l'adversaire et de conserver les siens. La maîtrise de l'information est au cœur des rivalités franco-bourguignonnes. Sur le champ de bataille, le prince doit montrer son honneur et utiliser le secret. L'espionnage, la ruse et le secret font partie intégrante de l'art de la guerre. Le traité de Végèce, considéré comme l'« oracle militaire de l'Occident », détermine la stratégie militaire médiévale et insiste sur le nécessaire secret des plans du roi qui ne doivent pas parvenir à ses hommes. Le prince doit se méfier de ses troupes qui pourraient livrer des informations à l'ennemi. Réciproquement, il doit anticiper les attaques secrètes et mener des actions « couvertes ». La ville d'Arras, par exemple, a été prise après un siège en 1414 par les gens du roi grâce à cette tactique. La « guerre couverte » et clandestine est une stratégie qui passe aussi par le fait de faire avancer ses hommes sans découvrir leurs armes (J.-B. SANTAMARIA, 2018). Outre la guerre, c'est dans le champ politique que le secret trouve une nouvelle légitimité.

Le pouvoir du prince a sa part de secret. Il pratique le secret à une époque où, corrélé au savoir et au sacré, il permet de répondre aux défis de l'apparition de l'écrit et de l'établissement de l'impôt permanent face à la guerre quasi-continue, matrice de l'État moderne. Ainsi, le prince ment sur son budget, enterre ses trésors pour financer la guerre et utilise des pièces spécifiques comme les chambres de retrait pour partager ses secrets. Cependant, le prince se méfie de son entourage. Ainsi, par exemple, Saint Louis (1214-1270) utilise un escalier secret pour retrouver son épouse à l'insu de sa mère Blanche de Castille. Il devient urgent de protéger les secrets du prince car une sphère publique de débat est en train de s'ouvrir. La nature du pouvoir royal étant associée au secret, ses fidèles doivent le conserver. Avec qui le roi partage-t-il ses secrets ? C'est au sein de la cour que le prince trouve ses confidents. Elle compte 700 à 800 personnes à l'époque de Charles VI (1368-1422). Il est donc difficile de garder les secrets même si la cour est obligée de les occulter. Le prince doit alors se gouverner et gouverner sa maison, l'éthique, l'économique (science du foyer) et la politique découlant l'une de l'autre. C'est avec un groupe restreint que le roi partage ses secrets : des membres de l'hôtel et des officiers (au nombre 234 à 1030 entre 1426 et 1474). Un réseau nobiliaire de chambellans et des valets d'origine roturière servent dans le secret. Le roi n'a pour autant aucune obligation à partager ses secrets. Pour celui qui les reçoit, il s'agit d'un honneur. Le prince n'a à rendre de comptes qu'à Dieu. Ainsi, il ne livre pas les affaires publiques à tout le monde. Il les partage avec ses fidèles pour avoir leurs conseils. Il s'agit là d'une vision élitiste du pouvoir. Quelques figures chez les Valois incarnent par exemple cette pratique du secret : Louis XI (1423-1483) construisait lui-même des intrigues, alors que la correspondance entre le duc de Bourgogne Philippe le Bon (1396-1467) et Charles d'Orléans (1394-1465) calomniait Charles VII (1403-1461) sans pour autant révéler les secrets qui pouvaient émaner de la rumeur à son sujet. En revanche, le roi est le seul dépositaire du secret. Il doit recevoir les révélations de ses serviteurs et officiers qui prêtent serment. Aussi, le prince doit-il être éduqué au secret comme un art de gouverner en perçant les secrets et en gardant les siens. Cependant, ses serviteurs gardaient-ils réellement son secret ? Jean sans Peur (1371-1419) a fait emprisonner et conduire en Flandres Lourdin de Saligny soupçonné de livrer ses secrets à ses adversaires. L'exil est la peine pour ceux qui trahissent le prince. À l'inverse, Jeanne d'Arc a fait montre de fidélité. Lorsque ses juges à Rouen lui demandent le message qu'elle a délivré au roi, celle-ci leur répond « *Allez donc lui demander* » (C. BEAUNE, 2004). Le secret apparaît ainsi au cœur des rapports de puissance (J.-B. SANTAMARIA, 2018).

Le secret a cependant ses limites. Des dangers existent pour le roi à divulguer ses secrets, notamment par rapport à ses mignons. Sa sexualité, sa piété, son corps doivent être protégés, ainsi que son « humanité ». Laisser voir ses émotions et faiblesses serait pour le roi une erreur politique. De la même manière, sa mort peut être masquée. Une mort au champ de bataille pourrait démobiliser les soldats du prince. Quant au domaine administratif, le prince ne doit pas écrire ses secrets, notamment quant à la gestion de ses finances. Bien qu'il pratique l'usure et confectionne des budgets sur mesure, il doit se montrer aisé, généreux et cultiver le secret auprès d'une administration grandissante. De plus, le risque peut être élevé pour le roi de partager ses secrets avec ses courtisans ou valets. Charles d'Orléans a risqué d'être empoisonné par son écuyer et le roi de Naples, André de Hongrie (1327-1345), est assassiné par ses chambellans. Pire, le roi pourrait passer sous la domination d'un courtisan cherchant à l'influencer. C'est le cas des Marmousets de Charles VI qui tendent à confisquer la réalité du pouvoir. Au XVe siècle, la figure du mignon (qui n'a pas encore le sens sexuel qu'il prend à l'époque moderne) est fustigée pour son accès à la part privée du prince et à ses secrets. Ces officiers sont réprimés à travers les campagnes de Charles VI contre les Marmousets entre 1388 et 1400. Aussi, le prince peut trouver à être contesté à travers l'exercice de la justice. Nombre d'enquêtes et de procès sont tenus secrets. Le secret sert à protéger l'appareil d'État et le pouvoir (J.-B. SANTAMARIA, 2018). À l'époque moderne, cet usage du secret se perpétue. Louis XIV a dissimulé les secrets de son règne. Sa justice nie les procédures et s'appuie sur la manipulation des dossiers, l'usage des lettres de cachets, la surveillance et l'espionnage (L. BÉLY, 2013). Aux limites du secret se trouve ainsi le soupçon. Si l'État connaît parfaitement ses sujets, alors qu'il se tient lui-même dans un secret absolu, il s'agit d'une tyrannie telle qu'elle est définie aux XVIIIe et XIXe siècles dans la dénonciation de la « raison d'État ». Le secret n'est plus le domaine réservé du prince. Il investit la famille, les métiers ou les villes et devient le « bien commun » d'une collectivité qui impose la transparence entre ses membres et le secret vis-à-vis des non-membres. La justice du roi s'immisce dans les archives privées, les villes voient leurs comptes contrôlés et les parlements luttent contre les secrets seigneuriaux et ecclésiastiques. Les secrets de Dieu demeurent l'ultime frontière du secret que le prince ne franchit pas. Dès lors, le secret est de plus en plus contesté avec la formation d'une opinion publique contre la censure et l'éloge du prince manipulateur et dissimulateur dresse un pont entre le secret et le mensonge. « *Le Moyen Âge ouvre ici la voie à toutes les fourberies de la Modernité* » (J.-B. SANTAMARIA, 2018).

Les usages politiques du secret perdurent à l'époque moderne. RABELAIS conforte la monarchie dans cet usage en reprenant le précepte biblique selon lequel « *il est bon de receler le secret du roi* ». La pratique du secret reste attachée au Moyen Âge, puis à l'absolutisme. Aujourd'hui le secret est mis à mort et reste associé à des dérives totalitaires, même s'il est d'usage en démocratie.

Les secrets politiques de l'histoire contemporaine

Le secret au service de la Terreur en régime totalitaire

Les régimes totalitaires installent une politique de Terreur et d'encadrement des masses grâce à la mobilisation de puissants instruments du secret. Au sein du régime nazi, la Gestapo est un exemple de police secrète ayant pratiqué la surveillance et gardé nombre de secrets inavouables. Les secrets du système concentrationnaire, s'ils existent au sein du nazisme, trouvent aussi une application dans le cadre du goulag stalinien. À la recherche de ces traces effacées et du silence du passé, Franck MC DONOUGH (2017) et Nicolas WERTH (2008, 2016) ont dressé l'histoire de ces policiers ordinaires qui basculent dans la violence de la Gestapo et celle du goulag où les pratiques les plus atroces des hommes émergent grâce à l'enquête historique.

Le fonctionnement de la Gestapo, police secrète nazie, revêt sa part de mythes et de secrets. L'un de ces premiers mythes tient à l'idée d'une police agissant sur ordres alors que les citoyens allemands l'ont admise et ont participé à ses opérations.

Un opposant doit se méfier de chacun de ses amis, voisins ou collègues qui peut être impliqué dans les intrigues de la Gestapo. La chasse aux opposants, communistes, juifs, etc., nourrit les règlements de comptes familiaux et les jalousies entre voisins. Alors qu'Hannah ARENDT (1951) défend l'idée que le but de la Gestapo n'est pas tant de chercher à élucider les crimes commis, mais de réprimer les mécontentements dans un totalitarisme fondé sur la toute-puissance d'HITLER et une société allemande embrigadée par la propagande nazie, la réalité est que le régime nazi était populaire. Ceux qui adhéraient au régime bénéficiaient d'une grande liberté individuelle. Une rupture historiographique accompagne cette analyse. D'une histoire « par le haut » centrée sur HITLER, une histoire « par le bas » présente HITLER comme un « dictateur faible » (M. BROSZAT, 1969) au regard des querelles de pouvoir existantes. Le nazisme apparaît plus totalitaire en théorie qu'en pratique. HITLER faisait exécuter des politiques radicales que d'autres ont déjà mises en place par ailleurs. Les relations entre la Gestapo et la population montrent que la police secrète n'a rien d'une « police de la pensée » comparable à celle imaginée par G. ORWELL. Elle n'a pas assez d'hommes pour espionner chaque individu : ce sont tout au plus 15 000 officiers qui ont commis les crimes de 66 millions d'Allemands. Ainsi, le deuxième mythe est lié au fait que les membres de cette police sont perçus comme des fanatiques nazis brutaux et violents alors qu'à l'origine ce sont des policiers ordinaires. Ils basculent dans la violence lors de la traque des opposants nazis. Or, ces officiers sont rentrés dans la police avant même l'accession d'HITLER au pouvoir et leurs enquêtes s'appuient sur des dénonciations de la population. Ces dernières sont autant de secrets à garder afin d'éviter les poursuites, qui pouvaient survenir dans l'après-guerre. Aussi, elles ont joué un rôle dans 57 % des dossiers de condamnation (R. GELLATELY, 1990). La plupart des Allemands, définis par les nazis comme de « bons » citoyens, n'avait rien à craindre de la Gestapo. Celle-ci n'agit en rien en dehors de la loi. Elle suit des normes juridiques très strictes. Mais, avec la fin de la guerre, elle devient de plus en plus brutale. La Gestapo a aussi ses propres secrets et notamment celui de l'usage de la torture. À titre d'exemple, le pasteur évangéliste protestant Paul SCHNEIDER a été dénoncé pour ses sermons anti-SA dès 1933. En 1934, il est alors jugé « politiquement peu fiable » par la hiérarchie de l'Église protestante mais, il continue de s'opposer au « renouveau spirituel » voulu par les nazis. Il est emprisonné à cette même date puis libéré sur pétition des habitants de sa paroisse. En 1937, la Gestapo reçoit douze signalements, établis entre 1935 et 1936, de propos, tenus par Paul SCHNEIDER, hostiles au régime nazi. Il se voit interdit de résider et de prêcher dans toute la Rhénanie. Cependant, il poursuit ses sermons critiques et il est de nouveau emprisonné à Coblence, puis au camp de concentration de Buchenwald en 1938. Toutes les tortures, humiliations, coups et mauvais traitements ne viennent pas à bout de son combat. Face à sa résistance, le commandant du camp décide de le libérer à condition qu'il ne retourne pas dans sa paroisse et qu'il cesse de prêcher, ce que Paul SCHNEIDER refuse. Il est finalement assassiné le 18 juillet 1939 après cinq injections létales de strophantine. Son épouse et ses enfants n'ont alors pas eu le droit d'ouvrir le cercueil renfermant le secret d'un corps mutilé par la torture. L'histoire a permis de révéler les secrets d'une police agissant dans l'ombre (F. MC DONOUGH, 2017).

Le régime concentrationnaire fonctionne également grâce à son lot de secrets. Dans le cas soviétique, c'est l'écrivain Alexandre SOLJENITSYNE qui révèle l'existence du goulag en 1973 en publiant *L'Archipel du goulag*. Il a analysé les prisons et camps staliniens, les transferts de populations, les déportations, ainsi que la psychologie comportementale des geôliers et de leurs victimes. Livrer le secret de ce qu'il a vécu au goulag est pour lui une manière de résister. Dès 1933, débute la déportation de milliers « *d'éléments déclassés et socialement nuisibles* » en provenance de Moscou et de Leningrad vers une île près du confluent de l'Ob et de la Nazina, à 900 kilomètres au Nord de la ville sibérienne de Tomsk. Elle est surnommée « l'Ile-Mort » ou « l'île aux cannibales ». En 2002, la publication des documents de la commission d'enquête, diligentée en septembre 1933 par le Comité régional du Parti communiste de Sibérie occidentale, permet de reconstituer l'engrenage ayant conduit à cette « *déportation-abandon* » et de mieux comprendre le fonctionnement au niveau local du système des « *peuplements spéciaux* », mis en place dans l'urgence au début des années 1930. Comment cet évènement s'inscrivait-il dans la politique de déportations massives entreprises depuis plus de trois ans par le régime stalinien dans le cadre de la « *liquidation des koulaks en tant que classe* » ? Le récit du Département des peuplements spéciaux de la branche sibérienne du Goulag témoigne que, pour lui, n'était « *extrême* » que le comportement des « *déclassés* » eux-mêmes, véritable « *lie de l'humanité se livrant au cannibalisme* » dont il livre le secret. Une fois les déportés arrivés dans ces régions inhospitalières de Sibérie, ils tentaient de fuir ; ils étaient affamés. Les gens mourraient partout et ils se tuaient les uns les autres d'après le récit d'une vieille paysanne ostiak installée avant l'arrivée des Russes en Sibérie. Elle raconte que sur l'île, un des gardes faisait la cour à une belle jeune fille qui avait été amenée là. Un jour qu'il devait s'absenter, il avait demandé à un camarade de la surveiller, mais ce dernier n'a rien pu faire : « *Des gens l'ont attrapée, attachée à un peuplier, on lui a coupé la poitrine, les muscles, tout ce qui se mange, tout, tout... Ils avaient faim, il faut bien manger* ». Des montagnes de farine avaient été apportées de part et d'autre du fleuve pour nourrir les gens mais personne ne savait ce qui en était fait. Les paysans, les koulaks et les condamnés déplacés répondaient à un plan utopique de colonisation des régions vierges de Sibérie et du Kazakhstan. Son extrême brutalité apparaît dans le fait que les deux tiers des déportés sont morts de faim, d'épuisement et de maladie dans les semaines qui suivirent leur abandon. Cette situation débouche sur des transgressions telles que le cannibalisme et la nécrophagie. Ceci révèle un climat de violence et de régression qui gagne certains espaces soviétiques au début des années 1930. Ceux-ci sont bouleversés par les déportations et les exodes massifs de populations frappées par les disettes devenues endémiques, en proie au banditisme rural et à la criminalité urbaine. La Sibérie devient un véritable *Far East* soviétique, lieu de déportation et d'assignation à résidence d'exclus de la société socialiste en train de s'édifier à la fois en région-frontière et région-poubelle mais aussi comme lieu de relégation et de secret. Cette politique soviétique répond à un processus de radicalisation meurtrière et à une volonté d'opérer un nettoyage social. La Sibérie occidentale est exemplaire dans ce processus qui, lors de la Grande Terreur de 1937-1938, conduit à l'arrestation de 1,5 million de personnes dont 800 000 d'entre elles sont fusillées au total. La Sibérie occidentale reçoit 30 000 déportés durant cette période et connaît 50 000 exécutions, faisant de la région « *la plus grande île aux morts de l'archipel soviétique* » (N. WERTH, 2008, 2016). Les secrets de cette Grande Terreur ont aussi été livrés par l'image à travers l'exposition qui lui a été consacrée à Moscou en 2014 à partir des photographies de Tomasz KIZNY. Celle-ci montre la « Nécropole de la Terreur » à travers les lieux d'inhumation collective, les polygones d'exécution dans toute la Russie, les prisons du NKVD et des témoignages. Le photographe s'est heurté au problème des traces qui disparaissent : de retour sur les lieux des camps, il a l'impression « *que la tribu des zeks*[1] » décrite par Alexandre SOLJENITSYNE a disparu. Les rares vestiges sont étranges et ambivalents. Il reste davantage de traces de la Shoah que du Goulag. Il n'y a pas de monument d'État en Russie à la mémoire des victimes de la terreur d'État. On trouve des signes commémoratifs, des croix mais ils n'indiquent pas d'où viennent les victimes. En Allemagne, c'est différent car elle a perdu la guerre et des photographies ont immédiatement été faites mettant la réalité sous les yeux de tous (T. KIZNY, 2016). Si l'histoire, les arts, la littérature ont permis d'exprimer ces secrets, un travail judiciaire reste à poursuivre. Nicolas WERTH, sur *La route de la Kolyma,* a recueilli des témoignages sur les membres de l'administration du goulag qui ne sont toujours pas présentés comme des criminels alors qu'ils devraient être publiquement condamnés (N. WERTH, 2016).

Face à l'étude des systèmes totalitaires, l'histoire a conservé toute sa raison d'être car de nombreux secrets restent à être levés par le travail des historiens.

De l'usage du secret à la promotion de la transparence à l'ère des communications dans les démocraties contemporaines

La démocratie, même si elle a accompagné la moralisation de la vie politique et ouvert la voie à plus de transparence, n'en reste pas moins marquée par la pratique du secret. Celui-ci apparaît à travers la surveillance secrète des citoyens, aux États-Unis par exemple. Il est aussi utilisé par les services de renseignements en France. À cela s'ajoutent les usages du secret des données et la question du piratage sur Internet. Cependant, le secret peut aussi être vu positivement et accompagner les pratiques démocratiques, à l'exemple du vote.

La démocratie s'installe progressivement en France après la Révolution française de 1789. Son exercice passe par le vote qui, à ses débuts, est collectif. Lors des premières élections communales au suffrage universel masculin, Alexis de TOCQUEVILLE décrit le cortège de paysans se rendant aux urnes le 23 avril 1848. Tous les hommes d'une même commune partent, en groupe, conduits par le maire. Une assemblée permet, avant leur départ, de dresser la liste des candidats et les bulletins de vote sont distribués sur le trajet. Les journaux insistent sur le bon déroulement de ce premier vote avec 83,9 % de suffrages exprimés. Cependant, il y a bien eu des débordements. Les élites craignaient les « classes laborieuses » et leur accès au vote. Elles exercent ainsi sur ces classes des pressions, n'hésitant pas à invalider, pour fraude, un vote qui leur serait défavorable. Le vote se fait sous le regard des notables et du groupe. Ainsi, il est communautaire et n'a rien d'individuel ni de secret. Dans une volonté de moralisation du vote, et parce que le notable conduisant les électeurs

1. Détenus.

munis d'un seul bulletin de vote n'est plus acceptable à la fin du XIXe siècle, la volonté d'introduire les instruments du secret du vote apparaît. Ce secret est alors mal vu et raillé par de nombreux députés risquant de perdre les élections. Entre 1889 et 1913 de nombreux débats et rejets accompagnent l'élaboration de la loi visant à introduire l'isoloir et l'usage de l'enveloppe lors des élections en France. Ce procédé existe déjà en Australie depuis 1857, au Royaume-Uni depuis 1872, en Belgique depuis 1877 et aux États-Unis depuis 1891. En France, il faut attendre la loi de 1913 pour introduire l'isoloir dans toutes les élections. L'urne, quant à elle, est d'abord opaque pour assurer le secret du vote avant l'introduction de l'enveloppe en 1914. Les lois de 1923-1924 obligent, quant à elles, l'utilisation de bulletins standardisés et disponibles au bureau de vote pour éviter leur invalidation. Même si le « *temps des notables s'éloigne* », les députés s'élèvent contre l'isoloir et moquent cette pratique. Ainsi, par exemple, Jean SÉNAC, élu radical du Gers en 1907, dénonce qu'« *il s'y passera des choses…* ». L'isoloir renvoie à tous les fantasmes : il est qualifié « d'alcôve », comparé à une « cabine de douche » ou à un « cabinet d'aisance ». D'autres disent craindre que l'électeur fragile ne confonde le bulletin et la carte d'électeur, ou rient des paysans aux doigts malhabiles qui ne pourront pas mettre le bulletin dans l'enveloppe. L'isoloir est même suspecté de pouvoir transmettre des maladies. Alors, les notables restent unis pour défendre le vieux système qui assurait leur prééminence. Mais les députés de gauche, les socialistes, ont défendu la nécessité d'assurer le secret et la sincérité du vote, tout en diminuant la pression sociale sur le vote des classes populaires. Les premières élections avec isoloirs se déroulent sans problème dans la cour de l'école ou de la mairie. Cependant, l'isoloir reste tourné en dérision alors même que les femmes obtiennent le droit de vote en 1944 ; les plus sarcastiques craignent qu'elles ne confondent l'isoloir avec une cabine d'essayage. Le secret du vote a marqué une étape de l'émancipation des électeurs et l'individualisation du vote avant que la transparence du vote ne redevienne une vertu avec l'introduction de l'urne transparente par la loi du 30 décembre 1988 en France (M. LARRÈRE, 2018). Le secret du vote, comme des délibérations, autorise une mise en jeu du pouvoir. Il permet également aux citoyens d'accéder au processus décisionnel et garantit le fait d'échapper à la communication et à l'information qui définit le pouvoir dans la société politique. Par le secret, toute une part du politique se soustrait au débat (B. LAMIZET in A. WRONA, E. SEIGNOBOS [dir.], 2017).

La transparence est bien au cœur des enjeux auxquels la démocratie doit faire face car elle émane d'une forte demande sociale alors que le secret est un mode de gouvernement. En matière de renseignement et de surveillance, les démocraties font usage du secret. Aux États-Unis, par exemple, au début du XXe siècle, la démocratie emploie des agents secrets. Il s'agit alors de produire un savoir sur les citoyens américains. Ce n'est pas une exception américaine et les États-Unis commencent plutôt tard à pratiquer la surveillance par rapport à d'autres pays occidentaux. Il y eut des préludes à la surveillance dans un contexte colonial aux Philippines à la fin du XIXe siècle et à Cuba au XXe siècle, mais c'est avec la Première Guerre mondiale et la montée des périls que les États-Unis développent des méthodes de surveillance des populations à des fins politiques. Alexandre RIOS-BORDES a fait une thèse sur le secret aux États-Unis et publie des données sur la surveillance des populations américaines de 1900 à 1941.

Cette dernière date ne tient pas au fait que la surveillance s'arrête alors, mais au fait que les archives ne sont pas accessibles après cette date. La surveillance a toujours lieu dans la société américaine. Il s'agit alors d'en comprendre les origines. En 1917, dans un contexte de « guerre moderne », une réflexion s'engage sur le gouvernement interne et le système productif à protéger des « ennemis de l'intérieur ». Le profil « d'ennemis potentiellement objectifs » apparaît pour désigner le potentiel, en temps de guerre, de présence de personnes au service de puissances étrangères. Ainsi, le devoir de surveillance est de nature militaire. Pour l'étudier, la difficulté tient au fait que les documents sensibles ont été détruits et que beaucoup d'échanges se sont faits oralement. Il ne reste que les *Daily graphs* (échanges administratifs quotidiens) qui révèlent la peur des Américains de tomber dans la « prussisation » ou la « bolchévisation » du régime. Cette surveillance secrète serait à l'époque perçue comme un scandale si elle était découverte. Sont alors visés les activistes, les groupes sensibles à la subversion et toute la population. L'armée recrute pour cette tâche des militaires, d'anciens policiers ou détectives afin d'écouter les réunions, lire les journaux. Ils sont convaincus de la légitimité de leur travail et que leur mission est supérieure car elle est secrète. Ce qui se met alors en place dans le contexte de Première Guerre mondiale demeure jusqu'à aujourd'hui. En temps de paix, ce qui justifie cette surveillance c'est que la guerre est une potentialité permanente. De plus, aujourd'hui les intérêts américains à l'extérieur croissent et une révolution intellectuelle s'opère puisqu'au nom de la guerre, il est désormais admis que l'on se préoccupe de l'attitude des citoyens américains en temps de paix. Cependant, cette mission a pu être perçue comme illégitime et, à l'extérieur, les États-Unis ont longtemps nié son existence. Le lien de confiance entre l'État et les citoyens est ainsi rompu. Cependant, cette vision a changé depuis les attentats du 11 septembre 2001 et la transformation des menaces. La surveillance devient légitime (A. RIOS-BORDES, 2018).

En France, avant que la question de la légitimité du renseignement ne soit posée, celui-ci est pratiqué. Il est le fait des services officiels de la République ou de services d'ordre parallèles. Ainsi par exemple, il existe à la fin de la Deuxième Guerre mondiale un service d'ordre du RPF afin de sécuriser les *meetings* gaullistes. Sous la Ve République ce service d'ordre devient le SAC : « *sortant de treize ans d'opposition politique où ils n'ont dû compter que sur eux-mêmes pour protéger leurs réunions publiques, les gaullistes ont pris des habitudes. Il subsiste chez eux une certaine méfiance à l'égard d'une police qui les avait réprimés et espionnés sous la IVe République et dont ils ne sont pas encore sûrs politiquement à l'automne 1958. La création du SAC* […] *s'inscrit dans ce climat de suspicion* » (F. AUDIGIER, 2018 cité par A. LORRIAUX, slate.fr, 26 juillet 2018). Il s'agit alors pour des proches et fidèles du général de Gaulle d'assurer sa sécurité et de soutenir son action politique. Les missions premières du SAC, créé en 1959, ne sont pas le renseignement, mais l'action de terrain et le soutien à la campagne du général de Gaulle. Le SAC appartient à un réseau d'associations, de syndicats, d'individus qui se retrouvent dans le gaullisme d'ordre et organisent l'opposition au communisme dans un plan organisé et secret de sédition. Ce sont les évènements de Mai 68 qui réveillent cette mouvance gaulliste en opposition à la contestation montante. Ainsi, à la rentrée 1968, autour de Jacques FOCCART, conseiller élyséen de ses réseaux et du SAC, un système de vigilance et d'action double le système officiel de surveillance et de répression (F. AUDIGIER, 2012). Le SAC est finalement dissout en 1981. D'autres systèmes de sécurité constitués de proches des présidents de la République apparaissent ensuite. Avec l'alternance de 1981, le GSPR, rattaché au SDLP, est chargé de la surveillance du président et de sa famille. Dès 1982, un système est mis en place car, selon Alain LE CARO, commandant du GSPR, cela « *correspondait à un contexte de menaces terroristes* » durant le premier mandat de François MITTERRAND. Des policiers, la sécurité du président passe ainsi aux gendarmes. Alain LE CARO ajoute : « *très vite, j'ai découvert un autre pan de ma mission, la protection des secrets de sa vie privée. On avait atteint un degré d'intimité très grande.* [...] *Le terme "mousquetaire du président" donne bien l'ambiance dans laquelle on travaillait. Le GSPR n'avait plus de compte à rendre à personne à part au président. Il ne dépendait plus du ministère de l'Intérieur, nous étions vraiment détachés de la gendarmerie* ». Au même moment, après l'attentat de la rue des Rosiers du 9 août 1982, François MITTERRAND installe une cellule antiterroriste à l'Élysée. Elle place de nombreuses personnalités sur écoute, comme Edwy PLENEL qui enquête sur l'affaire du *Rainbow Warrior* (*Libération*, 27 juillet 2018). La cellule fiche 1 300 personnes et l'affaire est révélée en 1993 par le journal *Libération*. L'implication directe du président est démontrée et sept prévenus sont condamnés en 2008 par la Cour de cassation (slate.fr, 26 juillet 2018). La mémoire de ces services d'ordre ressurgit au moment de l'affaire BENALLA en 2018. Le président Emmanuel MACRON, qui souhaitait moraliser la vie politique, se trouve impliqué dans celle-ci ; le chargé de mission auprès de l'Élysée, ayant commis des actes de violence lors du 1er mai 2018 à Paris, éveille les soupçons face au manque de réaction de l'État à son égard. Cette dernière affaire alimente à nouveau le sentiment de défiance des citoyens français envers Emmanuel MACRON qui, dans les médias, endosse sa part de responsabilité : « *Le seul responsable, c'est moi !* » (*Le Monde*, 26 juillet 2018). Cet épisode est cependant difficilement comparable aux actions du SAC ou du GSPR, mais il montre la difficulté de mêler à la protection officielle du président une protection parallèle : « *Le mélange des genres peut se comprendre dans une logique strictement politique : on part du principe que quelqu'un qui est proche politiquement du chef de l'État et qui, par sa proximité de chaque instant avec le président est à même d'accéder à certains secrets et potentielles zones d'ombre, se montrera plus fidèle et plus sûr qu'un simple policier tenu à la seule réserve professionnelle. Mais ce garde du corps militant, peut aussi, précisément parce que son lien au chef de l'État ne se limite pas à un simple engagement professionnel et tient aussi à l'affectif et au politique, dépasser certaines limites et basculer dans l'hybris. Un risque d'autant plus grave qu'il aura bénéficié longtemps de passe-droits en raison de son double statut ambigu et de la volonté de certains de plaire au chef de l'État en fermant les yeux sur les dérives de ses proches* » (F. AUDIGIER cité par A. LORRIEUX, slate.fr, 26 juillet 2018). Les contextes sont différents et le rapport à la violence politique a changé (F. AUDIGIER, slate.fr, 26 juillet 2018).

En outre, il existe, en démocratie, un usage du secret au service de la défense. En restant sur le cas français, se pose la question de la légitimité du secret de la défense nationale. En effet, il existe trois niveaux de secret depuis 1981 :

- *Confidentiel Défense*
- *Secret Défense*
- *Très Secret Défense*

Chaque niveau de protection est proportionnel au risque encouru par la diffusion des informations couvertes. Aussi, documents et supports sont marqués de l'une de ces classifications afin de leur accorder une protection juridique, de mettre en œuvre une conservation spécifique ou d'engager diverses poursuites vis-à-vis des personnes qui les auraient compromis. L'histoire des XXe et XXIe siècles a permis de déterminer les contours du secret de la défense nationale, notamment à travers les usages du renseignement militaire et du renseignement d'intérêt militaire. En effet, le renseignement s'est trouvé au service de l'ingérence, de l'influence, de l'intoxication, du sabotage, de l'espionnage ou du contre-espionnage en toile de fond des guerres contemporaines. Plus récemment, la guerre secrète menée par le renseignement investit les champs du contre-terrorisme et de l'anti-terrorisme (O. FORCADE, 2019). Ainsi cerné le secret de la défense nationale permet de faire évoluer la définition du secret de l'État et de le légitimer comme garantie de la sérénité et de la solidité de la démocratie. Ainsi, le secret de la défense nationale semble indispensable à la sauvegarde des intérêts fondamentaux (O. BRUN, M. CHAMPION, 2019).

Au XXIe siècle, ce n'est pas par ces pratiques secrètes internes que la démocratie semble menacée, mais peut-être bien par sa difficulté à conserver les secrets. Elle se heurte au développement du numérique qui la rend obsolète et impose une dictature invisible. L'espionnage n'est plus seulement le fait de l'État démocratique, il est pratiqué par les GAFA (Google, Apple, Facebook et Amazon) *via* Internet, les smartphones et autres objets connectés qui livrent des milliards de données privées. La « révolution numérique » entamée risque de conduire à la disparition de la vie privée, à l'impossibilité de garder tout secret. L'individu se trouve mis à nu, non plus à des fins politiques, mais dans un but économique pour servir les intérêts des firmes multinationales qui récupèrent les données personnelles. Les GAFA sont les « *sociétés du septième continent* » symbolisant aujourd'hui l'hyperpuissance américaine. Patri FRIEDMAN, ancien ingénieur chez Google, considère le gouvernement comme une « *industrie inefficace* » et la démocratie comme « *inadaptée* ». Pour lui, elle rend l'usage des données personnelles obsolète et freine le progrès. Il a élaboré en 2008 un projet de « *villes nations flottantes* » échappant à la souveraineté des États. Quel est alors l'avenir de la démocratie, de l'État-nation et de la classe politique ? La question est pertinente lorsque l'on sait que voter n'aura plus aucune signification alors même que les GAFA seront capables en temps réel de connaître les réactions des individus à toute proposition. Que dire du rôle de l'État face à sa difficulté à exercer auprès des GAFA une de ses principales prérogatives qui tient à la levée de l'impôt ? Les GAFA qui opèrent en France paient leurs impôts au Luxembourg ou en Irlande (M. DUGAIN, C. LABBÉ, 2017). En France, la réforme de l'État initiée en 2014 tente de répondre à ces enjeux en s'orientant vers une « administration numérique » et un « gouvernement ouvert ». L'ouverture numérique engagée permet à la France d'être classée leader européen de l'*open government* par l'ONU. Elle fait partie des pays où les données publiques sont les plus ouvertes (C. OGER in A. WRONA, E. SEIGNOBOS [dir.], 2017). La transformation numérique de l'État implique l'apparition de nouvelles élites administratives et de lutter contre la « déconnexion des élites » (L. BELOT, 2015 *in* A. WRONA, E. SEIGNOBOS [dir.], 2017). Ainsi, toutes les données collectées *via* Internet par les GAFA réduisent l'imprévisibilité du monde grâce aux calculs de statistiques et de probabilités qu'elles permettent de réaliser. *Big Mother* permettra dans quelques années de tout savoir sur tout grâce à quelques corrélations. Ainsi, par exemple, l'Américain Acxiom, le plus grand *data broker*, courtier en données numériques, détient déjà des informations détaillées sur plus de 700 millions de citoyens dans le monde. La surveillance de tout être humain pourrait bientôt devenir la règle. Ceux qui voudront y échapper ne feront que former une nouvelle catégorie de marginaux. L'amélioration de la santé ou de la sécurité sera le prétexte à la collecte généralisée des données. L'État a saisi l'importance des *big data* pour le contrôle des individus. Dans le cadre de la lutte contre le terrorisme, l'industrie numérique a déjà été placée sous tutelle des agences de renseignements. L'Europe considère le modèle de surveillance totale mis en place par la NSA comme le modèle à suivre, même si elle doit dépendre des États-Unis. La fusion des services de renseignements avec les entreprises commerciales du *big data* annonce une forme de gouvernement mondial, non élu. Aujourd'hui, la NSA dispose de plus d'informations sur les citoyens allemands que la Stasi dans l'ex-RDA. Un espion se trouve aujourd'hui dans la poche de chacun d'entre nous lorsque nous transportons notre smartphone. Nous n'avons plus de secret pour lui : il connaît nos goûts, nos déplacements, nos maladies, nos centres d'intérêts, nos habitudes, nos croyances et convictions, notre profil psychologique grâce au *contact chaining*. L'arrivée des objets intelligents impose une « normalisation disciplinaire » à la planète que redoutait Michel FOUCAULT dès 1975 dans *Surveiller et punir*. Il n'y a donc plus de secrets pour « *l'homme des données massives, intégralement connecté,* [qui] *vivra complètement nu sous le regard de ceux qui collecteront sans fin des informations sur lui* » (M. DUGAIN, C. LABBÉ, 2017).

Dans une société ouverte, où la protection des données personnelles et de la vie privée tend à disparaître, l'histoire de l'humanité va connaître une transformation majeure au cours du XXIe siècle. Sans contraintes, ni violences, les hommes sont en train de livrer leurs secrets à des États ou à des firmes.

Conclusion

Le secret demeure quelle que soit la forme de régime politique, l'usage des dirigeants comme mode de gouvernement, sur le terrain militaire et diplomatique. S'il paraît tout à fait légitime de l'Antiquité à l'époque moderne, l'avènement des démocraties contemporaines entraîne sa dénonciation alors même qu'elles le pratiquent.

Dans une société qui prône actuellement la « transparence » en gage de démocratie, le secret est perçu comme une forme d'archaïsme. Il investit pourtant la sphère économique où il est pratiqué par les firmes multinationales dans leurs stratégies commerciales (J.-B. SANTAMARIA, 2018) et il échappe bientôt à tous sous l'effet des GAFA qui se l'approprient, non pas à des fins politiques comme les États dans le passé, mais à des fins économiques.

Document

Projet de loi relatif à la prévention d'actes de terrorisme et au renseignement [article 7 – extrait]

Le VI de cet article modifie les dispositions de l'article L. 863-2 en encadrant davantage les modalités de transmission d'informations par les différentes autorités administratives aux services de renseignement, d'initiative ou sur la demande de ces derniers. Le champ de ces transmissions, qui concernent également les informations couvertes par un secret protégé par la loi, est limité aux informations strictement nécessaires à l'accomplissement des missions de ces services et susceptibles de concourir à la défense et à la promotion des intérêts fondamentaux de la Nation. Lorsque les informations ainsi transmises font l'objet, de la part des services destinataires de ces informations, d'un traitement de données à caractère personnel, elles doivent être conservées dans les conditions applicables à ce traitement et détruites lorsqu'elles ne sont plus nécessaires à l'accomplissement des missions ayant motivées leur transmission. La nouvelle rédaction de l'article L. 863-2 rappelle que les agents destinataires de ces informations sont tenus au respect du secret professionnel. Enfin, un contrôle interne du respect de ces dispositions est mis en place.

Présenté par M. Jean CASTEX, Premier ministre,
et par M. Gérald DARMANIN, ministre de l'Intérieur, le 28 avril 2021.
https://www.assemblee-nationale.fr/dyn/15/textes/l15b4104_projet-loi#

Bibliographie

Histoire ancienne :

- BECKER Audrey, *Les relations diplomatiques romano-barbares en Occident au ve siècle : acteurs, fonctions, modalités*, Paris, Éditions de Boccard, 2013, 317 pages.
- FERRARY Jean-Louis, GRASS Barthélemy, PITTIA Sylvie, SANCHEZ Pierre, STOUDER Ghislaine, *La diplomatie romaine sous la République : réflexions sur une pratique*, Besançon, Presses Universitaires de Franche-Comté, 2015, 217 pages.

Histoire médiévale :

- SANTAMARIA Jean-Baptiste, *Le secret du prince : Gouverner par le secret France-Bourgogne (xiiie-xve siècles)*, Ceyzérieu, Champ Vallon, 2018, 352 pages.

Histoire moderne :

- BÉLY Lucien, *Les secrets de Louis XIV*, Paris, Éditions Thallandier, 2013, 680 pages.

Histoire contemporaine :

Les totalitarismes :

- ARENDT Hannah, *Le système totalitaire. Les origines du totalitarisme*, coll. « Points Essai », Paris, Points, 1951, rééd. 2005, 384 pages.
- BROSZAT Martin, *L'État hitlérien : L'origine et l'évolution des structures du IIIe Reich*, Pluriel, Paris, Fayard, 1969, rééd. 2012, 640 pages.
- GELLATELY Robert, *The Gestapo and the German society, Enforcing Racial Policy 1933-1945*, Oxford, Clarendon Press, 1990, 297 pages.
- KIZNY Tomasz [dir.], *La Grande Terreur en URSS : 1937-1938*, Lausanne, Ed. Noir sur Blanc, 2013, 411 pages.

- KIZNY Tomasz, *Le Goulag,* Paris, Solar, 2003, 495 pages.
- MC DONOUGH Frank, *La Gestapo : mythe et réalité de la police secrète d'Hitler*, FRUMER Bernard Trad., Paris, Fayard, 2017, 302 p.
- SOLJENITSYNE Alexandre, *L'Archipel du goulag*, Paris, Points, 1973, rééd. 2012, 610 pages.
- WERTH Nicolas, *La route de la Kolyma. Voyage sur les traces du goulag*, Paris, Belin, Alpha, 2016, 221 pages.
- WERTH Nicolas, *L'île aux cannibales*, Tempus, Paris, Perrin, 2006, rééd. 2008, 241 pages.

Les démocraties :

- AUDIGIER François, *Histoire du S.A.C. Service d'action civique. La part d'ombre du gaullisme*, Paris, Stock, 2003, 528 pages.
- AUDIGIER François, *Les Prétoriens du général. Gaullisme et violence politique de 1947 à 1959*, Histoire, Rennes, Presses universitaires de Rennes, 2018, 386 pages.
- FORCADE Olivier, LAURENT Sébastien-Yves, *Dans le secret du pouvoir. L'approche française du renseignement, XVIIIe-XXIe siècle,* Paris, Nouveau Monde éditions, 2019, 559 pages.
- RIOS-BORDES Alexandre, *Les savoirs de l'ombre : la surveillance militaire des populations aux États-Unis (1900-1941)*, Paris, EHESS, En temps et lieux, 2018, 348 pages.

Secret et numérique :

- DUGAIN Marc, LABBÉ Christophe, *L'homme nu. La dictature invisible du numérique,* Paris, Pocket, 2017, 192 pages.
- WRONA Adeline, SEIGNOBOS Emeline [dir.], *La fabrique de l'autorité : figures des décideurs en régime médiatique*, Paris, CELSA Paris-Sorbonne, Les Petits Matins, Groupe de recherches interdisciplinaires sur les processus d'information et de communication, 2017, 238 pages.

Revues :

- AUDIGIER François, « Le gaullisme d'ordre des années 68 », *Vingtième Siècle. Revue d'histoire*, vol. 116, n° 4, 2012, pp. 53-68.
- KIZNY Tomasz, « La Grande Terreur en images », *Mémoires en jeu*, Paris, Kimé, n° 1, septembre 2016, pp. 35-40.
- LARRÈRE Mathilde, « Voter, de 1789 à nos jours », *Documentation photographique*, Paris, La Documentation française, n° 8122, mars-avril 2018, 64 pages.

Presse :

- CHABAS Charlotte, « Affaire Benalla : "C'est la notion de dissimulation qui crée l'affaire d'État" », *Le Monde,* 26 juillet 2018 ; https://www.lemonde.fr/societe/article/2018/07/26/affaire-benalla-c-est-la-notion-de-dissimulation-qui-cree-l-affaire-d-etat_5336145_3224.html

Podcasts :

- BECKER Audrey, STOUDER Ghislaine, « Les secrets de la diplomatie romaine », *La fabrique de l'histoire*, France Culture, 09/05/2018, 53 minutes.
- RIOS-BORDES Alexandre, SANTAMARIA Jean-Baptiste, « Secret du prince, secrets d'État », *La fabrique de l'histoire*, France Culture, 07/05/2018, 53 minutes.

Pour aller plus loin

Podcasts :

- LAURENT Sébastien, « Le secret : secret et politique en démocratie », France Culture, 16/02/2015, 58 minutes.
- LAURENT Sébastien, « Les services secrets : la politique de l'ombre », France Culture, 12/08/2017, 59 minutes.
- RAVIEZ François, « Saint-Simon, le roi du secret », *Les chemins de la philosophie*, France culture, 23/05/2018, 58 minutes.

Roman :

- ORWELL George, *1984*, KAMOUN J. Trad., *Du monde entier*, Paris, Gallimard, 1950, rééd. 2018, 384 pages.

Sujets

- L'usage du secret est-il un mode de gouvernement ordinaire ?
- Le secret est-il légitime en démocratie ?
- Le secret et la raison d'État.
- De République en démocratie, usages et mésusages du secret.
- L'absence de secret est-elle une menace pour la démocratie ?

13 Deux siècles de (r)évolutions en France

« Les révolutions, ce sont les vicissitudes de l'existence humaine,
les changements extraordinaires survenus dans les affaires publiques,
les revers de fortune des nations »

MONA OZOUF, 2015.

Introduction

Dans son *Essai sur les Révolutions*, François-René de CHATEAUBRIAND définit la Révolution comme un « *mouvement partiel d'une nation momentanément insurgée* » et ne se résout à employer ce terme que « *si l'esprit des peuples change* » (1797). La Révolution apparaît en cela comme un évènement total qui vise à libérer la nation de toutes ses chaînes et qui donne aux hommes les moyens de résoudre leurs problèmes politiques, sociaux et moraux. C'est l'utilisation du pluriel qui donne à la « révolution » son caractère cyclique de retour des phénomènes et de répétition monotone (M. OZOUF, 2015).

Faire l'histoire des révolutions en France consiste à observer comment se définit une révolution à partir d'un moment fondateur. En cela, la Révolution française constitue bien le point de départ des révolutions contemporaines en mettant fin à l'Ancien Régime. Elle n'est pourtant pas la première des révolutions. En France, la guerre de Cent Ans (1337-1453) est la première épreuve révolutionnaire, suivie des guerres de religion du XVIe siècle, puis de la Fronde nobiliaire contre Louis XIV au XVIIe siècle. Le mot « révolution » est employé pour la première fois en 1642 pour désigner la première révolution anglaise. Il y aura donc bien des références étrangères majeures, antérieures à la révolution française, dans les modèles anglais (1688), mais aussi américain (1776). Vouloir lire l'histoire des révolutions en France à l'aune de la Révolution française revient à en déterminer des caractéristiques communes. Celles-ci existent quant à leurs origines, souvent économiques ou liées à l'échec de réformes engagées, mais aussi quant à leur géographie, se déroulant depuis Paris, essentiellement dans les milieux urbains avant de se diffuser dans les campagnes. Elles trouvent à se manifester dans une violence politique qui n'a d'issue qu'un horizon libéral et démocratique passant par l'invention de nouvelles formes politiques. Enfin, elles livrent une mémoire vive propre à inspirer le présent. Chacune des révolutions contemporaines se déroule dans ce cadre commun, mais dans des contextes différents. Après 1789, il s'agira alors d'étudier le XIXe siècle, siècle des révolutions, puis les révolutions en cours depuis le XXe siècle, avant de saisir la prégnance de la mémoire de ces révolutions.

Il s'agit alors de soulever quelques interrogations : qu'est-ce qu'une révolution en France ? Et y a-t-il une matrice commune à l'ensemble des révolutions françaises ? Si oui, celle-ci peut-elle être la Révolution française ?

Concepts/notions

- **Contestation** : remise en cause des idées reçues dans un groupe social, les institutions ; critiquer ouvertement l'ordre établi.
- **Coup d'État** : prise de pouvoir ou « *pronunciamento* » militaire.
- **Réforme** : transformation dans le respect des formes propres aux institutions (G. NOFRI, 2018).
- **Révolte** : soulèvement populaire, rencontre violente des groupes sociaux avec un recours collectif aux armes. La révolte est « *l'interruption par la force du cours normal, apaisé, régulé des rapports sociaux dans une communauté d'habitat* » (Y.-M. BERCÉ, 2015).
- **Révolution** : mouvement qui ramène les choses à leur point de départ, le terme revêt d'abord un sens astronomique propre au mouvement des astres qui reviennent à leur point d'origine après une « révolution ». Deux acceptions antinomiques font de la Révolution un retour à une situation antérieure ou le surgissement imprévu de la nouveauté dans le champ politique et social. La révolution conduit à un renversement du régime politique en place, par une série de révoltes populaires, combinées au ralliement de la force militaire et d'une partie des intellectuels, qui aboutissent à l'affirmation d'un nouvel ordre politique et social.

Chronologie

La Révolution française

- **1787** : les édits de Loménie de Brienne accroissent la pression fiscale, notamment sur les timbres.
- **7 juin 1788** : journée des Tuiles à Grenoble lors de laquelle les parlementaires et émeutiers demandent la convocation des États généraux.
- **8 août 1788** : convocation des États généraux par le roi dans un contexte de crise financière.
- **5 mai 1789** : ouverture des États généraux.
- **4 juin 1789** : mort du Dauphin à sept ans.
- **17 juin 1789** : les représentants du Tiers-État réunis aux États généraux s'auto-proclament représentants de la nation.
- **20 juin 1789** : serment du jeu de Paume.
- **13 juillet 1789** : début de l'insurrection parisienne.
- **14 juillet 1789** : prise de la Bastille.
- **4 août 1789** : pendant une nuit, l'Assemblée s'attache à détruire l'Ancien Régime abolissant les privilèges et la féodalité.
- **26 août 1789** : Déclaration des droits de l'homme et du citoyen.

- **2 octobre 1789** : marche des Parisiennes vers Versailles où elles envahissent l'Assemblée et le château.
- **6 octobre 1789** : les insurgés menacent le roi et sa famille qui acceptent de rentrer à Paris.
- **21 octobre 1789** : loi martiale contre les attroupements.
- **2 novembre 1789** : les biens d'Église sont mis à la disposition de la nation.
- **19 décembre 1789** : création de l'assignat.
- **12 février 1790** : suppression des ordres monastiques.
- **12 juillet 1790** : l'Assemblée adopte la constitution civile du clergé.
- **14 juillet 1790** : fête de la Fédération.
- **22 juillet 1790** : la constitution civile du clergé est acceptée par le roi.
- **24 août 1790** : promulgation de la constitution civile du clergé.
- **21 octobre 1790** : adoption du drapeau tricolore, bleu, blanc, rouge.
- **3 janvier 1791** : le clergé doit prêter serment à la constitution civile du clergé, à la nation et au roi.
- **10 mars 1791** : le pape Pie VI s'oppose au serment des prêtres à la constitution civile du clergé.
- **20 juin 1791** : « fuite de Varennes ».
- **3 septembre 1791** : Louis XVI approuve la constitution.
- **12 novembre et 19 décembre 1791** : décrets contre les émigrés et les prêtres réfractaires.
- **25 novembre 1791** : création d'un comité de surveillance.
- **20 avril 1792** : la France entre en guerre contre le « roi de Bohême et Moravie ».
- **5 juillet 1792** : l'Assemblée législative déclare la patrie en danger.
- **9-10 août 1792** : insurrection parisienne, attaque des Tuileries, suspension des pouvoirs du roi, mise en place de la « commune insurrectionnelle ».
- **12 août 1792** : Louis XVI est suspendu et placé en détention.
- **17 août 1792** : création d'un tribunal révolutionnaire.
- **2 septembre 1792** : peur des troupes étrangères, massacres dans Paris par les sans-culottes suivis par la « commune insurrectionnelle ».
- **20 septembre 1792** : victoire des armées françaises à Valmy.
- **21 septembre 1792** : la Convention remplace l'Assemblée législative.
- **29 septembre 1792** : une commission spéciale de la Convention est chargée de rédiger une constitution.
- **2 octobre 1792** : création d'un comité de sûreté générale.
- **6 novembre 1792** : victoire des armées françaises à Jemmapes.
- **27 novembre 1792** : prise de la Savoie par la France.
- **11 au 16 décembre 1792** : procès du roi.

- **15 décembre 1792**: le régime politique français est imposé par décret aux pays conquis par la France.
- **16-18 janvier 1793**: condamnation à mort du roi.
- **21 janvier 1793 :** exécution du roi.
- **31 janvier 1793**: prise de Nice par les armées françaises.
- **10 mars 1793**: création d'un tribunal criminel extraordinaire qui rend ses décisions sans appel.
- **6 avril 1793**: création du comité de salut public par la Convention.
- **4 mai 1793**: loi du maximum.
- **18 mai 1793**: mise en place de la commission des douze chargée de la poursuite des exactions commises pendant la « commune insurrectionnelle ».
- **13 juillet 1793**: Charlotte de CORDAY assassine MARAT.
- **9 août 1793**: adoption par référendum de la constitution de l'an I.
- **10 août 1793**: promulgation de la constitution de l'an I.
- **5 septembre 1793**: mise en place de « la Terreur » par le comité de salut public.
- **17 septembre 1793**: loi des suspects.
- **10 octobre 1793**: la constitution démocratique est remplacée par le gouvernement « révolutionnaire ».
- **10 novembre 1793**: le culte catholique est interdit.
- **10 juin 1794**: loi de Grande Terreur. Le tribunal révolutionnaire peut juger sans procès.
- **28 juillet 1794**: ROBESPIERRE est guillotiné.
- **De fin 1794 à mi 1795**: « Terreur blanche ».
- **Juin à août 1795**: rédaction par la Convention d'une nouvelle constitution.
- **22 août 1795**: proposition de constitution par la Convention, ainsi que d'une Déclaration des droits et des devoirs du citoyen.
- **6 septembre 1795**: la constitution de l'an III, adoptée par référendum, instaure le Directoire.
- **5 octobre 1795**: « insurrection de vendémiaire », émeute royaliste réprimée par BARRAS et BONAPARTE.
- **12 et 21 octobre 1795**: affaiblissement de la Montagne lors des élections.
- **21 mars - 4 avril 1797**: nouveaux désordres et poussée royaliste.
- **4 septembre 1797**: « coup d'État du 18 fructidor ».
- **18 octobre 1797**: traité de Campo Formio mettant fin aux combats avec l'Autriche.
- **1799**: victoire de la gauche aux élections, remportant les deux tiers des sièges à l'Assemblée.
- **16 octobre 1799**: BONAPARTE rentre d'Égypte.

- **9 novembre 1799** : « coup d'État des 18 et 19 Brumaire », mise en place du Consulat avec BONAPARTE, Premier consul et SIÉYÈS, Second consul.

Les Trois Glorieuses

- **Mai 1830** : première dissolution de l'Assemblée législative, à majorité libérale, par le roi Charles X.
- **25 juillet 1830** : deuxième dissolution de l'Assemblée législative de nouveau favorable à l'opposition ; restriction du suffrage et suppression de la liberté de la presse.
- **26 juillet 1830** : les journalistes et députés libéraux appellent à la révolte.
- **26-27-28 juillet 1830** : révolution des Trois Glorieuses.
- **9 août 1830** : révision de la Charte constitutionnelle, le duc d'Orléans devient Louis-Philippe Ier, roi des Français.
- **1831** : révolte des canuts lyonnais.

La révolution de 1848

- **21 février 1848** : interdiction du banquet prévu à Paris pour demander l'élargissement du vote.
- **22-25 février 1848** : révolutions de février.
- **25 février 1848** : proclamation du « droit au travail ».
- **27 février 1848** : création des ateliers nationaux.
- **27-29 février 1848** : élection de l'Assemblée constituante, victoire des républicains modérés.
- **15 mai 1848** : invasion de l'Assemblée par le peuple.
- **22 juin 1848** : dissolution des ateliers nationaux.
- **23-26 juin 1848** : après l'annonce de la fermeture des ateliers nationaux, trois jours de bataille font 3 000 morts chez les insurgés à Paris.
- **4 novembre 1848** : promulgation de la Constitution de la IIe République.
- **10 décembre 1848** : Louis Napoléon BONAPARTE est élu président de la République au suffrage universel masculin.

La révolution de 1870 et la Commune de Paris

- **8 mai 1870** : plébiscite de l'empereur Napoléon III pour réformer et pérenniser l'Empire.
- **19 juillet 1870** : la France déclare la guerre à la Prusse.
- **2 septembre 1870** : capitulation de l'empereur Napoléon III à Sedan face à la Prusse.
- **4 septembre 1870** : fin de la constitution impériale et proclamation de la République.
- **20-21 janvier 1871** : devant les échecs militaires de la France, la contestation gronde à Paris.

- **22 janvier 1871** : répression des manifestations devant l'Hôtel de Ville.
- **26 février 1871** : nouvelle mobilisation à Paris à l'annonce des conditions de paix prévoyant l'abandon de l'Alsace et d'une partie de la Moselle, l'occupation de plusieurs départements français jusqu'à l'échéance du paiement d'une dette de 5 milliards de francs.
- **10 mars 1871** : à l'annonce de la décision de transférer l'Assemblée installée à Bordeaux vers Versailles et non Paris, les radicaux voient un coup d'État institutionnel et la garde nationale se structure et se radicalise.
- **17-18 mars 1871** : le gouvernement décide de retirer, dans la nuit, les pièces d'artillerie sur la bute Montmartre et à Belleville et d'occuper les lieux stratégiques. Au matin, l'insurrection parisienne couvre Paris de barricades. À minuit, le Comité central de la garde nationale investit l'Hôtel de Ville.
- **26 mars 1871** : scrutin municipal.
- **21 mai 1871** : répression de la commune insurrectionnelle et assaut des Versaillais.
- **28 mai 1871** : fin d'une semaine sanglante de répression.

Historiographie de la Révolution française

- **1888** : création de la Société d'histoire de la Révolution française.
- **1891** : la Société d'histoire de la Révolution française est transformée en chaire d'histoire de la Révolution française
- **1903** : Jean JAURÈS est nommé président de la Commission pour la publication des documents d'archives relatifs à la vie économique de la Révolution française.

Mai 1968

- **22 mars 1968** : début de la crise universitaire à Nanterre.
- **6 mai 1968** : conseil de discipline des Nanterrois à la Sorbonne.
- **7 mai 1968 :** marche de 25 000 étudiants parisiens, échauffourées au Quartier latin le soir.
- **10-11 mai 1968** : « nuit des barricades ».
- **24-25 mai 1968** : émeutes à Paris et en province.
- **25-27 mai 1968** : négociations de Grenelle.
- **29 mai 1968** : manifestation organisée par le parti communiste français et la CGT.
- **30 mai 1968** : manifestation unanimiste place de la Concorde et mobilisation de masse des militants gaullistes ; dissolution de l'Assemblée nationale.
- **23-30 juin 1968** : élections législatives ; victoire des gaullistes.

Le mouvement des « gilets jaunes »

- **17 novembre 2018** : première journée de blocage des autoroutes, péages, routes et dépôts de carburants ; 300 000 manifestants en France signent l'Acte I du mouvement des « gilets jaunes », en référence au gilet jaune affiché au tableau de bord des usagers de la route en signe de protestation, puis porté par les manifestants.

- **20 novembre 2018** : un couvre-feu partiel est établi à la Réunion.
- **27 novembre 2018** : annonces d'Emmanuel MACRON sur la fiscalité du carburant et renvoi à des concertations locales.
- **28 novembre 2018** : Annick GIRARDIN, ministre des Outre-Mer se rend à la Réunion afin d'ouvrir la discussion face aux blocages et au malaise social.
- **1er décembre 2018** : lors de l'Acte III, troisième samedi consécutif à l'ouverture du mouvement, les violences urbaines se multiplient, notamment autour de l'Arc de Triomphe à Paris.
- **4 décembre 2018** : Edouard PHILIPPE annonce la suspension pour six mois de la hausse de la fiscalité sur les carburants et du durcissement du contrôle technique automobile, ainsi qu'un gel des tarifs du gaz et de l'électricité « *durant l'hiver* » (Libération).
- **5 décembre 2019** : la hausse des taxes est annulée pour 2019.
- **6 décembre 2018** : l'arrestation des jeunes lycéens devient le symbole des violences policières.
- **8 décembre 2018** : de nouvelles manifestations violentes ont lieu lors de l'acte IV.
- **10 décembre 2018** : allocution télévisée d'Emmanuel MACRON qui s'engage sur le SMIC, la CSG et la re-défiscalisation des heures supplémentaires.
- **15 janvier 2019** : ouverture du grand débat national.
- **8 avril 2019** : conclusion du grand débat.
- **20 juillet 2019** : acte XXXVI d'un mouvement non tari.
- **5 décembre 2019** : un mouvement de grève débute contre la réforme des retraites.
- **Juillet-août 2021** : manifestations en France contre le passe sanitaire mis en œuvre dans le cadre de la lutte contre la pandémie de COVID-19.

Historique

La Révolution française, matrice des révolutions ?

Construire l'histoire de la Révolution française

L'historiographie de la Révolution française se construit dès 1789 alors que les acteurs de la Révolution ont conscience qu'ils sont en train de détruire le passé. Effaçant une partie de l'histoire héritée de la monarchie, ils éprouvent le besoin de réécrire l'histoire de France. L'histoire de la Révolution française devient alors l'histoire de France. Ainsi, une histoire immédiate des évènements révolutionnaires s'écrit dans une critique de la monarchie et des dérives despotiques. Dès lors, l'histoire de la Révolution française va emprunter deux voies à travers une lecture positive ou négative de celle-ci. Ce sont les historiens qui inventent la tradition et donnent dès le XVIIIe siècle une force subversive à l'histoire. Comme le disait le comte de

MIRABEAU, la Révolution est l'occasion de «*recommencer l'histoire des hommes*». Celle-ci devient politique au XIXe siècle, inscrite dans un courant modéré ou radical, de gauche ou de droite, faisant l'histoire et la contre-histoire de cet évènement fondateur. L'héritage positif de la Révolution française est livré par des auteurs comme A. MIGNET (1824), A. THIERS (1823-1828) ou J. MICHELET (1847-1853); ce dernier, à la plume romantique, écrivant dans un contexte de révolution. La vision négative de la Révolution est donnée par des auteurs comme K. MARX (1843) qui en fait une critique. En fin de siècle, l'histoire de la Révolution française devient celle de la républicanisation et de la politisation des masses. La Révolution prend alors le sens d'un patriotisme civique (P. SERNA, 2014). Au XXe siècle, les historiens font de la politique et se positionnent par rapport au souvenir de la Révolution française. Ils se rallient, derrière les radicaux et G. CLEMENCEAU, à l'héritage de la Révolution française. C'est le cas de J. JAURÈS dans son *Histoire socialiste de la Révolution française* en 1901, posant les socialistes en continuateurs de la Révolution. Derrière le communiste, M. CACHIN, les historiens M. MATHIEZ, G. LEFEBVRE, A. SOBOUL ou M. VOVELLE font de l'histoire de la «Grande Révolution» un élément patrimonial. Cette histoire est déconstruite par la deuxième gauche, à l'exemple de F. FURET qui relie «la Terreur» au Goulag, alors qu'à droite, le gaullisme intègre la Révolution française à l'histoire de France. L'extrême droite, quant à elle, rejette la Révolution française, à l'instar de L. DAUDET (1939), ou encore, plus récemment, une nouvelle critique de la violence révolutionnaire apparaît dans le *Livre noir de la Révolution française* en 2008, rédigé par un collectif d'historiens et de journalistes. Ainsi, après avoir fait triompher l'histoire économique et sociale de la Révolution française, puis opéré un retour à une lecture politique, de nouvelles problématiques émergent avec le «tournant culturel», s'attachant aux représentations, aux idées, aux mentalités, au genre ou encore aux familles pendant la Révolution française. Il faut alors lire L. HUNT (1995), T. TACKETT (1997) ou encore H. LEUWERS (2018) pour une approche renouvelée d'une histoire révolutionnaire qui s'inscrit dans celle de la république et de la démocratie (P. GARCIA, 2014).

C'est cette histoire, pluriséculaire, que nous allons nous attacher à dérouler. La Révolution française naît d'un marasme économique et financier consécutif à l'échec des réformes engagées précédemment, donnant lieu à des revendications populaires d'ordre économique et social, mais aussi par l'apparition d'idées politiques libérales. Elle se manifeste dans une violence urbaine tant sur la scène du théâtre parisien que provincial. L'horizon républicain et démocratique génère des innovations institutionnelles dont la mise en œuvre finale prend un siècle.

L'apparition des idées politiques libérales : le fait de la noblesse et des Lumières

La Révolution est fille des Lumières. Ses acteurs empruntent aux philosophes (notamment à Voltaire et J.-J. ROUSSEAU) leurs idées pour guider la Révolution : l'unité politique ne pourra se faire que dans un contrat collectif au-delà des forces individuelles. Ils défendent alors une foi commune dans les capacités de l'action politique où il appartient désormais aux hommes de reprendre ce qui avait été, si longtemps, laissé à Dieu. C'est ici que l'État, la République, la chose publique tendent à remplacer Dieu. L'action politique devient autant la source que le remède aux malheurs des hommes. Aussi, les idées de bonheur et de liberté s'ajoutent à la quête révolutionnaire, ainsi que celle d'égalité pourtant contraire à la liberté, alors que celle de fraternité accuse la liberté d'être un facteur de dissidence. Ainsi posées, les valeurs, qui seront celles de la République, se contrarient entre elles. Dès lors, reconnaissante de l'héritage empruntée aux Lumières, la Révolution fait entrer Voltaire et J.-J. ROUSSEAU au Panthéon en 1791 et 1794, sans tenir lieu de leurs antagonismes (M. OZOUF, 2015). Ils se feront face pour l'éternité :

Tombeaux de Voltaire et J.-J. ROUSSEAU au Panthéon

Photographies, Nelly MOUCHET, février 2019.

L'historien Jules MICHELET leur rend également hommage en reconnaissant leur apport à la révolution des idées : « *Quand les deux hommes ont passé, la Révolution est faite dans la région des esprits* ». En effet, Voltaire a inspiré les réformes sur la liberté et J.-J. ROUSSEAU celles sur l'égalité, prédisant l'avènement « *du siècle des révolutions* ». Ils ont aussi suscité la critique d'Alexis de TOCQUEVILLE qui leur reprochait de ne pas participer à la vie politique et de se complaire « *dans une politique abstraite et littéraire* ». Ce n'était alors pas pour réformer l'ordre social que les philosophes annonçaient ces révolutions mais bien pour protéger l'ordre établi. Ainsi, les Lumières n'ont pas engendré la Révolution, ce n'est donc pas la faute de Voltaire, ni de Rousseau ! La Révolution s'est faite en deux actes : d'abord elle est arrivée avant les Lumières par le fait de multiples acteurs, puis elle est relayée par les Lumières. Égalité, liberté et bonheur des hommes correspondent, selon Honoré de BALZAC, à « *ce qui nous attendait par-delà le* Requiem, [et qui] *a été transporté dans le présent* » (cité par M. OZOUF, 2015).

Les origines économiques de la Révolution française : des réformes attendues, un échec des réformateurs

Les Français attendaient des réformes, notamment économiques. Des réformateurs comme MABLY ou les physiocrates QUESNEY et Du PONT de NEMOURS ont initié une libéralisation du marché, une libre circulation des grains, mais ces réformes sont des échecs qui conduisent à la Révolution. Aussi, Victor HUGO rappelle que « *les révolutions sortent, non d'un accident, mais d'une nécessité* ». Ainsi, les édits de Loménie de Brienne, de 1787, en augmentant la pression fiscale, notamment sur les timbres, génèrent une levée de boucliers dans les parlements de Paris, de Bordeaux et de Grenoble. Ces derniers demandent la convocation des États généraux et la vérification des comptes de la monarchie. Un accord *a minima* est proposé. À cette première étincelle s'ajoute la décision du cardinal de Brienne et du garde des sceaux LAMOIGNON de créer une cour plénière chargée d'enregistrer les textes en lieu et place des parlements et de supprimer leur droit de remontrance. Elle est mise en place après la tenue d'un lit de justice par le roi, le 8 mai 1788. Cet évènement déclenche le 7 juin 1788 la journée des Tuiles à Grenoble où les émeutiers réclament la convocation des États généraux, non réunis depuis 1614. Ainsi, la cour plénière n'aura connu qu'une séance le 9 mai 1788. Le 8 août 1788, le roi annonce la convocation des États généraux pour le mois de mai de l'année suivante (G. NOFRI, 2018).

Durant l'hiver 1788, les conditions climatiques sont rudes, les gelées tardives et les récoltes sont mauvaises. Face à la cherté des prix, les révoltes se multiplient à Marseille, à Rennes ou à Paris. Elles révèlent une crise de la monarchie incapable de se réformer, notamment face à ses problèmes financiers. Aussi cette dernière perd-elle le soutien populaire. C'est alors que la dimension populaire donne à la révolution sa légitimité, au-delà d'un mouvement engageant des philosophes, des parlementaires ou des militaires. Cependant, cette légitimité populaire n'est pas une légitimité démocratique car les revendications populaires sont le fait d'une minorité agissante et déterminée. Le peuple attend des réformes fiscales et le roi en promet le 23 juin 1789, alors que se tiennent les États généraux qui seront désormais associés au budget. Il annonce également la fin de l'usage des lettres de cachet, mais il maintient les trois ordres et annule toutes les délibérations prises au nom de l'Assemblée nationale constituée au sein des États généraux. Face à ce déni, les députés les plus libéraux de la noblesse rejoignent l'Assemblée nationale. Le 27 juin, le roi est obligé de céder et demande aux députés de toute la noblesse et du clergé de rejoindre les représentants de l'Assemblée nationale. Les manifestations populaires crient victoire sur la noblesse et veulent mettre en place de nouvelles institutions. Le roi accuse son ministre des Finances, NECKER, très populaire, et le renvoie. Cette décision suscite la colère des Parisiens. Le 12 juillet les manifestations en l'honneur de NECKER et du duc d'Orléans, un libéral, se multiplient mais sont réprimées. Ainsi, le 13 juillet débute l'insurrection parisienne qui se transforme le lendemain en révolution avec la prise de la Bastille (G. NOFRI, 2018).

L'usage de la violence politique au cœur des manifestations parisiennes et dans les villes provinciales

La Révolution naît d'une émeute, semblable à beaucoup d'autres au XVIIIe siècle. Elle consiste en un mouvement de contestation contre l'État. Or, l'État est à Paris du fait de la centralisation des pouvoirs. C'est donc bien Paris qui donne l'impulsion d'un mouvement de plus grande ampleur qui se diffuse dans les villes provinciales, où siègent les parlements de province, où ont lieu les marchés, occasion d'émeutes frumentaires, et où les difficultés économiques se concentrent. La Révolution apparaît comme un phénomène « capitale » (G. NOFRI, 2018) et urbain, même si le monde des campagnes est aussi contaminé.

La révolte initiale se transforme en Révolution, lorsque le 14 juillet 1789, devant la Bastille, la troupe fraternise avec les insurgés. La Révolution avait déjà commencé, mais c'est un moment de rupture pour ses contemporains qui voient dans la chute d'un symbole de l'Ancien Régime le point de basculement dans un ordre nouveau. Le prévôt des marchands de Paris et le gouverneur de la Bastille sont mis à mort et leurs têtes sont promenées au bout de piques. Avec le mouvement de la Grande Peur, l'insurrection se propage dans les campagnes. Les paysans se révoltent contre les droits seigneuriaux, les impôts, les corvées, et les châteaux sont brulés face aux rumeurs venues de Paris selon lesquelles des nobles arment des brigands étrangers pour mâter le pays. L'Ancien Régime est en faillite, une faillite consommée lors de la nuit du 4 août 1789, alors que l'Assemblée nationale abolit les privilèges et le système féodal. L'usage de la violence légale pour obtenir des réformes se fait l'écho des exécutions publiques d'Ancien Régime. Comment l'État révolutionnaire peut-il alors accepter une révolte populaire qui se radicalise ? Ou en d'autres termes, quel degré de soutien lui apporte-t-il ? (F. CHARTREUX [dir.], 2017). L'article 2 de la Déclaration des droits de l'homme et du citoyen du 26 août 1789, consacre le droit à la résistance contre l'oppression et assure ainsi la légitimité de la violence révolutionnaire. L'usage de la violence se poursuit, lorsque, le 5 octobre 1789, le roi et la famille royale sont ramenés à Paris. Un mouvement populaire s'était constitué deux jours plus tôt devant l'Hôtel de Ville de Paris, où des femmes, encadrées par les clubs révolutionnaires, des émeutiers du 14 juillet et des nobles libéraux, partent en cortège vers Versailles. Envahissant l'Assemblée et le château, elles demandent du pain et que le roi accepte les mesures votées par l'Assemblée. Il est forcé de signer les décrets alors que ses gardes du corps sont décapités. Le roi est reconduit à Paris ; l'Assemblée suit, elle aussi, ce retour à la capitale. Le roi et la Cour sont pris en otage et se tournent vers les puissances étrangères et les émigrés. Le 20 octobre 1789 l'Assemblée décide de la loi martiale contre les attroupements (G. NOFRI, 2018).

Face à cette radicalisation, la contestation du mouvement révolutionnaire s'organise à l'intérieur et à l'extérieur. De nombreux nobles ont fui. Le roi et sa famille tentent une évasion le 20 juin 1791, c'est la « fuite de Varennes ». Il passe alors dans le camp de l'émigration et des monarchies européennes. Il est arrêté et ramené de force à Paris où il est présenté comme ayant été victime d'un enlèvement. L'Assemblée composée des représentants de 1789, hostiles à la République, maintient le roi, alors que les jacobins, cordeliers et sans-culottes étaient contre. Le Club des feuillants, attaché à la monarchie constitutionnelle défend le maintien du roi. Le 17 juillet 1791, un décret valide que le roi n'avait pas fui. Suivent alors des manifestations et des pétitions demandant la mise en accusation du roi. Des démonstrations de force ont lieu au Champ de Mars et la révolution s'extrémise (G. NOFRI, 2018).

Le roi espère une guerre qui lui serait favorable, mais après une démonstration de force aux Tuileries, le 20 juin 1792, il est obligé de boire à la santé de la nation et de porter le bonnet phrygien. Il oppose à l'émeute le respect de la loi et de la constitution, mais les révolutionnaires ont l'idée d'unir le pays et les combattants révolutionnaires de toutes les villes de France. Ainsi, le 5 juillet 1792, l'Assemblée déclare la patrie en danger face aux menaces extérieures et à la radicalisation interne. Le 11 juillet 1792, avec l'aval du roi, une levée de volontaires permet de prendre les armes pour défendre la patrie, la liberté et la Constitution. L'insurrection s'emballe (G. NOFRI, 2018).

Après la formation de la « commune insurrectionnelle » de Paris, par les plus radicaux des révolutionnaires, l'attaque des Tuileries, le 10 août 1792, pousse les députés à suspendre les pouvoirs du roi et à convoquer une nouvelle assemblée constituante : la Convention. La Révolution se radicalise alors, passant d'une révolution libérale à une révolution démocratique et sociale, de l'affrontement verbal entre les forces politiques à l'élimination physique. En réaction à la guerre extérieure et à la levée en masse, la contre-révolution se manifeste par des soulèvements paysans, à l'image de la Vendée, où les mécontents sont dirigés par des nobles contre la Révolution. À leur exemple, quiconque ne partage pas les idées de la Révolution devient alors un ennemi. Les Parisiens les plus politisés, les sans-culottes, recourent à la violence, à l'exemple des massacres de septembre 1792. Ils sont suivis par la « commune insurrectionnelle » de Paris et des députés Montagnards. La politique terroriste est alors celle d'une Convention dominée par des jacobins, révolutionnaires les plus radicaux, puis en juin 1793 par les Montagnards, jacobins extrêmes ayant éliminé les Girondins plus modérés et libéraux. Cette radicalisation est le fait de nouveaux organes comme le tribunal extraordinaire qui rend des décisions sans appel ou encore de comités de surveillance chargés de mettre en œuvre la loi des « suspects » du 17 septembre 1793. Cette période que les historiens appellent « la Terreur » a été créée pour l'élimination de ROBESPIERRE (F. CHARTREUX [dir.], 2017). Le 10 octobre 1793, le gouvernement révolutionnaire désigne des représentants du peuple en mission, des conventionnels, chargés de faire appliquer la justice révolutionnaire dans les départements. En Vendée, les exécutions et l'usage de la guillotine *via* les tribunaux d'exception se multiplient. Un programme révolutionnaire du Comité est défini par ROBESPIERRE, devant la Convention, le 5 février 1794 : « *Si le ressort du gouvernement populaire dans la paix est la vertu, le ressort du gouvernement populaire en révolution est à la fois la vertu et la terreur : la vertu sans laquelle la terreur est funeste ; la terreur sans laquelle la vertu est impuissante* ». Aussi, avec la loi de Grande Terreur du 10 juin 1794, le tribunal révolutionnaire peut juger sans procès. ROBESPIERRE est alors accusé de vouloir établir la dictature. Le 26 juillet, lorsqu'il apparaît à la Convention pour assumer sa politique, il est arrêté et envoyé avec ses amis au tribunal révolutionnaire. Le 28 juillet 1794, il est guillotiné, un an après avoir accédé au Comité de salut public dont le bilan est de 17 000 guillotinés et 40 000 morts (G. NOFRI, 2018).

Il appartient alors au Directoire, à partir de 1795, de terminer la Révolution. Au cœur du mouvement de Prairial et Germinal de l'an III, les sans-culottes réclament « *Du pain et la constitution de l'an I !* ». Ils essuient une vaste répression, les clubs sont fermés et les derniers Montagnards sont arrêtés et condamnés à mort. Le Directoire défend la République face aux contre-révolutionnaires et les révoltes vendéennes, chouannes et royalistes ravivées sont réduites en octobre 1796. La politique libérale du Directoire est contestée : à droite par les royalistes et à gauche par les néo-jacobins, attachés aux valeurs démocratiques et sociales. Le régime se maintient par la répression à l'exemple de l'envoi de l'armée contre les royalistes en 1797, puis contre les néo-jacobins en 1798. Le pouvoir agit dans l'illégalité en ayant recours à l'armée et en déniant le vote. Aussi, le Directoire se termine par ce qu'il avait légitimé : l'usage de l'armée au profit d'un coup d'État militaire. Ainsi, Napoléon BONAPARTE, général de la guerre révolutionnaire et du maintien de l'ordre prend le pouvoir le 9 novembre 1799. Au lendemain du coup d'État du 18 Brumaire an VIII il déclare : « *La Révolution est finie, elle est fixée aux principes qui l'ont commencée* ». Son autoritarisme renoue alors avec la logique monarchique et la stabilité intérieure (F. CHARTREUX [dir.], 2017).

Si la Révolution française a été initiée par la noblesse qui contestait le roi dans les parlements, elle trouve une légitimité populaire lorsque la foule révolutionnaire rejoint la Révolution en cours à partir du 14 juillet 1789.

Un horizon républicain et démocratique à l'origine d'innovations institutionnelles

Alors que la Révolution politique avait déjà débuté depuis la réunion des États généraux, la nouveauté survient avec les aspirations à une nouvelle représentation politique. Les États généraux sont un héritage de l'Ancien Régime. Ils n'avaient pas été convoqués depuis 1614 et la société avait beaucoup changé. C'est notamment le Tiers-État qui s'attendait désormais à entrer en politique à l'instar des propos de SIÉYÈS dans son pamphlet *Qu'est-ce que le Tiers-État ?*, en janvier 1789. Il n'était rien, mais aspirait à devenir quelque chose. Ainsi, les députés du Tiers-État demandent la réforme du vote par ordre aux États généraux pour un vote par tête leur paraissant plus équitable. Le roi refuse et la crise s'ouvre alors, amplifiée par la mort du Dauphin le 4 juin 1789. Aussi, le 17 juin 1789, les représentants du Tiers-États, convoqués aux États généraux, s'autoproclament représentants de la nation, rejetant la société d'ordres. Évincés par le roi de la salle des Menus Plaisirs où ils se réunissaient jusqu'alors, ils se retrouvent dans la salle du Jeu de Paume du château de Versailles, pour prêter serment de ne pas se séparer avant d'avoir donné à la France une constitution. Ils se proclament Assemblée nationale. En tant que représentants du peuple aux États généraux, ils se font les représentants de la nation. Dès lors, utiliser la force contre eux reviendrait à agir contre la volonté du peuple. C'est dans ce contexte qu'est rédigée la Déclaration des droits de l'homme et du citoyen qui accompagne le démantèlement de l'Ancien Régime, le 26 août 1789. Elle n'est pas novatrice et se contente de rétablir un équilibre social non « corrompu ». La nouveauté tient ici davantage à l'ampleur de la remise en cause par les libertés, l'égalité et les interdits posés. L'œuvre de l'Assemblée nationale consiste en une série de lois :

- 3 octobre 1789 : libéralisation de l'usure ;
- 14 décembre 1789 : création des municipalités ;

- 15 janvier 1790 : création des départements ;
- 21 mars 1790 : suppression de la gabelle ;
- 8 mai 1790 : établissement des poids et mesures ;
- 21 mai 1790 : 48 sections parisiennes remplacent les 60 districts existants ;
- 19 juin 1790 : suppression de la noblesse héréditaire ;
- 2 et 17 mars, 17 juin 1791 : décret d'Allarde et loi le Chapelier mettant fin aux corporations.

Dans un contexte de montée des violences et des débats à l'Assemblée, une nouvelle constitution est votée le 3 septembre 1791 et acceptée par le roi. Des élections au suffrage censitaire sont organisées du 29 août au 5 septembre 1791 pour désigner les députés à l'Assemblée législative. Cette dernière, à majorité centriste (350 députés sur 745) face à laquelle se trouvent 250 députés feuillants et 150 jacobins et cordeliers ancrés à gauche de l'échiquier politique, n'est ni soutenue par la Cour, ni par les révolutionnaires. Pour combattre les dissidences, un comité de surveillance est créé le 25 novembre 1791 montrant que la Révolution craint pour sa survie. En parallèle, les décrets des 12 novembre et 19 décembre 1791 condamnent les émigrés et les prêtres réfractaires à la constitution civile du clergé promulguée en août 1791 (G. NOFRI, 2018).

Après l'insurrection d'août 1792, les premières élections au suffrage universel masculin (sans les domestiques, les vagabonds et les chômeurs) ont lieu dans un climat de terreur. Seuls 10 % des inscrits participent et les courants dominants de l'Assemblée législative sortante disparaissent. La Convention donne alors naissance à une Assemblée où vont s'opposer les factions de la Montagne et de la Gironde. Les Montagnards sont des jacobins radicaux, proches du Club des cordeliers, de ROBESPIERRE, de MARAT, d'HEBERT ou de DANTON, alors que les Girondins, du nom de quelques Bordelais présents, sont des jacobins plus modérés proches de ROLAND et BRISSOT. Ces derniers sont en position de dominer l'Assemblée législative, mais le peuple parisien leur est hostile. Depuis le 20 septembre 1792, une commission spéciale de la Convention est chargée de rédiger une constitution. Le texte présenté le 24 juin 1794 est d'inspiration sociale :

- il confirme le droit de propriété ;
- la constitution est décentralisée ;
- les pouvoirs sont concentrés : l'Assemblée nationale a tous les pouvoirs, elle contrôle et choisit l'exécutif ;
- le mandat législatif est porté à un an ;
- le « devoir d'insurrection » apparaît alors que la Déclaration des droits de l'homme et du citoyen consacrait le droit à l'insurrection.

Il est adopté par référendum le 9 août 1793 et la constitution de l'an I est promulguée le lendemain. Cependant, elle ne sera pas mise en pratique par les révolutionnaires. Dès le 5 septembre 1793, la Convention est prise en otage par le Comité de salut public et laisse mettre « la Terreur » à l'ordre du jour. La déchristianisation se poursuit avec l'interdiction du culte catholique le 10 novembre 1793 et la fermeture des églises de Paris le 23 novembre 1793. Le lendemain le calendrier grégorien est abandonné (G. NOFRI, 2018).

L'avenir républicain et démocratique connaît de fortes oppositions et contradictions avant sa mise en œuvre. Outre la guillotine, la Convention est aussi à l'origine d'un projet de république démocratique et sociale. Celle-ci repose sur la Constitution de l'an I instaurant le suffrage universel et un contrôle des députés par le peuple. Sur le plan social, des droits sociaux sont consacrés (assistance, éducation, travail), ainsi que la mise en place d'une taxation (loi du Maximum pour encadrer les prix des denrées alimentaires), le ravitaillement, la répression des « accapareurs », la redistribution de terres aux paysans et l'abolition de l'esclavage en 1794 (G. NOFRI, 2018).

Après la chute de ROBESPIERRE, la convention « thermidorienne » cherche à ancrer les acquis de 1789. La nouvelle majorité « thermidorienne » à la Convention démantèle le gouvernement de la Terreur et s'attache entre le mois de juin et août 1795 à la rédaction d'une nouvelle constitution. La constitution de l'an III instaure le Directoire. Le suffrage universel est supprimé, les élites économiques, sociales et culturelles « guident » le peuple. À la démocratie espérée, se substitue la méritocratie (F. CHARTREUX [dir.], 2017). Pour lutter contre la centralisation, un exécutif à cinq Directeurs est prévu et contre le changement de personnel politique, le décret des Deux tiers permet que les deux tiers des élus des futures assemblées proviennent des assemblées sortantes. Les modérés redeviennent majoritaires à la Convention et imposent une politique libérale. C'est la fin des préoccupations sociales, de la loi du Maximum, alors que la liberté économique est affirmée. Le prix du pain augmente ainsi que la mortalité populaire en ville, l'ensemble favorisant la montée des tensions sociales. Les années 1797 et 1798 connaissent de meilleures récoltes, mais la guerre coûte et le mécontentement de la gauche révolutionnaire gronde à Paris. Lorsque BONAPARTE rentre d'Égypte le 16 octobre 1799, il est l'homme providentiel et le coup d'État du 18 Brumaire est la dernière des journées révolutionnaires (G. NOFRI, 2018).

Une symbolique pour communiquer à tous les Français

La Révolution trouve à s'incarner dans une symbolique visant à faire de tous les Français et notamment des plus récalcitrants, les paysans et les femmes, des patriotes. Les objets et images de la Révolution offrent le spectacle d'un peuple-un qui s'adresse à l'homme sensible aux impressions. Il s'agit bien là de mettre en place une nouvelle grammaire politique. Ainsi, par exemple, la fête révolutionnaire devient un lieu d'enseignement patriotique et civique. Celle qui était rêvée par J.-J. ROUSSEAU, faite de frugalité et de dénuement, s'oppose à la fête monarchique, catholique ou populaire, chacune soumise à ses propres excès. Il s'agissait de « *donner les spectateurs en spectacle* » afin qu'ils se voient et s'unissent dans l'apprentissage de la nation (M. OZOUF, 2015). La Révolution est un spectacle qui inspire les voisins de la France : à Londres, un théâtre joue les évènements de 1789 (F. CHARTEUX [dir.], 2017). C'est aussi dans ce processus de construction symbolique que l'église Sainte-Geneviève est transformée en temple en l'honneur des grands hommes et qu'elle devient le Panthéon. Ainsi, le même rituel unit les hommes dans la vie festive et dans la mort à travers l'expression d'une même foi pédagogique. C'est aussi pour s'affranchir de la foi chrétienne que le calendrier républicain entend se débarrasser des saints, martyrs et fêtes catholiques. C'est alors la symbolique de la nature qui vient remplacer l'histoire religieuse à travers la célébration des plantes, des saisons ou des animaux. La révolution se donne à voir jusque dans la géographie à travers un nouveau découpage administratif avec les départements. Ainsi, ce dernier est bien accepté et perdure alors que le calendrier républicain a rencontré plus de résistance pour vite tomber en désuétude (M. OZOUF, 2015).

Une Révolution qui se propage à l'étranger ?

L'Europe devient un théâtre révolutionnaire en cette fin de XVIIIe siècle. Une révolution émerge dans les Pays-Bas autrichiens, écrasée en 1790, mais aussi en Belgique. Cette dernière va se doter d'une constitution. De l'extérieur, la Révolution française est plutôt bien vue, car elle participe de l'endettement et de l'affaiblissement de la France. Elle donne ainsi à l'Autriche, à la Prusse et à la Russie l'occasion d'agrandir leur territoire. L'Espagne, quant à elle, se préoccupe de la « contagion révolutionnaire » et ferme ses frontières aux écrits français. Il n'y a donc pas d'opposition extérieure à la Révolution française. D'ailleurs, les révolutionnaires belges, bataves et suisses réfugiés à Paris sont déçus lorsque l'Assemblée décide, dans une *Déclaration de paix au monde* (1790), de ne pas leur apporter d'aide. Cependant, à l'été 1791, les Cours européennes s'inquiètent de la pression révolutionnaire sous le fait de la présence des nobles émigrés. Le 27 août 1791 la Prusse et l'Autriche s'engagent communément afin d'éviter la propagation des idées révolutionnaires en Europe. C'est face aux menaces étrangères que Louis XVI pousse à entrer en guerre. Les révolutionnaires sont favorables à une guerre qui montrera le double jeu du roi et les Girondins pourront libérer les peuples d'Europe. Les Irlandais, Hollandais, Genevois, Neuchâtelois, Belges et Polonais présents à Paris depuis 1787 invoquent le « droit des peuples à disposer d'eux-mêmes » et désirent une alliance avec la France, voire une annexion. Dès 1792, les Hollandais sont favorables à la mise en place d'une « République sœur ». Cette perspective offrait aux jacobins des avantages économiques et un glacis protecteur. Tous ne sont cependant pas favorables à l'entrée en guerre, à l'exemple de ROBESPIERRE ou de MARAT, mais la France entre en guerre en avril 1792. Les succès de la guerre à l'extérieur favorisent l'expansion révolutionnaire en Europe (en Hollande, en Suisse ou en Italie). La France révolutionnaire devient la Grande nation une fois annexés la Belgique, la Rhénanie, la Savoie et le comté de Nice, puis les Républiques sœurs batave, helvétique et italienne établies (F. CHARTREUX [dir.], 2017). La dimension exportatrice de la Révolution se révèle alors, ainsi que l'exprime BRISSOT : « *le moment est venu d'une nouvelle croisade, ce sera la croisade de la liberté universelle* ». En effet, le 15 décembre 1792, un décret impose le régime politique français aux pays conquis. Dans sa dynamique d'expansion, la Convention déclare la guerre à l'Angleterre et aux Provinces-Unies des Pays-Bas le 1er février 1793. Aussi, le 7 mars, l'Espagne, l'Italie et le Portugal forment une coalition européenne mettant en difficulté les armées françaises en Belgique. En réaction, la Convention décide de la levée en masse de 300 000 conscrits. Cette mesure, très impopulaire dans l'Ouest de la France, déclenche la guerre de Vendée. À la fin du Directoire, l'armée est la grande bénéficiaire du prestige des victoires dans les campagnes européennes, notamment en Italie. Le traité de Campo Formio met un terme aux combats avec l'Autriche le 18 octobre 1797 à la faveur de BONAPARTE (G. NOFRI, 2018).

La Révolution française se termine et se diffuse dans le voisinage européen en cette fin de XVIIIe siècle alors que les révolutions se réveillent au XIXe siècle.

Le siècle des révolutions, dans l'ombre de la Révolution française

Les soubresauts révolutionnaires du XIXe siècle, en France, montrent que la Révolution était inachevée. Les forces politiques de ce siècle sont celles héritées de la Révolution française :

- les conservateurs, contre-révolutionnaires, en refusent l'héritage ;
- les libéraux célèbrent, quant à eux, 1789 et rejettent 1793, « la Terreur » et la démocratie politique et sociale ;
- les démocrates socialistes revendiquent 1789 et 1793.

La Révolution est alors entrée dans le champ des possibles, des espoirs, mais aussi des peurs et va se rejouer (F. CHARTREUX [dir.], 2017).

Des révolutions nées d'un renouveau intellectuel

La « cadette[1] » des révolutions a lieu en juillet 1830 et opère bien une « révolution des esprits ». Les élites libérales s'appuient sur les classes populaires, ouvrières et la petite bourgeoisie, pour renverser la monarchie traditionnelle. Les acteurs des journées révolutionnaires deviennent un peuple agissant et exerçant la souveraineté populaire. Victor HUGO leur rappelle : « *Hier vous n'étiez qu'une foule, vous êtes un peuple aujourd'hui* ». Parmi eux, de nombreux étudiants et polytechniciens politisés se mêlent à la jeune bourgeoisie et aux ouvriers pour porter et diffuser l'idéal de liberté de 1830 (F. CHARTREUX [dir.], 2017).

Il y a aussi un « esprit de 1848 » qui provient d'une révolution des idées survenue en parallèle du développement du mouvement socialiste. Depuis vingt ans des hommes comme CABET ou FOURIER réfléchissent à de nouvelles modalités d'organisation sociale. La parole ouvrière trouve à s'exprimer dans des journaux comme *L'Atelier* et les idées neuves du courant romantique se diffusent au sein de la jeunesse. La révolution de 1848 est aussi celle des poètes et des intellectuels qui croient en l'union des élites éclairées et des masses. Par leurs « prophéties » ils participent de la diffusion de cet « esprit de 1848 » : Alphonse de LAMARTINE défend le gouvernement provisoire, Charles BEAUDELAIRE prend le fusil en février, Alfred de MUSSET s'affirme contre les insurgés, alors que George SAND, la plus radicale, se range d'abord du côté du gouvernement, puis s'oppose à sa réaction. Victor HUGO débute alors son œuvre de poète républicain et Gustave FLAUBERT décrit les évènements de 1848 dans *L'Éducation sentimentale* (Q. DELUERMOZ, 2018).

1. La révolution de 1830 peut être surnommée la « cadette » en référence à Louis-Philippe porté sur le trône et issu de la branche cadette des Bourbons. Si l'on considère la Révolution française comme la sœur aînée de 1830, celle-ci est aussi surnommée la « cadette » des révolutions. Cette expression se retrouve dans l'ouvrage collectif *Révolutions. Quand les peuples font l'histoire*, 2017.

Lors des révolutions de 1870-1871, le renouveau des idées intellectuelles vient de la diffusion des idées socialistes en France. L'idée que les insurgés aient été inspirés par Karl MARX fait débat chez les historiens. Spectateur de la Commune, ce dernier la qualifie de première révolution du XXe siècle. Il observe en elle la seule véritable révolution communiste dans laquelle il plaçait de grandes espérances :

> **Marx et la Commune de Paris**
>
> « Le premier décret de la Commune fut donc la suppression de l'armée permanente, et son remplacement par le peuple en armes. La Commune fut composée de conseillers municipaux, élus au suffrage universel dans les divers arrondissements de la ville. Ils étaient responsables et révocables à tout moment. La majorité de ses membres était naturellement des ouvriers ou des représentants connus de la classe ouvrière. La Commune devait être non pas un organisme parlementaire, mais un corps agissant, exécutif et législatif à la fois. Au lieu de continuer d'être l'instrument du gouvernement central, la police fut immédiatement dépouillée de ses attributs politiques et transformée en instrument de la Commune, responsable et à tout moment révocable. Il en fut de même pour les fonctionnaires de toutes les autres branches de l'administration. Depuis les membres de la Commune jusqu'au bas de l'échelle, la fonction publique devait être assurée pour un salaire d'ouvrier. Une fois abolies, l'armée permanente et la police, instrument du pouvoir matériel de l'ancien gouvernement, la Commune se donna pour tâche de briser l'outil spirituel de l'oppression, le pouvoir des prêtres ; elle décréta la dissolution et l'expropriation de toutes les Églises dans la mesure où elles constituaient un corps de possédants. La totalité des établissements d'instruction furent ouverts au peuple gratuitement, et en même temps, débarrassés de toute ingérence de l'Église et de l'État. »
>
> Karl MARX, *La Guerre civile en France* (1871), Paris, Éditions Sociales, 1972, pp. 69-70.

Pour ENGELS, « *La Commune, c'est la dictature du prolétariat* ». L'évènement semble donc correspondre à la mise en œuvre des idées de MARX et ENGELS. C'est cependant davantage la démocratie pour tous que la dictature du prolétariat que réclament les insurgés de 1871 et ils attendent des réformes sociales, plus que la fin du capitalisme (F. CHARTREUX [dir.], 2017).

Des réformes attendues, dans une conjoncture économique défavorable, à l'origine des révolutions

Si les révolutions trouvent leur origine dans un contexte de marasme économique et de réformes attendues, celles-ci tiennent aussi au domaine politique. Ainsi, comme en 1789, les députés aux États généraux attendaient une réforme du vote par ordre, en 1830, l'Assemblée réformatrice refuse de se réunir. De même, en 1848, la réforme attendue du système censitaire en contestation d'un cens trop élevé enclenche la révolution (G. NOFRI, 2018). Enfin, l'insurrection naît des dernières réformes impériales de 1870 et de l'état de guerre en 1871.

Comme en 1789, la révolution de 1830 naît à Paris de l'impossibilité de réformes. La monarchie restaurée, après la chute du Second Empire, repose sur une constitution libérale où les pouvoirs sont séparés. Or, dans les années 1820, un tournant conservateur est pris par le roi, soutenu par la majorité parlementaire ultra-royaliste. En opposition, les élections législatives de 1827 consacrent la victoire de l'opposition libérale. En réaction, le roi dissout l'Assemblée, au mois de mai 1830, convoquant de nouvelles élections. Elles sont de nouveau favorables à l'opposition et le roi dissout une seconde fois l'Assemblée, le 25 juillet 1830. Il annonce la restriction du suffrage et la suppression de la liberté de la presse. Les tensions sociales sont alors aiguës du fait de la crise et du chômage. Les troubles antifiscaux se multiplient à la ville comme à la campagne, ainsi que les grèves ouvrières, et les émeutes frumentaires, comme en 1793, lors de la taxation des grains. Aussi, le 26 juillet, les journalistes censurés et les députés libéraux de l'opposition appellent à la révolte (F. CHARTREUX [dir.], 2018).

De la même manière, à l'origine des révolutions du 22 au 25 février 1848, se trouve une crise économique, agricole et industrielle. Le prix du pain flambe et réveille les mécontents de la monarchie de Juillet. Les premières manifestations ont lieu après l'annulation du banquet parisien du 22 février aux cris de «*Vive la réforme, à bas Guizot!*», alors président du Conseil (Q. DELUERMOZ, 2018). Les revendications populaires de 1848 enclenchent une révolution sociale et consacrent le «droit au travail», établi par décret du 25 février: «*Le gouvernement provisoire de la République française s'engage à garantir l'existence de l'ouvrier par le travail. Il s'engage à garantir du travail à tous les citoyens.*» Le 27 février, sont créés les ateliers nationaux pour embaucher 100 000 chômeurs dans les chantiers nationaux. Socialistes et réformateurs sociaux ont une grande influence *via* les clubs et les journaux dans ce mouvement du printemps 1848. Ils reconnaissent l'existence de classes antagonistes, mais refusent la violence sociale (*L'Histoire,* février 2018).

Quant à la révolution qui s'ouvre en 1870, celle-ci ne trouve pas son origine dans un marasme économique, mais bien dans l'échec militaire d'un empereur qui promettait la paix et la prospérité lors de son sacre en 1852. La prospérité du pays était accomplie à la veille de la guerre de 1870. La croissance et l'investissement soutenaient l'activité économique et l'industrialisation. C'est donc dans la guerre et dans le changement de politique de la part du gouvernement que l'origine de cette révolution est à rechercher. Alors que la politique du gouvernement, sous le Second Empire, avait pris un tournant libéral au cours des années 1860, à l'approche des élections législatives de 1869, la défiance et les contestations à l'égard de l'Empire enflent. L'empereur vieillissant entreprend des réformes afin d'assurer la transmission du pouvoir à son fils. Les élections du 27 décembre 1870 consacrent un nouveau gouvernement confié à Émile OLLIVIER qui devrait permettre la consolidation du régime. Un plébiscite est prévu par l'empereur le 8 mai 1870: «(En votant oui) *vous conjurez les menaces de la révolution, vous assoirez sur une base solide l'ordre et la liberté et vous rendrez facile la transmission de la couronne à mon fils*». À 82 % le plébiscite est favorable à l'empereur, mais le soutien du pays n'est pas unanime. Les républicains, comme Léon GAMBETTA, se sentent désarmés: «*l'empire est désormais plus fort que jamais*». C'était sans compter sur l'opinion publique parisienne ou les grands centres urbains du pays à contre-courant du vote majoritaire. Il faut rappeler que Paris s'est profondément transformée sous l'effet des travaux entrepris par l'empereur et le baron HAUSSMANN. Malgré les réussites en matière architecturale, d'hygiène ou encore de circulation, les masses populaires sont rejetées dans les faubourgs; des faubourgs qui gonflent du fait de l'industrialisation facilitant l'affirmation du mouvement ouvrier. Paris redevient le lieu de la contestation politique, comme lors des révolutions précédentes. Déjà, lors des législatives de 1869, la capitale avait voté pour l'opposition élisant des républicains comme Jules FAVRE ou Léon GAMBETTA. La Commune de Paris (1871) naît d'une situation sociale tendue et d'un sentiment patriotique et républicain exacerbé. Elle plonge ses racines dans le projet de république démocratique et sociale de 1793, dans l'« esprit de 1848 » non advenu et le renforcement du socialisme révolutionnaire (F. CHARTREUX [dir.], 2017).

Des révolutions qui usent de diverses formes de violence politique, sociale et urbaine

Revenons à la période des Trois Glorieuses : alors que le roi contrevient à la Constitution libérale, par des mesures conservatrices, dès le 25 juillet 1830, l'insurrection devient à nouveau légitime. Les Parisiens apprennent dans le *Moniteur* les ordonnances prises par le roi au matin du 26 juillet. Face à la suppression de la liberté de presse, la première réponse, adressée au roi Charles X, provient de la presse d'opposition. Celle-ci avait joué un grand rôle lors des élections législatives de juillet, à l'instar du *Journal des débats,* du *Constitutionnel*, du *Journal du Commerce,* du *Temps*, du *Globe*, du *Courrier français* ou encore du *National* d'Adolphe THIERS. Une protestation commune émane alors de quarante-quatre journalistes représentants de douze journaux : « *Le régime légal est* [...] *interrompu, celui de la force est commencé. Dans la situation où nous sommes placés, l'obéissance cesse d'être un devoir* ». Les journaux s'en remettent alors à la justice afin de pouvoir imprimer, mais le roi saisit les journaux et fait fermer les imprimeries. Meneurs et activistes républicains des sociétés secrètes s'emparent de l'occasion pour rassembler une masse populaire apte à la révolte (G. NOFRI, 2018). Les trois journées révolutionnaires des 26 au 28 juillet 1830, appelées les Trois Glorieuses, voient Paris se couvrir de barricades, conduisant à la chute du roi Charles X. Le peuple s'est organisé sous le commandement d'anciens officiers d'Empire, de jeunes polytechniciens et de notables. Les lieux de pouvoirs sont vite pris et l'Hôtel de Ville est aux mains du peuple le 28 juillet. L'armée se retire le lendemain, laissant 700 Parisiens dans la rue et 2 000 blessés. Un gouvernement provisoire s'installe alors à l'Hôtel de Ville (F. CHARTREUX [dir.], 2018).

La révolution est de retour en 1848, elle aussi, à travers des combats violents contre la troupe et la Garde. Ainsi, le 24 février, les insurgés prennent le Château d'eau (place du Palais-Royal). La ville de Paris s'est couverte de barricades, rappelant les Trois Glorieuses de 1830. Ces barrières militaires et symboliques en pierre protègent des combattants d'origines sociales diverses : des étudiants, des gardes nationaux, des militants républicains ou encore des ouvriers. Aussi, le gouvernement provisoire acclamé le 24 février se veut le représentant de cette incarnation du « peuple français » en action. C'est une fois de plus à Paris que la foule se rassemble, là où se situent les lieux de pouvoir de la monarchie de Juillet : au Palais des Tuileries où réside Louis-Philippe, au Palais-Bourbon, siège de la Chambre de députés, au Palais du Luxembourg où se réunit la Chambre des pairs, aux Ministères des Affaires étrangères et de l'Intérieur, ainsi qu'à la caserne. La révolution des 22 au 24 février touche le quartier ouvrier de Paris et les barricades s'élèvent autour des faubourgs Saint-Marcel et Saint-Jacques au faubourg du Temple, en passant par l'Hôtel de Ville, la place de la Bastille ou encore les faubourgs Saint-Denis et Saint-Martin.

Même si les violences sont majoritairement urbaines, comme lors de la Révolution française, il y a bien un 1848 des campagnes. Des mouvements de reconquête des communaux s'engagent avec des attaques de demeures de notables, des troubles forestiers et des bris de machines. C'est aussi l'impôt des 45 centimes qui réveille les contestations des campagnes, notamment dans le Sud-Ouest. Il y a également une contre-révolution, à l'image de Marseille, Rennes ou du Finistère où élites et travailleurs sont à la fois attentistes et inquiets face à la révolution (Q. DELUERMOZ, 2018).

Alors que la décision est prise de fermer les ateliers nationaux le 22 juin 1848, une vaste insurrection ouvrière extrêmement violente se transforme en guerre civile. Les insurgés crient « *Du pain ou du plomb !* », « *Vive la république démocratique et sociale !* » et construisent les premières barricades le 23 juin. Aussi, la Commission exécutive cède le pouvoir au général CAVAIGNAC, ministre de la Guerre, dès le 24 juin. Paris est en état de siège et les combats se poursuivent jusqu'au 27 juin. Au cours de cette guerre, 3000 insurgés, 1500 membres des forces de l'ordre, ainsi que Monseigneur AFFRE venu apaiser les tensions, meurent. La répression est féroce et 15000 personnes sont emprisonnées. Ces journées de juin 1848 remplacent « l'esprit de 1848 », né d'une révolution socialiste, par le retour à la violence politique (M. WINOCK, 2018).

La violence politique est encore d'usage pendant la révolution de 1870. Lors des élections complémentaires de novembre 1869 alors que des députés ont été élus dans plusieurs départements. Henri ROCHEFORT, pourtant condamné, a réussi à se faire élire. L'étincelle révolutionnaire éclate, le 10 janvier 1870, lorsque l'un de ses proches, le journaliste Victor NOIR est assassiné par le prince Pierre BONAPARTE. Les Parisiens sont alors sous le choc. En réponse, l'empereur convoque la haute cour de justice, mais l'occasion est prise par l'opposition pour dénigrer le régime dans la presse. Les obsèques de Victor NOIR se déroulent le 12 janvier 1870, sans débordements, alors qu'elles rassemblent 2000 personnes. L'opinion publique parisienne n'en reste pas moins contestataire et trouve à s'affirmer au moment de l'annonce de la guerre, à laquelle elle est pourtant favorable, puis à l'annonce de la défaite. Les Parisiens étaient prêts à sacrifier la paix promise par l'empereur à la seule condition que la guerre soit victorieuse. Or, la seule victoire est celle de Châlons, avant que les défaites ne s'enchaînent durant le mois d'août 1870, à Reichshoffen, Forbach-Spicheren, Rezonville et Saint-Privat. La crise politique s'ouvre à Paris dès le 7 août à l'annonce des premières déconvenues. L'impératrice Eugénie assure la régence alors que l'empereur Napoléon III est en campagne militaire. Face aux contestations, elle décide de convoquer une session extraordinaire du corps législatif qui donne à l'opposition une tribune où s'exprimer. Le gouvernement d'Emile OLLIVIER est critiqué et celui-ci démissionne. L'impératrice nomme le général PALIKAO pour former un nouveau gouvernement, mais la reddition de l'empereur à Sedan, le 2 septembre, ramène le trouble à Paris. Eugénie affirme qu'« *un Napoléon ne capitule pas* » et entend maintenir le régime, alors que la manifestation se dirige vers le Palais Bourbon réclamant « *La déchéance !* ». Elle refuse d'abdiquer ou de consulter le pays comme le demandent des républicains et le peuple. Des Comités de salut public sont proclamés à Lyon, Marseille, Toulouse et Bordeaux. À l'Assemblée, Adolphe THIERS craint l'irruption de la violence populaire et propose une commission de gouvernement et de défense nationale, ainsi que l'élection d'une Constituante dès le calme revenu. Face à la manifestation devant le Palais Bourbon, l'impératrice fait le choix de ne pas engager l'épreuve de force, pour épargner les vies des Parisiens. Les grilles sont ouvertes et la foule envahit l'Assemblée qu'elle occupe au cri de «*La déchéance! La déchéance!*». Les députés quittent leurs bancs et la séance est ajournée. Jules FAVRE et Léon GAMBETTA se mettent à la tête du peuple insurgé pour aller proclamer la République à l'Hôtel de Ville (F. CHARTREUX [dir.], 2017).

> **Proclamation de la République par Léon GAMBETTA, le 4 septembre 1870**
>
> «*Le peuple a devancé la Chambre qui hésitait. Pour sauver la Patrie en danger, il a demandé la République: elle est proclamée, et cette révolution est faite au nom du droit et du salut public. Citoyens, veillez sur la cité qui vous est confiée; demain, vous serez avec l'armée des vengeurs de la Patrie. La République est proclamée. La Révolution est faite au nom du droit, du Salut public.*»
>
> Discours de Léon GAMBETTA prononcé au balcon de l'Hôtel de Ville.

Le 4 septembre 1870 la proclamation de la République met fin à la constitution impériale par une révolution qui use de la violence verbale et a recours à la mobilisation de la rue pour paralyser le pouvoir en place. Dans le contexte de la défaite impériale de Sedan, de captivité de l'empereur et des fautes de l'impératrice Eugénie, la révolution est rapide et peu meurtrière. Il y a bien quelques violences des Parisiens au Palais Bourbon, mais le discours de Léon GAMBETTA au balcon de l'Hôtel de Ville impose un nouvel ordre politique sans autre légitimité que celle de la révolution. Deux semaines après la proclamation de la République, la capitale est de nouveau divisée et assiégée par l'armée prussienne. Malgré les tentatives pour sortir du siège, les nombreux échecs militaires réveillent la contestation parisienne les 20 et 21 janvier 1871. Celle-ci est mâtée devant l'Hôtel de Ville, dès le 22 janvier. Les élections du 8 février 1871 portent les républicains conservateurs au pouvoir et la révolte devient pour eux illégitime. Le mécontentement des Parisiens gagne la garde nationale qui constitue le 15 février la Fédération de la garde nationale pour la défense de la République. Mais, à l'annonce des conditions de paix, humiliantes pour la France, imposées par la Prusse, et l'entrée des armées prussiennes dans Paris, les tensions entre le pouvoir et la capitale sont aiguës. Au 10 mars 1871, les radicaux prennent pour un coup d'État institutionnel la décision de déplacer l'Assemblée installée à Bordeaux, non à Paris, mais à Versailles. Pour Jules FERRY, maire de Paris, seul le retour à Paris de l'Assemblée pouvait ramener l'ordre. Mais le gouvernement décide de supprimer la solde quotidienne de la garde nationale, entraînant sa structuration et sa radicalisation. Le 17 mars, Adolphe THIERS retire canons et mitrailleuses à la garde nationale et fait arrêter ses meneurs. C'est l'étincelle à l'origine de la commune insurrectionnelle de Paris. Au soir du 18 mars, le Comité central de la garde nationale a réussi à gagner l'Hôtel de Ville et le gouvernement évacue Paris. Des élections municipales sont organisées le 26 mars et malgré l'exil de nombreux Parisiens, le taux de participation est de 48%. La nouvelle Assemblée s'installe le 27 mars à l'Hôtel de Ville mais sa durée est éphémère du fait de l'isolement politique de la Commune et de l'«extrémisation» de la révolution. Du 21 au 28 mai 1871, les

Versaillais organisent l'assaut faisant 4 000 morts chez les Communards, 900 chez les Versaillais. Adolphe THIERS se félicite d'avoir « *éradiqué le socialisme* ». Sont ainsi jetées les bases d'une République conservatrice (G. NOFRI, 2018).

Des innovations politiques et institutionnelles au cœur de chacune des révolutions

En 1830, le peuple s'est soulevé pour la liberté, non pour la république. Les républicains n'étaient alors pas assez nombreux parmi les insurgés pour face aux libéraux qui voulaient une monarchie libérale. Ces derniers souhaitent faire du duc d'Orléans, issu de la branche cadette des Bourbons, un roi-citoyen. Si le peuple crie « *A bas les Bourbons !* » et que les républicains demandent à LA FAYETTE de proclamer la république, celui-ci trahit sa famille politique et se rallie aux libéraux pour présenter le 31 juillet, le duc d'Orléans au balcon de l'Hôtel de Ville. Pour les ultra-monarchistes et les Cours européennes, il restera un usurpateur, fils du régicide Philippe-Egalité de 1793. En cela, 1830 était-elle, pour les républicains, une révolution ? En remettant un roi sur le trône, elle assurait la continuité monarchique. Le 9 août 1830, les députés révisent la Charte constitutionnelle et font du duc d'Orléans le nouveau roi des Français, et non plus le roi de France. Il devient Louis-Philippe Ier pour marquer la rupture avec l'ancienne monarchie. Les Trois Glorieuses auront enraciné les acquis libéraux de 1789, écarté les contre-révolutionnaires, mais les libéraux, n'étant plus menacés à droite, font face à une nouvelle opposition venue de la gauche. Aussi la révolte des canuts de 1831, travailleurs de la soie à Lyon, montre que la révolution n'est pas terminée (F. CHARTREUX [dir.], 2017). Elle se prolonge encore à travers les troubles et l'insurrection républicaine de 1832 ou encore en province en 1834 (G. NOFRI, 2018).

Ensuite, la révolution de 1848 porte de profonds changements politiques. Louis-Philippe est renversé alors qu'il a régné du mois de février à la fin du printemps. C'est une révolution politique qui débute par la proclamation de la république que le philosophe Charles RENOUVIER a défini comme « *l'état d'un peuple qui n'obéit qu'à des hommes qu'il s'est choisis. Ces hommes sont les égaux de tous les autres. Ils ne commandent qu'au nom du peuple* » (*L'Histoire*, février 2018). Le 24 février 1848, la république est proclamée, suivie du suffrage universel masculin. Grâce à celui-ci, les hommes vont trouver un moyen d'expression politique. Ils sont désormais 9 millions à pouvoir gagner les urnes alors que jusqu'ici 240 000 personnes seulement pouvaient voter. Le 27 février, la peine de mort, en matière politique, est supprimée. La révolution de 1848 se différencie ici de « la Terreur » de 1793. Le 27 avril 1848, l'esclavage est aboli (Q. DELUERMOZ, 2018).

> **Décret d'abolition de l'esclavage**
>
> Article 1er. L'esclavage sera entièrement aboli dans toutes les colonies et possessions françaises, deux mois après la promulgation du présent décret dans chacune d'elles. À partir de la promulgation du présent décret dans les colonies, tout châtiment corporel, toute vente de personnes non libres, seront absolument interdits.
>
> Gouvernement provisoire de la République française, 27 avril 1848.

Alors que les socialistes avaient initié le mouvement social de 1848, lors des élections d'avril, ce sont les modérés qui l'emportent, avant que le 15 mai, l'extrême gauche n'envahisse l'Assemblée (*L'Histoire*, février 2018).

Enfin, malgré sa très courte durée, du 19 mars au 28 mai 1871, la Commune de Paris, est aussi au cœur de mesures innovantes. Elles poursuivent trois ennemis, notamment sur le plan social :

1. l'ordre et l'armée ;
2. la propriété et le patronat ;
3. la religion et le clergé.

Chronologie des réformes de la Commune de Paris (1871)

29 mars : abolition de la conscription et des armées permanentes ; remise des derniers mois de loyer ; suspension des ventes au Mont-de-Piété.
2 avril : séparation de l'Église et de l'État.
12 avril : suspension des poursuites sur les échéances.
16 avril : réquisition et nationalisation des ateliers abandonnés.
17 avril : moratoire sur les effets de commerce.
24 avril : réquisition des logements vacants.
27 avril : interdiction des amendes et retenues sur salaire.
28 avril : interdiction du travail de nuit dans les boulangeries.
7 mai : restitution sans contrepartie des objets gagés d'une valeur inférieure à 20 francs.
19 mai : décret de laïcisation de l'enseignement.

Alors que la Commune se radicalise avec la création d'un Comité de salut public le 1er mai, son échec est annoncé. Elle a consommé la scission entre le mouvement socialiste révolutionnaire et le mouvement républicain. (G. NOFRI, 2018).

Une symbolique révolutionnaire empruntée à la Révolution française

L'esprit de 1789 semble revivre dans les journées révolutionnaires de 1830 : le drapeau tricolore coiffe les monuments parisiens et les insignes de la monarchie sont arrachés. Les insurgés s'appellent « citoyens » en souvenir de la Révolution française (F. CHARTREUX. [dir.], 2017).

C'est encore la mémoire vive des révolutions inachevées de 1789, 1792, 1793 ou 1830 qui donnent à 1848 des outils symboliques pour rejouer la révolution : très vite les insurgés s'appellent « citoyens » et « citoyennes », les missives sont signées « salut et fraternité », alors que les statues, bustes et effigies de Louis-Philippe sont détruits à la hâte. De nouveaux symboles apparaissent : la fraternité rejoint la liberté et l'égalité dans la devise républicaine (Q. DELUERMOZ, 2018). Alors que Louis BLANC justifie l'ajout de la fraternité à cette devise, celle-ci comporte cependant la contradiction d'entrer en conflit avec la liberté qui peut apporter la dissidence au sein d'une communauté fraternelle (M. OZOUF, 2015). La liberté n'a d'ailleurs pas le même sens pour un libéral qui l'entend comme liberté de commerce, d'opinion et de conscience et pour un ouvrier qui y voit un affranchissement possible. Elle exprime aussi la fin des servitudes pour les femmes, à l'exemple d'Eugénie NIBOYET : « *avec la servitude du travail doit cesser la servitude des femmes*» (*La Voix des femmes*, 21 mars 1848, citée par Q. DELUERMOZ, 2018).

> **Liberté, égalité… fraternité**
>
> «En quoi consiste cette devise? Dans l'union de ces trois mots: liberté, égalité, fraternité. Oubliez-en un, les autres n'ont plus de signification. Dites la liberté seulement, et vous arriverez à ceci: les hommes ne s'aiment pas; chacun pour soi; la lutte s'engage; les uns triomphent, les autres sont vaincus: plus de liberté. Pour qu'elle existe, il faut la mettre dans l'égalité; et pour que l'égalité elle-même se maintienne, il faut la sanctifier par le sentiment de la fraternité.»
>
> Louis BLANC, *Le Moniteur universel*, 24 mars 1848.

La liberté est, quant à elle, célébrée à travers le symbole de l'arbre de la liberté. Celui-ci est inspiré de la Révolution française, planté dans les villes, villages et célébré par Victor HUGO, converti à la révolution, le 23 mars 1848: «*c'est avec joie que* […] *je viens saluer au milieu* [de mes concitoyens] *les espérances d'émancipation, d'ordre et de paix qui vont germer, mêlées aux racines de cet arbre de la liberté. C'est un beau et vrai symbole pour la liberté qu'un arbre! La liberté a ses racines dans le cœur du peuple, comme l'arbre dans le cœur de la terre; comme l'arbre, elle élève et déploie ses rameaux dans le ciel*». L'Église est aussi présente, lorsque les prêtres bénissent les arbres de la liberté. Autre figure, plus inattendue, le Christ des barricades est aussi célébré et Charles RENOUVIER rappelle que «*la république établissait dans la société la morale de Jésus-Christ*». Ce dernier devient une figure «populaire» et se confond avec l'avènement du socialisme. Autre symbolique forte, reprise de la Révolution française, le drapeau tricolore est adopté le 25 février 1848. Alors que les insurgés réclamaient le drapeau rouge, «drapeau de sang» pour Alphonse de LAMARTINE, les couleurs bleu, blanc, rouge sont défendues par le peuple et les soldats (Q. DELUERMOZ, 2018).

Enfin, les références symboliques à la Révolution française sont encore nombreuses lors de la Commune de Paris en 1871. Dans la presse, les titres comme *Le Père Duchesne* ou *L'Ami du peuple* reparaissent. Les insurgés se placent dans l'héritage des sans-culottes parisiens, des combattants de 1830 et «du printemps des peuples» (F. CHARTREUX [dir.], 2017). Pour Michel WINOCK, la Commune est, tant dans son déroulement que dans sa charge symbolique et son issue, la dernière des grandes «fièvres hexagonales» (J.-F. SIRINELLI, 2017).

Une diffusion des révolutions outre-frontières?

La lutte populaire des Trois Glorieuses de 1830 s'est diffusée à toute l'Europe (Q. DELUERMOZ, 2018). Dans les années 1820, les mouvements nationaux et libéraux s'opposent à l'ordre monarchique traditionnel et choisissent le complot comme stratégie d'action plutôt que le soulèvement populaire. Ce sont des sociétés secrètes comme la Charbonnerie en France ou les *Carbonari* en Italie, qui vont mener ces combats. En 1830, avec l'adhésion populaire, elles s'ouvrent socialement et réhabilitent l'action révolutionnaire. Les évènements révolutionnaires français sont alors un modèle. Au cri de «*Faisons comme les Français!*», la révolution se diffuse en

Europe : les Belges refusent la domination de la famille d'Orange protestante sur le Royaume-Uni de Hollande. La bourgeoisie commerçante belge s'estime, quant à elle, lésée par la politique économique hollandaise. Ainsi, l'insurrection éclate à Bruxelles le 25 août 1830 et se diffuse dans les provinces belges. Les troupes hollandaises sont défaites et les Belges proclament leur indépendance. Une Assemblée constituante est élue par les bourgeois et une monarchie libérale se met en place sur le modèle français. À Varsovie, les Polonais se soulèvent car ils souhaitent fonder un État alors que leur peuple est dispersé en Prusse, en Autriche et en Russie. Leur mouvement est réprimé par le tsar. La révolution inspire aussi la trentaine d'États allemands et les quatre États italiens qui aspirent à l'unité. Des libéraux allemands prennent les armes en citant les évènements de Paris et de Pologne. En Italie, en 1831, Giuseppe MAZZINI, un ancien *Carbonaro*, fonde la Jeune Italie et appelle à la révolution nationale pour instaurer la république. Face à ces mouvements révolutionnaires européens, le roi des Français choisit de ne pas intervenir. À l'inverse de 1792, il ne veut pas effrayer les monarchies européennes (F. CHARTREUX [dir.], 2017). Il faudra alors attendre un « printemps des peuples » pour libérer les peuples européens.

Ce n'est cependant pas depuis Paris que ce « printemps des peuples » s'est ouvert en 1848. Il y avait certes de nombreux révolutionnaires européens réfugiés à Paris, mais la révolution en Europe naît en 1846 à Cracovie. Le soulèvement vise à la reconnaissance de la Pologne en tant qu'État face à l'Autriche. La Suisse poursuit le mouvement en 1847, avec la guerre civile entre libéraux et conservateurs, puis en janvier 1848, c'est au tour de Palerme de s'embraser. Si la révolution parisienne de 1848 constitue une rupture majeure, c'est parce qu'elle accouche d'une république. À Paris, les délégations étrangères tentent d'obtenir un soutien à leur mouvement national. Giuseppe MAZZINI crée alors à Paris l'Association nationale italienne, le 5 mars 1848, afin de fédérer les comités italiens existants. Elle permet la création de la Légion italienne qui quitte Paris pour Gênes le 8 avril 1848 (A.-C. IGNACE, 2010, citée par D. DIAZ, 2018). La révolution n'est pas seulement un évènement français et européen, elle devient un évènement global. En effet, en Asie et en Amérique, les colonies entrent en révolution : c'est le cas de l'Inde, de Ceylan, de Sydney, de Wellington et du Cap en 1848, mais aussi du Canada, de Cuba et de Porto-Rico, puis de la Colombie en 1849 et du Chili en 1850. Si ces territoires choisissent la révolution pour contester la domination coloniale, c'est aussi parce que ce sont des espaces de migration pour les Européens, et notamment les révolutionnaires les plus radicaux réprimés, qui favorisent la circulation des idées révolutionnaires. De même, le décret d'abolition de l'esclavage dans les colonies françaises provoque des troubles comme à Porto Rico en juillet 1848. Aussi les répercussions mondiales du « printemps des peuples » vont se faire sentir bien au-delà du mi-temps du XIXe siècle (D. DIAZ, 2018).

Il faudra attendre le XXIe siècle pour que le souvenir de ce « printemps des peuples » se réveille à travers une nouvelle vague de révolutions dans le monde arabe.

Actualité

Des révolutions françaises « en marche »

Si les révolutions des XVIIIe et XIXe semblent avoir donné aux hommes les moyens d'échapper à la toute-puissance divine et de résoudre leurs problèmes, celles des XXe et XXIe ont changé de sens : « *On pense aujourd'hui à la révolution, non comme une solution des problèmes posés par l'actualité, mais comme à un miracle dispensant de résoudre les problèmes* » (Simone WEIL, *Oppression et liberté*, 1955, citée par G. NOFRI, 2018). C'est ce que montre les évènements de mai 1968 ou les mouvements de « gilets jaunes » ouverts en 2018.

Au-delà du miracle, c'est en tant que mythe que les évènements de mai 1968 sont parvenus dans la mémoire collective. Plus qu'une révolution, ils marquent une véritable évolution de la société française. Il s'agit d'une crise par l'intensité du changement économique et social attendu, mais aussi de la contestation du régime politique en place. Ainsi, pour l'historien Jean-François SIRINELLI, les évènements de mai 1968 sont le « *simulacre d'une révolution mimée* » et ont été « *davantage amplifiés par le son que par le sang* », dans une prise de parole brusquement débridée, jouant un « *rôle d'amortisseur, absorbant l'onde de choc en canalisant la violence* ». Les origines de mai 1968 ne sont pas économiques car la société est encore enrichie par la période de croissance des Trente Glorieuses. La crise naît d'une évolution démographique majeure, amenant une classe d'âge, les jeunes, à avoir de plus en plus de poids au sein de la communauté nationale. La presse française relayait dès 1959 l'angoisse du changement économique et social à travers l'image des « blousons noirs », affirmation de l'identité nouvelle des jeunes. Ainsi, la France, l'Europe, les États-Unis ou le Japon sont touchés dix ans plus tard par des mouvements de contestation. Ce sont des jeunes, des étudiants, mais aussi des paysans au Japon, des ouvriers en France et en Italie, des Noirs aux États-Unis qui contestent l'impérialisme et revendiquent la diffusion d'une contre-culture et de nouveaux styles de vie. La situation française se distingue par son intensité et parce qu'elle combine une crise universitaire, sociale et politique amenant en seulement vingt jours à une remise en cause de la Ve République. C'est à Nanterre, le 22 mars 1968, que cette crise multiforme s'ouvre. Après l'arrestation d'étudiants lors d'une manifestation de soutien au Vietnam, la salle du conseil de la faculté est occupée. Pour son doyen, Pierre GRAPPIN, Nanterre devient le « *point de départ d'un nouveau calendrier, d'une nouvelle aire* ». Les étudiants revendiquent une certaine liberté sexuelle en résidence universitaire, critiquent les cours, soutiennent les mouvements internationaux, appellent à la grève et à la manifestation. Les heurts avec la police sont nombreux et les résidences de filles sont occupées à Nanterre et dans d'autres centres universitaires. À Grenoble, les filles investissent les résidences de garçons. À Nanterre, la faculté est devenue un forum de discussions et le doyen supprime les cours. À l'invitation du MAU (Mouvement d'action universitaire), les Nanterrois se rendent à la Sorbonne, où ils tiennent *meeting*. Du 3 au 13 mai 1968, les manifestations d'étudiants, de lycéens, de salariés et de paysans se diffusent à Paris et dans l'Ouest. Alors que se tient, le 6 mai à la Sorbonne, le conseil de discipline des étudiants nanterrois, 15 000 personnes manifestent et de violents affrontements font 481 blessés dont 279 étudiants et 80 arrestations dont 40 maintenues. Le lendemain, une longue marche des étudiants passe devant le Parlement dans l'indifférence et se termine par des échauffourées, le soir, au Quartier latin. Ce sont les 10 et 11 mai 1968 qui consacrent les évènements les plus violents, lors de la « nuit des barricades ». La Sorbonne qui avait été fermée est alors réouverte sur décision de G. POMPIDOU. Toutes les villes universitaires sont dès lors touchées par les manifestations de solidarité « contre la répression policière ». Les 24 et 25 mai, les premiers morts lors des émeutes sont signalés à Paris et à Lyon, alors que s'ouvrent jusqu'au 27 mai, les négociations de Grenelle. Les dernières manifestations sont organisées le 29 mai par le parti communiste et la CGT. Enfin, le 30 mai une manifestation unanimiste a lieu place de la Concorde. Cette fois, une mobilisation de masse des militants gaullistes montre que les bases du régime sont inébranlables. Charles de Gaulle reprend l'initiative et dissout l'Assemblée nationale. Le 31 mai, le gouvernement fait évacuer les piquets de grève. Les élections législatives des 23 et 30 juin 1968 consacrent la victoire des gaullistes et résolvent la crise (M. ZANCARINI-FOURNEL, C. DELACROIX, 2014). C'est ici qu'apparaît le paradoxe d'une onde de choc à la fois rapide et intense et d'un dénouement de la révolte qui ne se transforme pas en révolution. Alors que les évènements étaient animés d'un esprit de fraternité et d'une quête du bonheur, il s'agissait pour beaucoup d'irrévolution, en l'absence d'aspiration politique des manifestants. Le rêve et l'utopie semblaient gagner les étudiants alors qu'aucun grand parti politique ne s'est associé à cette rupture voulue en mai 1968 par une minorité agissante. De plus, depuis la fin XIXe siècle, la rue a été discréditée comme lieu de légitimation politique, alors que depuis 1789 il semblait aller de soi que le combat de rue pouvait faire tomber le régime. En 1968, l'érection de barricades n'est plus une arme politique mais une résurgence mémorielle. « Mai 68 » est un évènement fort mais la démocratie est capable d'en absorber les secousses. Elle n'a jamais été en péril. Cependant, si la France n'avait pas été dans la paix et la prospérité, la crise de Mai 1968 aurait pu revêtir les contours d'une révolution (J.-F. SIRINELLI, 2017).

Le mouvement social des « gilets jaunes », initié à l'automne 2018, montre une évolution de l'expression politique plus qu'une révolution. La violence sociale est-elle alors un mode de dialogue ou le signe d'un refus de l'État de droit ? Comme les révolutionnaires en 1789, les « gilets jaunes » sont des acteurs des évolutions politiques et sociales en cours. Ils puisent dans le référentiel de la Révolution française un récit partagé (S. WANICH, 2019). Aussi comme le prédisait Claude LÉVI-STRAUSS, « *pour que l'homme contemporain puisse pleinement jouer son rôle d'agent historique, il doit croire au mythe de la Révolution française* » (*La Pensée sauvage*, 1962). Comme lors des révoltes passées, le contexte social vient expliquer les origines du mouvement. L'image des fractures sociales et territoriales en France alimente le discours politique dès la campagne présidentielle de 2017. Ces fractures sont récupérées par le mouvement des « gilets jaunes ». En effet, la concentration du patrimoine, des revenus, du travail, de l'emploi et de la formation dans les métropoles génère un sentiment de déclassement et de déception pour ceux qui n'en bénéficient pas, malgré l'existence d'un système redistributif. Au regard du patrimoine, la France est socialement très inégalitaire : les centres-villes concentrent les plus fortes inégalités de revenus et de patrimoine. Pour Laurent DAVEZIES, économiste spatial, ces inégalités sont en partie corrigées par un puissant système de protection sociale financé par l'impôt ainsi que par la répartition des emplois publics. Cependant, au niveau des politiques d'aménagements des territoires, des débats demeurent entre les tenants du tout métropolitain et les tenants d'un aménagement déconcentré. C'est dans ce contexte social, que l'élection présidentielle de 2017 vient achever un processus de crise larvée depuis dix ans. De plus, elle signe l'éclatement du système politique bipolaire au profit d'une hyperprésidence (L. CARROUÉ, 2017). C'est donc au cœur des ronds-points, une invention française d'Eugène HÉNARD, que s'ouvre la crise des « gilets jaunes ». Ceux-ci remplacent les carrefours, symboles d'un monde qui s'entrechoque, pour faciliter les flux et la convergence. Or, le rond-point devient le lieu du mécontentement et du rassemblement. Des cabanes sont aménagées sur les ronds-points, rappelant l'occupation des ZAD (M. ZANCARINI-FOURNEL, 2019). Pour le philosophe Pierre DARDOT et le sociologue Christian LAVAL, « *les gilets jaunes, que cela plaise ou non, ont réussi ce que trente ans de luttes sociales n'ont pas réussi à faire : mettre au centre du débat la question de la justice sociale. Mieux, ils ont imposé on ne peut plus clairement la question fondamentale pour toute l'humanité du lien entre justice sociale et justice écologique* » (*Médiapart*, 12 décembre 2018). La crise, comme celle de 1968, est tournée contre les médias, à l'instar du slogan « *BFMTV ne pas avaler* », utilisant la rhétorique des affiches de 1968. Cependant, la lutte engagée en 2018 est une lutte de classes dans un rapport à l'État qui n'entend pas inventer de nouvelles normes sociales. Elle n'en emprunte pas moins les voies de la violence sociale. Selon le sociologue Laurent MUCCHIELLI, celle-ci « *n'est pas une catégorie d'analyse, ni un ensemble homogène de comportements. C'est une catégorie morale. La violence, c'est ce qui n'est pas bien.* » Il précise sa pensée : « *dès lors, on comprend que le spectacle de la violence produise des effets de sidération-fascination-répulsion qui empêchent de penser.* » Parmi ces biais qui « *empêchent de penser* » se trouvent la surpolitisation et la dépolitisation. Ces dernières tiennent à la récupération politique ou à la teneur des revendications des « gilets jaunes », davantage liées au prix du carburant qu'à des considérations politiques. Pour Edouard LOUIS, les « gilets jaunes » sont un test pour la bourgeoisie, l'obligeant à exprimer son mépris de classe et une violence habituellement formulée de manière détournée (*Les Inrockuptibles*, 4 décembre 2018 cité par J. CONFAVREUX [dir.], 2019). À la violence des « casseurs » défigurant Marianne et l'Arc de Triomphe, s'oppose la violence d'État à l'image des photographies diffusées de « *Lola, Antonin, Maxime, Fiorina, Issam et Doriana* (…) *la machoire fracturée; Alexandre, Antoine, Ramy, Jean-Philippe, Patrick et Cédric ont* [eux] *perdu un œil; Gabriel, Ayhan et Frédéric ont eu la main arrachée; Oumar, le front ouvert. Zineb Redouane est morte d'avoir essuyé une grenade lacrymogène lancée sur elle à tir tendu* » (L. BANTIGNY, 2019 citée par J. CONFAVREUX [dir.], 2019). Une révolution était-elle alors engagée ? Il s'agit plutôt d'une sédition, à la manière de celles décrites par MACHIAVEL : « *le peuple ne désire plus n'être ni commandé ni opprimé par les grands, tandis que les grands désirent commander et opprimer le peuple* ». Le peuple s'est-il tout entier mobilisé ? Et dans le cas contraire, quelles classes sociales participent au mouvement ? Pour Alexis SPIRE, sociologue des inégalités, « *contre toute attente, ce sont les ménages bénéficiaires des politiques sociales qui se montrent les plus critiques à l'égard des prélèvements. À l'inverse, l'adhésion au système fiscal est d'autant plus fièrement revendiquée par les membres des classes supérieures qu'ils peuvent en apprivoiser les règles* » (*Nouvelobs*, 20 novembre 2018). Le mouvement des « gilets jaunes » est donc porté par ceux qui ont un sentiment d'injustice fiscale, répandu notamment au bas de l'échelle sociale. Leur structure sociologique ressemble à celle des sans-culottes, en plus féminin, d'après Michel VOVELLE. Ce sont des femmes, des hommes, des abstentionnistes, des amis qui ont un travail, une famille, des enfants et qui ne veulent pas que les générations futures vivent plus mal qu'eux. Aussi, s'il y a des ouvriers au sein du mouvement des « gilets jaunes », ce n'est pas un mouvement ouvrier. Aux classes populaires, s'ajoutent de petites classes moyennes, faisant des « gilets jaunes » des « petits-moyens » (I. COUTANT, 2019, citée par J. CONFAVREUX [dir.], 2019). Pierre ROSANVALLON parle de « société des petits » constituée d'un salariat modeste, de petites classes moyennes, d'autoentrepreneurs, de petits commerçants et artisans (J. CONFAVREUX [dir.], 2019). Tous protestent contre la cherté de la vie, pour plus de justice sociale et fiscale, mais aussi parfois contre la circulation des migrants, pour la mise en place d'assemblées populaires et se font le reflet des situations populistes. Pour l'historien Quentin DELUERMOZ, ils sont le signal d'un « *épuisement physique et psychologique qui est aussi la trace de notre épuisement démocratique* » (*Le Monde*, 15 décembre 2018). Ainsi, le mouvement des « gilets jaunes » révèle le vide politique laissé par le recul des luttes politiques et syndicales pendant des décennies. Il est en même temps le signe qu'une repolitisation est possible (J. CONFAVREUX [dir.], 2019). À l'aube de cette nouvelle forme d'expression démocratique, n'oublions pas qu'Emmanuel MACRON, au lendemain de son élection, appelait à une « *révolution démocratique* ». Celle-ci devait passer par une refonte de la représentativité, le non-cumul des mandats, un rôle nouveau affecté aux partis politiques, aux syndicats, mais aussi de la formation des hauts fonctionnaires et de la responsabilité politique en passant par celle des ministres, des collectivités locales, des partenaires sociaux, des associations et des citoyens (E. MACRON, *Révolution. Réconcilier la France*, 2017).

Les révolutions et révoltes des XXe et XXIe siècles, comme celles du XIXe siècles, n'ont pas répondu aux questions laissées par la Révolution française : quelle place fallait-il laisser au peuple dans des révolutions qui dressent la bourgeoisie contre la noblesse, ou la classe moyenne contre l'élite économique et politique ? Jusqu'à quel point est-il légitime de recourir à la violence politique pour transformer l'ordre social et politique ? Enfin, comment éviter que la révolution ne réveille les désirs d'ordre et ne soit récupérée ? (F. CHARTREUX [dir.], 2017). Si les révoltes de la fin du XVIIIe siècle et du XIXe siècle ont accouché de révolutions, celles des XXe et XXIe siècles ont ouvert des mutations majeures et des évolutions sociales sans véritable révolution.

Prospective

Une mémoire vive des révolutions en France qui inspire toujours le présent

Les révolutions sont des moments de rupture avec le passé. Elles imprègnent les mémoires individuelles et collectives et constituent des modèles pour les révolutions futures. Aussi, les origines, le déroulement, les changements qu'elles imposent, mais aussi la symbolique, la rhétorique, les valeurs qui les portent semblent se rejouer dans les révolutions qui se succèdent. Il s'agit alors d'observer les résurgences de la Révolution française et la construction des mémoires des révolutions successives.

La mémoire de la Révolution française est une mémoire vive, fixée par les acteurs de la Révolution eux-mêmes. Quelques jours après le 14 juillet, les premières demandes de célébration de l'évènement sont formulées. La commémoration permet de célébrer les temps forts de la Révolution et d'oublier ses massacres. L'oubli est alors une thérapie, dans une période où se mêle à la volonté émancipatrice l'usage de la violence politique. Laissons ici Jules MICHELET raconter la Révolution, en écrivant une histoire qui s'inscrit dans la mémoire collective :

> **La prise de la Bastille, une page du roman national chez Jules MICHELET**
>
> Le soir était plein de trouble, de fureur désordonnée. Le matin fut lumineux et d'une sérénité terrible. Une idée se leva sur Paris avec le jour et tous virent la même lumière. Une lumière dans les esprits, et dans chaque cœur une voix : « Va, et tu prendras la Bastille. » [...] Ce fut un acte de foi. [...] Qu'il reste donc, ce grand jour, qu'il reste une des fêtes éternelles du genre humain, non seulement pour avoir été le premier de la délivrance, mais pour avoir été le plus haut dans la concorde ! [...] L'histoire revint cette nuit-là, une longue histoire des souffrances, dans l'instinct vengeur du peuple. L'âme des pères qui, tant de siècles, souffrirent, moururent en silence revint dans les fils, et parla. [...] L'avenir et le passé faisaient tous deux même réponse ; tous deux ils dirent : « Va ! » Et ce qui est hors du temps, hors de l'avenir et hors du passé, l'immuable droit le disait aussi. L'immortel sentiment du Juste donna une assiette d'airain au cœur agité de l'homme.
>
> Jules MICHELET, *Histoire de la Révolution française*, 1853,
> cité par Gaël NOFRI, *Une histoire des révolutions en France*, 2018.

Outre les premières célébrations de la Révolution française, une contre-mémoire de cette même Révolution s'affirme à l'exemple de la Vendée, « *région mémoire* » étudiée par l'historien Jean-Clément MARTIN. Les survivants de la guerre de Vendée (1793-1796) posent des croix et des arceaux, alors que les générations suivantes transmettent une histoire orale en opposition à l'histoire écrite livrant le point de vue des républicains, vainqueurs. Avec la Restauration, des lieux de mémoire sont élevés en souvenir des généraux F.-A. CHARRETTE et J. CATHELINEAU. Cependant la Monarchie de Juillet les détruit et les Vendéens rétorquent par une vaste collecte de témoignages. Ces enquêtes, souvent dirigées par les curés, se poursuivent jusqu'au XXe siècle (P. JOUTARD, 2015). Le premier XIXe siècle a ainsi été la période où le couple mémoire-histoire s'est trouvé en parfait accord, avant que le XXe siècle ne vienne consommer leur divorce (P. JOUTARD, 2015). Dès le bicentenaire de la Révolution française, les manifestations mémorielles se multiplient donnant à l'historien l'occasion de refaire l'histoire de la Révolution. Dans un article publié dans la revue *Débat,* de 1983, Mona OZOUF s'élevait contre la commémoration de la Révolution française qui approchait et surtout la confusion entre mémoire et action historique. L'historienne et philosophe convenait que toute commémoration répondait à un exercice d'admiration. Ainsi, les vocations de l'histoire et de la mémoire s'opposent : la première critique alors que la seconde glorifie. Or, comment commémorer les massacres de 1792 ou ce que l'on a appelé « la Terreur » ? Pour Mona OZOUZ, « *la Révolution française comporte l'incommémorable* ». Puis, en 1989, dans un nouvel article publié dans *Débat*, après la célébration du bicentenaire, elle ne peut que constater ce qui a rassemblé les Français : le sens universel de la Révolution et le principe d'égalité exprimé en 1789 comme socle d'une société alors profondément inégalitaire (M. OZOUF, 2015). Le bicentenaire de l'insurrection vendéenne, en 1993, a aussi révélé la vitalité de la mémoire de la guerre de Vendée, alors que le Souvenir vendéen, réseau chargé d'entretenir cette mémoire, demande la reconnaissance du « génocide vendéen » et que soient effacés sur l'Arc de Triomphe, à Paris, le nom des généraux responsables de la répression contre les vendéens (P. JOUTARD, 2015). Ces exemples montrent que la mémoire est conflictuelle tant au regard des groupes mémoriels que de son rapport à l'histoire et en fonction du régime d'historicité (P. HARTOG, 2003).

La seconde Révolution française, celle des Trois Glorieuses de 1830, donne également lieu à une construction mémorielle. Ainsi, dès l'automne 1830, Eugène DELACROIX peint *La liberté guidant le peuple*. Spectateur de la révolution de juillet 1830, sans s'engager, il écrit à son frère : « *si je n'ai pas vécu pour la patrie, au moins pourrais-je la peindre* ». Il représente alors la bourgeoisie et les ouvriers unis dans la lutte pour la liberté et livre une image du peuple héroïque. À l'inverse de l'iconographie traditionnelle des Trois Glorieuses qui met en scène les acteurs de la révolution sous les drapeaux tricolores, gavroches, pavés et tonneaux, l'œuvre de DELACROIX fait preuve d'une grande modernité. Il peint la révolution « dans la boue » et montre avec beaucoup de réalisme les victimes et combattants sales, couverts de poudre et de sang. La Liberté est drapée, pieds nus et poitrine dénudée à l'image des allégories antiques, rompant avec le style classique. Cette femme est musclée, bronzée et sa pilosité sous les aisselles témoignent de son appartenance au peuple. Elle est coiffée du bonnet phrygien en référence à la Révolution française. Ce tableau acheté par Louis-Philippe Ier pour le musée du Luxembourg, en sera retiré en 1833, puis ressorti en 1848, puis à nouveau remisé par Louis Napoléon BONAPARTE. Il fera son retour au sein des musées nationaux en 1863 (F. CHARTREUX [dir.], 2017).

La liberté guidant le peuple influence également les photographes des évènements révolutionnaires du XXe siècle. Comme E. DELACROIX, ils vont tenter d'immerger le spectateur au cœur des combats. Son tableau de 1830 était alors en rupture avec la peinture militaire des révolutions précédentes qui relayait la scène de combat à l'arrière-plan et présentait les combattants de dos. À l'image de l'allégorie de la *Liberté*, les photographies du XXe siècle cherchent à trouver dans l'évènement révolutionnaire une amazone combattante portant un drapeau, la tête haute. Ainsi des images-gigognes vont mettre en scène un évènement et son héritage historique. Par exemple, le 13 mai 1968, la photographie de J.-P. REY couvre la manifestation lors de l'entrée du mouvement ouvrier dans la révolte étudiante. Publiée dans *Life* et dans *Paris-Match* la photographie pose la question d'une possible révolution en réactivant l'imaginaire des révolutions. En effet, elle présente une jeune femme sur les épaules d'un manifestant, brandissant le drapeau nord-vietnamien. Ainsi, jusqu'au XXIe siècle, l'œil du photographe est celui du spectateur et recherche dans la manifestation la figure qui rappelle l'icône de 1830 issue du tableau originel. C'est donc bien la construction photographique qui donne à lire l'acte révolutionnaire (F. CHARTREUX [dir.], 2017). Mai 1968 récupère également la mémoire de La Commune de Paris (1871), comme le mouvement Nuit débout du printemps 2016, qui rebaptise la place de la République à Paris, place de la Commune (G. NOFRI, 2018). Enfin, la mémoire des révolutions est une nouvelle fois réactivée par le mouvement des « gilets jaunes » (2018-2019) qui emprunte aux affiches de 1968 leur rhétorique à l'encontre de médias ou encore à la Révolution française, le bonnet phrygien, la cocarde tricolore, ainsi qu'aux Trois Glorieuses l'allégorie de la *Liberté* sous les traits d'une Française au combat.

Plus de deux siècles de révolutions en France ont marqué la construction d'une mémoire collective et officielle au service d'un projet politique visant à unifier la nation. Cette mémoire des révolutions est aussi réactivée lors des mouvements insurrectionnels par les acteurs de la révolte ou les médias pour brandir le spectre de la révolution et s'appuyer sur un imaginaire collectif.

Conclusion

Analyser l'histoire du phénomène révolutionnaire dans sa pluralité revient à mesurer l'évolution sémantique qui accompagne les changements d'interprétation des révolutions à l'aune de la Révolution française. C'est avec Nicolas de CONDORCET qu'apparaît l'usage de l'adjectif « révolutionnaire » pour désigner une loi révolutionnaire se proposant de maintenir la révolution. Le gouvernement révolutionnaire des jacobins lui donnera son caractère fondateur visant à entretenir la Révolution. L'adjectif « révolutionnaire » en vient à désigner tout ce qui est conforme à la Révolution (M. OZOUF, 2015). La Révolution devient tradition et reste toujours à faire : « *on n'éprouve pas de révolution, on fait la Révolution : 1848 a eu ses Girondins et sa Montagne. La Commune de Paris ses Montagnards encore et, en la personne des blanquistes, ses hébertistes. Et la Révolution russe a eu ses chouans, sa levée en masse et une fois de plus ses Girondins, puisque Lénine usera de l'épithète pour flétrir Trotski et Bernstein* » (M. OZOUF, 2015). Aussi, en se rejouant, les évènements révolutionnaires prennent un autre sens. Ce qui est révolutionnaire devient tout changement ou toute évolution politique.

Si, selon Victor HUGO, la Révolution française a été « *la mère de toutes les révolutions* », sa portée universelle en fait aussi un modèle pour les révolutions à l'échelle mondiale. Ses acteurs avaient la volonté, à l'instar de la Déclaration des droits, de lui donner une portée « *pour tous les peuples, tous les pays* » et pas uniquement pour les

Français. Ainsi, reprenons à Alexis de TOCQUEVILLE l'idée qu'il n'y a qu'une matrice commune aux révolutions : si la Révolution recommence c'est qu'elle est « *toujours la même* » (cité par M. OZOUF, 2015).

Document

La révolution démocratique française voulue par Emmanuel MACRON

Un désir profond de politique et d'engagement citoyen anime depuis longtemps notre pays. Pourtant, une fatigue démocratique s'est installée, qui ne supporte plus ce qu'il est convenu d'appeler le « système », l'inefficacité de l'action publique, la prise en otage de notre destinée par quelques-uns. Cela n'est pas propre à la France. Nombre de démocraties en particulier occidentales, vivent cela. La peur du déclassement, l'effroi devant un monde qui s'effondre, la fascination pour les extrêmes ou les démagogues, se nourrissent de ce ressentiment.

(...)

C'est dans la pratique, à mon avis, que réside l'essentiel des changements à opérer. Modifier les conditions de la représentativité, faire évoluer les modes de scrutin lorsque c'est souhaitable, prendre des dispositions permettant de lutter efficacement contre le bavardage législatif et l'instabilité des règles, voilà le type de mesures qui permettra à la politique de se décentrer d'elle-même, et de servir un peu plus, un peu mieux, la France et les Français.

Emmanuel MACRON, *Révolution. Réconcilier la France*, Paris, XO Éditions, 2017, pp. 233-235.

Bibliographie

Outils :

- DELACROIX Christian, DOSSE François, GARCIA Patrick, OFFESNTADT Nicolas [dir.], *Historiographies, II. Concepts et débats*, folio histoire, Paris, Gallimard, 2010, 1325 pages.
- GAUVARD Claude, SIRINELLI Jean-François [dir.], *Dictionnaire de l'historien*, Quadrige, Paris, PUF, 2015, 786 pages.

Ouvrages généraux :

- JOUTARD Philippe, Histoire et mémoires, conflits et alliance, Paris, La Découverte, 2015, 342 pages.
- ZANCARINI-FOURNEL Michelle, DELACROIX Christian, *La France du temps présent*, Paris, Belin, 2014, 653 pages.

Révolutions politiques :

- CHARTREUX Félix [dir.], *Révolutions : quand les peuples font l'histoire*, Paris, Belin, 2017, 296 pages.
- NOFRI Gaël, *Une histoire des révolutions en France*, Paris, Les Éditions du Cerf, 468 pages, 2010.

Mouvements sociaux :

- CARROUÉ Laurent, « France : la grande fracture », *Images économiques du monde 2018. Géopolitique, géoéconomie*, Paris, A. Colin, 2017, pp. 14-32.
- CONFAVREUX Joseph [dir.], *Le fond de l'air est jaune. Comprendre une révolte inédite*, Paris, Seuil, 2019, 213 pages.

Revue :

- « La Révolution 1848. Que demande le peuple ! », *L'Histoire,* n° 444, février 2018, 98 pages.

Pour aller plus loin

- DIAMANTI Ilvo, LAZAR Marc, *Peuplecratie. Les métamorphoses de nos démocraties*, trad. MILESCHI Christophe, Paris, Gallimard, 2019, 192 pages.
- HAYAT Samuel, *Quand la République était révolutionnaire. Citoyenneté et représentation en 1848,* Seuil, 2014, 410 pages.
- LARRÈRE Mathilde, *Il était une fois les révolutions*, Paris, Du Retour, 2019, 224 pages.
- LEUWERS Hervé, *Camille et Lucile Desmoulins. Un rêve de république*, Paris, Fayard, 2018, 456 pages.

Sujets

- Faut-il continuer la Révolution en France ?
- Les révolutions contemporaines s'inspirent-elles des révolutions du passé ?
- La Révolution française accomplit-elle un retour à un ordre idéal ancien ou est-elle l'irruption soudaine de la nouveauté dans le champ de l'histoire ?
- Y a-t-il un seul et même modèle de révolutions en France ?

14 Désindustrialisation ou hyperindustrialisation en France ?

« Depuis la fin des années 2000, les pouvoirs publics commencent [...] à prendre conscience des menaces bien réelles de « perte de substance industrielle » qui pèsent sur la Nation, de même que du danger d'un redéploiement de l'emploi qui ne se ferait que vers des services à faible valeur ajoutée et à faible croissance (services à la personne, emplois saisonniers du tourisme, etc.). »

François Bost, 2011.

Introduction

Si la désindustrialisation existe, c'est surtout dans le débat public et médiatique. Cependant, ses signes s'observent au plus près des territoires. Les annonces de fermetures de sites dans les médias donnent l'impression qu'elles sont subites. En réalité, avant de fermer, il y a une longue phase de déclin sur plusieurs années et les médias ne rapportent que la phase finale, alors que l'emploi sur site a déjà décliné depuis fort longtemps, à l'exemple de l'usine SEB de Saint-Jean-de-Bournay dans l'Isère, dont les 162 salariés sont transférés sur le site voisin de Pont-Évêque courant 2018.

La France a bien connu une phase de désindustrialisation à la charnière des années 1970-1980. Elle se caractérise par un effondrement des effectifs humains dans l'industrie, occupant près de 40 % de la population active au milieu des années 1970, pour ne représenter plus que 25 % de la population active au début de la décennie 2010. Les fermetures d'usines en sont le signal, l'érosion de la part de l'industrie dans la production totale, la conséquence. L'industrie se transforme et englobe de plus en plus les activités de production de biens immatériels ou d'objets comportant plus d'« esprit » que de matière comme les ordinateurs ou les logiciels (J. SCHEIBLING, 2011). Elle fait de moins en moins appel au travail manuel et de plus en plus appel à la « matière grise ». L'industrie, dans le cadre des « systèmes productifs » et non de l'ancienne classification de Colin CLARK, doit être caractérisée à travers un ensemble complexe de liens entre industrie et fonctions diverses qui concourent à la production et à la mise sur le marché de biens commercialisables.

Plus qu'une désindustrialisation continue et uniforme du territoire français il est à distinguer des territoires divers qui vont gagner ou perdre dans une dynamique d'adaptation à la mondialisation. Une synergie d'acteurs conduit à faire système pour accompagner une mutation globale du système productif français qui fait émerger des systèmes productifs singuliers dans une réindustrialisation partielle des territoires.

Concepts/notions

- **Désindustrialisation**: processus qui renvoie à une baisse des effectifs industriels d'un pays et du poids du secteur industriel dans l'économie.
- **Délocalisation**: fermeture d'une unité de production dans le pays d'origine d'une entreprise, puis ouverture d'une autre unité à l'étranger pour bénéficier d'avantages fiscaux et salariaux.
- **Industrie**: ensemble des activités économiques qui transforment une matière première en produit manufacturé (G. BAUDELLE et J. FACHE, 2015).
- **Industrialisation**: processus de diffusion de nouveaux modes de production et du modèle capitaliste dans les pays qui entrent dans l'Âge industriel à partir de la fin du XVIIIe siècle, passant d'une économie à prépondérance agricole à une économie industrielle.
- **Pôles de compétitivité**: combinaison d'entreprises, de laboratoires de recherche et de centres de formation, engagés sur un territoire donné, dans une démarche partenariale d'innovation, renforçant les synergies entre acteurs.
- **Système productif**: facteurs et acteurs qui concourent à la production et à la consommation des richesses à l'échelle nationale (L. CARROUÉ, 2013).
- **Tertiarisation**: processus impliquant le passage d'une économie à dominante industrielle à une économie tertiaire où les services prévalent en termes d'emplois et de production de richesse.

Chronologie

- **1945-1973**: « Trente Glorieuses » (J. FOURASTIÉ, 1979).
- **1973 et 1978**: chocs pétroliers.
- **1975-1980**: recul de la production concrète.
- **2002**: conventions de revitalisation en soutien aux bassins en restructuration.
- **2003**: contrats de site pour favoriser les partenariats locaux.
- **2005**: création des pôles de compétitivité.
- **2007**: création du Crédit Impôt Recherche.
- **2008**: crise des *subprimes*.
- **2010**: aide à la réindustrialisation.
- **2012**: rapport GALLOIS sur la perte de compétitivité de l'industrie nationale, annonçant le retour d'un volontarisme étatique dans le domaine industriel par un « choc de compétitivité ».
- **2013**: « choc de simplification » afin d'alléger les procédures pour les entreprises ; « plans de reconquête industrielle » lancés par le Ministère du Redressement productif.
- **2014**: création du Conseil de simplification et mise en place du « Pacte de responsabilité » pour des allégements fiscaux pour les entreprises.

- **2018** : création d'un fonds pour l'innovation et l'industrie doté de 10 milliards d'euros ; initiative « Territoires d'industrie » afin de permettre au Gouvernement de mieux cerner et répondre aux besoins de l'industrie grâce aux collectivités territoriales et EPCI.
- **2020** : plan de Soutien à l'automobile, doté de 200 millions d'euros, décidé à la suite de la crise sanitaire du COVID-19 ; un plan aéronautique prévoit aussi 1,5 million d'euros pour l'innovation et 800 millions d'euros pour la modernisation et la consolidation de la filière ; volonté de réaffirmation du ministère de l'Industrie afin de regagner une « souveraineté économique ».
- **2021-2022** : projet de plan d'investissement post-Covid pour la réindustrialisation de la France.

Historique

La désindustrialisation, mythe ou réalité ?

À travers les mutations du fordisme et des systèmes productifs paternalistes, les signes d'une désindustrialisation des systèmes productifs en France et l'ampleur de ce processus peuvent être mesurés. Il s'agit de considérer la réalité actuelle des transformations géographiques, sectorielles et paysagères faisant suite à la période des Trente Glorieuses ouvrant une désindustrialisation après les chocs pétroliers de 1973 et 1978, et une période de Trente Mutantes avec la bulle japonaise, la bulle Internet ou encore la crise des *subprimes* de 2008.

Une lecture multiscalaire des mutations géographiques du système productif à l'échelle nationale, du tissu productif régional et du potentiel productif local, laisse apercevoir les conséquences de la désindustrialisation. Le système productif français est très concentré et dominé par quelques milliers de firmes internationalisées. L'organisation de l'espace national repose depuis les années 1960 sur la hiérarchisation, la ségrégation socio-fonctionnelle et la stratégie d'évitement. Le système territorial est très intégré, mais selon des logiques fragmentaires. Ainsi, les firmes installent leurs sièges sociaux et leurs activités d'administration ou de gestion, dans les quartiers d'affaires des métropoles, les centres de R&D dans la périphérie métropolitaine immédiate, les usines de fabrication dans des espaces diversifiés, les bureaux, entrepôts et ateliers de commercialisation de vente et de logistique, dans la périphérie des grandes villes. Les stratégies de décentralisation industrielle des années 1960 à 1980 aboutissent à de très fortes ségrégations socio-fonctionnelles. La mobilisation par l'industrie française de l'emploi ouvrier non qualifié repose sur deux logiques opposées mais complémentaires : aux emplois non qualifiés fortement féminins et ruraux de l'Ouest (électronique, automobile) répondait la concentration d'une main-d'œuvre masculine déqualifiée et immigrée dans le Nord-Est, à l'exemple des usines Citroën d'Aulnay-sous-Bois en Île-de-France recrutant une main-d'œuvre immigrée, face aux usines de Rennes fonctionnant grâce à un emploi rural. Cette structure ségréguée est en crise mais elle oppose toujours les emplois ouvriers et les emplois d'ingénieurs, de cadres et de techniciens ; les branches de haute technologie et les industries traditionnelles; les emplois qualifiés métropolitains et les emplois ruraux non qualifiés; ainsi que les fonctions stratégiques et périproductives banales (nettoyage, gardiennage) dans les fonctions périproductives. Les héritages spatiaux des systèmes productifs passés sont visibles à l'échelle nationale à travers la permanence de la diagonale Le Havre-Marseille. Trois grandes régions industrielles naissent des stratégies d'évitement: l'ancienne région d'industrie de base au Nord et Nord-Est, de Dunkerque à la Franche Comté, la région d'industrie de main-d'œuvre taylorisée du Grand bassin parisien et du Grand Ouest et la région d'industries techniciennes d'Île-de-France et des métropoles comme Toulouse ou Grenoble. Un rééquilibrage de la géographie de la fonction de production s'opère au profit de la France autonome à travers les recompositions spatiales. Si l'Île-de-France et la Picardie ont connu une désindustrialisation en vingt ans, le Nord et la Lorraine une stagnation, une forte croissance touche l'Alsace ou la Franche Comté, ainsi qu'un fort dynamisme dans la France autonome du Grand Ouest, de Rhône-Alpes et du Sud-Ouest. La richesse propre au tissu productif des régions françaises apparaît dans son contenu social, c'est-à-dire, une organisation sociale locale, des facteurs de proximité et une bonne gouvernance (G. BENKO et A. LIPIETZ, 2000). Les stratégies d'évitement présentées à l'échelle nationale s'observent à toutes les échelles. À l'échelle de l'Île-de-France, les hautes technologies se concentrent dans l'Ouest et le Sud-Ouest alors que le Nord et le Nord-Est rassemblent l'industrie mécanicienne. La césure fonctionnelle parisienne est un des facteurs déterminant de la crise sociale et urbaine francilienne (F. DAMETTE, 2011). Les mutations productives transforment les espaces résidentiels et une réindustrialisation est possible, notamment au cœur des métropoles (L. DAVEZIE, 2008). Les interrelations entre fait industriel et développement régional ou urbain naissent des stratégies économiques et territoriales des firmes dans le cadre de la mondialisation (L. CARROUÉ, 2002). Leur redéploiement, en fonction des avantages comparatifs des territoires, amène des recompositions géographiques visibles à plus grande échelle. Le potentiel productif local peut être marqué par les signes de la désindustrialisation, à l'image des villes rétrécissantes ou décroissantes, qui perdent des habitants et du territoire. Ce sont les *skhrinking cities*. La fermeture de l'usine fait apparaître les friches industrielles dans la ville qui constituent un cliché, à l'exemple des usines tubulaires rouillées de la vallée de la Moselle, en Lorraine. Mais les friches constituent aussi des opportunités de redéveloppement territorial. L'ancien cœur industriel du système productif, organisé autour de l'usine disparue, peut intégrer d'autres systèmes productifs. La dégradation peut être invisible mais aussi passer par la pollution dans les sols, l'encombrement des sous-sols (tubulaire ou tuyauterie non enlevés). La friche ne concerne pas toujours un site industriel dans son ensemble, en lien avec la progressivité du déclin. Des zones sont réactivées, à l'exemple de la blanchisserie de Thaon-les-Vosges datant de 1872 dans le domaine de la chimie et du textile. Elle comptait jusqu'à 4000 employés, et connaît des difficultés dans les années 1930. Elle fonctionne jusqu'en 1960, puis entame quarante ans de déclin jusqu'à sa fermeture en 2003. La vente des terrains au coup par coup ou leur destruction génère une friche nue non dépolluée, une mixité de la réoccupation (artisanale, nettoyage, services, logements). La dernière partie, fermée en 2003, se dégrade, l'horloge a été volée, la partie Nord est rachetée par une entreprise américaine qui fabrique du boyau de saucisse et qui fonctionne car c'est à la mode dans les émergents. L'ancien propriétaire refuse de vendre la partie centrale qui est polluée car elle doit être dépolluée depuis la loi de 1995. Il y a aussi une centrale qui continue à vendre de l'électricité à EDF. Il s'agit donc, en l'état, d'une friche composite (S. EDELBLUTTE, 2010).

Ces recompositions géographiques à toutes les échelles suivent d'importantes mutations sectorielles qui viennent tempérer la désindustrialisation. Si la production concrète connaît une crise, celle-ci laisse davantage de place à la production abstraite. Ainsi, le schéma productif se transforme et opère une révolution productive. La tertiarisation de l'économie a pu accentuer les marques de la désindustrialisation, mais ne fait que révéler une transformation globale du système productif en France. À partir des années 1975-1980, le processus de désindustrialisation marque un fort recul de la production concrète dans le charbonnage, le textile, la sidérurgie, la métallurgie, la mécanique ou encore l'électronique. Une crise économique, sociale et urbaine s'ensuit dans certaines aires urbaines du Nord-Est comme Longwy, le Grand bassin parisien (Dreux), l'Ouest ou le Centre. La crise de la sidérurgie en Lorraine, à l'exemple de l'aire urbaine de Longwy en Meurthe et Moselle, marque la disparition des sociétés des aciéries de 1880 fondées sur l'exploitation de charbon et de minerai de fer, pour une réorganisation des firmes Sollac, Usinor et Arcellor Mittal à travers une rationalisation de l'appareil productif, et un glissement territorial vers le littoral de Dunkerque ou Fos-sur-Mer. Si la crise est très profonde entre 1978 et 1980, la crise sociale est amortie par le travail frontalier vers le Luxembourg favorisant l'intégration à la dynamique européenne. Le recul général de l'industrie résulte de l'externalisation des tâches autrefois exécutées par les firmes industrielles en interne. Elles sous-traitent à des sociétés de services aux entreprises dont les employés sont comptabilisés dans le secteur tertiaire même s'ils travaillent principalement pour une firme de fabrication industrielle. Ceci nuance l'impression d'un recul accéléré de l'industrie. La diminution de l'emploi industriel tient en fait au recours croissant au travail intérimaire classé dans les emplois de services. Le lien entre industries et services est de plus en plus étroit. Il n'y a pas de crise de l'industrie au sens ternaire du terme, mais une crise de la sphère de production concrète, d'un modèle de production extensif datant des Trente glorieuses et fondé sur un système taylorien, en raison d'une insertion dans la construction européenne et la mondialisation qui a fragilisé les bases productives nationales et régionales par les délocalisations. La révolution productive passe par un processus de concentration économique des entreprises, une insertion internationale croissante, une complexification de la production où la fabrication matérielle ne devient qu'un volet d'une sphère productive élargie et diversifiée. Aussi, assiste-t-on à une intellectualisation croissante du processus industriel qui devient plus flexible autour d'une osmose systémique entre supports matériels, contenus informationnels et services. Les firmes cherchent un certain nombre d'assurances territoriales face aux incertitudes et impératifs de rentabilité, compétitivité et flexibilité : « *on ne peut cependant pas parler de désindustrialisation* » mais d'un « *monde hyper-industriel* » (P. VELTZ, 2017). Par conséquent, l'emploi industriel évolue vers un renforcement des qualifications de la main-d'œuvre. L'industrie technicienne repose sur les ingénieurs, cadres et techniciens dans les domaines de l'aéronautique, de l'électronique professionnel, de la pharmacie ou de l'informatique. L'industrie qualifiée fait surtout appel à de fortes qualifications ouvrières pour les biens d'équipement industriel, le matériel de précision, l'industrie électrique ou mécanique. Entre 1982 et 2009 les ingénieurs et cadres passent de 3 à 8 % des effectifs. Ce ne sont alors que les industries déqualifiées qui sont en crise à l'image du textile. L'automobile, quant à elle, a connu un long déclin sur vingt ans faute d'avoir su se positionner sur le haut de gamme. Les délocalisations affectent par exemple le groupe Renault qui ne produit plus que 20 % de ses voitures en France. Ce sont aujourd'hui les activités périproductives qui prennent le pas : le tertiaire marchand, transport, commerce et services dont certains renvoient à la sphère productive, et d'autres à la sphère de la reproduction sociale.

À ces redistributions sectorielles s'ajoutent des signes d'une désindustrialisation dans les paysages. Les mutations paysagères des territoires de l'industrie ont été étudiées par Simon EDELBLUTTE (2010) : la disparition dans le paysage des usines à étages, à sheds, tubulaires ou fonctionnalistes est un des marqueurs de la désindustrialisation des années 1970-1980. On assiste aujourd'hui à une banalisation de la signature paysagère de l'usine qui a une moindre visibilité dans le paysage, ce qui renforce le sentiment de désindustrialisation. L'usine apparaît comme la signature paysagère de son époque ; elle témoigne du processus d'industrialisation et de ses contraintes, mais aussi de savoir-faire architecturaux et de la volonté de l'industriel. Le site industriel et ses annexes productives s'organisent autour des surfaces de production, de réserve, de stockage, de circulation et plus il est visible dans le paysage, plus il forme un territoire spécifique et fonctionnel, plus il rend compte d'un système productif compact et concentré, efficient jusqu'aux Trente glorieuses. Plus le système productif est dispersé et éclaté à l'échelle mondiale, plus ses composantes sont intégrées dans des territoires ruraux ou urbains, dans des paysages moins visiblement industriels, obéissant à une logique de réticularisation des systèmes productifs. Les systèmes productifs paternalistes ont organisé des villes-usines incomplètes à l'échelle régionale, puisqu'elles ne polarisent pas la région environnante. La fin des systèmes industriels paternalistes qui sous-tendaient l'existence de la ville-usine laisse des traces dans les paysages et les territoires urbains. La ville-usine se trouve en déshérence par manque d'entretien. Elle n'a pas de centre-ville, les activités culturelles sont réservées aux ouvriers. Les villes-usines s'organisent souvent le long d'un cours d'eau et forment des vallées industrielles, autour du textile dans les Vosges ou de l'aluminium en Maurienne. Parfois, à l'image du bassin houiller du Nord, elles forment des grappes sur un bassin minier. Leur visibilité actuelle dans le paysage marque un héritage fort. Les paysages noirs deviennent multicolores, à l'image de Clermont-Ferrand où il n'y a plus d'ouvriers, mais il reste des ingénieurs et des techniciens. Les paysages ont alors muté. La dégradation paysagère peut se trouver renforcée à travers les anciennes cités ouvrières inoccupées et les commerces qui ferment. La déprise paysagère se traduit par la revente des cités ouvrières à leurs occupants, des cités dépareillées et des maisons mitoyennes désappariées dans les cités jardins. Ceux-ci s'empressent de changer l'aspect de leur façade, volets, du toit et y ajoutent des remises, hangars. La monotonie de la cité ouvrière est brisée et le quartier perd sa cohérence. Les commerces et services autrefois assurés par l'usine sont cédés à des intérêts privés ou municipaux. Les anciennes coopératives ou magasins de l'usine sont parfois transformés en logements. Le tissu et le paysage urbain se modifient. Les friches industrielles et urbaines contribuent à détériorer l'image de la ville.

Ainsi, des territoires perdent, d'autres gagnent. Avec H. FORD, les ouvriers vivaient près de l'usine, les États traitaient avec les États, les systèmes productifs étaient organisés à l'échelle nationale. Des recompositions s'opèrent avec la mondialisation. La stabilité des sites fordistes a vécu. Leur logique est différente. Les rentes de situation locales n'existent plus et les sites doivent s'adapter à un monde ouvert.

Actualité

Les dynamiques d'adaptation face au forçage de la mondialisation, vers une réindustrialisation

Le passage à une économie post-industrielle et post-fordiste dans une économie d'archipel accompagne les dynamiques d'une nécessaire adaptation à la mondialisation. Les îles en France sont les métropoles. Les logiques post-fordistes de transnationalisation imposent de nouvelles localisations industrielles qui acheminent la France vers une réindustrialisation. Aujourd'hui, site, situation et territoire ont plus valeur pour les entreprises que les hommes. Le processus de mondialisation engendre des défis nouveaux dans tous les domaines. Si les régions anciennement industrialisées ont été frappées par des fermetures d'usines, des activités nouvelles apportent un dynamisme en d'autres lieux. Dans cette recomposition des espaces productifs est-il cependant encore possible de parler d'industrie ?

D'après le rapport de l'INSEE de février 2015, « 30 ans de mutations fonctionnelles de l'emploi dans les territoires », les zones d'emplois de la sphère productive résistent dans les métropoles. La métropolisation joue un rôle de hiérarchisation dans la spécialisation fonctionnelle et socio-professionnelle (F. DAMETTE, J. SCHEIBLING, 2011). Les villes ont un rôle nodal dans l'organisation de la société et de l'économie. La dissociation spatiale s'accentue entre croissance du PIB et développement, entre les lieux de production et les lieux de consommation de richesse (L. DAVEZIE, 2014). La théorie géographique de la croissance urbaine, du fait urbain et de l'organisation de l'espace par les villes est ainsi remise en question (T. SAINT JULIEN, D. PUMAIN, 1997). Si les métropoles sont les lieux nodaux de la production de richesse, elles sont aussi en difficulté et en crise. Ainsi se distinguent les territoires spécialisés dans l'économie productive de ceux spécialisés dans l'économie résidentielle. Les territoires à base productive génèrent 22 % des revenus nationaux, constitués par les revenus du capital et du travail liés à la vente de bien et de services, dans les métropoles et la moitié Nord de la France. « *Les dynamiques de la société et de l'économie française sont très largement pilotées et organisées par le fait urbain. En retour, on ne peut comprendre les dynamiques urbaines si on fait l'économie de l'étude de leur dimension productive. Les villes sont en effet par excellence les lieux nodaux de la production des biens et des services au cœur de la circulation des informations, des techniques, des richesses et des hommes* » (L. CARROUÉ, 2013). Le lien dynamique entre fait urbain et système productif attribue un rôle majeur à la hiérarchie urbaine dans l'organisation et la division nationale et régionale du travail, dans l'encadrement des territoires et dans l'insertion différenciée dans la mondialisation. « *L'intégration européenne et l'insertion de la France dans la mondialisation sont un facteur essentiel de la dynamique des territoires productifs en introduisant un profond changement d'échelle dans l'ouverture et l'intégration du territoire métropolitain. Elles transforment en retour en profondeur l'organisation même du territoire productif et en particulier sa structure urbaine et métropolitaine* », (D. PUMAIN et C. ROZENBLAT, DATAR, 2012). Les grandes métropoles sont devenues les lieux de l'insertion de la France dans la mondialisation. Ainsi, Paris s'est hissé au rang des grandes métropoles mondiales, pilotant la mondialisation avec la Défense et la mutation fonctionnelle des Hauts-de-Seine dans le commandement économique et financier, contrôlant un quart de l'économie francilienne avec 2700 entreprises étrangères, 180000 emplois dans des entreprises comme Shell, HP ou Microsoft. La fabrication concrète est en recul au profit des fonctions abstraites de la sphère productive. Ainsi, l'emploi de production à Boulogne Billancourt passe de 20000 à 3000 salariés avec la fermeture de Renault. Les secteurs de la gestion avec les sièges sociaux de Renault et Carrefour et des loisirs-culture avec le siège social de TF1 se développent. Le taux de cadres passe de 13 à 35 % de l'emploi. Derrière Paris et sa région, un classement fonctionnel hiérarchique fait apparaître les grandes villes françaises d'importance européenne comme Lyon, Marseille ou Toulouse. Suivent les grandes villes à potentiel européen : Strasbourg, Bordeaux, Lille, Nice, Montpellier, Nantes, Grenoble. Enfin Cannes, Rennes, Nancy ou Clermont-Ferrand s'affirment comme des villes d'importance nationale. Ces métropoles fonctionnent en réseau autour d'un marché de l'emploi national ou régional. Ainsi, à l'échelle nationale, Paris polarise le territoire. De puissants systèmes régionaux s'autonomisent, à l'exemple de Rhône-Alpes avec Lyon, Grenoble, Annecy, Chambéry et Saint-Étienne. Les métropoles de la France autonome sont hiérarchisées. Le système lyonnais représente, par exemple, une accumulation exceptionnelle autour de la deuxième région économique et industrielle de France, accueillant de grandes firmes comme Péchiney ou Rhône-Poulenc. Toulouse et Grenoble se détachent par leur système technopolitain. D'autres villes ont des trajectoires plus diversifiées, à l'image de Clermont-Ferrand avec le numéro 2 mondial du pneumatique Michelin au fort ancrage historique, premier employeur local et régional. L'entreprise est née avec l'automobile en 1889. Les usines se multiplient en France, puis à l'étranger dans un système multiscalaire. La mondialisation a fait évoluer le rapport entre l'entreprise et la ville, sans changer le fond de l'affaire. Michelin compte 113000 employés dans le monde. Le site historique des Carmes n'est plus un site de production. Cataroux ne produit plus que 3800 tonnes contre 200000 à Vitoria en Espagne. Clermont-Ferrand reste le centre de la recherche du groupe, le pôle décisionnel et le centre d'essais. Le système reste en place et Michelin transforme le système productif local puissant et complet en un système de pilotage d'un archipel mondial de plus de soixante sites de production. Les métropoles bénéficiant d'un portefeuille d'entreprises et d'activités diversifiées offrent des perspectives de replacement professionnel qui peut limiter les effets des fermetures d'usines. Pierre VELTZ (2014) développe la théorie de la « *ville assurance* » selon laquelle la grande métropole offre davantage d'opportunités d'emplois aux salariés du fait de la taille de son marché qui absorbe mieux la crise que d'autres territoires.

Les régions industrialisées du Nord et de l'Est de la France ont davantage de difficultés à transformer leur système productif. Elles sont frappées par la crise économique des années 1970-80, puis par le changement de modèle productif des années 1980-90. Leurs activités fondées sur une main-d'œuvre peu qualifiée et l'extraction des matières premières puis leur transformation a dû se renouveler. Désindustrialisation, déclin démographique, économique et chômage ont marqué ces régions. Dans les années 1980, on range le Nord-Pas-de-Calais, la Lorraine, les Ardennes ou encore la région stéphanoise dans la catégorie des « vieilles régions industrielles en mal de reconversion ». Pourtant, dans les années 1990, nombre d'entre elles s'emploient à reproduire à l'échelle locale, des recettes ayant réussi ailleurs : nouvelles spécialisations, formation et arrivée d'une main-d'œuvre qualifiée d'autres régions. La situation de retard peut aussi être l'occasion de sauter le pas de la troisième « Révolution industrielle ». Des stratégies de rupture liées aux énergies vertes, à la protection de l'environnement ou à la culture permettent en parallèle une valorisation patrimoniale. La désindustrialisation des bassins miniers et des zones sidérurgiques a des conséquences graves pour certaines localités qui ne se relèveront jamais, comme Denain (20 000 habitants), dans l'ancien bassin houiller du Nord, où la fin de l'exploitation de charbon dès les années 1950, puis la disparition brutale d'Usinor (6 000 emplois) à la fin des années 1970, ont des conséquences en chaîne sur les autres activités dépendant de ces industries motrices. Le déclin démographique s'accompagne d'une paupérisation de la population de la ville. La métallurgie de la vallée de la Sambre française a survécu grâce à des facilités de communication par voie d'eau puis ferrée. Le système persiste même si les motifs originels ont disparu. Il y avait à l'origine 40 000 ouvriers, aujourd'hui le Val de Sambre et l'Avesnois en comptent 14 000 dans l'industrie. La mécanique et l'automobile sont à Maubeuge, les équipements électriques avec Schneider Electric et Arcellor Mittal à Valenciennes, accompagnés de la sidérurgie avec Tata Steel, ainsi qu'Areva dans le matériel nucléaire, Poweo dans l'énergie et nombre de PME (Petites et moyennes entreprises). Le territoire reste structuré par la Sambre et le chemin de fer demeure un facteur de localisation auquel s'ajoute le TGV, le réseau autoroutier, portuaire et aéroportuaire. La présence d'un réseau métropolitain, d'infrastructures de communications performantes et la proximité avec le Nord de l'Europe, grâce à une situation d'interface, permet au site de demeurer intégré à la mondialisation.

Lorsque les voies d'une réindustrialisation, de même que les facteurs de localisation des activités sont absents, le glissement d'une économie productive à une économie résidentielle est parfois une alternative possible à la désindustrialisation. L'INSEE distingue trois sphères économiques : productive, d'économie résidentielle et publique, puis en 2010, les activités présentielles et non présentielles, de production de biens et de services pour les personnes présentes sur place et pour les entreprises. Les territoires à base résidentielle représentent 45 % du revenu national et bénéficient de l'accueil des revenus des actifs navetteurs périurbains, des pensions de retraite ou du tourisme. Ce sont surtout les littoraux atlantique et méditerranéen, mais aussi l'arc alpin, le Massif Central ou la Bourgogne qui sont concernés. L'économie résidentielle peut devenir un substitut à l'économie productive en déclin. Les activités résidentielles ne relèvent pas à proprement parler des activités productives. Elles génèrent des revenus apportés par les touristes, les navetteurs, les possesseurs de résidences secondaires, les salaires des emplois publics, les pensions de retraite ou les prestations sociales. L'attractivité résidentielle participe pleinement du remodelage territorial en complément d'une activité productive dynamique. Ainsi, par exemple, lorsqu'Airbus Group choisit d'établir fin 2015 son nouveau siège social à Blagnac près de Toulouse, là où se situait la filiale Airbus, ceci amène 1 500 employés dont 200 étaient autrefois localisés à Munich et à Paris. Ils ont un impact important pour l'agglomération qui concentre déjà 30 000 employés du groupe industriel. Ces actifs vont vivre, travailler et dépenser à Toulouse. Les bassins d'emplois qui bénéficient le plus des retombées de l'économie présentielle sont les régions littorales, montagnardes et transfrontalières : la Somme, l'Aquitaine et les Alpes du Sud. Les régions comme le Midi méditerranéen ou le Languedoc-Roussillon ayant poussé à l'extrême leurs atouts touristiques et résidentiels sont directement exposées à des retournements de situation. Dans ces territoires l'économie productive n'est plus la bienvenue car elle est synonyme de nuisances.

Si des territoires continuent à gagner dans une dynamique de mondialisation, grâce aux succès de leur diversification, d'autres territoires perdent et cumulent les handicaps : démographie stagnante ou vieillissement, solde migratoire négatif, baisse des revenus et maintien du chômage. Le système productif industriel de ces bassins peu attractifs reste économiquement fragile et exposé à la concurrence. C'est notamment le cas des territoires les plus ruraux. Quelles sont alors les politiques économiques et d'aménagement des territoires à mettre en œuvre pour rendre compétitifs des territoires diversifiés ?

Prospective

Les enjeux d'une hyperindustrialisation entre héritages et renouveaux

La réindustrialisation peut présenter des réussites. Les enjeux de la désindustrialisation des systèmes productifs en France posent la question de la gestion entre héritages et renouveaux d'un passé industriel dans un présent mondialisé. Aménager les territoires et rechercher la compétitivité, reconvertir et patrimonialiser sont les axes de ce redéploiement économique et territorial porté par les systèmes productifs français ayant connu une phase de désindustrialisation.

L'aménagement des territoires insérés dans une « *taylorisation à l'échelle mondiale* » (L. CARROUÉ, 2002) répond à une logique de compétitivité. Aujourd'hui, la DIT (Division internationale du travail) a laissé place à la DIPP (Division internationale du processus productif) : on tourne un boulon à Shanghai, l'autre à Bangkok, et on monte en Europe, puis on vend à Dubaï, à l'exemple de la production d'Airbus. L'usine s'est désormais détachée du territoire local et appartient au système de l'entreprise industrielle intégrée au système-monde (O. DOLLFUS, 1990). Elle s'est désengagée des réalisations sociales construites par les usines précédentes. Soit l'usine est ancienne et elle a revendu ses activités sociales à des acteurs privés ou aux collectivités territoriales, soit elle est récente et elle n'en construit pas. Elle fait partie d'un système réticulaire qui unit au siège social les autres filiales aux fournisseurs et aux clients. Elle est au centre d'une toile d'araignée. Dans le domaine paysager, cette nouvelle configuration a détaché l'usine du milieu local. Elle a des liens avec le terrain mais elle ne génère plus de système productif local. Les usines se regroupent alors dans les villes, conformément aux principes d'aménagement du territoire et aux préceptes de la Charte d'Athènes. Se créent alors des zones industrielles en bordure de la ville. Les ronds-points sont inventés pour que les camions puissent tourner et livrer les usines. Un paysage économique plus qu'industriel se construit mêlant des industries, des services et la désindustrialisation. De la logistique, des commerces de groupe, des services s'installent dans les hangars fonctionnalistes. L'apparition des ZI (Zones industrielles), aujourd'hui ZA (Zones artisanales), crée une banalisation du paysage économique, qui renforce le sentiment de désindustrialisation. De nouveaux liens sont créés entre systèmes productifs et systèmes urbains. Pour mieux résister à la concurrence mondiale, la France invente les pôles de compétitivité autour d'une variété d'acteurs. Ils ne sont pas seulement industriels. C'est un élément officiel, créé en 2005 par le gouvernement. Il en existe soixante-et-onze en métropole; sept ont une vocation mondiale et sont davantage soutenus par l'État. La métropolisation est matérialisée par la localisation des pôles dans les métropoles, où l'on trouve notamment la fonction de R&D. Les pôles de compétitivité s'organisent autour de niches: textiles techniques et santé en synergie avec le carton, le bois, à l'exemple de Gérardmer (A. GRANDCLÉMENT, 2012). Le pôle de compétitivité construit un réseau plus qu'un territoire. Les résultats sont mitigés: la mise en réseau a été positive pour les entreprises partenaires. Chaque région a voulu son pôle. Le gouvernement a laissé se constituer des pôles qui n'ont pas atteint la lisibilité internationale attendue. Les moyens ont été dispersés, alors qu'il aurait sans doute fallu les concentrer sur les meilleurs. Certains ont perdu leur label (comme le pôle enfant du Choletais) et d'autres ont été créés (Hydreos à Nancy). Aujourd'hui les politiques gouvernementales misent sur l'industrie du futur: ville durable, transports de demain, médecine du futur, confiance numérique et objets intelligents. C'est le cas de la cité de l'objet connecté à Angers, avec des écoles et des centres de formation autour des objets connectés pour accueillir les systèmes. L'industrie 4.0 se développe à l'image de l'Allemagne et on passe de la machine à la chaîne animée par les hommes aux robots dirigés depuis un iPad par des intérimaires. Il a fallu des chercheurs pour concevoir l'iPad et le piloter, donc des emplois. Ils ont remplacé les ouvriers. Les enjeux de l'avenir portent sur les marchés prometteurs de l'« I économie », de l'économie de l'informatique et de l'internet, des énergies renouvelables, des nanotechnologies et des biotechnologies. Le développement durable, le « *made in France* » et les relocalisations vont porter une reconstruction industrielle verte. Cependant, comment inciter les entreprises à entrer dans ce schéma ? L'exemple de LVMH à Saint-Donat montre que c'est le savoir-faire artisanal traditionnel et la sphère de la reproduction sociale qui poussent la firme mondialisée à s'implanter sur les atouts d'un site rural. Elle profite de l'héritage des métiers de la tannerie, des axes de communication et impulse l'ouverture d'un BTS « Métiers du

Cuir » au lycée du Dauphiné, tout en développant un environnement vert. La désindustrialisation est liée à l'insuffisance globale de la compétitivité de l'économie. Les raisons majeures sont un sous-investissement des entreprises industrielles françaises dans l'innovation. Les politiques industrielles doivent s'attacher à un investissement pour une montée en gamme sectorielle, sur le modèle allemand pour augmenter les marges des bénéficiaires des entreprises et donc les capacités d'investissement dans la R&D. Les nouveaux dispositifs étatiques visent à soutenir l'initiative locale pour accompagner la mise en concurrence en déployant des aides territorialisées pour soutenir l'innovation et les bassins en difficulté. Les mesures défensives par conventions de revitalisation (2002) permettent de soutenir les bassins frappés par des restructurations. En 2003, le CIEDT (Comité interministériel d'aménagement et de développement du territoire) crée les contrats de site, impliquant les acteurs locaux dans une démarche partenariale. En 2010, l'aide à la réindustrialisation permet de réaliser des investissements d'avenir (chimie, cuir, photovoltaïque). La France peut aussi être éligible à l'objectif 2 du FEDER en faveur des PME innovantes qui peuvent obtenir des avances remboursables. À l'échelle nationale, le Crédit Impôt Avenir de 2007 est la première source de financement de subventions avec 20 000 entreprises aidées en 2011 (PSA, ST Micro). Le rapport Gallois de 2012 avait alerté sur la perte de compétitivité de l'industrie nationale et il annonce le retour d'un pilotage étatique et d'un volontarisme industriel. En 2013, le président Hollande propose le « choc de simplification » pour diminuer le nombre de procédures auxquelles sont soumises les entreprises, avec la création d'un Conseil de simplification en 2014. La reconquête de compétitivité peut passer par l'allègement des charges sociales pour les entreprises, par l'aide aux PME exportatrices de biens et de services. En 2013, 34 « plans de reconquête industrielle » ont été présentés au Président par le ministère du Redressement productif se situant sur des marchés à forte croissance (*Big Data*, objets connectés, cyber sécurité, autonomie et puissance des batteries, services sans contacts). Si les secteurs porteurs d'un avenir semblent être trouvés, comment composer avec les vestiges d'un passé industriel ?

C'est grâce à de multiples reconversions réussies que le passé industriel peut être réinvesti pour accueillir une réindustrialisation et une mixité d'activités (S. EDELBLUTTE, 2010). Il s'agit alors de traiter les friches industrielles dont les métropoles ne veulent plus, donc de recomposer avec le passé. L'idée de reconversion industrielle ne s'impose que dans la deuxième moitié du XXe siècle. Il y a des industries abandonnées bien plus vieilles. Ce sont celles qui n'ont pu s'adapter au taylorisme (1870-1890) en raison du passage de la première à la deuxième industrialisation, souvent en milieu rural et dont les traces sont visibles sur les ruines de hauts fourneaux. Il s'agit de micro-friches anciennes qui n'ont pas été traitées. En France, dans les années 1970-1980, les espaces abandonnés se multiplient. Dans une logique de développement durable, on tente de reconstruire la ville sur la ville pour éviter l'étalement urbain. La désindustrialisation offre alors des opportunités. La reconversion s'étend à l'échelle des sites, puis sur des territoires plus vastes, ville ou vallée et on parle de redéveloppement territorial. La reconversion industrielle désigne le remplacement de l'activité industrielle disparue par une autre activité, industrielle ou non, élargie vers un redéploiement territorial. Les phases ont été identifiées par les sociologues comme Michel GROSSETTI en 1998 : elles correspondent à des évolutions sociales qui ont des traductions spatiales ; leur durée est variable d'un territoire à l'autre. Durant la première phase d'incrédulité, la société locale ne peut croire à la fermeture de l'usine : depuis 150 ans, c'est le cœur de la ville. Elle espère une reprise, mais rien ne se fait. Au niveau spatial, c'est une phase d'attente. Suit une phase de deuil où la société locale prend conscience de la fin de l'activité industrielle et veut passer à une autre activité. Un changement politique, d'équipe municipale, permet le passage à cette phase. Au niveau spatial, des actions d'urgence et de destruction sont aussi vives que l'attente a été longue. Il faut trouver des emplois de substitution peu importe leur qualité et pérennité. Il faut rompre avec un passé symbole d'échec. Enfin, la phase d'action sociale se traduit par des actions raisonnées : il y a moins de pression sociale, beaucoup de chômeurs sont partis ou ont retrouvé du travail. On réfléchit à plusieurs échelles alors que dans l'urgence on substitue un site à un autre. Les choix de reconversion sont variés. À l'échelle du site, dans la phase de deuil, l'industrie est remplacée dans l'urgence par de l'industrie. Par exemple, l'usine Eurelectric, en Lorraine, est rachetée par Pirelli, avant sa délocalisation en Roumanie en 2007. À l'échelle de la ville et de la région, tout le territoire industriel a souffert et on retravaille le milieu d'accueil social et territorial : le redéveloppement complète la reconversion avec une polarisation au sein d'une vallée ou d'un bassin, à condition que les vieilles villes usines ne demeurent pas rivales. L'objectif est de désenclaver et connecter au système-monde en favorisant l'accès aux autoroutes, en diversifiant les activités et en formant les populations autrefois cantonnées dans une seule activité. C'est le cas de la vallée de l'Arve, proche de la Suisse, ouverte sur la frontière, fonctionnant en système ouvert, où l'entreprise de domotique SOMFI s'est implantée grâce aux horlogers français. Ce n'est plus un SPL (système productif localisé) mais rien n'a changé dans les infrastructures. Les usines servent à d'autres activités. De la même manière, Besançon devient pôle européen des microtechniques, après la crise de l'horlogerie. Le lycée professionnel propose un diplôme de microtechnique qui a influencé la mutation secteur. La sphère sociale a ici fait muter la sphère productive. Ce renouveau permet de changer l'image du territoire et révèle l'importance du travail sur le patrimoine. Une patrimonialisation des systèmes productifs hérités permet de composer une image nouvelle sans faire table rase du passé. L'industrie n'est pas un patrimoine qui va de soi comme le patrimoine religieux. Cela tient à son image négative. Celle-ci est récente, autour des années 1960-1980. À la fin du XIXe siècle et au début XXe siècle, les cartes postales se couvraient de photographies des usines fumantes. L'industrie était alors le symbole de la modernité. Aujourd'hui, elle est accusée de plusieurs maux : pollution, aliénation sociale, chômage et dégradation des territoires. La patrimonialisation de l'industrie, même dans un pays très au fait de la conservation et de la mise en valeur du patrimoine, n'est pas évidente. C'est seulement après la phase de deuil que l'on s'intéresse à l'industrie comme patrimoine. Les réalisations de l'industrie, longtemps vues comme fonctionnelles, présentent trois types d'intérêts : architectural, technologique et symbolique. Aussi, à partir de la fin du XXe siècle, l'archéologie industrielle revêt un intérêt nouveau. Les premières mises en valeur patrimoniales sont des alibis : une mairie veut détruire une usine, des chercheurs et des ouvriers protestent, donc on ne garde qu'une cheminée, un wagonnet mis dans un rond-point, à l'exemple du marteau pilon à l'entrée du Creusot. Il rappelle l'ancienne spécialisation industrielle pour satisfaire quelques nostalgiques. Le mouvement industrialo-patrimonial s'enrichit petit à petit en lien avec les bâtiments originaux, à travers la prise en compte de l'architecture industrielle originale. Des bâtiments plus communs industriels vernaculaires ou populaires apparaissent ensuite. Aujourd'hui on protège les sheds et les éléments annexes. La patrimonialisation touche d'abord les cités ouvrières, puis les machines, l'usine et pour finir les éléments annexes de la notion du patrimoine industriel. Chronologiquement, le proto-industriel est classé en premier : la saline royale d'Arc-et-Senans de 1779, ancienne manufacture de transformation de l'eau salée en sel, est répertoriée par l'UNESCO en 1982. Ensuite le classement s'élargit : spatialement, le périmètre de l'ancien bassin houiller du Nord-Pas-de-Calais est en partie classé au patrimoine mondial de l'UNESCO, puis tout un paysage évolutif est protégé depuis 2012. Enfin, un élargissement dans les formes de réinvestissement patrimonial s'opère du musée industriel au site industriel transformé en bureaux. La négation de ce patrimoine pendant la phase de deuil est considérée comme aussi traumatisante que la crise elle-même. La destruction et la végétalisation heurtent les habitants qui voient une seconde désindustrialisation. Ce paysage industriel fait partie de l'identité locale comme tout paysage. Il s'agit alors de redonner une fierté et de renforcer l'identité des populations. L'élargissement de la notion de patrimoine, à l'échelle du quartier, de la ville-usine, de la vallée ou du bassin industriel, comme la route de la culture industrielle dans la vallée de la Ruhr intégrée dans le nouveau système productif, se situe entre héritages et renouveaux des systèmes productifs à l'heure de la mondialisation. La prise en compte du patrimoine est aujourd'hui admise dans la reconversion. Un travail d'éducation est alors nécessaire. Aujourd'hui, lors des journées du patrimoine, les cités Michelin des années 1920 se visitent, de la même manière qu'il est possible de skier sur les anciens corons du Nord. Sur l'ancien site papetier de Lancey, en Isère, où Aristide BERGÈS invente la « houille blanche » en 1882 grâce à l'utilisation de la force des torrents pour produire de l'électricité et faire fonctionner son usine de fabrication de papier, s'ajoutent à la friche industrielle en cours de traitement depuis la fermeture du site en 2007, un musée de la Houille blanche et un boulodrome. Une muséification des anciens sites miniers apparaît comme à Saint-Étienne classée ville créative par l'UNESCO. La patrimonialisation n'est qu'une facette de la reconversion. Celle-ci doit être permanente et ubiquiste, sans oublier que l'on construit toujours des usines en France (S. EDELBLUTTE, 2010).

Le patrimoine industriel porte les traces de la désindustrialisation et montre bien que celle-ci appartient au passé. À la disparition des usines nées de la deuxième industrialisation, succède un redéploiement du tissu productif pouvant réintégrer d'anciens sites industriels pour développer des activités productives ou tertiaires, permettant d'inscrire les systèmes productifs français dans la mondialisation.

Conclusion

Parler de « déclin » industriel est un abus de langage. Pour répondre au débat public et à l'acharnement médiatique, les politiques publiques ont favorisé l'ambition productive. La France « productive » correspond à la France industrielle, ce qui confirme la persistance du fait industriel. Même si la fabrication n'occupe plus qu'un actif sur huit, une bonne partie des bases « productives » se trouve dans des territoires à forte orientation industrielle, comme l'Île-de-France ou les métropoles régionales. Les fleurons français de l'industrie ont dû répondre à l'épreuve de la mondialisation, notamment dans les domaines de l'énergie, des télécommunications, de la pharmacie, de la chimie ou de l'agroalimentaire. La France a su s'engager dans des projets européens comme Airbus, mais les systèmes productifs français demeurent inégaux dans la mondialisation. Les entreprises françaises ont à se positionner sur les secteurs en mutation technologique et porteurs de nouveaux débouchés mondiaux dans la santé, l'environnement, les énergies nouvelles ou les loisirs et qui ont la caractéristique d'associer étroitement industrie et services. Nous voyons apparaître des secteurs industriels neufs qui se détournent de la société de consommation, de la marchandisation et de tout son système au profit de la consommation raisonnée, partagée, voire gratuite, où la dimension locale et responsable est primordiale. Alors que Pierre VELTZ (2017) parle d'« hyperindustrialisation », l'avenir est peut-être à une « alter-industrialisation ».

Si la France paraît particulièrement en pointe dans le domaine de la valorisation patrimoniale, elle doit pouvoir faire fructifier son savoir-faire lié à la reconversion. Par exemple, la Chine développe des systèmes productifs industriels proches des systèmes fordistes et se trouve confrontée aux mêmes problèmes de « désindustrialisation » que la France. Une opportunité est à saisir par la France qui pourrait exporter ses compétences de traitement des friches industrielles.

Document

Ancien site industriel papetier fondé par Aristide BERGÈS à Lancey, Isère

Photographie Emma DE PALMA, 2018.

Bibliographie

- BAUDELLE Guy, FACHE Jacques, *Les mutations des systèmes productifs en France*, Rennes, PUR, 2015, 260 pages.
- BENKO Georges et LIPIETZ André, *La Richesse des Régions. La nouvelle géographie socio-économique*, Paris, PUF, 2000, 564 pages.
- BOST François, « Le territoire français : la désindustrialisation et les délocalisations », *Bulletin de l'Association des géographes français*, Paris, Association de géographes français, 88e année, 2011-2, pp. 112-124.
- CARROUÉ Laurent, *Géographie de la mondialisation*, Paris, Armand Colin, 2002, 256 pages.
- CARROUÉ Laurent, *La France, les mutations des systèmes productifs*, Paris, A. Colin, 2013, 235 pages.
- DAMETTE Félix, SCHEIBLING Jacques, *Le territoire français. Permanences et mutations*, Carré Géographie, Paris, Hachette, 3e édition, 2011, 256 pages.

- DAVEZIE Laurent, *La crise qui vient. La nouvelle fracture territoriale*, coll. « La République des Idées », Paris, Le Seuil, 2012, 128 pages.
- DAVEZIE Laurent, *La République et ses territoires. La circulation invisible des richesses*, coll. « La République des Idées », Paris, Le Seuil, 2008, 96 pages.
- EDELBLUTTE Simon, *Paysages et territoires de l'industrie en Europe. Héritages et renouveaux*, coll. « Carrefours », Paris, Ellipses, 2010, 272 pages.
- GRANDCLÉMENT Antoine, *Géographie des pôles de compétitivité : réseaux et territoires de l'innovation*, thèse de Doctorat de Géographie, Université Aix-Marseille, 2012, 501 pages.
- HOLZ Jean-Marc, HOUSSEL Jean-Pierre, *L'Industrie dans la nouvelle économie mondiale*, Paris, PUF, 2002, 450 pages.
- PUMAIN Denise, SAINT JULIEN Thérèse, *Les Dimensions du changement urbain. Évolution des structures socio-économiques du système urbain français de 1954 à 1975*, Paris, CNRS éditions, 1978, 202 pages.
- VELTZ Pierre, *La France des territoires, défis et promesses*, La Tour-d'Aigues, Éditions de l'Aube, 2020, 170 pages.
- VELTZ Pierre, *La Société hyper-industrielle. Le nouveau capitalisme productif*, Paris, Le Seuil, 2017, 128 pages.
- VELTZ Pierre, *Le Nouveau Monde industriel*, « Le Débat », Gallimard, 2000, 276 pages.
- VELTZ Pierre, *Mondialisation, villes et territoires. L'économie d'archipel*, Quadrige, Paris, PUF, 2e édition, 2014, 288 pages.

Pour aller plus loin

- BOST François, MESSAOUDI Dalila, « L'industrie-monde », *Documentation photographique*, n° 8140, 2021/2, 64 pages.

Sujets

- La France est-elle marquée par une désindustrialisation ?
- Recompositions sectorielles et mutations des systèmes productifs en France.
- Peut-on parler d'hyper-industrialisation en France ?
- Sujet d'ESH (Économie, Sociologie et Histoire du monde contemporain), ESCP 2018 : « Doit-on considérer que la désindustrialisation constitue un processus inéluctable dans un pays développé ? *Vous illustrerez votre propos par des exemples historiques empruntés au programme.* »

15 La fracture numérique existe-t-elle ?

« La fracture numérique est un message politique, lancé par Al Gore en 1995, mais il devint aussitôt un concept sociologique, quand bien même des travaux sur les inégalités d'accès au numérique (qu'on appelait NTIC à l'époque) avaient été déjà réalisés bien avant, depuis les débuts de la micro-informatique (et du Minitel en France). »

DOMINIQUE BOULLIER, 2016.

Introduction

La « révolution numérique » du XXIe siècle succède à *La révolution de l'imprimé* (E. EISENSTEIN, 1991) comme une amplification de l'usage de l'informatique, des réseaux et d'Internet. À partir des années 2000, elle a la capacité d'atteindre toute l'humanité, tant par les usages professionnels que personnels du numérique. Cependant, alors que les usagers sont éduqués, il demeure de fortes inégalités. En témoigne le nombre d'abonnements mobiles dans le monde qui passe de 90 millions en 1995 à 7 milliards en 2015. L'accès au numérique induit des changements profonds dans la manière de lire et de manipuler les livres par exemple, mais aussi de voir le monde avec les hologrammes ou la réalité virtuelle, ou encore d'écrire, de produire ou de calculer (D. BOULLIER, 2016).

Si pour Dominique BOULLIER la « fracture numérique » n'est qu'une construction politique sans valeur scientifique, il convient cependant de s'interroger sur sa nature profonde : est-elle scolaire, générationnelle, géographique ou sociale ?

Concepts/notions

- ***Big data*** : données de masse, mégadonnées qui dépassent l'intuition et les capacités d'analyse humaine, ainsi que celles des outils informatiques traditionnels.
- « ***block chain*** » : principe de distribution du calcul entre des milliers de machines permettant de tenir un registre de toutes les opérations (c'est ainsi que fonctionne le BitCoin) ; il permet de certifier toutes les opérations d'échanges sur un registre distribué par les machines et contrôlable sans avoir accès aux données de la transaction (D. BOULLIER, 2016).
- **GAFA(M)** : acronyme qui désigne les multinationales les plus puissantes du numérique : Google, Apple, Facebook, Amazon (et Microsoft).
- **Humanités numériques** : « *ensemble des disciplines scientifiques qui s'efforcent de saisir et de formaliser, par les outils et le calcul informatiques, les cultures et les dynamiques sociales, passées, présentes et en émergence* » (D. VINCK, 2016).

- **Illectronisme** : transposition du concept d'illettrisme à l'informatique pour désigner le manque ou l'absence de connaissances permettant l'utilisation ou la création de ressources électroniques.
- **Informatique** : domaine d'utilisation et de création de ressources électroniques ; secteur qui introduit une nouvelle relation entre l'homme et la machine et l'utilisation de l'intelligence artificielle, des systèmes experts, de la réalité virtuelle dans les calculs, la collecte de données, la bureautique et les procédés d'écriture à des fins professionnelles ou personnelles.
- **Numérique** : « système technique » lié à l'utilisation de l'informatique, des réseaux, des médias et d'Internet.
- **« Zones blanches »** : zones de non-réception de la téléphonie mobile.

Chronologie

- **1642** : PASCAL invente une machine à faire des additions et des soustractions, la « Pascaline ».
- **1886** : Herman HOLLERITH demande le brevet pour sa machine mécanographique à base de cartes perforées utilisant le codage binaire des données dont le succès tient à son usage par les États au plan administratif pour gérer des données.
- **1924** : la compagnie d'HOLLERITH est transformée en IBM (*International Business Machines*) par WATSON ; création de la compagnie BULL en France.
- **1946** : création de l'INSEE, service de démographie qui utilise les machines mécanographiques ; invention de l'ENIAC (*Electronic Numerical Integrator and Computer*), premier ordinateur, par John MAUCHLEY et John ECKERT.
- **1949** : invention de l'EDVAC (*Electronic Discrete Variable Automatic Computer*) par Von NEUMANN.
- **1952** : apparition de l'IBM 701 qui s'impose comme la machine de référence.
- **1958** : création de l'ARPA (*Acanced Research Projects Agency*).
- **1961** : invention du *time sharing* (temps partagé) aux États-Unis pour partager les ressources entre les terminaux mis en réseau.
- **1965-1975** : Gordon MOORE, ingénieur chez Fairchild, puis fondateur de Intel, formule la loi selon laquelle « *le nombre de transistors des microprocesseurs sur une puce de silicium double tous les deux ans* ».
- **1973** : apparition des premiers micro-ordinateurs : DIEHL Alphatronic ou Micral ; Vinton CERF et Robert KAHN définissent un protocole d'interconnexion d'ARPANET, le réseau de recherche du Pentagone, à l'ARPA ; adoption du principe du TCP (*Transmission Control Protocol*) pour normaliser les échanges entre les machines sur différents réseaux.
- **1976** : sortie de l'Apple 1 qui introduit un changement de relation entre la machine et l'homme.
- **1978** : les protocoles TCP pour les machines et les hôtes, et IP pour le réseau, deviennent opérationnels.

- **1981** : IBM introduit le *Personnal Computer* (PC) utilisant le système d'exloitation de Microsoft MS-DOS.
- **1983** : ouverture au domaine public des protocoles TCP et IP en parallèle de la séparation des usages militaires (MILNET) et des usages académiques R&D (ARPANET).
- **1988** : le réseau de recherche des universités américaines (NSF-Net) est coordonné à TCP/IP.
- **1990** : Tim BERNERS-LEE et Robert CAILLAU proposent, au sein du CERN (Organisation européenne pour la recherche nucléaire) de Genève, le protocole HTML pour identifier toutes les ressources URL sur ce qui devient le *world wide web*.
- **1990** : fin de l'ARPANET et prise en charge de la gestion du réseau par la NSF.
- **1992** : le sociologue Ulrich BECK, dans *La société du risque*, décrit la « sub-politique technologique » comme le risque de laisser au couple « scientifiques et entrepreneurs » les choix décisifs en termes de modernisation.
- **1994** : Marc ANDREESEN lance une société de commercialisation du navigateur Netscape diffusé gratuitement.
- **1995** : gestion du réseau transférée à des opérateurs privés, les ISP (*Internet Service Providers*) qui sont des fournisseurs d'accès à Internet ; Altavista est un des premiers moteurs de recherche.
- **1996** : Al Gore, vice-président des États-Unis (1993-2001) reprend la notion de « *digital divide* » (fracture numérique) formulée dans un rapport du *National Telecommunications & Information Administration* (NTIA) en 1995. Il s'agissait alors pour lui de soutenir des initiatives éducatives et commerciales.
- **1998** : succès du moteur de recherche Google.
- **2001** : apparition de la plate-forme iTunes d'Apple pour le partage de contenus musicaux.
- **2004** : apparition de la plate-forme Facebook pour le partage de données et la connexion sociale virtuelle à Harvard.
- **2006** : apparition de Twitter, plate-forme de partage de données et de connexion sociale virtuelle.
- **2007** : l'Internet des personnes a créé les réseaux sociaux que Tim BERNERS-LEE nomme *Global Giant Graph,* pour le différencier du *world wide web* qu'il a créé, et qui permet de tracer et mettre en scène toutes nos actions, nos relations et nos expressions, il s'agit du Web 2.0 selon l'expression de Tim O'REILLY (2005) ; sortie de l'iPhone d'Apple.
- **2012** : création du Conseil national du numérique en France, afin de réduire les zones isolées.
- **2013** : déploiement de la 4G en Europe pour des débits théoriques supérieurs à 100 Mb/s ; la nouvelle version de l'algorithme de Google permet de prédire les attentes masquées des requêtes des internautes grâce au croisement des données du *Big data*.
- **2021** : déploiement de la 5G en France, cinquième génération du réseau mobile.

État des lieux

Qu'est-ce que la fracture numérique ?

La fracture numérique peut être observée dans les territoires à toutes les échelles. Les exemples locaux en France témoignent d'une localisation rurale des zones dépourvues d'accès à Internet et à la téléphonie mobile. Ainsi, à l'échelle nationale, des « zones blanches » apparaissent sur le territoire métropolitain et dessinent une géographie contrastée de la couverture numérique. Il en va de même à l'échelle mondiale où la fracture numérique est calquée sur l'inégale intégration des territoires à la mondialisation.

À l'échelle locale, à travers l'exemple français, ce sont les territoires ruraux qui apparaissent comme les laissés pour compte de la « révolution numérique » en cours. Alors que dans la société post-industrielle ces territoires ont de plus en plus besoin du numérique pour développer de nouvelles modalités de travail comme le *coworking*, le télétravail ou les tiers-lieux de travail, le manque de connexion est un facteur d'enclavement. Le numérique est ainsi vecteur d'attractivité pour les territoires ruraux comme le rappelle Christian RESCHE (formateur à l'Institut Sup'Agro à Florac en Lozère) : « *La première chose que les gens demandent quand ils veulent s'installer dans notre département ou acheter une maison, est la possibilité d'avoir une bonne couverture ADSL* » (P.-E. MÉRAND, 2017). Ainsi, l'Ariège a pour objectif d'équiper 100 % de ses habitants en fibre optique d'ici 2030. Rares sont les communes qui peuvent bénéficier du très haut débit au sein de l'ancienne région Midi-Pyrénées. La commune de la Tour-du-Crieu au cœur de cette « zone d'ombre » a pu bénéficier de l'arrivée du très haut débit en juillet 2017 grâce à une convention signée en 2016 entre la communauté de communes du Pays de Pamiers et l'opérateur Orange. Le défi était de taille dans une zone de montagne où les installations permettant l'accès au réseau sont coûteuses alors que l'enjeu économique restait faible dans une commune sans zone d'activités. Orange propose son accès à 2100 foyers sur 18 000 « prises » concernées sur les deux communes de Pamiers et la Tour-du-Crieu. Pour le reste du département, l'Ariège compte 158 000 habitants et est l'un des départements les moins denses de France, attirant peu les opérateurs. Ainsi, le conseil départemental a mis en place un « réseau d'initiative publique » avec pour schéma directeur d'aménagement numérique (Sdan) l'objectif d'équiper tous les habitants, ce qui coûtera 100 millions d'euros (*La Croix*, 16 août 2017). De la même manière, en Savoie, les habitants de la vallée des Villards attendent le haut débit. Les médias se font le relais de cette « fracture numérique » : « *Dans cette zone rurale la "fracture numérique" est de plus en plus difficile à vivre par les habitants* ». Avec moins de 300 habitants, la vallée n'est pas prioritaire pour accéder au très haut débit. Le débit très faible ne dépasse pas 2Mbits/s, les coupures sont fréquentes et la couverture mobile n'est pas meilleure (*Le Monde*, 1er octobre 2017).

À l'échelle de la France métropolitaine, 15 % des Français n'ont pas accès à Internet, 19 % n'ont pas d'ordinateurs et 27 % n'ont pas de smartphones, le quart des Français souffre de l'illectronisme. Toutefois, selon la dernière enquête

Crédoc[1] l'équipement technologique des Français ne cesse de s'améliorer: 80 % de la population est équipée d'un ordinateur fixe à domicile, 58 % d'un smartphone et 35 % d'une tablette; le taux de connexion global de la population française atteint 83 % en 2015. Les écarts semblent donc se réduire en matière d'équipement et de connexion. Entre 2002 et 2012 les inégalités d'équipement en ordinateur ont été divisées par deux. La fracture numérique s'est donc déplacée du niveau d'équipement aux usages du numérique (P. PLANTARD, 2017). Le territoire métropolitain laisse apparaître une géographie des « zones blanches » localisées dans les Pyrénées, autour des volcans du Massif Central, dans les Ardennes ou dans le centre de la Bretagne. D'après l'UFC-Que Choisir, alors que 90 % des habitants de Paris ont accès au meilleur du haut débit, cette part représente moins de 1 % des habitants de la Creuse et 11,1 % des Français sont « *inéligibles à un Internet de qualité* » (*Le Monde*, 26 septembre 2017). Ces zones couvrent des milieux qui présentent des difficultés techniques pour les opérateurs de téléphonie mobile et qui attendent un rééquilibrage. La lutte contre ces « zones blanches » nécessite des solutions techniques coûteuses et fait intervenir des choix politiques qui ne dépendent pas uniquement des lois du marché. À titre de comparaison, aux États-Unis, la montée des inégalités territoriales, comme résultante des processus d'hyper-polarisation générés par le secteur du numérique, est beaucoup plus forte qu'en France. Les métropoles américaines connaissent des parcours divergents depuis les années 1990. Les villes offrant le meilleur accès au numérique sont aussi celles où le niveau de diplôme est le plus élevé, ainsi que la qualification et les revenus. Le tissu métropolitain américain est très hétérogène, bien plus qu'en France. Se pose alors la question de la relation entre ces pôles qui concentrent l'innovation et les autres territoires, les périphéries. En France, ces dernières bénéficient de l'irrigation redistributive grâce à la dépense publique et privée (P. VELTZ, 2017).

À l'échelle mondiale, la fracture numérique révèle les inégalités de développement technique des réseaux entre les pays. Si l'accès au réseau semble partout possible, il reste dépendant des firmes, des opérateurs et des câbleurs de certains pays. Il est conditionné par l'utilisation des serveurs présents dans ces mêmes pays. Les militaires américains ont encouragé et financé le développement de ce réseau distribué. Celui-ci est possible grâce à l'existence de câbles sous-marins dont la distribution géographique révèle des asymétries durables. Ils sont un indicateur de l'existence de cette fracture numérique à l'échelle mondiale. Les câbles sous-marins apparaissent avant tout localisés entre l'Europe et l'Amérique du Nord. L'équipement de l'Asie accompagne l'émergence de la région dans l'économie mondiale. Ce n'est qu'à partir des années 2010 que des câbles sont installés sur le pourtour du continent africain. L'accès à Internet par réseau satellite, non-filaire ou antennes-relais, reste soumis aux acteurs privés excluant les marchés les moins solvables. Dans ce domaine, Google a ainsi proposé de distribuer Internet en Afrique grâce à des ballons sondes. Cependant, l'analyse de cette fracture territoriale ne relève pas seulement du niveau d'équipement mais aussi des référents techniques et du niveau d'exigence de qualité. Avec le même investissement, il est possible

1. Arcep-Crédoc, « Conditions de vie et aspirations des Français », *Baromètre du numérique*, 2015.

d'équiper tout le monde d'une même technologie ou seulement une partie de la population d'un équipement d'excellence. Selon les outils de mesure de la fracture numérique mondiale les résultats peuvent diverger. Si l'on considère la mesure de la connexion Internet grâce à un mobile (plutôt qu'un ordinateur), la connectivité et les taux de croissance des équipements sont bien plus élevés en Afrique ou dans les pays émergents qu'en Europe et en Amérique du Nord (D. BOULLIER, 2016). L'Afrique apparaît comme une « terre promise » pour les opérateurs en télécommunications. Le continent connaît une forte croissance démographique et passe de l'absence d'Internet à une connexion par téléphone mobile. La connexion mobile est passée de 12 % en 2005 à 70 % en 2014. Les grands groupes occidentaux de communication et les *start-up* investissent aussi sur le continent pour bénéficier de son potentiel. Par exemple, le manque de banque de détail a été compensé par l'offre de services bancaires Orange Money permettant de transférer de l'argent de mobile à mobile. Ces services ont ensuite été lancés en Europe (M. COSTIL, 2017). Si la téléphonie mobile explose, c'est au détriment du téléphone fixe notamment dans les pays développés qui connaissent un certain dynamisme avec une augmentation de 16 % du nombre d'abonnements. En revanche, les Suds polarisent 93 % de la croissance mondiale des abonnés où l'équipement téléphonique s'est fait directement au profit du téléphone portable, sans passer par la téléphonie fixe (L. CARROUÉ, 2017). Il n'est reste pas moins que par l'origine américaine de ces technologies, l'avantage compétitif pris par les États-Unis sur le reste du monde demeure inébranlable malgré un rattrapage de la Chine. En 2012, les États-Unis concentrent 41 % de l'excédent brut d'exploitation de l'économie numérique mondiale. Ceci fait réagir la Chine qui lance l'équivalent de Google en Chine, Baidu, fort de son immense marché interne (P. VELTZ, 2017). Par ailleurs, à travers les choix d'investissements publics et privés faits par la Corée du Sud, celle-ci est en mesure de fournir les meilleures conditions d'accès au numérique au monde (D. BOULLIER, 2016). La fracture numérique apparaît bien ici liée au niveau de développement des pays. Elle peut introduire des tensions géopolitiques notamment avec la numérisation du patrimoine culturel des Suds. Dès lors, les pays et entreprises des Nords pillent leur propriété intellectuelle au nom de la préservation. Ainsi, par exemple, l'INSA (Institut national des sciences appliquées de Lyon) a numérisé les manuscrits médiévaux de Tombouctou. Il s'agit d'une mission de préservation et de transmission autorisant la circulation des ressources culturelles. Par ailleurs, l'Université de l'Iowa conserve les données électorales numériques du Nigéria et offre un accès intranet aux institutions africaines n'ayant pas accès au haut débit. La coopération numérique Nord-Sud permet d'apporter une aide aux pays qui n'ont pas les moyens de sauvegarder leur patrimoine, mais c'est aussi une nouvelle forme d'impérialisme (D. VINCK, 2016).

Si la « fracture numérique » trouve une application géographique, elle relève d'enjeux qui sont à la fois territoriaux, sociaux et psychologiques.

Actualité

Comment expliquer la fracture numérique ?

Alors que la fracture numérique apparaît dans le discours médiatique et politique, elle trouve son origine dans la géographie des territoires, mais aussi dans les processus de socialisation aux usages numériques pouvant générer l'exclusion liée soit à la pauvreté et à la précarité, soit à une déconnexion volontaire ou involontaire (P. PLANTARD, 2011).

La constitution de « zones blanches » est un premier facteur explicatif de la fracture numérique. Elles représentent 1,5 % de la surface du territoire métropolitain français où aucun opérateur de téléphonie mobile n'est présent. Cela concerne 0,1 % de la population française. Il existe aussi des zones grises qui ne sont desservies que par un seul opérateur. L'ensemble de ces zones constitue les « zones d'ombre » de la téléphonie mobile sur le territoire français (P.-E. MÉRAND, 2017). La disparité d'équipement en téléphones portables apparaît marquée territorialement : 76 % des élèves de 13 à 15 ans scolarisés en milieu urbain en sont équipés, alors que 67 % de ceux scolarisés en milieu rural ou dans les aires périurbaines en sont pourvus. Ce n'est cependant pas tant au regard du niveau d'équipement que la distinction se fait entre les zones urbaines et rurales mais bien en lien avec la connexion (P. PLANTARD, 2017).

Un deuxième facteur est à explorer pour expliquer cette fracture numérique et tient à la pauvreté ou à la précarité comme cause d'exclusion. Le discours sur le fossé numérique, apparu dans les années 1990, introduit une distinction entre les « inforiches » et les « infopauvres », notamment au sein de rapports officiels de l'OCDE (Organisation de coopération et de développement économique). Lorsque l'expression « *digital divide* » (fracture numérique) est employée en 1995, elle décrit le manque d'accès à Internet qui caractérise alors particulièrement les minorités noires américaines. C'est ainsi que la fracture numérique va être récupérée à des fins politiques pour justifier la doctrine de la société de l'information définit par Bill CLINTON dans son discours de Knoxville en 1996 : « *Le défi pour notre nation est d'assurer que ses enfants ne seront jamais séparés par une fracture numérique* ». De la même manière en France, Jacques CHIRAC, en 1995, fait campagne sur le thème de la « fracture sociale » selon l'expression de l'historien Emmanuel TODD. La « fracture numérique » trouve, une nouvelle fois, dans ce cadre une application idéologique. Selon Pascal PLANTARD, anthropologue des usages des technologies de l'information et de la communication, il est nécessaire de déployer quatre niveaux d'analyse de la « fracture numérique » qui évolue dans le temps :

- la fracture de premier niveau passe par les inégalités d'accès aux ordinateurs et à Internet ;
- à un deuxième niveau, des usages très contrastés des logiciels apparaissent entre les groupes sociaux ;
- troisièmement, des interprétations différentes des informations issues des usages numériques se manifestent ;

- enfin, une socialisation inégalitaire des pratiques numériques entre les groupes sociaux marque le quatrième niveau de fracture.

Ainsi, au cours du temps, la fracture numérique ne se réduit pas, elle se déplace (P. PLANTARD, 2017). Celle-ci peut trouver une traduction en termes de « fracture de classe ». La possession et l'utilisation d'un ordinateur révèlent une diversité des usages numériques. Pourtant, le terme de « démocratisation » de l'accès à l'ordinateur ou à Internet est fréquemment employé. Il revêt cependant une forte connotation politique, notamment s'il est associé à un choix politique qui viserait à soutenir le marketing d'un constructeur d'ordinateur par une politique publique par exemple. La diffusion d'une innovation dépend d'un processus qui n'a peut-être pas à être valorisé politiquement. La possession de téléviseurs n'a, par exemple, pas été encouragée par l'État. Une consommation inégale de tel type de bien, ordinateur ou téléviseur, ne devrait étonner personne. Alors, faut-il démocratiser Apple en équipant les collèges et lycées en iPad ? (D. BOULLIER, 2016).

D'après une enquête quantitative, réalisée dans le cadre du projet Inéduc entre 2012 et 2015 sur les inégalités éducatives auprès de trente-huit collèges publics et privés, ainsi qu'une enquête qualitative sur neuf sites, il apparaît que les familles populaires sont tout aussi équipées que les plus aisées en outils numériques. La distinction s'opère sur le moindre nombre de terminaux mobiles au niveau familial alors que dans l'espace de leur chambre les jeunes de 13 à 15 ans de milieux défavorisés sont plus équipés en ordinateurs fixes ou portables que les jeunes de milieux favorisés. Les écarts se creusent quant à la possession de téléphones portables : 76 % des adolescents issus de milieux défavorisés possèdent un téléphone portable, contre 68 % pour ceux d'origine sociale favorisée. Une forte dépendance à la socialisation parentale apparaît dans le processus d'appropriation du numérique chez les jeunes. Les disparités socio-spatiales s'observent à l'échelle du quartier, du lotissement voire du bloc d'immeubles. Au sein des familles populaires, la posture éducative vis-à-vis du numérique relève du retrait dans une attitude paradoxale faite d'aliénation consumériste à la possession de smartphones ou de consoles de jeux vidéo, tout en relayant à l'École la mission d'éducation au numérique. Il faut donc déconstruire l'idée d'une fracture entre riches et pauvres car la fracture numérique est plus complexe face à des neuro-imaginaires œuvrant à sa composition. Il n'y a pas plus de jeunisme que de génération Y car tous les jeunes n'ont pas un ordinateur et beaucoup n'utilisent pas dans leur quotidien des technologies proches des ordinateurs (P. PLANTARD, 2017). Cependant, les inégalités numériques renforcent les clivages socio-économiques et territoriaux. Pour se familiariser avec l'outil numérique, cela suppose des ressources relationnelles et de ne pas être isolé (D. VINCK, 2016). Le niveau d'isolement est devenu un indicateur de l'exclusion numérique. Celui-ci est d'abord social et concerne les personnes âgées ou les travailleurs pauvres ou les populations vivant des minima sociaux. Le « sentiment » d'isolement des personnes aisées est aussi un facteur d'exclusion qui touche, par exemple, les femmes (P. PLANTARD, 2017). Socialement, les emplois liés au numérique génèrent une hyperpolarisation et participent de l'accroissement des inégalités : la plupart des applications numériques utilisées dans le monde sont soit américaines soit chinoises. Ces deux puissances captent la valeur coproduite par les internautes du monde entier. Ainsi aux États-Unis, les personnes ayant fait fortune dans le numérique sont nombreuses, bien plus qu'en France d'ailleurs, et participent à l'augmentation globale des inégalités (P. VELTZ, 2017).

En plus de ces inégalités sociales dans l'accès au numérique et à ses bénéfices, il existe une déconnexion volontaire ou involontaire. La déconnexion involontaire tient au fait que la fracture numérique soit aussi générationnelle. Les personnes âgées n'ont pas l'habitude de manipuler les outils numériques. Elles n'ont pas connu la même socialisation primaire ni baigné dans la même époque technologique. En effet, c'est dès l'enfance ou à l'adolescence que se fait l'apprentissage des outils numériques. Un usage adulte implique non seulement d'apprendre mais aussi de désapprendre. Les seniors ne tiennent pas forcément à changer leurs pratiques car ils parviennent à vivre sans le numérique. Là où ils peuvent rencontrer des difficultés, c'est face au monopole technologique qui les obligerait à utiliser des applications numériques pour accéder à certains services, ce qui crée une fracture (D. BOULLIER, 2016). Certains retraités vont cependant trouver une motivation à s'approprier l'outil numérique leur permettant de faire une généalogie ou de communiquer avec leurs enfants et petits-enfants (D. VINCK, 2016). La question du rôle du numérique dans l'inclusion sociale mérite ici d'être soulevée au regard des processus d'exclusion qui touchent les personnes âgées éloignées du numérique alors que l'administration et les services dont elles ont besoin se digitalisent. D'autres personnes, comme les migrants ayant besoin d'accéder aux services administratifs en ligne, voient leurs difficultés accrues par manque d'accès au numérique. Les publics handicapés (sourds, muets et aveugles) sont aussi victimes d'exclusion numérique non pas faute d'accès mais par difficultés d'appropriation des outils numériques.

Si le numérique peut devenir un facteur d'inclusion sociale, il est alors nécessaire de s'interroger sur les moyens de combattre la fracture numérique, si tant est qu'elle existe.

Prospective

Comment lutter contre la fracture numérique ?

Différents acteurs interviennent dans le cadre de la lutte contre la fracture numérique avec des intérêts divergents. Les acteurs publics se mobilisent à des fins politiques et électorales. Les acteurs privés interviennent, quant à eux, dans un but économique. Enfin, les acteurs associatifs œuvrent au plus près des personnes pour tenter d'apporter des solutions aux usagers là où l'État et les entreprises sont défaillants.

Des politiques publiques sont engagées pour réduire la fracture numérique. Elles visent l'amélioration de la qualité des infrastructures et du débit (3, 4, 5G, câbles de base ou fibre optique) au cœur des enjeux d'aménagement des territoires, à l'exemple du développement de la haute définition de la France rurale (L. CARROUÉ, 2017). Dès les années 2000, l'aménagement numérique du territoire rural français s'oriente sur trois zones d'action : les territoires denses et urbanisés sont laissés à la concurrence entre opérateurs, les zones intermédiaires reçoivent des infrastructures réalisées par des opérateurs soutenus par l'État et les territoires isolés non rentables sont gérés par les collectivités territoriales qui substituent aux opérateurs les RIP (Réseaux d'initiative publique). Malgré cette forte volonté étatique, la couverture de tout le territoire en très haut débit reste difficile (P.-E. MÉRAND, 2017). Ces politiques publiques témoignent du fait que l'on ne veut pas de marge numérique en France. Le rapport sénatorial sur l'hyper-ruralité, du sénateur de Lozère Alain BERTRAND en juillet 2017, propose un « *pacte national en 6 mesures et 4 recommandations pour restaurer l'égalité républicaine* » pour favoriser l'accès au WIFI et à la 3G. C'est bien dans le discours politique que la fracture numérique apparaît une nouvelle fois. À ce rapport sénatorial, l'écrivain Sylvain TESSON répond, en 2016 en publiant *Sur les chemins noirs* rédigé comme un « journal de marche » sur les chemins de la France. Pour lui, le sénateur livre une image de « *sous-développement* » des territoires ruraux considérant que « *le wifi ramènerait les bouseux à la norme* ». L'aménagement territorial comme réponse à l'existence d'une fracture numérique soulève des conflits entre acteurs aux représentations divergentes de ces territoires (O. MILHAUD, 2017). Les interventions publiques sont d'abord orientées vers des solutions de compensation ou d'équipements pour limiter la fracture sociale ou spatiale en termes de formation. En France, les solutions proposées par l'État mobilisent les cadres anciens de l'action publique comme la politique de la ville, par exemple. Aux États-Unis, elles visent plutôt à renforcer l'*empowerment* de communautés pour en faire des « leaders » dans une ville. Que ce soit à Chicago ou en France, les actions de la ville ont toujours privilégié les zones urbaines « à risque » ou en « déficit ». À travers le numérique, il s'agit alors de mener une politique de rééquilibrage territorial. L'*empowerment* des communautés est aussi mis en place dans les pays du Sud, à l'exemple des réseaux de santé comme Pesinet.org en Afrique. L'enjeu n'est pas de diffuser la technologie, mais de l'utiliser pour résoudre un problème, car la fracture est ici bien plus vaste que la seule fracture numérique. Le numérique peut être utilisé pour traiter d'autres inégalités et devient un enjeu de développement. Il ne s'agit plus alors de chercher à vérifier l'accès à l'informatique pour réduire la « fracture numérique », mais de comprendre les modalités d'appropriation du numérique, dans une démarche différente des traditionnelles politiques publiques françaises (D. BOULLIER, 2016).

Outre l'aménagement territorial, c'est dans le domaine éducatif qu'une intervention publique ou privée peut permettre de répondre à la nouvelle fracture numérique. Cependant, le problème de l'éducation au numérique tient au fait que la fracture numérique est pensée sur le mode de l'alphabétisation. Le modèle scolaire a tendance à disqualifier l'usage du smartphone ou la pratique des jeux vidéo en se focalisant sur la culture savante. Or, l'apprentissage du numérique se fait par les jeux, sur son téléphone portable et donc en dehors de l'école. Cette situation est renforcée par la loi votée en juin 2018 interdisant totalement l'usage du téléphone portable à l'école et au collège. Il revient ainsi à l'École le rôle majeur dans la reproduction des inégalités sociales en disqualifiant les savoirs non savants. Ceci est paradoxal avec l'image véhiculée par les promoteurs des technologies numériques qui mettent en avant leurs usages dans le domaine scolaire. Ils cherchent ainsi à obtenir des soutiens des pouvoirs publics (D. BOULLIER, 2016). Dans le domaine éducatif, la compensation des inégalités n'est plus institutionnelle et le fait de l'État, de la famille ou du travail social, mais bien territoriale. Les établissements scolaires situés en zones rurales reçoivent des compensations territoriales pour pallier l'inégal accès à Internet à travers des clés 3G fournies aux collégiens et financées par les collectivités territoriales (P. PLANTARD, 2017). Dès lors, comment éduquer au numérique ? Un apprentissage élémentaire doit permettre de lire des programmes, des bases de données ou des réseaux numériques. Il devient alors nécessaire de s'orienter dans les savoirs. Outre l'ergonomie des objets connectés, les promoteurs des technologies misent sur l'immédiateté et l'intuition comme mode de fonctionnement. Ils permettent une forme de micro-apprentissage, mais l'enjeu d'une véritable appropriation numérique tient à l'éducation. Or, jusqu'ici elle s'est faite comme si le numérique restait un domaine réservé à quelques formations d'ingénieurs ou de techniciens. Il reste à mettre en œuvre une refonte pédagogique qui passe par la redéfinition du rôle de l'enseignant et des apprenants. Dans les années 1980-1990 les établissements scolaires se sont équipés en matériels informatiques grâce au « plan informatique pour tous ». Depuis les années 2010, les collèges sont équipés de tableaux interactifs ou de tablettes par les conseils généraux. Cependant, cette course à l'équipement a révélé l'incompréhension des enjeux numériques. Parfois, ces équipements n'ont permis que de maintenir la tradition du cours en face-à-face, alors que parallèlement, dans l'enseignement supérieur le *e-learning* se développait à la fin des années 1990, puis les MOOC à partir de 2012. Il s'agit là d'une base de rénovation pédagogique pour tous les échelons (D. BOULLIER, 2016). Est-ce que l'on va créer un « *Bac Humanités numériques* » face à un « *Bac analogique* » comme le soulevait Joël RONEZ (directeur des Nouveaux Médias de Radio France et ex-responsable du pôle web d'ARTE France) en 2014 ? Le rapport « Jules Ferry 3.0 » de 2014 prônait la création de ce bac général « *Humanités numériques* » pour « *l'individu créatif de la civilisation numérique* » (D. VINCK, 2016). Or, aujourd'hui tous les individus ont à être créatifs dans un monde dominé par le numérique. Les humanités numériques doivent faire partie intégrante de chaque formation. La réforme du lycée engagée en 2018 comporte un enseignement de culture commune « *Humanités scientifiques et numériques* » et une spécialité « *Numérique et sciences de l'informatique* » dans la voie générale de Première et Terminale. Dans l'éducation au numérique, les GAFA jouent un rôle considérable encouragé par les politiques publiques. Ainsi, Google a ouvert en juin 2018 le premier atelier du numérique à Rennes accompagnant cette volonté étatique de former le plus grand nombre, mais posant le problème de la nature de la formation si elle reste centrée sur les procédés d'un groupe. Par ailleurs, suite au plan « *Tablette pour une éducation digitale* » de Najat VALLAUD-BELKACEM, Apple a réussi à imposer ses iPad dans les écoles primaires pour faciliter la lecture des élèves, sans passer par des livres papiers. C'est surtout une façon d'utiliser l'École pour familiariser les élèves le plus tôt possible au fonctionnement des outils numériques Apple et d'en faire de futurs consommateurs (M. DUGAIN, C. LABBÉ, 2017).

Au-delà d'une action éducative qui est à construire, des acteurs associatifs se mobilisent pour intervenir au plus près des usagers et répondre à leur besoin en termes d'appropriation de l'outil numérique. Les associations investissent le champ du combat contre la fracture numérique, à l'exemple d'Emmaüs Connect. Pour son directeur, Jean DEYDIER, il s'agit d'initier au numérique en proposant des parcours adaptés aux personnes dont les besoins varient en fonction de la réalité de l'éloignement numérique. Cependant, pour que cette association fonctionne, elle doit elle-même être en mesure de former des personnes en capacité d'accompagner ceux qui souffrent d'illectronisme. L'accès au numérique est une nécessité forte face aux évolutions de la société. Aujourd'hui, on ne peut être un citoyen autonome sans accès au numérique. Le but de cette association est donc de favoriser l'inclusion numérique, de permettre de réduire les difficultés des personnes en leur permettant d'accéder aux services en ligne, voire de jouer sur les inégalités sociales, selon Jean DEYDIER.

Au regard de la pluralité des acteurs impliqués dans la lutte contre la fracture numérique à toutes les échelles, il semble que celle-ci intéresse surtout les politiques et les firmes dans leurs stratégies de conquête du pouvoir ou de nouveaux marchés.

Conclusion

La fracture numérique renvoie à l'existence d'inégalités tant dans le domaine scolaire, social, géographique qu'intergénérationnel. Mais, les outils de mesure de cette fracture numérique demeurent peu fiables selon la nature qualitative ou quantitative des données mesurées et questionnent l'existence même de cette fracture numérique. S'il existe bien une asymétrie entre pays dans l'accès au numérique à l'échelle mondiale, les politiques publiques pouvant les corriger sont mises à mal. Cette fracture dépend donc de l'intérêt des firmes multinationales. La solution serait-elle dans une gouvernance mondiale du réseau mondial ?

« *La "fracture numérique", même déclinée au pluriel, n'est pas un concept opératoire; elle n'est pas une simple conséquence des inégalités sociales et économiques préexistantes. La fracture économique est plutôt le produit de la rencontre singulière de chaque personne avec les cultures numériques.* [...] *Au-delà des questions d'âge, de niveaux d'éducation et de revenus, c'est plutôt une réflexion sur la capacité à développer des relations sociales dans un environnement qu'il faut privilégier, aujourd'hui, pour lutter contre les exclusions numériques et faire advenir une nouvelle forme de société de l'information non plus excluante mais "e-inclusive"* » (P. PLANTARD, 2017).

Document

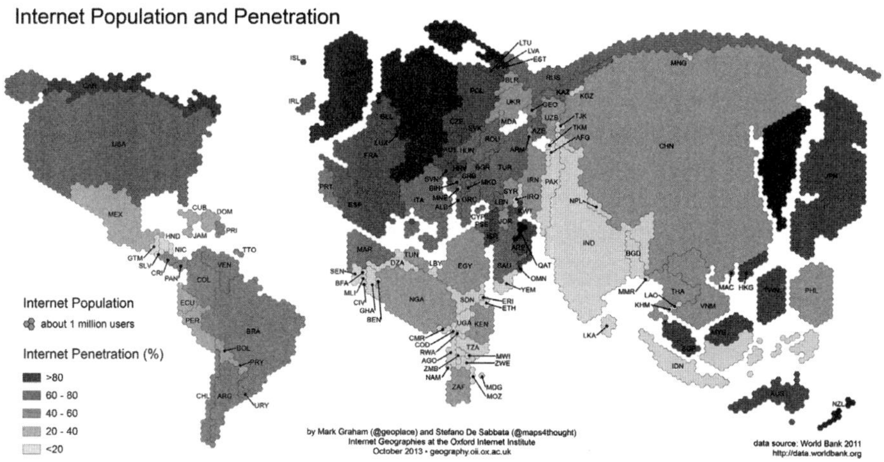

Bibliographie

Ouvrages généraux :

- BOST François *et alii* [dir.], *Images économiques du monde 2018. Géopolitique, Géoéconomie, France : la grande fracture*, Paris, A. Colin, 2017, 361 pages.
- VELTZ Pierre, *La société hyper-industrielle. Le nouveau capitalisme productif*, coll. « La République des idées », Paris, Seuil, 2017, 121 pages.

Ouvrages spécialisés :

- BOULLIER Dominique, *Sociologie du numérique*, coll. « U », Paris, A. Colin, 2016, 352 pages.
- DUGAIN Marc, LABBÉ Christophe, *L'homme nu. La dictature invisible du numérique*, Paris, Pocket, 2017, 192 pages.
- LE MENTEC Mickaël, PLANTARD Pascal, TRAINOIR Marianne, *Pour en finir avec la fracture numérique*, Limoges, FYP Éditions, 2011, 167 pages.
- MÉRAND Pierre-Emmanuel, *Le devenir des territoires ruraux*, Paris, Presses des Mines, 2017, 114 pages.
- PLANTARD Pascal, VIGUÉ-CAMUS Agnès, *Les ateliers Internet, entre injonctions sociales et constructions individuelles*, Villeurbanne, Presses de l'ENSSIB, 2017, 208 pages.
- VINCK Dominique, *Humanités numériques. La culture face aux nouvelles technologies*, coll. « Idées reçues », Paris, Le Cavalier bleu, 2016, 161 pages.

Revues :

- COSTIL Mathilde, « L'Afrique, terre de nouvelles technologies », *Carto,* n° 43, septembre-octobre 2017, pp. 45.
- MILHAUD Olivier, « La France des marges », *Documentation photographique*, Paris, La Documentation française, n° 8116, mars-avril 2017, 64 pages.

- PLANTARD Pascal, « La fracture numérique, mythe ou réalité ? », *Éducation permanente*, Paris, La Documentation française, 2013, pp. 161-172.

Sujets

- Les politiques publiques de réduction de la fracture numérique.
- Peut-on mesurer la fracture numérique ?
- Le développement des pays et le numérique.
- Le numérique introduit-il de nouveaux rapports de force mondiaux ?

Imprimé en Italie par «La Tipografica Varese Srl» Varese